高等院校创新型系列精品规划教材

CAIJING

XINLIXUE

财经

心理学

主编　石大安　吴志锋

西南财经大学出版社

高等院校创新型系列精品规划教材

财经心理学

主　编：石大安　吴志锋

副主编：蔡　明　张美惠　陈　敏　钟　洁

　　　　杨秋月　高利强　马云江　熊殷泉

　　　　段晓波　宋　楠　王　娟

编　委（按姓氏拼音排序）

　　　　白加良　板　燕　陈世怀　范全欢

　　　　方艳花　郭雪莲　金　虎　李乔玲

　　　　刘雅宁　任海云　任海珠　穆颖超

　　　　苗　聪　石志红　王旭东　王周红

　　　　文孝建　徐　娟　向海燕　杨发琼

　　　　杨立丽　杨　敏　叶绿原　于良君

　　　　杨慧宾　岳浩生　者厚慧　郑明钧

　　　　赵　瑜

内容简介

　　本书以普通心理学体系为基本框架，以市场经济条件下发生各种财经活动时人们的心理现象为主线，联系中国经济转型的现实，比较系统、全面地反映了财经理论和实际在当代的新发展以及出现的新问题和新情况。本书主要阐述了财经人员个体心理、群体心理、组织心理、顾客心理、领导心理和财经心理学原理应用等问题，在学术上涉猎了一些新的领域和内容，突显了立足国情、综合创新的特点，具有一定的先进性和前瞻性。

　　本书可供普通高等学校有关专业及财经院校、高职高专、财贸中专学校和广大流通领域行业岗位的财经人员使用；也可作为在职财经人员继续教育的教科书或参考书；还可供党政群团单位、社会各行业在职人员和广大县乡干部使用。

前　言

　　为了满足培养 21 世纪财经人才的需要，我们编写了这本《财经心理学》教材。

　　本书的编写以马列主义、毛泽东思想、邓小平理论、"三个代表"重要思想和科学发展观为指导，紧密结合财经领域的实际和特色，针对财经人员的心理素质情况，在理论与实践结合的基础上加以论述，以更好地提高财经人员的思想政治觉悟、心理素质、工作能力及业务水平。

　　财经心理学是一门新兴的、快速发展的学科，是普通心理学的一个分支，是沟通经济学、金融学等理论与普通心理学的桥梁，属于应用理论性课程。

　　本书在体系结构上以普通心理学体系为基本框架，以财经领域的各种经济活动的心理现象及其规律的理论与应用为主线，系统地阐明了财经人员的个体心理、群体心理、组织心理、顾客心理、领导心理和财经心理学原理应用问题。本书不仅在编排上体现了财经心理学的性质与规律的客观要求，而且在内容安排上体现了科学性、系统性、时代性和实践性的要求，也符合财经活动的工作进程，具有由浅入深、前后呼应、简繁结合、易教易学的特点。

　　本书编写时注意贯彻基础知识、基本原理与创新能力培养相结合的原则。在加强基本理论、基本方法和基本技能论述的同时，尽可能增加国内外有关财经心理学理论与实践发展的新内容，反映新的研究成果与发展趋势，使本书具有一定的先进性和前瞻性。

　　本书在编排中还注意坚持"两个兼顾"：一是注意力求理论的系统性和突出重点二者兼顾；二是注意力求实用性和一定程度的超前性兼顾。在此次编写过程中，我们在思路上进行了一些新的探索，力争做到"三个突出"和"一个结合"：一是突出时代要求，二是突出理性框架，三是突出立足国情；力求把学习知识与掌握智慧结合起来。这样有助于财经人员政治素质、工作能力和业务水平的提高。我们在编写《财经心理学》一书时，在对基本原理做概述的同时，还非常注意其基本原理的实际应用，力争使其既有一定的理论深度，同时又具有应用与指导的价值，以便达到学以致用的目的。

　　为了保证编写质量，我们邀请了从事多年教学工作的教授、副教授及有关专家参加编写工作，力争使本书达到较高的学术水平，并有一定的特色。但由于经验不足和水平有限，本书难免存在一些缺点和问题，欢迎广大读者和专家批评指正。

编　者

2015 年 1 月

目 录

目 录

第一章
绪论

学习要点

　　◇ 心理的本质；

　　◇ 心理学研究的对象、范围；

　　◇ 财经心理学研究的对象、性质；

　　◇ 财经心理学的研究原则、方法；

　　◇ 学习财经心理学的意义。

　　心理学是一门科学，也是一种艺术，在社会的各个领域得到了日益广泛的应用，人们越来越关注自身"心理"方面的问题。财经心理学是一门新兴的、快速发展的学科，是研究财经活动中人的心理规律的科学。学习财经心理学的目的是掌握必需的心理学基础知识和基本方法，具有从心理学角度分析和解决实际问题的能力，以提高思想政治觉悟、心理素质和工作能力及业务水平。

第一节　心理和心理学

一、心理及其本质

（一）心理

　　人的心理现象也叫心理活动，简称心理，它是人在生活和活动中对客观事物的反映。

　　人是"形神"的统一体。"形"是指人的肉体，"神"是指人的灵魂，也就是心理。心理是每个人都有的，它存在于人脑中，表现于言行上，人们对它并不陌生。

　　人的心理是自然界中最复杂的一种现象，也是"地球上最美的花朵"。人的眼睛可以看到五彩缤纷、绚丽多姿的世界；耳朵可以听到优美动人的乐曲；大脑可以贮存丰富的知识。人有堪称"万物之灵"的智慧，能运用自己的思维去探索自然和社会生活中的各种奥秘；人有七情六欲，能通过活动去满足自己的各种需要，并在周围环境中留下自己意志的印迹。这些人类关于自然和社会方面的各种知识，在认识世界、改造世界方面所取得的一切成就等，都与人的心理是分不开的。

（二）心理的本质

人的心理不是从天上掉下来的，也不是人脑里所固有的，那么，心理的本质是什么呢？它其实是人脑的机能，是客观事物的能动反映。

1. 心理是人脑的机能

人脑是心理赖以产生的物质器官。高级神经活动学说和临床医学都证实，人脑的机能活动是心理产生的前提，没有人脑就没有心理。无脑儿就没有正常婴儿的心理活动，而且很快就会死亡。如果人脑生病或受损伤，就会影响心理的产生或使已有的心理失常。无数事实说明，心理是人脑机能活动的产物。

2. 心理是客观事物的能动反映

人脑有产生心理的功能，但人脑不能单独产生心理。人脑好比一个加工厂，工厂如果没有原材料，即使机器设备再好，也不可能生产出产品。同理，如果没有感官接受客观事物的刺激，没有将刺激信号传到大脑，人脑也不会产生心理。所以，人的心理，无论是简单的还是复杂的，是正确的还是荒谬的，都是人脑对客观事物的能动反映。客观世界中有山、有海，人脑中才有"山"、"海"的映象。例如梦，就是一种心理现象。孔子梦见周公是因为历史上确有周公其人，所以孔子才可能做这样的梦。客观现实中有人、有牛、有马，宗教家那里才有"牛头马面"的鬼的形象。没有被反映者就没有反映者，一切心理现象都可以在客观事物中找到它的原型或根据。

二、心理学是研究心理现象及其规律的科学

心理学是研究人的心理现象及其发生、发展规律的科学。

人的心理现象是复杂多样的，为了便于研究，心理学家把个体心理概括为两大部分：一部分是人所共有的心理过程，一部分是人各有异的个性心理。每个部分都包含着许多心理现象，参见图1-1。

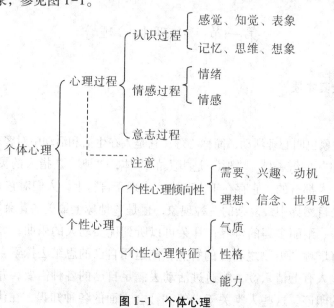

图1-1 个体心理

（一）心理过程

人的心理是一种动态的活动过程，包括认知过程、情绪过程和意志过程。它们从不同角度能动地反映着客观世界的事物及其关系。

1. 认知过程

认知过程是个体获取知识和运用知识的过程，包括感觉、知觉、记忆、思维和想象等。

人对客观世界的认识源于感觉与知觉。感觉反映事物的个别属性和特性。例如，对于一定距离和一定范围的物体，通过视觉、听觉、嗅觉、味觉、触觉等不同感官，能反映事物的形色、粗细、软硬、香臭、苦甜、冷热等个别属性，这就是感觉。而知觉反映事物的整体及其联系的关系，它是多种感觉经验相互联合的结果。例如，人们能从众多的水果中辨认出哪种水果是"苹果"，能从各种各样的花卉中辨认出哪种花卉是"玫瑰"，这就是知觉活动。知觉和感觉是紧密联系在一起的，是人类的感性认知活动。

客观事物不仅可以直接作用于我们的感官，而且人们通过感觉和知觉所获得的知识经验还能储存在人们的头脑中，并在需要时回忆出它的形象，或当物体再次出现时能够识别它，这就是记忆。记忆是对过去接触过的对象和现实的反映。人们看到一张照片时，能认出过去的熟人、同学、老乡，能说出他的姓名等，这就是记忆活动。

人还能运用头脑中已有的知识经验去间接地、概括地认识事物，揭露事物的本质联系和内在规律，这就是思维。如教师通过观察学生的外部行为表现，可以判断他学习过程中的注意状态和内心活动等，这就是思维活动的体现。

人在头脑中再现过去经历过的事物形象的基础上，还能创造新形象，这就是想象。如画家塑造人物艺术形象、工程师设计建筑蓝图等，就是想象活动的具体表现。由于有了想象，人类才能创造更加美好的未来。

2. 情绪情感过程

人在认识客观世界的时候，还会对事物产生一定的态度，引起满意、喜爱、爱慕、厌恶、憎恨等主观体验，这就是情绪。情绪是人对客观事物是否符合自己需要而产生的态度体验。凡是符合人的需要的客观事物，就会使人产生积极肯定的情绪，反之则产生消极否定的情绪。客观事物是情绪体验的客观来源，而情绪产生的主观原因是人的需要。

3. 意志过程

人在认识世界的同时，还可以有目的、有计划地改造世界，这种自觉的能动性，是人与动物的本质区别。这种自觉地确定目的，并为实现目的而有意识地支配和调节行为的心理过程，叫意志过程。

意志过程与克服困难有密切的联系，并体现在对行为的发动和制止方面。发动是激励个体去从事达到目的所必需的行为；制止即抑制与预定目的不相符合的行为。由于意志有调控人的行为的作用，才使得人有可能达到预定的目标。

在实际生活中，一个人的认知、情绪、意志活动是紧密联系和相互作用的。首先，人的情绪和意志受认知活动的影响。"知之深，爱之切"，深厚的情感来源于对人和事物真切、深刻的了解；同时，人的情绪和意志又对认知活动产生着巨大的影响。积极乐观的情绪、坚强的品质能促进人们认知的积极性；相反，消极的情绪、萎靡不振的精神状态会降低人们认知与创造的热情。再者，情绪与意志也有密切关系。情绪既可以是意志行为的动力，也可以成为意志行为的阻力，而通过意志则可以调节和控制自己的情绪。

（二）个性心理

个性心理即人的个性，是由个性心理倾向性和个性心理特征这两类心理现象构成的。

1. 个性心理倾向性

个性心理倾向性包括需要、兴趣、动机、理想、信念和世界观等不同层次的多种个性心理因素。个性心理倾向性是个体的潜在力量，是人进行活动的动力系统。个性心理倾向性的各个心理因素是个性结构中最积极、最活跃的因素，它积极地决定着人对事物的态度和行为，并制约和调节人的所有心理活动。个性心理倾向性中的各个因素又是相互联系、彼此影响的，其中世界观位于最高层次，它决定了一个人总的心理倾向。

2. 个性心理特征

个性心理特征包括气质、性格和能力。这些心理因素构成个性心理的表征系统，反映出人的个性各不相同。例如，有的人性情急躁，有的人性情温和；有的人快言快语，有的人沉默寡言；有的人喜形于色、怒形于色，有的人情感藏而不露；等等。这都是表现在气质方面的特征。又如，有的人勤奋，有的人懒惰；有的人见义勇为，有的人胆小怕事；有的人谦逊谨慎，有的人目空一切；有的人乐于助人，有的人光为自己打算；有的人廉洁，有的人贪婪；等等。这些都是表现在性格方面的特征。再如，有的人善于观察，有的人长于思考；有的人会分析，有的人会综合；有的人记忆力非凡，有的人想象力丰富；有的人是天才，有的人是傻瓜；有的人少年成才，有的人大器晚成；等等。这些都是属于能力方面的特征。

研究个性及其特征的形成、发展规律以及如何培养良好的心理品质，是心理学研究的又一重要内容。

个性心理和心理过程是密切联系着的。个性及其心理特征是在各种心理过程中形成和发展起来的，而且，也只有通过心理过程才能表现出来。反过来，已经形成的个性及其心理特征，对心理过程又有影响和制约作用。心理学既要研究心理过程，又要研究个性心理，并要把两个方面结合起来考察，才能掌握人的心理全貌。

三、心理学的由来和发展

（一）心理学的由来

心理学是一门既古老而又年轻的科学。在古代，哲学家们都很重视研究人的心理，称之为关于灵魂的学问。中国先秦诸子关于"性善"与"性恶"的争鸣，是人类历史上最早的关于心理学问题的大辩论。古希腊哲学家亚里士多德的名著《灵魂论》，就是一本心理学专著。但是，心理学作为一门独立的科学，是到了近代才产生的。1879 年德国哲学教授、生理学家冯特在莱比锡大学建立了世界上第一个心理学实验室，把自然科学使用的方法用于心理学的研究，使心理现象的研究从过去的经验或思辨的描述走向科学化，使心理学从哲学中分离出来，成为一门独立的科学。

（二）心理学的发展

心理学成为一门独立科学之后，发展很快，近几十年来发展尤为迅速。研究领域以过去所没有的速度扩展着，不仅在基础理论研究方面有所发展和深化，而且在应用性研究方面也有迅速发展。目前在人类许多实践活动领域中都有心理学研究，产生了许多心理学的分支学科，如社会心理学、教育心理学、司法心理学、军事心理学、医学心理学、体育心理学、工程心理学、儿童心理学、妇女心理学、艺术心理学，等等。据统计，心理学的分支已达 40 多个，本书所讲的财经心理学也是心理学的一个分支学科。我们称之为"财经心理学"，是为了把财经方面的心理学科与其他的分支学科分别开来。

第二节　财经心理学概述

一、财经心理学的对象、性质

（一）财经心理学的研究对象

每门学科都有自己特殊的研究对象，并以此与其他学科区别开来。财经心理学的研究对象是什么呢？财经心理学是研究经济行为中人的心理变量、经济领域中人的心理活动及其支配下的各种经济行为，以及经济行为中的非经济因素。具体而言，就是研究财经活动中，各个财经组织系统内财经人员和顾客公众之间相互作用的情况下产生的心理现象的规律性。简言之，财经心理学是研究财经活动中人的心理规律的科学。

目前，财经心理学在经济、金融中的运用主要是以服务于中国经济为目的的，以当代中国社会结构转型和经济社会发展建设中的各种经济问题为主要研究对象，探究在经济领域（主要指财政、金融、贸易、税务、消费、服务、储蓄、投资等）中，作为经济活动的主体—人的心理活动的规律。

国内，财经心理学起始发展于对经济和金融领域中热点、焦点、难点问题的研究，比如炒股、期货、房地产等行业的热点和敏锐问题。国内财经心理学研究的重点与经济生活中的各种问题有着多种联系，如三峡库区移民的社会心理、国有企业下岗职工与失业人员心理承受力比较研究、预期在宏观经济运行中的作用、消费者预期对消费行为的影响、金融领域中领导干部的选拔等。迄今为止，对经济生活中热点、焦点和难点问题的探讨仍然是最具活力的领域之一，也积累了一批研究成果。

财经心理学除了对经济热点、焦点和难点问题进行探索外，更重视经济体制改革中出现的新问题。例如，证券市场开始初期，有的股民炒股赔了钱，去政府上访要求取消证券市场，此时研究股民心理便成为社会稳定的需要。又例如改革必须考虑公众的心理承受能力，注重方案的操作可行性，牵涉国民经济重大变化的改革应该注意推出的步骤、时机及配套措施；全局性的改革尽可能考虑弱势群体的利益，妥善处理机构改革和人员分流中的问题，避免出现大的社会心理不平衡等。现在有些经济金融领域出现的个别违纪以及不正常的现象、社会层面的仇富心态等都有其深刻的心理根源。

我国发展起来的财经心理学深受心理学本土化的影响，心理学本土化为财经心理学提供了重要的时代文化背景。心理学本土化是要形成一种自立的、根植于当地传统文化并在当地现代文化范畴中得以体现和反映的心理学知识体系及思想。财经心理学研究与心理学本土化互为因果关系：一方面，前者为后者提供具体的内容和原材料，并将心理学本土化的一些重要理论观点在实践中得到印证、支撑和发展；另一方面，后者又影响和制约前者的发展方向，对它的形成具有强大的推动和促进作用。

中国宏观经济调控中大众出现的心理问题使财经心理学把心理因素看成影响经济运行的一个重要变量来研究，并以此来解释心理因素在经济增长中的影响和作用。近年来财经心理学对中国经济"内需不足，启动乏力"等重要现象做出的有说服力的解释，在一定程度上反映了当前消费者心理对中国宏观经济运行和调控的实际影响。由此可知，财经管理学为改善经济政策的实施效果创造了必要条件，也为解决实际问题提出了具体方法和对策，为宏观经济决策和调控提供了理论支持和新的思路。经济调控中提出的心理学问题是财经心理学的研究重点，它构成了财经心理学中一个极具发展潜力的研究领域。

财经心理学是一门新兴的、快速发展的学科，从趋势看，财经心理学研究的重点将转向实用性强的社会问题，尤其是要关注那些有可能成为社会热点的重大问题。例如，对中国新经济政策和执行这些新政策配套的项目进行一些实验性的研究，从而为全面执行这些政策提供示范性经验；对加入 WTO 后我国宏观经济决策取向、多种经济行为发生变异的可能性以及对经济生态的影响等；对现有经济政策实施效果进行评价、评估和解释；对经济变量的发生、发展和变化过程进行连续的纵向研究，通过增加与预测经济走势更密切的心态指标（如预期、信心等），建立中国宏观经济预测模型；以预测心理学为突破口，积累长期资料，从已有条件分析、预测中国宏观经济的走向和趋势；跟踪国际重大事件，如"9·11"事件对中国民众心态的影响，经济全球化对中国民众心态的冲击等，争取在预测性研究方面能有所突破。

财经心理学研究的内容包括五个部分：个体心理、群体心理、组织心理、顾客心理和领导心理。

1. 个体心理

财经活动中的个体心理研究，在心理过程方面，主要是研究社会知觉及其偏差对于财经的意义，情绪、情感的功能及其与工作效率的关系。一是研究个体心理倾向性中的需要、动机和人的行为关系，重点是研究个体激励理论，同时还研究社会态度形成和转变的理论和方法，挫折理论和战胜挫折的方法；二是研究个体心理特征，即气质、性格和能力及其与人的行为、工作效率的关系。

2. 群体心理

群体心理的研究包括两个方面：一方面，是研究群体类型（包括非正式群体）及其作用、群体心理气氛对其成员的影响、群体内聚力和士气与工作效率的关系；另一方面，是研究群体中的交往心理，主要是研究人际关系及其对财经的意义，改善人际关系的理论与方法。

3. 组织心理

组织心理的研究着重研究不同的组织机构及债权分配对组织成员的心理和组织效率的影响、组织变革和组织发展在组织成员中的心理效应、组织变革的心理阻力及其克服的办法。

4. 顾客心理

顾客心理的研究是财经心理学的重要课题，主要是研究与顾客行为相关的价值观、从众心理、逆反心理等重要因素，流行、流言及舆论对顾客行为的影响，建立良好的顾客关系能够为财经活动带来直接的利益。

5. 领导心理

领导心理的研究也是财经心理学的一个重要的研究课题，主要研究领导者影响力的构成因素及其心理效应、领导人的心理品质和领导班子的心理品质结构、领导方式及其心理效应。这些研究有利于提高领导效能。

（二）财经心理学的学科性质

任何一门学科都要明确研究对象，也要明确其学科性质，而学科性质是由研究对象确定的。财经心理学在确定了自己研究对象的同时，也就确定了它的学科性质，它是具有应用性和边缘性的学科。

财经心理学是从心理学体系中派生出来的，是以经济科学和普通心理学为主干，紧密联系实际，从各个不同的角度进行具体的心理研究，而逐步建立起来的新的科学。财经心理学主要是以财经活动过程中的心理现象及其规律性为研究对象，以激发人的工作动机为中心任务，以提高工作效率为目的的一门学科。这就明确了财经心理学是一门应用性的学科。同时，财经心理学是建立在心理学、社会心理学、社会学、社会人类学等学科的基础之上，并运用这些学科的理论、原则和方法来研究财经活动过程中心理现象的一门科学，所以它又是一门边缘性学科。

二、财经心理学的研究原则、方法

（一）财经心理学的研究原则

财经心理学的研究要有成效，就必须在唯物辩证法的指导下，坚持以下几个原则：

1. 客观性原则

心理是客观事物的主观映象，但它作为研究的客体（精神客体），也是一种客观存在，不以研究者的意志为转移。人的心理是人脑中的内在体验，即使有先进的仪器设备，仍无法直接对它进行观察和测量，只有通过对日常生活中的言谈举止、表情动作和活动产品的观察、测量和分析来间接推知。而且人的心理与行为往往不是一对一的关系，这就容易发生知觉偏差或主观猜测的现象。加上研究者自己也有心理，容易发生研究者用自己的心理去替代研究对象的心理。所以，财经心理学的研究必须严格遵循客观性原则，严格地对人的外在行为如实地进行考察和系统记录，尽可能收集完整的资料，不漏掉相矛盾的材料。在分析材料作结论时，必须尊重材料所能提供的事实情况，对材料不能简单取舍，更不能任意添加和臆测。只有这样，研究才有可能是科学的和有用的。

2. 联系性原则

在财经活动过程中的人，其心理和行为都是在外部环境、在各种因素彼此相互影响和作用下产生和发展的；同时，人的心理和行为之间、各种心理现象之间，也是相互影响和相互作用的。因此，财经心理学的研究必须坚持联系性原则，不能孤立地看待某一心理现象。要考虑环境各因素同心理和行为之间的关系，考虑不同心理之间以及这些心理与行为之间的关系，从错综复杂的联系中去探讨其研究对象的心理规律。

3. 应用性原则

应用学科以研究某个领域的特殊规律为主要任务。财经心理学既具有心理现象的普遍规律，同时也具有自己的特殊规律。它直接指导实践，直接为实践服务。因而，财经心理学的研究必须坚持应用性原则，紧密结合财经领域的实际和特色，深入研究其理论问题，不仅为财经领域改革提供理论指导，还应尽可能提供一些心理学的策略方法。

4. 发展性原则

任何一个组织系统，无论是企事业单位还是机关团体，都是随着内外环境条件的变化而变化发展的；财经活动过程中的人的心理，如需要、动机、态度、个性、人际关系、群体心理以及领导心理等，也伴随着组织系统的变化而变化。因此，财经心理学的研究，必须坚持发展性原则，不能把心理现象看成静止不变的，要从发展变化中去把握人的心理动态，探索其发展规律，预测新的心理和行为的产生，绝不能用凝固的、僵化的观点和模式去套那些已经发展变化了的心理现象。

（二）财经心理学的研究方法

人的心理是一种内在的复杂多变的过程，对它的研究不可能像其他自然科学那样用显微镜、化学试剂等工具直接进行定性和定量的分析。

财经心理学研究的主要方法有观察法、实验法，此外还有调查法、问卷法、谈话法、心理测验法、模拟法等。在实际从事研究工作时往往是各种方法综合运用，下面就几种主要的方法进行介绍：

1. 观察法

观察法是一种传统的、应用广泛的科学研究方法。

观察法是有目的、有计划地通过对被试者言语和行为的观察和记录来判断其心理特点的心理学基本研究方法之一。

观察法有多种分类。根据是否限制在一定的时间、空间内进行观察，分为时间取样法和情境取样法。在自然情境下对被试者进行观察的方法称为自然观察法，在预先设置的情境下（如幼儿遵守纪律的游戏）观察被试者的方法称为控制观察法。根据观察手段的不同，将研究者用自己的感官进行观察的方法称为直接观察法，而将借助于仪器设备（如录音机、摄像机等）观察的方法称为间接观察法。根据观察记录上的不同又有事件记录观察法和范畴记录观察法。根据观察者与被观察者的关系不同，还有参与观察法和非参与观察法。我们在具体应用时可根据需要采用不同的观察法。

2. 实验法

实验法在财经心理学研究中是一种重要方法。

实验法是在控制条件下，有意识、有目的地对某种心理进行观察，操纵自变量，使其按预定的计划改变、记录因变量所受影响的一种研究方式。研究者在实验中可以积极干预被试者的活动，创造某种条件使某种心理行为得以产生，并重复出现加以验证。在一般的实验研究中，自变量为刺激，因变量为反应。如果观测到因变量的产生与变化确实是由自变量的改变而引起的，那么自变量与因变量之间就存在着因果关系。

实验法可分为实验室实验和自然实验两种。实验室实验是在实验室条件下，借助专门的实验设备，控制实验条件的情况下进行的；自然实验是在自然环境条件下，如正常学习和工作的情境中进行的，只按计划适当控制实验条件。

实验中由实验者控制的实验条件叫自变量，例如，反应实验中不同的照明条件、记忆实验中不同的识记条件等。实验者在研究中观察到的行为和心理变化叫因变量，例如，反应时间的长短、记忆的效果等。实验者通过控制及变更自变量，可以观察到因变量的变化情况，从而找出其因果关系，探求问题的根源，解释"为什么"。

3. 心理测量法

心理测量是关于人的个体心理差异的测量或诊断。

人们在能力、学识、技能、兴趣、态度及人格特征等方面各不相同，构成了人与人之间的个别差异，而这些心理特征会在行为上有所反映。心理测量是通过人的行为表现对他的某种心理特征作出量化解释的方法。任何一种心理属性在数量变化上都可以以一定的量化水平来表示，如记忆力的强弱、运算速度的快慢、性格从极端内向到极端外向的变化等都表现出不同的量化水平，心理测量的结果就是要确定一个人的某种心理特征所处的量化水平的相对位置。

进行心理测量必须具备有效测量的条件。首先，心理测量必须有标准化量表，还要有可供比较的常模。常模是测验团体的一般平均数，是比较测验分数的标准和解释测验结果的参照数。经常使用的常模有年龄常模、年级常模、百分位常模和标准分数常模等。除标准化量表和常模外，有效测量还要求有效、可信，具有一定难度和区分度，即要考虑有效测验的信度、效度、难度和区分度。

1980 年以后，我国的心理测量在测量理论和实践应用方面都迅速发展，理论上除经典测量理论外，对项目反应理论等现代测量理论也有了研究。

4. 模拟法

模拟法是根据某种近似的理论先设计出与心理活动相似的模型，然后通过对模型的实验和研究间接地对原型的性质和规律进行探索。在财经心理学研究中有多种模型，主要的有潜特征结构模型、数学模型、理论模型和图解模型等。

由于人的心理是内隐的、复杂的，所以在财经心理学研究中应该注意根据不同情况采用不同的研究方法，注意各种方法的结合应用。

5. 问卷法

问卷法是运用内容明确、表达正确、回答简便的问卷表，让调查对象根据个人情况自行作出回答的调查方法。此方法近似于民意测验，常用的问卷法有以下三种：

（1）是非法：采用只有"是"与"不是"两种回答的问卷，让调查对象根据自己实际情况对每个问题作出"是"或"不是"的回答，不能模棱两可，也不能不作回答。

（2）选择法：要求调查对象在可供选择的几种答案中按照个人的实际情况选择出一个或几个。例如，"你工作了一天，自以为成绩不小，但领导却大为不满，对此你持什么态度？"答案有六个：任他埋怨，我不在乎；心中满是委屈，但我不做声；拂袖而去，不予理睬；表示不服，与他争辩；把责任推给他人；自我反省，以后改正。

（3）等级排列法：在问卷中列出多种答案，要求调查对象按其对自己的重要程度依次进行排列。例如，列出多种奖励形式：涨工资、发奖金、提职称、脱产学习、旅游、上光荣榜。让调查对象根据自己所体验到的这些奖励形式的重要性的不同，按1，2，3，4，5，6的等级排列出来。

上述观察法等五种方法各有其长处和短处，都是通过人的外部行为去探索其内在的心理活动的途径。在实际运用时，最好几种方法相互配合，互相补充，以便准确地找出人的心理活动规律。

三、学习财经心理学的意义

学习和运用财经心理学，对于经济制度的革新和经济工作的改进、财经人员的培训和使用、群体中人际关系的改善、领导作风的改进和领导水平的提高、企事业单位活力的增强、工作绩效的提高和社会生产力的发展都具有重要的意义。具体有以下几个意义：

1. 有助于开展以人为中心的经济活动，充分调动财经人员的积极性、主动性和创造性

人是财经活动的主体，科学技术越发展，越要重视人的因素，提高脑力劳动的比重。特别是进入了信息化的管理时代和知识经济时代，对脑力劳动的要求越来越高。实践反复证明，对脑力劳动者的管理，主要依靠激励，依靠晓之以理、动之以情的思想工作，从而激发其积极性、主动性和创造性，而不能仅依靠监督来实现。

2. 有助于知人善任，合理使用人才

组织中的每一个人，都有其各自的个性特征，有其不同的气质、性格、能力和兴趣。学习财经心理学的个性心理理论和测定方法，领导者能够全面地了解每个人的气质类型、性格特点、能力专长，从而安排与之相适应的工作岗位和任务，真正做到扬长避短、人尽其才、才尽其用，取得最佳的用人效益。

3. 有助于改善人际关系，增强群体的凝聚力

组织中的职工是在一定的群体中生活和工作的。在人与人之间的交往中发生各种各样的关系，其中人与人之间心理上的联系和关系是财经心理学所讲的人际关系。良

好的人际关系是人们的心理需要，也是群体的精神力量。群体直接影响着个体心理和行为。学习财经心理学的群体心理理论，把正式群体和非正式群体的作用结合起来，既满足人们的物质生活需要，又满足人们的心理需要，特别有助于人际关系的改善。在和谐的人际关系下，人们心情舒畅，就能增强群体的凝聚力和向心力。如果群体有了正确领导这个条件，群体凝聚力和向心力越高，群体工作绩效就越好。

4. 有助于组织变革和发展，提高组织效率

组织变革和发展是财经心理学的一项重要内容。通过学习，知道如何根据组织所处的环境、组织的目标、组织的战略、技术和人员素质的变化来进行组织的变革和发展，分析比较各种经济组织结构的心理效应，设计出更为合理的组织结构，提高组织效率，并采取有效办法克服组织变革和发展的心理阻力。

5. 有助于改善领导作风，提高领导水平

学习财经心理学关于领导心理的理论，使领导者懂得领导者影响力的构成及其效应，领导者应当具备哪些心理品质，领导班子的心理品质结构怎样才是合理的，才能发挥整体效能；分析对比各种领导方式的效应，应如何根据不同情况采用不同的领导方式，有利于调动职工的积极性，提高工作效率，改善人际关系。学习这些内容，并把它们运用于领导活动中，无疑可以提高领导者的素质，改进领导作风和领导方式，提高领导水平。

总之，财经心理学的学习具有重要的理论意义和现实意义。它不仅是一门认识人类社会的科学，也是一门认识、预测和调节人的心理与行为活动的科学，对于改造客观世界和人的主观世界都具有重要意义。

思考题

1. 心理的本质是什么？
2. 心理学是一门研究什么的科学？
3. 财经心理学研究的对象、内容是什么？
4. 财经心理学的研究原则、方法是什么？
5. 学习财经心理学有何重要意义？

第二章
心理健康及咨询

学习要点

◇ 心理健康的含义、标准；

◇ 如何判定财经人员的心理健康；

◇ 西方心理健康模式简介；

◇ 财经人员心理咨询理论简介；

◇ 财经人员心理咨询模式。

第一节　心理健康概述

一、心理健康的含义

被问到什么是健康时，我们会脱口而出："没伤没病，能吃能睡，就是健康。"这样回答不错，但是还不够全面。从生物医学模式的角度，健康是指人体各器官系统发育良好、功能正常、体格健壮、精力充沛并具有良好劳动效能的状态，通常用人体测量、体格检查和各种生理指标来衡量。现在，随着生物医学模式向生物—心理—社会医学模式的改变，人们对健康有了更深刻的理解。

关于健康，现代综合医学是这样定义的："健康是身体上、精神上、心理和社会适应上的完好状态，而不仅仅是没有疾病和虚弱。它包括身体健康、心理健康、良好的社会适应能力和道德健康。"在这一定义中，精神因素和心理因素占有十分重要的地位。世界卫生组织为健康下了一个科学的定义：健康不仅仅是"没有疾病和虚弱感"，而应该是"身体、心智和人际关系三者都处于最佳状态"。这就明确告诉我们，健康标准除身体因素外还包括精神心理因素，而且精神心理的健康是更高层次的健康。

心理健康是一个完整的有机综合体系，它包括正常的智力、情商、良好的意志品质、积极的处世态度和良好的交际心态、健全的人格品质以及完备的思想信念体系。心理健康包括两个方面的含义：一是指心理健康状态；二是指维持心理健康。心理健康有广义和狭义之分。广义的心理健康以促进人们心理调节、发展更大的心理效能为目标，即人们在环境中健康地生活，不断地提高心理健康水平，从而更好地适应社会生活，更有效地为社会和人类做出贡献；狭义的心理健康，主要目的在于预防心理障碍。

二、心理健康的标准

由于每个人在生活、学习和工作上存在着个体差异，因此，每个人心理健康的状态和表现也不一样。古今中外不少学者对心理健康标准进行了可贵的探索，提出了许多有价值的见解。然而，由于人心理的复杂性，以及学者们研究的依据和方法不同，心理健康的标准一直是众说纷纭。目前，公认的比较完善和科学的标准是纵维和横维统一的双维标准。双维标准可以多方位、较全面地反映人的心理健康状况。心理健康的维向标准叙述如下：

1. 心理健康的横维标准

所谓横维标准，即从心理所包含的不同方面（知、情、意、人格）及内外适应（人际关系和行为协调）的角度来考察。心理健康的横维标准应包括以下六个方面的内容：

（1）认知发展正常，即有正常的感知、记忆、思维、想象、注意和相应的总体能力（即智力）。这是一个人学习、生活和工作的最基本的心理条件，是人适应环境、谋求生存和发展的心理保证，是心理健康的首要标准。

（2）情感稳定乐观。情感为人所特有，其是否稳定和乐观是人的心理健康与否的主要标志。心理健康者善于调节自己的喜怒哀乐，善于从生活中寻求乐趣，总是对生活充满希望。

（3）意志品质健全。心理健康者通常表现为：意志活动具有自觉性，即目的明确，主动性、独立性强；意志活动具有坚毅性，即不屈不挠，善于长期维持与既定目标相一致的行为，克服困难，战胜挫折，不轻易放弃对既定目标的追求；意志活动具有果敢性，即在复杂的情况下善于当机立断，迅速有效地执行决定，勇敢、及时地投入行动；意志活动具有自制力，即能够控制与实现目标不一致的思想情绪和外界诱因，保证不偏离既定活动目标，而且还能够为了既定的崇高目标而忍受各种磨难与痛苦。

（4）行为协调适度。人的行为受心理活动的支配，是人的心理活动的一面镜子。因此，人的心理健康与否通常可由行动反映出来。心理健康者的行为应是协调适度的，表现在行为方式与年龄特征相一致、与扮演的社会角色相一致、与刺激强度相一致，并且一贯统一。

（5）人际关系和谐。人际关系是由于交往而形成的人与人之间相对稳定的心理关系。和谐的人际关系既是心理健康不可或缺的心理条件，也是心理健康的重要标志。心理健康者往往有和谐的人际关系，表现为：乐于和人交往，有知心朋友；在交往中保持独立，善于取人之长补己之短，善待他人，对人尊重、信任、友爱、理解，乐于相助；能与人友好相处，同心协力、合作共事。

（6）人格健全。人格是一个人区别于他人的独特的心理特征，这里的人格主要指自我意识和性格。人格健全主要表现为三个方面：一是人格具有独立性，即能认识自我，接纳自我，不卑不亢，充满自信，能够保持和适度张扬个性；二是人格完整协调，表现为人格结构的各个要素没有明显的缺陷、偏差和自相矛盾的地方，现实自我和理想自我相统一，奋斗目标切合实际，不产生自我统一性的混乱，并能以积极进取的、体现时代进步的人生观和价值观作为人格的核心；三是人格积极向上，具有高度的社会义务感和责任感，希望通过对自己身心潜能和创造力的开发来体现自身的价值并贡献于社会。如果一个人总是缺乏自知之明，人格结构内部总是前后矛盾，或过于自私和消极颓废，也是心理不健康的表现。

上述六个方面从心理构成的横维角度比较巧妙地涉及了心理健康的各个方面。然而，人的心理是不断发展的，心理健康的各个方面也常在心理发展的不同层面上体现出来，因此，很有必要从心理发展的纵向角度探讨心理健康的标准。

2. 心理健康的纵维标准

心理健康的纵维标准包括正常的生存需要、活动需要、爱和归属需要、尊重需要、发展需要、道德和审美需要。

（1）正常的生存需要包括生理需要和安全需要。心理健康的人珍惜生命、热爱生命、善于自理，有正常的饮食、睡眠、休息、性等生理需要。心理健康的人希望和平、安定、健康、有学习和工作保障等。

（2）正常的活动需要包括智力活动和身体活动的需要。心理健康的人喜欢从事学习、观察、记忆、思考、创造等智力活动，同时也喜欢从事身体锻炼和文化娱乐等活动。

（3）正常的爱和归属需要包括爱和被爱，归属某个群体的需要。心理健康的人能够给别人爱和接受别人的爱，渴望友谊和搞好人际关系，希望加入某个群体并被群体所接纳。

（4）正常的尊重需要包括自尊需要和他尊需要。心理健康的人自尊自重、惜荣誉，希望自己有稳定、巩固的地位，能得到别人的认可和高度评价。

（5）正常的发展需要包括成就事业和自我实现需要。心理健康的人有事业心、成就欲和理想目标，希望自己的潜能、特长和才华得到发挥和施展，从而成为自己想成为的那种人。

（6）正常的道德和审美需要，两者均属于高雅的精神需要。心理健康的人要求自己和他人遵守符合社会主流的道德规范，履行道德义务，有责任感、正义感和贡献感；追求现实生活和文化艺术中的美学价值，希望自己能够感受美、鉴赏美和创造美。

上述六种需要，在个体的社会化发展过程中，是逐步依次获得的，从而构成了以生存需要为基础，以道德和审美需要为顶端的需要结构。心理健康的人不仅具备这六种需要，而且善于处理好六种需要之间的关系。它们的关系是：互有区别，但不可截然分开；动态发展，却又相对稳定；依次递进，却又彼此制约，交互作用；相对于高层次需要，低层次需要具有基础功能，相对于低层次需要，高层次需要又有导向作用。不同的人，由于六种需要的比重不同而表现出不同的优势需要，同样一个人，在不同的情景下也可表现出不同的优势需要，从而构成人的个性差异的重要方面。

心理健康的横维标准和纵维标准既互相区别，又互相联系。横维标准是从静态的角度，对构成心理的各个侧面进行量度；而纵维标准则是从动态的角度，对推动个体心理发展的动力、基础，即需要层次的角度进行度量。前者侧重心理活动结果，后者侧重心理活动原因；前者提供保证和手段，后者提出心理愿望和目标。横、纵维标准所量度的目标统一存在于人的心理结构系统，它们相互作用，相互制约，从而使丰富多彩的心理活动"剧目"不断上演。心理健康的双维标准，有助于我们从横纵交差、动静结合、因果兼顾、目的手段统筹的立体视野更加全面地把握人的心理健康，有助于人们更加全方位地维护心理健康，优化心理素质，开发心理潜能和促进心理发展。心理健康各项指标是不平衡的，一个人不可能样样指标都健康或均衡发展，不能因其某项指标不健康，就妄下结论，应综合分析。

三、身心全面发展是现代人的共同追求

现代社会，人们越来越追求高质量的生活。高质量的生活包括高质量的物质生活和高质量的精神生活以及健康长寿。随着现代社会经济与科学技术的迅速发展，人类正享受着越来越富足便捷的物质生活，但同时，人类也面临着伴随社会进步而来的生活节奏的加快、生存竞争的激烈和人际冲突的频繁，增加了人们前所未有的内心矛盾和冲突，产生了心理适应困难等问题，心理健康问题日益成为影响人们生活的重要问题。据世界卫生组织对心理疾病患者在人群中比例的估计：19 世纪中叶是每 500 人中有 1 人，19 世纪末是每 200 人中有 1 人，20 世纪初是每 100 人中有 1 人，20 世纪中叶是每 50 人中有 1 人，20 世纪 70 年代是每 25 人中有 1 人，20 世纪 90 年代已是每 10 人中有 1 人。其规律是城市比农村的比例高，生产发达地区比生产落后地区比例高，发达国家比发展中国家的比例高。人们比以往任何时候都更关注自己的精神需要，渴望获得高质量的精神生活；更关注自己精神家园的美好构建，更关注人类自身的精神和心理健康的美好构建和健全发展。这是人类最根本、最本质的需求所在。良好的物质生活条件只是人类获得个性自由全面发展这一最根本、最本质需要的物质基础和前提。因此，评价人的生活质量的综合标准和根本准则，归根到底在于一个人在心灵上和精神上是否自在、充实、幸福，这在根本上将归结为一个人内心的心灵感受和精神状态，而与人的财富、名望、地位无关。这也正是建立一个健全和完备的心理健康体系最基本的出发点所在。

完美的人格或个性比知识和能力更有力量。知识与能力只有与良好的人格相结合，才能对社会做出贡献，同时，也才会增进个人的幸福。健全的人格以健全的心理为主宰，长期的健康心理也能塑造健全的人格。

四、心理健康有助于心智潜能的开发

每个人要达到全面发展，就必须注重自我潜能的开发，它是每个人真正的生命中心，是真正为每个人自己所拥有的无价之宝。从理论上说，人的潜能是取之不尽，用之不竭的，谁也不知道自己潜能的界限。通常我们的大脑只以其微不足道的一部分能力工作着，它被称为"沉睡在心灵中的智力巨人"、"有待开发的金矿脉"。

经济学家早就发现生产效率不只取决于物质条件和技术，在通常情况下最高效率

和最低效率之比为4:1，而通过有效激励的人常可提高到30:1。这还只是潜能中热情的激发，并不包括智力、创造力潜能开发所得的效果。世上没有无潜能的人，只有没有把潜能开发出来的人。人的潜能是世界上最有价值的资源，要让如此巨大的资源发挥作用，就要求人们具有良好的心理健康状况。提高人的心理素质的整体水平，有利于潜能的开发。潜能开发不仅需要每个人有更大的求知热情，也需要有更坚定的自信自强品质，高度紧张、快节奏的生活也需要高度的情感调节平衡。开发潜能和培养良好的心理品质是相互促进，互为前提的。

五、心理健康是人才成才的内动力

良好的心理素质对人才成长具有重要的作用。

（一）良好的心理素质是实现成才目标的方向指南

心理素质对大学生成才的影响，主要体现在心理活动的选择性上，如在支配和制约人选择行为方向方面，动机、信念、理想和世界观等心理素质起着重要作用。动机具有始发、定向、强化的机能，它将人的行为引导到特定的目标方向上去，使人为完成确定的目标志向作不懈的努力。信念促使人按照一定的观念和原则行动，成为实现奋斗目标的坚定意识倾向，从而规划着人的发展方向。理想是成才的奋斗目标，它使人有明确的努力方向。世界观是人对整个世界的看法和态度，是多种心理活动倾向性的最高调节器，它作为一种行动的指南，从根本上决定着人才成长的方向。一个人确立了科学的世界观，其行为就必然具有崇高的目标和正确的方向。

（二）良好的心理素质是人才成长的内在动力

满足祖国建设的需要、为中国社会的发展做贡献是成才的根本动力，这种动力只有被个体意识到并内化为心理素质，才能产生强烈的社会责任感和时代使命感，转化为自己的成长动机和创造精神，才能迸发出极大的积极性。一个人的追求、热情、兴趣、理想等心理素质可以表现为学习与创造的动机，成为促进成才的内动力。需要是动机产生的基础，是一切活动的动力源泉。理想能鼓舞人们为达到成才目标而艰苦奋斗，当理想转化为信念时，又会成为一个人生活的动力和行为的约束力量。推动人才成长的各种心理动力，是以热爱祖国、献身建设中国特色的社会主义事业的情操、理想和信念为核心的，具有这种心理素质，才能使人获得取之不尽的力量。

（三）良好的心理素质是人才成就事业的重要保证

成才的基本要求是充分发展智能和创造力，并成就事业，造福人民。这一要求只有在良好心理素质的保证下才可能实现，如果心理素质不良，智能将被弱化，创造力就会泯灭，从而阻碍人的顺利成长。无数事实证明，注重培养良好的心理素质对成才与成就事业具有重要的现实意义，是人成才与成功的重要保证。

第二节 心理健康的模式

一、如何判定心理建康

对于心理健康，不同的学者有不同的定义，但较为一致并普遍被心理学界认可的有两个：其一是指能够充分发挥个人的最大潜能以及妥善处理和适应人与人之间、人与社会环境间的关系，既包括有无心理疾病，又包括能否积极调节与发展自己的心理状态；其二是指在生活适应中均保持和谐与美满的状态。对心理健康的判定，不同的咨询流派有不同的判定标准，当前最常用的判定标准有以下三种：

（一）按心理分析与测验等方式来判定心理健康

在心理咨询与治疗中最常用结果分析与标准参照来判定人的心理健康，其方法有以下五种：

（1）统计分析：采用数理统计的方法，对财经群体进行调查研究，把居中的大多数归为心理健康，而位于两个极端的极少数诊断为心理不健康。

（2）社会规范法：也叫社会常模与社会适应法。心理咨询人员以社会行为规范与社会适应性标准来判断心理健康，将符合社会要求、道德法律规范及社会习俗的个体诊断为心理健康，而将超越社会规范、不能适应社会环境的称为心理不健康。这一方法的判定很难掌握，有明显的地理、社区与文化背景的差异。

（3）经验判断法：心理咨询人员根据自身的临床经验或书本描述的症状模式来判定人的心理健康。这一方法需要心理咨询人员有丰富的临床经验与敏锐的观察力。

（4）主观感受报告法：心理咨询人员主要根据当事人报告自己的近期心理感受或体验，对其交谈的语言进行分析与判定来诊断当事人的心理健康。

（5）心理测验：主要选择相应的心理量表对被试者的心理开展测验，将测验的结果与常模进行比较来确定其心理健康。

（二）根据心理活动的特征来判定心理健康

根据心理活动的特征来判定心理是否健康可从下述三个方面进行：

（1）心理活动与客观环境的同一性。心理是客观现实在人脑中的主观印象，正常的心理活动与行为假如在形式与内容上和客观环境保持一致性，那么人的心理是健康的；反之，当个体的心理与行为和客观环境不能保持一致，适应便出现障碍，心理亦失去平衡，心理的病态现象就出现了。

（2）心理过程之间的协调一致性。在心理健康的状态中，人的认知过程、情绪情感过程与意志过程均保持高度的协调一致性，形成一个完整与协调的统一体，当心理出现问题时，三者就会相互矛盾形成冲突甚至出现完全割裂的现象。

（3）个性特征的相对稳定性。个性包括个性倾向性与个性心理特征，它是个体的精神或心理面貌，反映个体的精神状态，在没有重大的外界变化的情况下一般不会改变。如果没有明显外部原因的影响而发生变化，表明人格的自我调节系统失去了平衡，人格发生了异常，可判定为心理不健康。

（三）根据财经人员心理发展特征来判定心理健康

财经人员的心理发展有其年龄的特征与发展的人生任务，根据这一规律，心理学工作者对财经人员的心理健康提出了六条判定标准：

（1）正视现实，适应环境。心理健康的财经人员对周围的世界有较为客观而有效的知觉，能面对现实，摆脱幻想，采取有效的方式解决自己的问题，能适应自然环境与社会环境的变化，有较强的社会生活适应能力。

（2）心理特点和年龄阶段的特征相符合。年龄特征是心理发展过程中各年龄阶段所特有的、一般的、典型的、本质的心理特征，最能代表一定年龄阶段的个体普遍具有的心理特点，使其与其他年龄个体有明显的区别。当事人的心理特点符合其年龄特征，出现相应的心理与行为，表明其心理健康；反之心理发展可能有问题。

（3）自我意识准确，能接纳自我。一个心理健康的财经人员有自知之明，能够体验到自己存在的价值，既能了解自我，接纳自我，承认自己的优点与缺点，又能不断发扬自我的长处，弥补缺点，有良好的自我意识，在社会生活中找到明确的心理定位。

（4）良好的人际关系。心理健康的财经人员乐于交往，能认可别人的存在，既有较高的情商水平，能正确认识与调节控制自我与他人的情绪情感，又有较高的协调人际关系的能力与水平，能同他人形成亲密关系，因此有良好的人际关系。

（5）心理协调，人格健全。心理健康的财经人员其行为有自觉目的性，认识与情绪过程和谐统一，具有健全的人格，其行为能适度反映当前环境的刺激。

（6）奋发向上，自强不息。心理健康的财经人员乐观积极，热爱生活、学习与工作，能作出对自我与社会均具有建设性的行为，能为自己未来的自我实现形成积极意义的生活态度与心理和行为模式。

二、西方心理健康模式简介

在西方的心理健康研究中，不同的心理学家提出了不同的健康模式，最常见的有如下几种心理健康模式：

（一）美丽而高贵的人

著名的心理学家特德·兰兹曼（Ted Landsman）在《健康人格》一书中谈到每个人都可以成为一个美丽而高贵的人，提出了美丽而高贵的人的心理健康发展的模式并提出需要具备的心理体验。

美丽而高贵的人的发展有以下三个阶段：

（1）热爱自我。学会真正喜欢甚至热爱自己，尊重、谅解与宽容自我，放弃自责自罪等苛责自我的心理模式。

（2）热爱环境。热爱并关心自己周围的自然环境，学会欣赏与享受自然，热爱自身生存的环境，对周围的环境能常见常新。

（3）同情弱者。能热爱别人，同情弱者，救助与关心那些受伤害或急需关照的人，学会与别人建立同情与亲密关系的能力。

要成为美丽而高贵的人必须具备下列相应的心理体验：

（1）不同年龄期的积极体验，在各种水平上体验高兴、愉快和狂喜。

（2）产生积极效果的消极体验，即痛苦的、挫折的甚至某些耻辱与失败的体验。这一观点有点像孟子的"天将降大任于斯人也，必先苦其心志，劳其筋骨，饿其体肤，空乏其身"；西方亦有一句名言，"不曾和泪啃过面包的人，没有资格谈人生，没有自己的生活，意味着没有人生"。要使人有魅力，挫折与痛苦的体验是必不可少的。

（3）对孤独的体验。

（4）真实的对话。寻求机会与你十分信赖的人交谈，无拘无束而不带任何狡诈与伪装。

（5）对超越的体验。

（二）自我实现的人

人本主义心理学家马斯洛（Maslow）认为一个心理健康的人是一个能最大限度地发挥自我潜能、充分体现自我存在价值、在超需要的驱动下达到自我实现的人。其模式有以下一些特征：

（1）客观有效地知觉现实。心理健康的人不把这个世界看成他们想要的样子，而是按照它的实际情况看待它，因此既不对周围的世界形成歪曲的知觉，又能按照外界现实作出高效率的适应性的心理与行为。

（2）全面接受自然，别人和自己。

（3）自发、单纯与自然。心理健康的人能公开而坦率，不但不隐瞒自己的情绪，而且诚实地表现它们，但是如果有青春期闭锁心理的人就不能做到这一点。

（4）集中注视他们自身之外的问题。

（5）独处和独立的需要。

（6）自主的活动。心理健康的人有在社会和自然环境中自主地活动的能力和偏爱。他们不再受缺失性动机驱动，因此不依赖外部世界，发展的动机来自内部，其发展完全依靠自己的潜能和内部资源。

（7）常见常新的能力。欣赏自我生活，能从平常经验中看出新意，不但有审美体验，而且新思想会层出不穷。

（8）神秘的高峰体验。心理健康的人能感受强烈的心醉神往、狂喜，对自己与周围世界充满着惊讶、兴奋与激动。

（9）对社会的浓厚兴趣。有强烈而深刻的深入感和慈爱之情，对他人的密切关注及能与人产生共鸣。

（10）良好的人际关系。

（11）民主的性格结构。不歧视他人，能容忍接受所有的人。

（12）手段和目的、善与恶的辨别力。心理健康者的目标与目的比达到目的的手段更重要，能正确区分善恶，明白是非与正误。

（13）创造性地生活。有独创、发明和追求革新的能力，不循规蹈矩，在生活的各个方面形成了创造性的风格。

（14）非敌意的幽默感。幽默通常分为四种形式：敌意性幽默，以刺痛别人为目的；优势幽默，以捉弄他人的缺陷（如生理缺陷）为乐趣；权威反抗行为幽默，以取笑他人父母或淫词秽语为方式的幽默行为；哲理式幽默，以揭示某种人生哲理的有教益的幽默。心理健康者的幽默常常以哲理式幽默为主。

（15）抵制文化的适应。心理健康者在一定范围内完全能够抵制社会的压力来思考与行动，保持着一种脱离社会文化的相对独立性。

（三）成熟的人

奥尔波特（Allport）认为一个心理健康的人拥有长远的目标，其行为与心理努力地指向未来，找到了人生有意义的建设性的目标，积极地追求自我的目标、希望与理想，是一个心理成熟的人。其标准有以下七条：

（1）自我感的扩展。心理健康者的自我不再局限于自我的世界，而是扩展到各种活动与思想，"真正参加了人类努力的某种重大领域"。

（2）与他人形成亲密的联系。心理健康者既富有爱的能力，又能对其他人充满同情，不过多地批判或谴责他人的行为。

（3）安全感。摆脱了对外界的不安全感和忧虑，很少感受到外在威胁，既能正视挫折，也能承认自我的情绪，体现行为的自由性。

（4）现实主义的知觉。不歪曲现实，客观地看待世界。

（5）技能与任务。心理健康者有积极乐观的人生态度、强烈的责任与使命感以及能为自己的职业与任务献身的精神。

（6）自我的现实化。有充分的自我认识，形成了正确的自我形象，建立了有效而客观的自我评价体系，因而能在社会生活中进行精确的心理与行为定位，作出与角色相适应的行为模式。

（7）统一的人生观与内在的道德心。行为不再受外在道德驱使，而受内在道德与自我的目与计划驱动。

（四）此时此地的人

皮尔斯（Pierce）是格式塔心理咨询的主要代表，他认为心理不健康的人不愿意生活在此时此地，要么生活在过去，对过去某时期的生活充满伤感，要么生活在未来，沉迷于幻想之中，把未来的想象当成现在来生活，逃避责任，不面对现实，寻找种种借口将责任推给外界与他人。因此皮尔斯写道："我干我的事而你干你的事。我在这个世界上不实践你的愿望，而你在这个世界上也不实践我的愿望，你是你而我是我。如果我们意外地彼此发现了，这是美妙的。如果我们彼此没发现，那也没办法。"这充分体现了皮尔斯心理咨询的思想，把心理健康的人看成立足于当前的存在，既不逃避现实，又敢于承担自我责任的人。有人将其心理健康的思想总结为如下 11 条：

（1）此时此地的人立足于当前的存在。心理健康的人注意的中心、意识与满足依靠现实世界的生活存在，而不是寻求所谓的未来的生活意义或目的。

（2）心理健康的人对于自己是谁、是什么样的人有充分的认识，既了解自己的优缺点，又有完全认识自我的潜能，能选择符合自己能力的理想与目标。

（3）能够坦率而没有压抑地表达自己的冲动和渴望。

（4）对自己的生活负起责任。心理健康的人有正确的成败归因，不把责任转嫁到外部不可控的因素。

（5）摆脱了对任何人所负的责任，心理健康的人不是为了实现别人的人生梦想。假如个体生活在穷于应付家人的期望之中，他就像毕生都在为别人的婚礼而穿着打扮，这是不健康的表现。一辈子都为别人负责任，那么什么时候负起自己的责任呢？

（6）完全处于自我和与世界的联系状态中。能清晰地体验到自我的感觉、情感，并能同周围的世界保持密切的接触，其意识不会被中间幻想搞得模糊不清。

（7）能够坦率地表达自己的怨恨。这一条标准鲜明地反映了皮尔斯的个性。马斯洛曾说过："皮尔斯是疯狂的。"因为马斯洛开始谈话时，皮尔斯突然趴到了地板上。许多评论家认为皮尔斯是一个丰富多彩而为人古怪的人，不管是用格式塔疗法指导试验班，还是追求相当于他孙女辈的少女都是成功的，他都带着兴趣、热情和快乐感。这表明他具有享受人生的天赋，即具有某种可以认为有充足生命力的东西。精神病学家谢佩尔德在《皮尔斯传》中写道："对我来说，他是一个完美的动物——不是在卑微的意义上，而是在高尚的意义上来说的。他可能是令人不快或是稀奇古怪的，粗鲁的或和蔼的，下流的或为人热爱的，廉价的或浪费的，然而他并不为隐藏其中任何一个方面而伤脑筋。"能不顾文化习俗与社会偏见，自然表现自己的爱与恨，不愧为磊落豪雄。

（8）摆脱了外部的调节。此时此地的人，不是力图实现自我的表象，而是表达和实现真正的自我，有了自我支持之后便抛弃环境的支持亦不再信任外部的规范或价值观念，反映着自己的实际面目，而不是反映某个别人认为他们应该如何做。

（9）反映当前的情境并被当前情景所吸引。其反应是灵活的和现实主义的，每时每刻均与外界现实保持完全密切接触的状态并能客观地感知情境的各个方面。

（10）没有被压缩的自我界限。自我界限是灵活的，是能够伸展和扩大的，这种开放性既适用于外部的自我界限（环境）和内部的自我界限（自我），自我没有被否定或压缩就能够运用自己的所有潜能。这正如马克思维尔·马尔兹在《你的潜能》一书中写道："你属于哪种人？这决定了你成就的界限，决定了你能做什么，不能做什么。改变你的自我意象，就能改变你的个性；发展你的自我意象，就可伸展你人生的深层空间，使你富有新的能量、新的才华和新的生命力。"因此自我界限不被压缩是潜能充分实现的必要条件。

（11）此时此地的人并不追求幸福。追求幸福是错误的，因为不可能得到幸福，幸福是一种心理状态。有人对幸福进行研究的结果排除了金钱、成功、健康、爱情等与幸福的关系，其结论是幸福的人有一种良好的心理状态，这就是明确地知道自己的生活目标并能感觉到自己正在向目标迈进。假如为了幸福而去追求幸福，注定要导致产生按游乐场的方式来制造乐趣的人造幸福，而这种幸福往往是不贴近生活与当前情境的。

（五）超越自我的人

意义疗法的创始人弗兰克（Frank）认为心理不健康的人是失去了人生的意义与价

值，抛弃对生活意义的探索，造成生活空虚，对生活感到厌烦、冷漠和没目的。人的本性不是探索自我，而是探索意义，人活着却不知道自己生活的目标，这实在是一件很可怕的事情，活着没有目标就会很痛苦，也很难承受外界对生活的挑战。因此弗兰克认为懂得为什么活着的人，无论什么样的生活他都能忍受。他提出了个体可以有三种方式来对自己的生活提供意义，即对世界提供某种创造物的方式、从世界中吸取经验的方式和对痛苦采取态度的方式。

要形成上述三种方式必须建立相对应的三种最基本的价值体系：创造的价值体系、体验的价值体系和态度的价值体系。创造的价值：在创造性活动和生产活动中，通过创造有形的产品活动、无形的思想活动或提供其他东西的活动向生活提供意义，专注于向世界授予。体验的价值：专注从世界索取，通过使自己沉溺于自然世界和人文世界的美好事物来体验有价值的生活。态度的价值：当我们遇到无力改变或回避的状态时，唯一合理的反应方式是认同，接受命运，忍受痛苦，保持尊严，作为完美人格的最后考验和测量。这正如奥尔波特在弗兰克的《人对于意义的探索》的前言中写道："他怎么能够在任何财物都丧失，一切价值都破灭，受着饥寒和暴行的痛苦，随时都在等着灭绝的时候，把发现生活价值铭记在心里呢？"或许正是这一人的生存支柱使弗兰克在失去父母、兄弟与妻子并在纳粹集中营中备受折磨，饱受死亡的威胁下得以生还的力量吧。

作为一个超越自我的人，他应该具有下列心理健康的特征：

（1）在选择自己的行动方向上是自由的。

（2）能亲自负责处理自己的生活和亲自负责实施自己能顶住自己命运的态度。

（3）不是被自己之外的力量决定。

（4）缔造了适合自己的有意义的生活。

（5）有意识地控制自己的生活。

（6）能够表现出创造的、体验的和态度的价值。

（7）超越了对自我的关心。

（六）坎布斯的心理健康的模式

美国心理学家坎布斯（Combs）认为心理健康的人应具有下列标准：

（1）积极的自我观念。能接纳自己，也能为他人所接纳；能体验到自己存在的价值，能面对并处理好日常生活中遇到的各种挑战，保持肯定的、积极的自我观念。

（2）积极地与他人认同。能认可别人的存在和重要性，既能认同他人又不依赖别人，能与别人分享爱与恨、乐与忧。

（3）面对和接受现实。能面对和接受现实，即使现实不符合自己的希望与信念，也能设身处地、实事求是地去面对和接受现实的考验，能多方面获取信息来把握事实真相并相信自己的力量。

（4）丰富的主观经验。能对自己及周围的事物环境有较清楚的知觉，很少有空虚、犹豫、惶恐与渺茫的感受。主观经验世界里已储备了各种可用的信息、知识和技能，便于有效地解决所遇到的问题，提高自己的心理与行为的效率。

（七）未来新人类的人

心理健康不但研究现实的人，也提出了未来人的健康特征的预测与期望，认为未来新人类应符合 12 个人格健康标准。

（1）对经验开放。具有开明、开朗与开放的人生态度，不仅对个人内在与外在的世界持经验开放的态度，而且对新的观察方法、生活方式及新思想与观念持开放的态度。

（2）拒绝伪善和欺诈。未来新人类将更坦诚真实而不矫揉造作，渴求真实的人际沟通，反对虚假、伪善与欺骗。

（3）对科学技术持怀疑态度。对目前科学技术被用来征服自然、控制人类有不满和怀疑情绪。科学技术的研究与开发应不以破坏自然、个体的生理与心理平衡为准则。人们将科学技术应用于自然已破坏了生态平衡，自然界以灾害等方式对人类进行了惨重的惩罚。

（4）追求生命的完整。未来人不喜欢支离破碎的世界，反对身心、智情等的分离，试图过一个健全的人生，重视个人的思维、情感、体能和心力的良好整合。

（5）渴求亲密的关系。寻求亲密，能与他人形成共享目的与志向的交往关系。

（6）重视生活的过程。人生是一个充满转变的过程，生活的变化不仅是可能的，甚至是不可避免的，在某个年龄时期我们可能被人爱与照顾，而另一年龄阶段却要我们负起某些责任去爱、去照顾周围的人或为事业而奋斗，但到了一定年龄，我们又得结束这种生活去开始另一种生活。重视生活过程、注意其周期节律的变化，有利于我们完成每一个人生阶段应该成的人生发展任务，达到生命的完整与幸福。

（7）热情地帮助别人。

（8）有强烈的生态意识。

（9）反对僵化的体制，反对因循守旧，追求创造性的生活。

（10）依赖自身经验。信任自己的经历，有自己的道德判断与价值体系，不随波逐流。

（11）不看重物质的享受。金钱和地位不是未来人的人生目标，对物质享受和报酬不再像我们今天的人那样拥有强烈兴趣。

（12）向往与追求精神生活。超越自我，寻求生命的意义，渴望人生中能达到宁静致远的境界，能体验到宇宙的和谐。

三、心理健康模式对我们的启示

从上述心理健康模式的探讨中，我们不难得到一些有益于心理健康的途径。这些途径对人生发展的指导，维护心理健康，预防心理异常，提高心理素质，有理论上与实践上的指导意义。从上述的健康模式中我们可得到下列几点启示：

（1）学会爱自己。爱自己其实是很困难的，许多心理不健康的人就是缺乏对自我的热爱，不能接纳自己而自卑、自损、自责甚至出现自残的现象。只有全面地接纳自我，对自己更宽容一些，更谅解一些，更尊重一些，更热爱一些，才会消除那种消极悲观的自我形象，形成积极、乐观与上进的自我形象。

（2）痛苦的体验并不一定就是心理不健康的来源，对痛苦体验的态度往往决定着这种体验对人的影响。我国有句古语："塞翁失马，焉知非福？"痛苦、挫折甚至耻辱往往是健康成长的条件，适当进行挫折教育不但可以提高对挫折的耐受性，还是人格魅力发展不可缺少的条件。

（3）学会为自己而激动。激动是推动个体健康发展的情绪动力，正因如此，年轻的财经人员对自我身体发展中的某个时期的充分陶醉与狂喜能促进外在自我形象的发展，促进角色化的形成。

（4）做一个成熟的人。年轻的财经人员既面临着生理的成熟，与此同时亦需达到心理成熟。如何对他们进行自我形象的设计，人生心理定位的完成，奥尔波特的理论模式为他们的发展设计奠定了基本的构架。

（5）做一个现实的人，不要生活在想象的世界里，这是皮尔斯的忠告。财经人员心理咨询的一个主要的任务是角色的社会化指导，社会化要求每个个体均应扮演好相应的角色，出现期待中的行为模式。因此财经人员对于我是谁，是什么样的人应有充分的认识，担负起自己生活与学习的责任，摆脱外部的干扰。

（6）寻找人生的意义，获取相应的人生意义的行为模式。活着这个问题是人们思考的主要问题，也是人生目标的重要条件。我们应明确"活着到底是什么意思"，进而形成人生支持，进行自我探索，尽快找到与个体最大限度的自我实现相一致的生活方式与价值体系。

（7）财经人员应思考未来人的个性与行为模式，对未来的社会进行预测与展望，制订符合未来时代特征的模式。未来新人类提醒人们不要迷信某些科学模式，心理健康的发展应注意人的心理的和谐与平衡状态，不适当的智力开发不但无益而且有害，应顺其自然，避免使用所谓"科学"的模式。

四、财经人员的心理素质要求

（一）豁达大度、包容忍耐的品格

财经人员必须有海一样宽阔的胸怀，豁达大度的品质，相容忍耐及谅解协调能力。比如，服务行业人员在工作过程中，往往会遇到少数顾客的不理解，不尊重，讥讽挖苦，甚至辱骂等，这时，财经人员就要心胸宽广，以相容的态度对待，善于团结人，协调好各方面的关系，做到"心底无私天地宽"。

（二）具有勇敢刚毅的性格

具有坚忍不拔、不屈不挠的顽强意志和无私奉献的精神。社会上许多财经行业的特点是：工作条件艰苦，充满各种困难、各种危险，工作负担重，工作不分时段，有时要加班加点，节假日难得与家人团聚，遇到特殊险情或意外要及时果断地处理。因此财经人员要有坚强的毅力、顽强的意志和奉献精神，面对困难敢于正视，知难而进，不畏惧，不回避，面对挫折不气馁，不悲观失望，不丧志。

（三）具有良好的人际沟通能力和群体观念

对于从事营销、窗口服务等的人员来说，少不了要与社会上各种类型的人交往，在交往过程中要注意交往策略，并能熟练地运用这种策略，成功地适应、协调与处理各类人际关系。与人交往时注意倾听他人的意见，善于揣摩顾客的心理状态，对群众的需要给予关心，对于自己的见解要善于表达，态度诚恳，措辞谨慎。只有在群体中相互交往，付出真情，才能得到群体的及时支持。个体对群体爱之越深，求之越切，支持感就越强烈；反之，个体对群体缺乏深厚感情，冷若冰霜，无所乞求，支持感就淡漠，碰到困难时就会孤独无援，陷入苦闷抑郁之中而不能自拔。因此培养群体观念也是必不可少的。

（四）稳定乐观的情绪

当前，各行业都存在着竞争的压力，财经人员要不惧任何困难和风险，在紧要关头保持自制力，在高度紧张和疲劳的情况下，善于控制自己的情绪，顽强地完成任务。人们常常会感到：在情绪良好的状态下工作会思路开阔，思维敏捷，解决问题迅速；心境低沉或郁闷时则思路阻塞，操作迟缓，失误增多，无创造性。财经人员应该学会发现、挖掘事物的光明、积极面，使自己在任何艰难困苦的情况下，不消极悲观、灰心丧气，始终保持乐观的态度。生活中的逆境会令人苦恼，但如果把它看成对自己的磨炼和激励，就能提高心理耐受力。

（五）广泛的兴趣爱好

兴趣是人精神生活的重要方面，与人的心理健康有密切关系。兴趣广泛，会使人感到生活充实，增加对生活的热爱；兴趣贫乏，会让人的生活变得单调，因而感到烦闷无聊。对于行业流动性大、远离城镇、人际交往范围小而固定的财经人员来说，若个人兴趣爱好广泛，工作之余能适当安排一些调节心理、精神方面的活动，对消除工作的紧张疲劳感有着积极的作用。

（六）具有不苛求环境、他人和自己的良好品质

人对环境的选择总有一定限度。环境一方面为人的生活活动提供了现实的天地，同时又制约人的活动；另一方面，人的生活活动可以改变环境，从而获得潜在的新天地。由于生产力的发展，社会分工很大程度上并不以个人选择为前提，即使在高度现代化的社会也是如此。有的行业工作环境异常艰苦，这就需要财经人员善于适应环境，不苛求环境。人在很大程度上不能自由选择环境，也不能自由选择自己的群体成员。他人与自己一样有选择、保护、防止他们个性、习惯、兴趣和观念的权利。社会上部分行业财经人员的交往范围比较局限，因而，不能苛求自己的群体成员，也不能苛求社会其他成员，更不要苛求自己。不苛求自己就是灵活地对待自己，正确地对待痛苦与快乐、成功与失败、烦恼和幸福，不因受到挫折而责怪自己无能，应找出原因，对自己采取灵活的态度，重新确立发展的目标和方向。

（七）强健的体魄

现代社会竞争激烈，各行业工作任务艰巨，工作责任重大。有的行业工作环境差，这就要求财经人员必须具有良好的身体素质，强健的体魄，才能以充沛的精力投入工作。同时，健康的体质是心理发展的物质基础，因此，财经人员应注意体格的锻炼。

第三节　心理咨询理论简介

一、心理咨询及特征

（一）什么是心理咨询

在英语中，咨询的单词是"Counsel"，即商议、评议、劝告、忠告等，意思是心理咨询人员通过与来访者的商议给予其某种劝告或忠告的过程。因此，心理学常将心理咨询定义为：咨询是一种人际关系，在这种关系中，咨询师提供一定的心理气氛或条件，使来访者发生变化，作出选择，解决自己的问题并成为一个有责任感的独立个性的人。因此，心理咨询的实质是帮助来访者发现自己的问题及根源，帮助来访者意识到自身的力量，弄清自己的行为和生活，帮助来访者对自己的现状和未来作出决定，从而提高对生活的适应和环境调节的能力。

（二）心理咨询的特征

心理咨询具有以下特征：

1. 心理咨询的对象不是精神病人

这是心理咨询和心理治疗的主要区别。具体说来，心理咨询的对象应该是神志清晰、判断力、理解力正常的人（精神症状明显、有意识障碍或迟到的病人不适用心理咨询，但这三种病人的亲属可以代病人咨询；处于恢复阶段的精神病人或神经症患者可以是心理咨询的对象）。

2. 心理咨询双方具有互动的交流

首先，咨询者要充分理解咨询对象那种满怀期盼又心存顾虑的矛盾心态（一方面希望咨询者能给自己解决困难，另一方面又怕咨询者学识浅薄或不耐心，解决不了问题），要耐心倾听，然后细微地分析和判断，提出中肯的建议，不要强加于人。其次，咨询对象要如实提供资料，如实回答咨询者提出的各种问题，同时要认真听取和思考咨询者提出的分析和建议。这个双方互动、互相促进的过程，是心理咨询获得成功的必要条件。

3. 心理咨询的个性化

由于咨询对象的个体差异十分突出，例如性别、年龄、文化程度、职业、个人经历、家庭环境和情绪表现各不相同，因此，咨询者除把握问题共性即一般相类似的方面，更重要的是把握其"与众不同"的特点，这是获得良好效果的关键。

4. 心理问题的社会性

心理问题或心理危机是在现实的社会环境中产生的，脱离不开当时当地的环境因素。心理咨询过程中要联系复杂的环境因素，加以实事求是的具体分析，才能提出切实可行的建议。同时，心理问题，尤其是心理危机的消除，还得依靠社会支持系统，为咨询对象找出可以利用的社会力量。

5. 心理咨询的渐进性与反复性

心理咨询是在双向交流中双方认知活动获得改变和提高的过程。由于咨询对象个体差异等原因，其理解和吸取咨询者意见或建议的能力不尽相同，咨询者应有超常的耐心，循循善诱地启发，不可急于求成。要让咨询对象理解每个建议的实质，然后自己主动去决定或判断，千万不要代替咨询对象作决定。

心理咨询过程中，有时咨询对象对同一个问题会产生多次反复的思考，多次前来咨询，咨询者要有耐心，并抓住起伏和渐进的特点，巩固和扩大咨询效果。

6. 心理咨询和心理治疗既有区别，又有联系

两者的区别在于以下两个方面：

（1）对象不一样。心理治疗的对象是病人，即有心理疾病（心理障碍或称精神障碍）的病人；心理咨询的对象却以正常人为主（包括有心理问题、产生心理危机的人，症状较轻或恢复期的精神病人及其亲友）。

（2）目标不一样。心理治疗和药物一样，直接对病人产生作用，帮助其恢复健康；心理咨询则主要是帮助正常人维护心理健康。有时是直接帮助有心理障碍的人，有时是（通过前来咨询的病人亲友）间接地帮助病人。

两者的共同点在于以下两个方面：

（1）有共同的目的，心理治疗和心理咨询所遵循的理论和方法是一致的，都是为了达到心理健康。

（2）有基本相同的方式，都是通过语言以谈话的方式帮助求询者解决问题。实际上，如果咨询对象就是有心理问题的人，那么通过一次或多次谈话，使咨询对象的情绪得到松弛、疏导或发泄，而加上咨询者耐心的倾听、细致入微的分析和建议，本身就是在进行心理治疗。

二、心理咨询理论简介

心理咨询使用何种咨询理论与技术不但与来访者的心理问题有关，而且取决于咨询师的价值观、人生观、受教育的内容以及其生长的环境与个性特征。由此在心理咨询中会遇到来自不同心理咨询派别的理论、技术与方法。本节将主要介绍人本主义的心理咨询、精神分析的心理咨询、认知心理咨询、行为主义的心理咨询和格式塔的心理咨询。

（一）人本主义的心理咨询

人本主义心理学是西方心理学的一个重要派别，其主要代表人物是奥尔波特、马斯洛和罗杰斯。人本主义心理学是一种积极的人性观，提出从人的主观意识本身出发，反对用行为主义的环境决定论和刺激反应而形成的尝试错误来解释人的心理，也反对精神分析用无意识动机决定论来说明人的意识。它拒绝任何割裂整体的分析，呼唤从整体上理解人的动机和人格，重视人的意识所具有的主动性和自由选择性，认为人的意识能超越社会文化的界限，具有创造与发展的可能性，人能根据自己的意向确定自身存在的意义。有人把人本主义心理学叫作心理的"第三势力"或"第三思潮"，甚

至把它的观点归结为"人人都是自己的建筑师"。

1. 人本主义把心理异常的原因归因于潜能与价值受到压抑而不能发挥出来

人类具有了解自身存在和建设性地改变自身行为的巨大潜力，具有自我实现的基本行为倾向。在某种特定的情况下，如得到爱、关注、尊重及心理需要得到满足，作为巨大潜力的心理能量就会朝建设性渠道释放，产生有益于社会与个体的建设性行为，心理得到正常而健康的发展。假如某种特定的环境使个体的需要长期得不到满足，爱与尊重、潜能与价值受到歧视，那么作为巨大潜力的心理能量就会朝破坏性渠道释放，产生有害于社会和个体的破坏性行为，心理就会异常。这正如有的青年人的人生格言是"不能流芳百世就要遗臭万年"。他们不能成为邻里的优秀青年，定会成为街道的恐怖分子。因此在咨询中不要针对当事人所面临的各种问题，而是使其在和咨询师建立真诚的相互关系中，重新体验自我的矛盾与冲突，以促进潜能实现。咨询师的任务是努力了解当事人的现象世界并改变其现象世界，树立良好的自我形象，达到重新的自我实现，找到实现自我的建设途径与方式。

人本主义在咨询时要注意如下四个方面：

（1）实现的趋势。人类和所有生物均有一种不断发展、增长和延续其机体的趋势，在适当的条件下这种趋势会克服各种困难而实现，但在某些个体的成长发展环境中存在无数妨碍其实现的因素，被这些生理和心理有害的因素包围的个体将使其实现趋势受阻或完全停顿，产生一些歪曲的、奇特的、不正常的行为，对社会形成具有破坏性而不是建设性的力量。咨询师应注意如何让当事人抛弃这些有害的因素，重新回到实现趋势的心理状态中。

（2）自我概念。罗杰斯把个人对自己的了解和看法称为"自我概念"，它具有以下四个特点：

①自我概念是对自己的知觉，它遵循知觉的一般原理，如一个人在群体中把自己看成什么样的人，把周围的人看成什么样的人以及认为他人把自己看成什么样的人，通过知觉的规律而在心中形成一个自我的形象。

②自我概念是有组织的、连贯的、有联系的知觉模型。自我并不是由许许多多不相干的条件反射组成的，它是一个有组织的整体。如个体的自我概念是一个身体健康的自我时，它就必须是精力充沛、脸色很好；反之，就会是身体不健康的自我。

③自我不是指存在于我们心理中的另一个人，更不是心理内部的一个小人，而是指那些关于并能表征自己的经验。它不但能判断自我的真实与虚假、自我处于哪一层的意识，还能对自己目前的状态和未来发展作出解释、判断、完善和改变。

④自我虽然也包括潜意识的东西，但主要是有意识的或可以进入意识的东西，能被自己所觉察与体验。自我概念的僵化与刻板不利于个体对新环境的适应，咨询将改变其自我概念，使其不至于歪曲或产生自我概念之间（理想自我与现实自我）的矛盾与对抗。

（3）体验。咨询中让当事人充分体验，当注意力集中于以往被否认的体验，用接纳的态度对它进行充分体验时，就会给咨询带来很大的变化。

（4）不协调。即机体的体验和自我概念之间的不一致，这一现象发生时，实现的趋势就会混乱或向两个方向发展。假如一个个体既想拥有家族的价值观念又想拥有自己的价值观念并且两者大相径庭时，行进的步伐与自己的人生鼓点就会很不协调，造成情感和理智的脱节，亦是心理冲突与焦虑的根源。分析这种不协调有利于建立新的协调。

2. 人本主义心理咨询要解决的中心问题

人本主义心理咨询要求通过咨询过程能让当事人解决下列问题：我在什么程度上意识到自己是谁？我应该成为什么人？如何识别出自我？我在多大程度上具有选择自己道路的自由？我如何寻找自己的生活目标？我将如何来重新塑造未来（理想化）的自我？在咨询中咨询师与当事人常常会围绕下列主题展开讨论：

（1）自我意识。让当事人置身于自我之外来思考自我的存在，弄清如下问题：

①我是有限的。

②我对自己的潜力能有行为的主动权。

③我能部分地决定自己的命运。

④我是独立的，但有与社会和自然进行相互交往的需要。

⑤意义是我寻求和创造一个目标的结果，要过有意义的生活，就必须首先找到一个目标，一个能够自己一辈子奋斗的目标，这一点对青年人来说尤其重要。只有有目标的生活才是健康充实的生活，否则就体验不到人生的意义。

⑥存在焦虑是生活的基础，个体应负起选择生活的责任。

⑦体验并意识孤独、无意义、空虚等心理现象有时对个体来讲是正常的。

（2）自由与责任。我的一切均应由我决定，我必须利用选择的自由来选择自己的生活、思想、观念甚至情感方式，承担指导自我的生活、塑造自我命运的责任。

（3）需要。当事人在过去某个时候因心理需要得不到满足，所以就无法以一种负责的态度来生活。因为无法在真实的世界里满足自己的需要，于是突然地或渐渐地开始否认现实并进入了自己想象的世界里，这一点导致青春少女的白日梦现象、青年人的遁世以及看破红尘、悲观厌世的行为，因此在对青年人的教育中要引导其了解与评价自己的需要并学会适当满足自己的合理需要，是心理正常发展的必要条件。

（4）存在的勇气。如果没有存在的勇气，当事人就在自己周围的某些重要人物那里寻找自己的方向、答案、价值观和信仰。把自己的存在植根于别人的存在，按照别人的期待行事，如青少年的追星现象及信仰危机问题在于没有作为个体独立存在的勇气，因而在心理上总是依附于其他人，独立性与成人感均受到很大的影响，不能独立决定自己的事情，承担自己行为的后果与责任。

（5）孤独的体验。

（6）联系的体验。人类总是在社会中生活，与别人的关系必须建立在自己独立的基础上。马斯洛要求自我实现的人要做到以下内容：

①能否在集体允许的前提下，有限度地发挥自己的个性。

②能否在社会规范的范围内，适度地满足个人的基本需要。

③即使在不受欢迎、孤立无助的情况下，仍充满活力，以坚持不懈的努力来支持自我作出的合乎道德的决定。

因此当事人既要与周围的自然与社会环境建立亲密的联系，又必须学会独立于环境的压力之外。

（7）寻求意义。意义是人生的支柱，要求来访者对自己的问题进行检索以获取人生的意义。在咨询过程中，咨询师要求当事人弄清下列问题：

①我有自己的生活方向吗？

②我对自己的生活方向满意吗？

③我对自己的现在和将来是否感到满足？

④我是否在积极地工作，做与自己的理想更接近的事？

⑤我知道自己想要什么吗？

（8）放弃不合时宜的价值观念。价值观是个体心理发展及生活的主要导航系统，帮助当事人在现有条件下构建新的价值体系。

3. 人本主义心理咨询的目标

心理咨询是一个学习与人格成长的过程，它必然要在咨询下获取相应的经验以达到人格的重建与行为的塑造过程。人本主义心理咨询的目标可归结为以下八个方面：

（1）使愚者变得更有自知之明，对自己的内在世界有更充分的认识，自我否定和歪曲相对减少。

（2）当事人对自己的行为更能承担责任，能容纳自己的感情，不再谴责自我、他人与环境。

（3）当事人能认识和掌握自己的内在力量和能力，不再在生活中扮演退缩和无能的角色，承认自己具有改变自己的能力。

（4）弄清自己的价值观，对自己的问题有清楚的认识，自己能找到解决冲突的办法。

（5）当事人对自我相互矛盾的和彼此分裂的方面能有机地统一为一体，能正视、承认和接纳它们，并将其整合为一个完整的自我。

（6）当事人有勇气为自我再开辟新的道路，将自我的生活导入许多带有未知因素的现实与未来的世界中。

（7）当事人更加相信自己，愿意在自己选择的道路上发展自己。

（8）当事人对作出选择的若干可能性更清楚，愿意作出选择并预见其后果。

（二）精神分析的心理咨询

精神分析一开始就被广泛地应用于心理治疗与咨询之中，这一理论体系在今天的财经人员心理咨询中仍有很大的指导价值。

精神分析的心理咨询的主要代表人物有弗洛伊德（Floyd）、荣格（Jung）、阿德勒（Adler）、霍妮（Horney）等，其理论基础是潜意识理论，将心理异常的根源归结于压抑在潜意识中的过去经验与本能冲动的活动。因此有人把精神分析称作人是过去的经验与本能的奴隶。

1. 精神分析对心理异常的解释

弗洛伊德认为许多的心理病态的发病原因主要根源于压抑在潜意识内的某些本能欲望、意念、情感、矛盾情绪与精神创伤等因素，这些被压抑的东西，虽然不能被自我意识到，但能引起患者的焦虑、紧张、恐惧、抑郁与不安。由于潜意识的内容与意识的内容属于不同的心理层次，这种相互矛盾的心理状态由于患者不能领悟与控制，因此以心理障碍的方式表现出来。对其解释的主要理论有以下几种：

（1）潜意识理论。弗洛伊德认为人的意识构成有以下三个层次：

①潜意识，指人的本能冲动。被压抑的欲望和本能冲动，具有强大的心理能量。荣格把它看成生命中一切行为变化的基础，总是按照快乐原则去行动，追求对生物需要的满足。

②前意识，指无意识中可召回的部分，人能够回忆起来的经验，它是潜意识和意识的中介环节。

③意识，心理的表层部分，是同外界接触直接感知到的心理现象。

意识要求个体满足社会的要求，而潜意识要求个体满足生物的要求，因此两者相互矛盾，使个体的意识行为与潜意识行为冲突而带来对经验的歪曲。按弗洛伊德的意思，如果有人说"我爱你"或"我爱我的祖国"，尽管事实上他完全相信自己说的是实话，但也许是一派胡言，只不过是某种权力欲、成功欲、物质欲的合理化而已。这里可能不包含（常常是没有）任何爱的因素，也许潜意识有的只是恨。这一点表明意识中爱得越深，潜意识中恨得越深，因此意识中说我爱你，而潜意识中可能在说我恨你。下述是意识和潜意识常见的冲突：

意识中的自由——潜意识中的不自由；

意识中的良心——潜意识中的罪恶感；

意识中的幸福感——潜意识的沮丧；

意识中的诚实——潜意识中的欺诈；

意识中的个人主义——潜意识中的易受暗示；

意识中的权力感——潜意识中的无权力感；

意识中的信心——潜意识中的犬儒主义和信心丧失；

意识中的爱——潜意识的漠不关心或者恨；

意识中的积极——潜意识的心理被动与懒惰；

意识中的求实——潜意识的缺乏求实感。

上述矛盾带来心理的冲突，造成心理不平衡而导致心理问题。

（2）人格结构论。人格是按层次形成的，第一层次是本我，指最原始的、与生俱来的潜意识结构部分，它像一口本能和欲望沸腾的大锅，具有强大的非理性的心理能量。它要求个体按快乐原则满足自己的生物快感，完全按这一方式去行动，人将为卑微的生物人。第二层次是自我，它是人格中的意识结构部分，是来自本我经外部世界影响而形成的知觉系统，它代表理智与常识，按现实原则去行动。第三层次是超我，即人格中最文明、最道德的部分，如良心、自我理解，按照社会理想原则来指导自我达到至善的境界。假如三种人格层保持平衡，就会实现人格的正常发展；反之心理就会发展异常。

（3）情结决定论。个人无意识有一种重要而又有趣的特性，那就是一组一组的心理内容可以聚集在一起，形成一簇心理丛，这就是情结。情结最早是在心理治疗中的联想测验中发现的。咨询师把一张词汇一次一个地读给病人听，并要求病人对首先触动其心灵的词作出反应，而这需要很长时间。由此推论，无意识中一定有成组的彼此联结的情感、思想和记忆，任何接触到这一情结的语词都会引起一种延迟性反应。这种情结深深地植根于来访者的心理病态中，左右并支配着个体执著地沉迷于某种东西而不能自拔，像强迫行为。常见的情结有恋母仇父或恋父仇母情结。例如恋父情结可能是某一女性对于父亲所说和所感觉的一切极为敏感，在她心目中父亲的形象总是居于首位，并做出与父亲相应的一切行为，即使找对象也要找一个与父亲在某些方面相似的男性，将其作为父亲的替代。这里有一个例子，一女性总是结婚后由于不能忍受丈夫的坏脾气而离婚，但又去找一个脾气更坏的男性，因此整个婚姻就周旋于去找到一个更比一个脾气坏的丈夫，生活在总是结婚后马上离婚的循环往复的生活过程中。她自己也不知道为什么她要找一个更比一个脾气坏的男性，通过分析发现正是被她强烈的恋父情结所驱使的，因为她父亲的脾气坏得叫人难以忍受。

2. 自我防御机制

自我防御机制是自我用来应付本我和超我压力的手段。当自我受到本我和超我的威胁而引起强烈的焦虑时，自我将无意识地激活一系列的心理防卫，以某种歪曲现实的方式来保护自我，缓和或消除痛苦。在咨询中常常要对来访者的自我防御机制进行分析，使其认识自我防御的积极与消极以及是否防卫适度。个体最常用的心理防御机制有以下几种：

（1）合理化。无意识地用一种似乎合理的解释或实际上是站不住脚的理由来为其难以接受的情感、行为或动机辩护，以使其自我相信并加以接受，保持心理平衡。例如甜柠檬心理与酸葡萄心理。在《伊索寓言》中有一个故事，一只饥饿的而爱吃葡萄的狐狸，一天发现了很多成熟的葡萄，可是想吃却吃不到，心里很难受，于是它忽然想起说不定这些葡萄是很酸的，而酸的葡萄我是不想吃的，于是心情愉快地离开了。这就是一种酸葡萄的心理。人也有同样的情况，当人想得到而得不到某种东西时，则往往把它说成是坏的。在恋爱中，当恋爱失败后，一方往往拼命地诋毁另一方，说另一方的坏话同样是酸葡萄心理。另一种现象是甜柠檬心理，当有些东西自己不愿接受但又不得不接受时往往将其说成好的。像有的男青年自己找了一个难看的妻子又不得不接受时，往往会逢人就说他妻子体贴温柔心好。至于是否真的是这样，只有他自己知道，也只要他自己相信就行了，以此来保持心理平衡。尽管妻子不漂亮，但心很好，以此来弥补在人生中没有美妻陪伴的缺憾。

（2）压抑。把意识所不能接受的观念、情感或冲动抑制到无意识中去，如动机性遗忘现象。

（3）移置。无意识地将指向某一现象的情绪、意图或幻想转移到另一个对象或替代的象征物上去，以减轻精神负担。如母亲把大儿子打了一巴掌，大儿子会去把母亲的小儿子打一巴掌，大儿子心里很舒服，感觉轻松多了，这种现象就是一种移置。

（4）投射。将自我不能接受的冲动、欲望和观念归因于客观或别人。如有的学生自己没有考好却将原因投射于老师没有出好题，由于老师题出得不好，自己考不好是理所当然的，就心安理得了。

（5）反向行为。将无意识中不能被接受的欲望和冲动转化为意识中相反的行为。

有的大龄青年找不到对象，因而表面上表现为对同龄异性不感兴趣的现象。

（6）抵消。一个不能接受的行为象征地而且反复地用相反的行为加以显示，以解除心理的焦虑。如小孩摔痛了，往往将绊倒他的物体拍打一下以抵消其痛苦。

（7）升华。把为社会不能接受的冲动和欲望的能量用于社会所能接受的活动中。如将自恋转为艺术，一个女孩希望把自己的身体作为一种艺术来欣赏，正常情况下社会是不能接受的，但一旦转为当模特就被社会接受了。

（8）认同。无意识地取他人之长归为己有，作为自己行为的一部分去表达，借以排除焦虑与适应的手段。如有的青年人自己无成就而去追星的现象，过去那种所谓"只要有个好爸爸，不用学习数理化"均属于认同现象。

3. 精神分析咨询的主要技术手段

精神分析学者相信让病人尽情吐露内心的矛盾，尤其是一些难言的隐私，通过精神分析上升到意识层面，例如病人通过感知理解后就能治愈或减轻心理症状。因此在咨询中鼓励来访者用语言来表达潜意识中的思想或情感，经过分析和联系推论出来访者在潜意识中的思想或情感、在潜意识中存在的矛盾或内心冲突。咨询师对来访者谈话的解释与指出其所述内容的真实的无意识动机，让来访者达到领悟、克服其防御反应、重建新的行动。常用的咨询方法有交流分析法、领悟心理治疗、阿德勒疗法、梦的解释、自由联想法、暗示与催眠和疏泄疗法等。下面以梦的解析为例，说明其是如何促使来访者对潜意识的欲望与冲动进行领悟的。

弗洛伊德认为与梦境有关的内容有以下三类：

（1）睡眠时躯体受到的刺激，如睡中太渴，会梦见自己在沙漠里找水。

（2）日间活动残迹的作用，如"日有所思，夜有所梦"。

（3）潜意识内容的反映，潜意识的东西往往以梦境的方式在人脑中显现，对其分析能发现潜意识中的欲望、本能与冲动。这些往往以某种伪装的方式出现，对其解释来发现做梦者被压抑在潜意识内的那些矛盾冲突，促使其领悟致病的情结。

常见的梦的伪装形式有象征化、移植、凝缩、投射、变形和二次加工等形式。有一位妇女患了神经症向弗洛伊德报告了她的梦，在梦中她在客厅中想点燃蜡烛照明，却无论如何不能将这根蜡烛竖立在桌面上。梦中她采用了象征的手法，将蜡烛不能竖立在桌面上象征她不能使其丈夫的性无能改变，其潜意识的痛苦是丈夫不能使她得到性满足。这位妇女领悟了原来她的心理问题是起因于丈夫的身上，解除了潜意识的焦虑而使病态消除。

（三）认知心理咨询

1. 认知心理咨询的主要观点

认知心理学认为人的情绪、情感、动机和行为主要决定于认识活动，包括感性认识和理性认识。其咨询观点是将来访者的不良情绪及行为看成其不良认知和思维方式的结果。所谓不良认知，是指歪曲的、不合理的、消极的信念或思想，它们往往会导致情绪障碍和非适应性行为。咨询的目的就在于改变这些不合理的认知，使其情感和行为得到相应的改变。

2. 贝克的认知咨询

贝克认为人的情绪障碍不一定都是由神秘的、不可抗拒的力量所产生，相反它可以从平常的事件中产生，像错误的学习、依据片面的或不正确的信息作出错误的推论以及不能妥善地区分现实与理想之间的差别，因此改变不正确的刻板的思维模式是防止心理异常的重要方面。人的一切烦恼与痛苦均来自自我的认知歪曲，贝克认为这种歪曲有以下五种形式：

（1）选择性概括：仅根据某一细节而不考虑其他情况便对整个事件作结论。

（2）任意推断：在证据缺乏或不充分时便草率地作出结论，像"我是不幸的人，连看场电影电影院都关门"。

（3）过度引申：在单一事件的基础上作出关于能力、操作或价值的普遍性结论，有时常常是从一个琐碎事件引发出结论。

（4）夸大或缩小：对客观事件的意义作出歪曲的评价。

（5）黑白思维：也叫全或无思维或极端思维，即要么全对要么全错，把生活看成非黑即白的单色世界，不能按具体的情景作出不同的思维与评价标准。思维应该灵活多变，而不要抱着一个刻板僵化、一成不变的模式。

对上述的不良认知，贝克认为可以采用认知转变技术。其具体方式有如下几种：

（1）识别自动性思想。自动性思想是介于外部事件与个体对事件的不良情绪反应之间的那些思想，大多数人并不能在意识到不愉快情绪之前就存在着这种思想。例如有一个女孩今晚上要进行第一次约会，她可能显得局促不安，害羞，难受，甚至穿什么衣服，露出什么表情在约会前就存在了，她是否会约会愉快就取决她的自动性思想。假如她认为要使男朋友看得上，自己非得在第一次约会中显得不舒服才行，正因为这种思维模式使她对一件愉快的事情却出现不愉快的情绪，因此咨询师可采用提问、指导，使来访者想象来识别自动性思想。

（2）识别认知性错误。焦虑和抑郁往往采用消极的方式来看待和处理一切事物并带有悲观的色彩，《红楼梦》中的林黛玉曾在阳春三月上演了黛玉葬花的一幕，把充满生命景色的春色看成生命的凋零，联想到"侬今葬花人笑痴，他年葬侬知是谁"。在咨询时要让来访者不断地转换看问题的角度，培养其发散思维的能力来识别认知错误。

（3）做真实性检验。识别认知错误之后，便同来访者设计严格的真实性检验，在社会现实中检验并阻止错误观念。请看图2-1（a）。

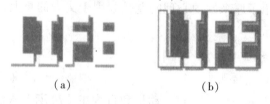

（a）   （b）

图2-1　有趣的图形变化

你看出这是一个有意义的图形了吗？当给它罩上一个方形的框后，如图2-1（b）所示，你就能把它看成有意义的图形了。这就是你的自动性思想，从实验中表明，你在对这个图形反映之前就形成了你的思维模式，白底写黑字，但为什么你不考虑黑底可以写白字呢？假如在黑板上你可能一点问题都没有，因此自动性思维是一种刻板、僵化的、不适应外界的变化的模式。

（4）去注意。青年人很容易感到他们是人们注意的中心，他们的一言一行都受到他人的评头论足，因此他们一直认为自己是脆弱的、无力的。这造成青春少女的想象观众，即在心目中认为有许多人在观察她、注意她。可设计一个实验让少女打扮得漂漂亮亮，站在街头上并要求她记录被注意的次数（如回头率），可能她会发现很少有人会注意她，原来她并不是观众关注的焦点，其实以前那么多的观众都是她想象出来的。

（5）监察苦闷和焦虑水平。焦虑者往往认为自己的焦虑会一直不变地存在下去。但事实上，焦虑的发生是波动的。如果他认识到焦虑有一个开始、高峰和消退过程的话，那么人们就能够比较容易地控制焦虑，因此对焦虑进行自我监控，认识焦虑波动的特点有利于焦虑的消除。

（四）行为主义的心理咨询

行为主义的心理咨询是以学习理论为指导的，认为人的行为是通过后天的学习获得的，不好的或不符合社会要求的、不正常的行为都是在不利的环境条件（不适当的强化与奖励）影响下某种不适当学习的结果。通过发现和改变不利的环境条件，采取一定的教育、强化和训练等措施，可以改变人的不正常行为，达到重新适应环境。其改变的技术主要有系统脱敏法、厌恶法、暴露法、冲击法、行为塑造法、示范法及放松训练等。下面仅就行为咨询的过程、如何进行行为分析及行为咨询计划的制订三个方面的分析来了解行为咨询。

1. 行为咨询的过程

（1）了解来访者适应不良与异常行为产生的原因。心理异常往往由许多生物、社会、心理等方面因素的影响，图 2-2 是行为异常的生物、心理及社会因素影响的模式。

（2）确定来访者异常行为的主要表现，确定需要改变的靶行为。

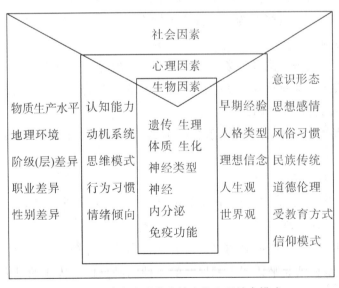

图 2-2　病态心理发生的生物心理社会模式

（3）向来访者说明行为改变的目的、意义和方法，以求达成良好的咨询同盟。

（4）采用专门的心理咨询技术或配合药物与器具将咨询的方案付诸实施。

（5）根据行为治疗技术的性质及来访者行为改变的情况，分别给予阳性强化或阴性强化。

2. 如何进行行为分析

行为分析是行为咨询的首要环节，不能确定来访者的靶行为，行为咨询技术就无法实施。行为分析就是对个体的不适应行为进行评估，寻找有关的强化因素以决定行为治疗计划的过程。行为分析一般分以下三个步骤：

（1）对来访者行为异常的症状进行准确评价，可以通过直接观察，也可以通过其对自己思维、情感体验与生理反应模式的描述来评价。此外还可以根据下列标准判定：以临床经验为标准；以社会常模和社会适应为标准；以病因或症状参照模式为标准。

（2）通过对行为异常症状的详细了解，分清主次，将其中起决定作用的行为作为靶行为。

（3）探寻行为症状是如何延续下来的，受到什么因素的强化，哪些因素可以减轻这些行为，以便制定强化系列与强化因子。

3. 行为咨询计划的制订

制订行为咨询计划是改变异常行为的方案与策略的选择，制订计划时要考虑下列因素：

（1）要矫正的靶行为是什么？什么样的行为需要强化或消除？

（2）周围环境中哪些因素正在或将会影响靶行为？

（3）用什么样的环境改变或心理干预可以去除来访者的异常行为？

（4）新的适应性行为建立以后如何能使其在新环境中表现出来？

根据上述四方面因素，在制订行为咨询计划时的主要工作包括以下内容：

（1）确定需要矫正的靶行为并对其作出操作性定义，用确定的、可观察的与可测量的词语描述行为。

（2）描述靶行为发生的环境条件，行为咨询主要是改变行为与环境条件所形成的刺激与反应的联结，这种异常的联结在何时何种情况下受到了不适当的强化，因此应确定靶行为发生的特定环境因素。

（3）选择观测指标，记录治疗前靶行为的基准值和靶行为与诱发条件刺激间的关系。

（4）选定行为治疗的方法。

（5）按照选定行为治疗的方法详细制定行为干预的步骤并加以实施。

（五）格式塔的心理咨询

由弗里德里克·皮尔斯创立的格式塔心理咨询是一种轻松愉快的咨询过程，它既不像精神分析法那样唤起来访者不愿提及的压抑的潜意识与惨痛的过去经验，也不像行为心理咨询那样就像马戏团里的教练训练动物那样来矫正来访者的靶行为，尽管正强化能令人忍受，然而某些负强化的引入会使来访者不堪回首。同样，格式塔也不去分析人的自动性思想和认知性错误，不会像一个父亲对他三岁的孩子那样地对来访者，一会儿说他这儿不对，一会儿又是那儿有认知歪曲。依据格式塔的观点，人无须深究自己的历史以求排斥、消除往事的有害影响，因为人们对往事的追忆无非是重新收集那些早已过时的错误观念和不确切的事实；也无须对未来的人格与行为建立良好的预期，因为未来是一堆混杂的事物，其中绝大部分尽管有美好的想象但那是不能实现的，即使是那些如愿以偿实现的部分也很难补偿人们在痛苦的准备中为消除其痛苦而付出的努力。那么格式塔心理咨询到底会给来访者带来什么呢？

皮尔斯将现实看成个体存在于现阶段的最好参照，对现实的探索，使自己的心理生活在当前的情境状态是心理健康的唯一方式，人类有巨大的潜能可用于发现如何能使自己生活得更有益、更充实和更富于创造性。咨询的目的是让来访者更清楚地意识到自己是如何做有益于自己的事，了解自己使其获得永久性的机会，去发现自己属于哪种人而不属于哪种人，便于寻找一种更为有益的生活方式，抛弃那些自我毒害的生活方式。对格式塔心理咨询的介绍我们仅讨论以下两个问题：

1. 对现实的逃离

对现实的逃离，对社会关系与人际交往的阻断同样会导致心理的异常。因为生动的社会刺激不但是维持心理正常发展的必要条件，与此同时，它也是对社会适应的必要条件。但是有些心理不正常的人常产生阻断自我与社会沟通，在人际互动中出现回避行为，因为其形成了某些自我毒害的行为态度。杰里·格林伍德（Jerry Greenwood）将其归为以下九个方面：

（1）我宁愿限制自己的行为，也不愿冒险让别人感到头痛。

（2）我宁愿克制自己，也不愿意冒险让自己因此而产生内疚。

（3）我宁愿限制自己，也不愿冒险使自己蒙受尴尬之苦。

（4）我宁愿克制自己的愿望，也不愿因冒险而蒙受失败之辱。

（5）我宁愿克制自己，也不愿冒险去碰一鼻子灰。

（6）我宁愿让自己回避，也不愿面对恐惧。

（7）我宁愿把自己的问题推给别人，从而使自己得到解脱。

（8）我宁愿不去发泄自己的怨恨和不满，而把它们全部留给自己。

（9）我宁愿回避，也不愿正视自己的不满足感。

2. 格式塔心理咨询的主要方法

格式塔心理咨询强调通过来访者的活动来解决自身的问题，这一技术适合对当前青年人进行心理辅导，使青年人在心理活动的形式中完成心理辅导过程。其主要形式有以下几种：

（1）对话游戏。这一咨询也叫空椅技术，一把椅子代表正确性、权威道德、要求与专制；另一把椅子代表无能为力、软弱与服从。咨询师让来访者坐在代表正确权威的椅子上扮演其角色，对另一把（服从）椅子发号施令，然后换到另一把椅子（服从）上来接受"权威"椅子的命令。通过这一游戏使其意识到接受道德规范和建立价值观念是必要的，如果不加批评地接受、盲目地接受别人的价值，则是心理困扰的真正原因，难以使个性独立。

（2）巡视法。这一方法要求小组中的一个成员对小组中的每个人说点什么或做点什么。这个方法的目的是要来访者正视自己、解剖自己和敞开自己，并试作新的行为及成长和变化。这是人际交往训练的重要方法，也是后面提到的青年财经人员做好保密、学会保密技巧，在人际交往中适度自我暴露的有效途径。

（3）我有一个秘密。心理咨询师让来访者去想一个埋藏在自己心底的秘密但不吐露于人，同时想象如果说出这个秘密别人会有什么反应，而后让其对别人说，看其他成员对其说出秘密后的反应。

（4）投射游戏。当来访者不信任别人而却希望别人信任自己时，可以运用投射游戏。心理咨询师让其扮演不被信任的角色，这样一来，他就会意识到不信任实际上是自己的一个内在冲突，让其学会爱人者人恒爱之。学会要想别人喜欢你，你必须学会喜欢别人；要想别人信任你，你同样要信任别人。

（5）角色扮演。这是指用表演方式来启发成员对人际关系及自我情况有所认识的一种方法。青年时期是角色发展的关键期，有人形象地把它叫作"我是谁"的时期。通过角色扮演能找到适当的心理定位、清晰的自我镜像，同时通过相互的行为模仿习得青年的行为模式，促进心理成熟。

第四节　心理咨询模式

在心理咨询中对正常的、正在发展的个体采用健康有效的咨询模式，一般应摒弃那些病态的、以医学治疗为主的咨询模式。本节介绍四种在当前心理咨询中最常用而且效果良好的咨询模式。

一、问题处理与机会发展模式

问题处理与机会发展咨询模式是心理咨询专家艾根（Eigen）提出来的，该模式由三个阶段九个步骤组成。

（一）模式咨询的主要目标

（1）使来访者通过与咨询师的相互作用而达到一个最佳状态，能更有效地处理他们的问题并发现发展中未利用的潜能及机会。

（2）使来访者在正式咨询结束后，获得有效处理生活问题的能力。

（二）咨询模式

该模式将咨询分为当前的情形、比较理想的情形、导向目标的策略。通过落实咨询方案将来访者的当前情形导向比较理想的情形。其模式见图2-3。

（三）各阶段的主要目标及任务

阶段Ⅰ的主要目标为澄清当事人的问题局面及未利用的资源及机会。第一步是帮助当事人尽可能清楚地讲出自己的问题；第二步是拓展当事人的视野，发现自己的盲点，盲点使当事人无法看清应该在哪些方面改变自己，也使其难以认清自己的问题和

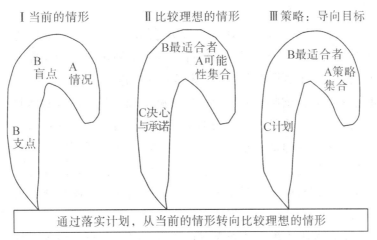

图 2-3 问题处理和机会发展模式咨询图

机会；第三步是寻找支点，找支点是在一系列问题中寻找能够对当事人生活发生影响的问题，支点可以是当事人急切希望解决的问题而不一定是实质性问题。

阶段Ⅱ且主要是帮助当事人充分展开想象力，找到具体可行的目标。第四步是帮助当事人产生尽可能多的关于较理想未来的设想；第五步是帮助当事人选出现实的可能性，并运用目标加工技术，将可能性转变为能够驱动行动的具体目标；第六步是帮助当事人确定各种能够推动其追求所选择目标的诱因，使当事人下定决心。

阶段Ⅲ是确定如何干，只有知道具体怎么干，才能真正导致一系列趋向目标的行动。第七步是帮助当事人探寻一系列实现其目标的策略；第八步运用平衡表等决策技术，帮助当事人选择一整套最适合其情况及资源的策略；第九步是帮助当事人将策略转变为具体的行动计划。

二、以人为中心的咨询模式

（一）罗杰斯（Rogers）关于发展异常的观点

以人为中心的咨询是美国人本主义心理学家罗杰斯创立的，他的咨询观点受到中国哲学道教的深远影响，主张不要把自己的观点强加给来访者。

个体由于不适当满足外界的期望，而隐藏了真实与内在的自我，结果发展成一个屈服于外界环境与他人期望的虚假自我，最终导致自我异常。针对这种情况，能提供适当的心理环境和气氛，他们就能产生自我理解，改变对自己和他人的看法，产生自我导向行为，并最终达到心理健康，回复到真实与内在的自我。

在以人为中心的咨询中，咨询师要为来访者提供发展条件。这些条件应起到可以转变其在过去不良环境中形成的虚假自我。

（1）坦诚。咨询师应对自己不加任何矫饰，以自己的本来面目出现，向来访者表达出完整的自我，并随时将自我的情感毫无保留地反映在咨询关系中。当来访者处于痛苦时表现出同情与热情，当来访者受制于外界不公正势力时表现出愤怒，当来访者陷入困境时表现出厌烦，这些真实的情感有利于咨询的成功。

（2）无条件的积极关注。

（3）感情移入性性理解。设身处地地用来访者的眼光看待他们的问题，站在他们的立场上，去体会他们的痛苦与不幸，感情移入理解反映出咨询师能准确、敏捷地深入来访者的内心世界，在最深层次上体验到来访者的情感和感受的努力。

要做到感情移入，咨询师必须踏上一条情感历程，与来访者的体验同步而行，但又不对此进行判断或受到感染。当咨询师不仅反映来访者的情感状态，而且按照自己的情感标准去衡量来访者的情感是否合适时，感情移入成了判断，会使来访者产生心理防御；咨询师不仅体验到来访者的情感状态，而且自己拥有同样的情感，那么他已被不良情感感染了，这时他无法抓住来访者的情感内容。上述两种方式均是感情移入理解最容易误入歧途的方式。要达到感情移入理解，咨询师不仅要体会来访者难以觉察到的意义，而且不能把这种来访者无意识的意义提出来与来访者对峙，因为这样做会对来访者构成威胁。感情移入理解意味着不断与来访者进行交流，以了解其知觉或寻找来访者所表达的内容下面隐含的意义，而不是停留于来访者所表达的内容，只有做到这一点，咨询师才能进入来访者很微妙的内心世界。

（二）心理咨询的模式

以人为中心的心理咨询由七个阶段组成。

第一阶段：来访者的经验是固定不变的，并对经验有一种模糊感和疏远感，他们以过去建立起来的模式解释经验，因而是刻板的和不受目前情景影响的。他们对经验的变化很不敏感，缺乏与自己的内心交流，往往认为自己没有问题或把自己所遇到的问题都看成外在的，缺乏改变自己的动机和愿望，自我与经验分离，因而来访者拒绝表达自我。

第二阶段：能够流畅地谈论自我之外的话题，而且不承担问题的责任。来访者并没有把问题看成自我内部的，而看成在自我以外的一个事情，他虽然能表达自己的情感，却不能如实承认或认识这种情感，因而情感与个人意义之间并未产生多大的分化。

第三阶段：以谈论过去的情感为主，很少承认自己目前具有某种情感，同时能意识到经验中的矛盾。

第四阶段：来访者能更强烈、更直接地表达过去的情感，而表达当前情感的经验时有些勉强，并伴有恐惧和疑虑。虽然接受自己的某些情感，但不能完全开放，对经验认识较少受过去的模式影响，解释经验方式也有所松动，开始怀疑某些固定的看法，对过去的虚假自我开始产生疑问与动摇，并开始出现对问题的自我负责感。

第五阶段：能够自由地表达当前的情感，但仍带有惊奇、惧怕和对自己与咨询师的不信任。来访者表达出对咨询师的态度和内心感受，其内心情感开始能够公开表达，来访者对于情感和个人意义的分化更加明确，并开始承认个人感觉，渴望成为"真正的自我"，日益正视矛盾与不协调，对问题的责任感不断增加，并开始注意应该如何对问题作出解释。他们与内部自我的交流日益畅通。

第六阶段：从前被阻碍、被否认的情感现在能够立即体验到，有了丰富的情感体验，而且这些情感和体验不再被否认，而是不惧怕、不抵制地被完全接受。来访者能够生动地体验到自我与经验之间由不协调变为协调，还会感受到已解除了各种对经验的约束和标准。他既不用去寻找问题，也不用去解决问题，而是机智地生活在一些问题中，并且能够接受这些问题。

第七阶段：在这一阶段，他能机智、熟练地生活于自己的情感之中，并且基本上信任和接受这些情感，他对经验的解释在这种情境下，都有新的感受，都能用新的方式。他能自如地进行内部的自我交流而畅通无阻，并且能够在与其他人的交往中自由地表达自己的意思。

上述七个阶段中的每一阶段都应有一个咨询的主目标，以将这一阶段的当事人的低水平向高水平不断地推动，当达到这一阶段的高水平时，再将咨询向下一阶段推进。

三、人生任务完成的咨询模式

（一）人生任务咨询模式的理论观点

哈维格斯特（Havighurst）认为："生命的发展任务乃是在我们社会里组成健康的、令人满意成长的一些事情，它们也就是一个要被别人和自己评判为一个相对幸福和成功的人时所必须学习的事情。发展的任务即是在一个人生命的某个时期所产生的一种任务：成功地完成任务将导致个人的幸福与随后任务的成功，失败则将导致个人的不幸、社会的非难和随后的任务艰困。"因此发展心理学家们应该去寻找和探索每一个年龄阶段应该完成的人生发展的具体任务，并制订切实可行的指导与咨询计划来促进心理的正常发展，预防心理的异常。

（二）从帮助人的心理成熟来看人生任务完成的咨询模式

1. 确立心理成熟的具体任务（标准）

人要达到心理成熟必须完成下列任务：

（1）找到健康的情感表达方式并能把情感控制在合适的程度上。美国心理学家丹尼·戈尔曼（Denni Gorman）把它称为情商，即有正确判断自己及他人情感的能力并能正确调控自我行为的能力，其内容有认识自己的情绪，妥善管理情绪，自我鼓励，认知他人的情绪，实施人际管理。

（2）学会组织周围自然环境和社会环境中的各种因素并用有效的方式来控制它们，使其能在最大限度的自我实现中发挥应有的作用。

（3）建立起一种符合自我意识与自我潜能的生活方式，保持自我的独立自主性。

（4）达到预期发展阶段的最完美的状态。

（5）建立自我的成人形象，形成独立决策的习惯。

（6）产生培养下一代的兴趣，确立家庭与人生的准确位置。

（7）找到一种能促使自我实现的职业，并能在这一职业中最大限度地体现自我的价值。

（8）找到一个合理的道德准则和人生观。

（9）养成对待重大的问题能灵活地处理并自由选择的能力。

（10）养成将已经开始的探索活动持续下去的心态。

2. 心理成熟的咨询策略

（1）抛弃非科学的想入非非的白日梦，进行以后阶段人生任务的现实性思考，并与这种明智的思考作出合拍的行为。

（2）培养需要的情绪、情感健康与对付日常问题、创伤所必要的应急能力。

（3）建立能适应社会与时代迅速变化的价值观念、思维模式与行为模式。

（4）指导其形成未来的责任感。

（5）拥有其生存与发展所必需的牢固的人际关系。

（6）抛弃总是希望得到最终的具体答案的习惯，必须认识到人生不像做数学运算，不能一味追求唯一的答案。

（7）咨询者力图缩小代沟的问题，学会不要与上一代发生冲突。

（8）不做局外人，获得一个新颖独特的感受我们的世界、参与我们世界的方式，并把自己的感受和理想在这个世界里充分地表现和实现。

（9）学会为心理成熟而努力迈进，不要担忧或恐惧成熟中遇到的困难。应懂得当我们在青年时期被人爱过、照顾过和养育过，现在该是我们必须负起某些责任去爱、去照顾周围的人或为事业而奋斗的时候，或许这就是人类生活的周期。

四、RET（理性情绪）咨询模式

RET咨询也叫作理性情绪咨询，它是建立在认知心理学的基础上的，认为人的不良倾向与异常行为是由于当事人的认知歪曲而产生了不合理的信念所致，只有改变当事人的不合理信念，才会去除其不良的情绪和异常行为。这一咨询模式的提出者是美国的咨询心理学家艾里斯（Ellis）。下面仅就这一模式的ABC理论、不合理信念及其特征进行分析。

（一）ABC理论

ABC理论是艾里斯创立RET治疗与咨询模式的核心，这一理论认为情绪或不良行为并非由某一外部诱发事件本身引起，而是由于个体对该事件的解释认知的评价所引起。

ABC中的A是指诱发性事件；B是指个体在遇到诱发事件之后，对该事件的看法、解释和评价，即信念；C是指这事件后，个体的情绪及行为结果。

（二）不合理信念及特征

在日常生活中，思维狭窄、心理不健康的人常容易产生不合理的信念。不合理的信念体现在以下几个方面：

（1）一个人绝对要获得周围环境的人，尤其是生活中每一位重要人物的喜爱和赞许。

该信念是不可能实现的。因为在一个人的一生中，不可能得到所有的人认同，持有此种信念，他必然千辛万苦、委曲求全地来取悦他人，以获得每个人的欣赏，但结果必定会使他感到失望、沮丧和受挫。心理学告诫人们不要为了取悦他人而"裁剪"自己，"当你要把自己裁剪得适合每个人的口味，最终你会把自己剪得粉碎"。

（2）个人是否有价值，完全在于他是否是个全能的人，即能在人生的每一环节和每一方面都能有所成就。

这也是无法达到的目标，因为世界上根本没有十全十美、永远成功的人。一个人可能在某些事上较他人有优势，但在另外一些事上，却可能不如他人。虽然他以前有许多成功的境遇，但他无法保证在每一件事上都能成功，因此若某人坚持该信念，他便会为永远无法实现不了的目标而徒自伤悲。

（3）世界上有些人很坏，很可憎，所以应对他们作严厉的谴责。

世界上没有完人，每个人都可能犯错误，因此，不该因他人一时的错误就将其视为"坏人"，以致对他们产生极端的排斥和歧视。

（4）如果事情发展非己所愿，那将是一件可怕的事。

人不可能永远成功，生活和事业上的挫折是很自然的事。如果一经遭受挫折，便感到可怕，那便会导致情绪困扰，使事情更加恶化。

（5）不愉快的事情总是由自己不能控制和支配的外界环境因素所致，因此，人对自身的痛苦和困扰也无法控制和改变。

外在因素会对个人有一定的影响，但实际上并非如自己想象的那样可怕和严重。如果能认识到情绪困扰之中包含了自己对外在事件的知觉、评价及内部作用等因素，那么外在的力量便可以控制和改变。

（6）面对现实中的困难和自我承担的责任是很困难的，办法便是逃避。

逃避虽可暂时缓和矛盾，但问题却始终存在而不得其解，且时间一长，问题便会恶化或连锁性产生其他问题和困难，从而更加难以解决，最终会导致更为严重的情绪困扰。

（7）人们对危险和可怕的事要随时随地加以警惕，应该非常关心并不断注意其发生的可能性。

对危险和可怕的事物有一定的心理准备，这是正确的，但过分忧虑则是非理性的，因为坚持这种信念只会夸大危险发生的可能性，使人不能对其客观地评价和有效地面对。这种杞人忧天式的观念只会使生活变得沉重和没有生气，导致整日忧心忡忡，焦虑过度。

（8）人必须依赖他人，特别是某些与自己相比强而有力的人，只有这样，才能生活得好些。

虽然人在生活中某些方面需要相互依赖，但过分夸大这种依赖的必要性则可能失去自我的独立性，导致更大的依赖，产生不安全感。

（9）一个人以往的经历和事件常常决定了他目前的行为，而且这种影响是永远难以改变的。

过去的经历是个人的历史，这是无法改变的，但不能说这些事就会决定一个人的现在和将来。因为事实虽不可改变，但对事件的看法可以改变，从而人们仍然可以控制、改变自己以后的生活。

（10）一个人应该关心他人的问题，并为他人的问题而悲伤难过。

关心他人、富于同情，这是有爱心的表现，但如果过分投入他人的事情，就可能忽视自己的问题，并因此使自己情绪失去平衡，以致没有能力去帮助他人解决问题，同时也使自己的问题变得更糟。

（11）对一生的每一个问题，都应有一个唯一正确的答案，如果找不到这个答案，就会痛苦一生。

人生是个复杂的历程，对任何问题都要寻求某种完美的答案，那就会使自己感到失望和沮丧。

以上不合理信念有以下三个明显的特征：

（1）绝对化要求。对事物的绝对化的要求，是指个体从自己的意愿出发，认为某一事情必定要发生或不会发生的信念。

（2）过分概括化。这是一种以偏概全、以一概十的不合理的思维方式的表现。艾里斯曾说过："过分概括化的不合理逻辑，就好像以一本书的封面来判定一本书的好坏一样。"过分概括化表现为对自己、对他人两方面的不合理的评价。一方面是人们对其自身的不合理评价。例如，一些人在面对失败结果时，往往会认为自己"一无是处"，这种人以自己做的某一件事或某几件事的结果来评价自己整个人，评价自己作为人的价值。这种片面的自我否定往往导致个体的自责自罪、自卑自弃的心理，以及焦虑、抑郁等情绪。过分概括化的另一方面表现为对他人的不合理的评价，即别人稍有过错就认为他很坏，一无是处，这种不合理的评价会导致一味地责备他人，并产生敌意、愤怒等情绪。

（3）糟糕至极。认为如果一件不好的事发生将是非常可怕、非常糟糕，甚至是一场灾难。艾里斯认为这是一种不合理的信念，因为对任何一件事来说，都有比这更坏的情况发生，因此没有一种失败是极端的糟糕。当个体认定自己遇到了极坏的情况时，他就会陷入极端不良的负性情绪体验之中。

糟糕至极充斥于人们对自己、对他人及周围环境的绝对化要求，即在人们的绝对化要求中认为的"必须"和"应该"的事物并不如他们所想的那样发生时，他们就会感到无法接受和忍受这种现实，他们就会认为事情发展糟糕透了。RET理论认为："非常不好的事情确实有可能发生，我们也有许多原因不希望它发生，但我们却没有理由说这些事情不该发生。因此，面对这些不好的事情，我们应该努力接受现实，在可能的情况下去改变这种状态，而在不能改变时去学会如何在这种状态下生活下去。"

在前面的章节中我们讨论过弗兰克的心理健康模式，态度的价值是人生的支柱，当遇到我们无力改变或回避的状态时，唯一合理的反应方式是认可，即接受命运，忍受痛苦，保持尊严，珍惜现存的生命。

（三）RAT的咨询步骤

RET咨询模式可按如下四步进行：

（1）直接或间接地向来访者介绍ABC理论的基本原理，建立这一咨询模型，让来访者把其现在的心理问题分三个部分并通过对其不合理信念辨析，而出现新的认知。模型由以下五个方面构成：

①A——诱发性事件。

②B——由 A 引起的信念（即对 A 的评估判断与思维）。

③C——情绪和行为的结果（由 B 出现的行为与情绪），让来访者意识到个体的情绪和情感离不开认识活动，诱发性事件只不过是情绪与情感产生的间接原因，而主体在对客观世界认识过程中的感知、记忆、思维和想象等活动形成的判断和评估才是情绪和情感的直接原因。

④D——与不合理的信念辨析。

⑤E——通过咨询达到新的情绪及行为的咨询效果。

在这一阶段的核心任务是让来访者觉察到自己的不自主思维，要求其思考下列问题：

①在我有这样的感受之前，我的心里在想些什么？

②如果这是真实的，那么说明了我是什么样的人呢？

③这对我、我的生活、我的未来有什么意义呢？

④我在担心什么事情的发生呢？

⑤如果这事真的会发生，那么可能发生的最坏的事是什么？

⑥别人会对我有什么样的想法呢？

⑦对我发生的事对他人有何意义呢？

⑧在这个状态（情境）里我有什么样的图像与记忆？

（2）让来访者体验到情绪困扰延续至今的原因不是自己的早年生活或发生的事件影响，而是不合理的信念。咨询的主要工作是进行情绪困扰与不合理信念的对照分析。

（3）与不合理的信念进行辩论。由于认清其信念的不合理而放弃并改变某些歪曲的认知，在咨询时常采用平衡思维技术，即用一种思维去平衡或替代先前的不自主思维。如某人很痛苦常会产生不自主思维，即自杀是唯一能够解脱痛苦的方法，其替代思维可能是自杀不是解决问题的唯一方法，"好死不如赖活着"等。

（4）帮助来访者认清放弃某些特定的不合理信念的重要性，用合理情绪想象代替现实，进而适应现实，学会合理的思维方式代替不合理的思维方式，以避免重新产生不合理的信念。

思考题

1. 心理健康的含义及标准是什么？

2. 如何判断人的心理健康？

3. 心理健康模式对我们有哪些启示？

4. 简述心理咨询模式。

第三章
注意、社会知觉与财经工作

学习要点

　　◇ 注意的概念；

　　◇ 注意的类型；

　　◇ 注意的品质；

　　◇ 社会知觉的概念；

　　◇ 社会知觉的类型；

　　◇ 社会知觉的偏差；

　　◇ 社会知觉的归因对财经工作的意义。

第一节　注意及其品质

一、注意的概述

（一）什么是注意

注意是指人的心理活动对某一对象的指向与集中。注意是人们熟悉的一种心理现象，平时常说的"聚精会神"、"心无二物"等就是描述"注意"这种心理状态的。它和人的心理过程紧密联系，是心理活动的一种组织属性或特性。

（二）注意的特征

1. 注意的指向性

人的心理活动不能同时朝向一切对象，而是有选择、有方向地指向特定的客体。人处在注意状态时，他的心理活动总是指向一定的对象，有选择地反映一定的对象，这就是注意的指向性。

2. 注意的集中性

人的心理活动离开一切无关的事物，从各个方面集中到某种对象或现象上，并对其他活动产生抑制性影响。当人们选择了认识的对象后，注意使认识在一定时间内始终集中到该对象上，而抑制与此无关甚至有碍的活动，从而有利于认识的顺利进行，这就是注意的集中性。

注意的指向性与集中性是相互联系而又密不可分的两个特征。

3. 注意是心理活动的一种特性

注意本身不是一种独立的心理活动过程，因为注意并不能反映事物的属性、特点和功能，它只是保证心理过程正常进行的行为，使心理活动富于组织性、积极性、清晰性和深刻性，所以它是心理活动的一种组织属性。

（三）注意的功能

注意是心灵的门窗，是一切心理活动正常进行的基础，在人的心理活动中占有十分重要的地位。它具有以下主要功能：选择功能、整合功能、维持（保持）功能、调节与监督的功能和预测与预见功能。

二、注意的类型

根据注意的产生、保持有无目的性和是否需要意志努力，可以把注意分为无意注意（不随意注意）、有意注意（随意注意）和有意后注意（随意后注意）三种。

（一）无意注意

1. 什么是无意注意

无意注意是指事先无预定的目的，也不需要意志努力的注意。例如，学生正在听课，突然有人推门进来，大家都会不由自主地转头去看他，这属于无意注意。无意注意的产生和维持，不是依靠意志努力，主要是由刺激物的特点以及主体的状态所引起的。无意注意对有机体适应环境变化、保护个体安全十分重要。由于无意注意不需要作意志努力、耗能少，因而不易引起疲劳。

2. 引起无意注意的原因

引起无意注意的原因有客观和主观两方面。客观方面的原因主要是指刺激物本身的特点，一般而言，具有以下特点的刺激物容易引起人的无意注意：一是刺激物的新异性。任何新奇的东西都容易成为注意的对象，例如一位古板的同事突然换穿了一套奇装异服就容易引起人们的注意。二是刺激物的强度大小。刺激物的强度大小是引起无意注意的重要原因。任何强烈（绝对强度）的刺激，例如，一声巨响、一道强光，都会不由自主地引起人们的注意。刺激物的相对强度（刺激强度与周围物体强度的对比）也有巨大作用。例如，在寂静的夜晚，轻微的说话声也可能引起人们的注意。三是刺激物对比的差异大小。刺激物的强度、形状、大小、颜色、持续时间等方面的差别显著、特别突出，就容易引起人们的无意注意。例如，"万绿丛中一点红"、"鹤立鸡群"等，就是对比的作用。四是刺激物的变化与运动。活动的、变化的刺激物比不活动的、无变化的刺激物更容易引起人们的注意。例如，大街上闪烁的霓虹灯，很容易引起行人的注意。

主观方面的原因主要是指人本身的状态，一般而言，个体的以下状态容易引起无意注意：

（1）主体的需要、兴趣和期待。凡是能够满足人的需要和兴趣（直接兴趣）的事

47

都容易引起无意注意。例如，球迷容易注意有关球赛的消息。

（2）心境和情感。如果一个人心境开朗、心情愉快，平时不容易引起注意的事物，这时也容易引起他的注意。如果一个人对某人（或事物）有特殊的感情，则与之有关的人和事，都容易引起他的注意。

（3）生理心理状态。人在精力充沛、神清气爽时，注意力最容易集中而持久；相反，人处于疲劳、困倦或疾病时，是很难集中注意的。

（4）过去的知识经验。与过去的知识经验有关的人和事，容易引起人们的注意。例如，在拥挤的大街上，那些相貌与自己的朋友相似的人，容易引起我们的注意。

（二）有意注意

1. 什么是有意注意

有意注意是指有预定目的，需要一定意志努力的注意。它由人的意识控制，所以也叫随意注意。它是人们完成学习、工作、劳动的必要条件。人主要通过语言来控制和调节自己的有意注意。有意注意需要意志努力，耗能较多，容易引起疲劳。

2. 引起和保持有意注意的条件

（1）具有明确的目的和任务。对活动的目的和任务越明确，对活动任务的意义理解得越透彻，完成任务的愿望越强烈，就越能引起有意注意。

（2）用坚强的意志，抗拒诱因干扰，克服分心，这是保持和维持有意注意的必要条件。对注意的干扰可能是外界的刺激物，如与活动无关的声音和光线等；也可能是机体的某些状态，如疾病、疲倦等；或者是一些无关的思想情绪等。因此，要用坚强的意志克服这些干扰，此外还可采取一定措施排除干扰，例如保持安静的环境、降低干扰声音的强度。

（3）产生社会性需要和间接兴趣。间接兴趣（对活动结果感兴趣）是引起有意注意的重要条件，间接兴趣越稳定，就越能对活动的对象保持有意注意。例如，一个对掌握外语后能便利地获取信息感兴趣的人，他会认真去记忆枯燥乏味的单词，努力把握语法规则。

（4）积极主动地进行实际操作和智力活动。智力活动与实际操作相结合，能有效地保持有意注意。例如，阅读时边读边想，边写边记，有利于维持持久的注意。

（三）有意后注意

1. 什么是有意后注意

有意后注意是指有自觉目的，但不经过意志努力就能维持的注意。有意后注意是注意的一种特殊形式，它是介于有意注意与无意注意之间的注意。它一方面类似于有意注意，因为它有自觉的目的和特定的任务，另一方面又类似于无意注意，不需要付出意志努力。

2. 有意后注意产生的条件

有意后注意是在有意注意的基础上产生的，其产生的条件是外部活动要形成系统，且达到熟练的程度；否则，不能转化为有意后注意。有意后注意是一种高级类型的注意，它具有高度稳定性，是人类从事创造性活动的必要条件。

在心理与行为活动中，每个人都具有上述三种注意类型，这三种注意协同作用，相互转化，提高了人的心理活动和行为活动的效率。

三、注意的品质

良好的注意品质应该具有适当的范围，比较稳定，善于分配和主动转移四个特点。

（一）注意的范围

（1）注意的范围（注意的广度）是指在一瞬间内被人的意识所把握的客体的数量。用速视器测量，成人在 $1/10s$ 时间内能注意 $4\sim6$ 个无联系的外文字母，或 $3\sim4$ 个几何图形，或 $8\sim9$ 个黑色圆点。注意的范围存在明显的个体差异。

（2）影响注意范围的客体因素有以下三种：

①客体的复杂程度和客体之间的关系。如果颜色相同、大小相同、规则排列、集中排列及有联系的对象（单词或句子），那么注意范围就广；反之，注意范围就窄一些。客体越简单则注意范围越广，越复杂注意范围越窄。

②环境因素（照明与干扰等）。一般来说，照明条件好，无干扰因素，注意范围就越广，否则就越窄。

③活动任务单一，注意范围就广；任务越复杂多样，注意范围就越窄。

（3）影响注意范围的主体因素：注意范围与主体的知识经验对任务的知觉、情绪和兴奋状态有关。例如熟悉外文的人，对外文字母的注意范围就广，反之注意范围就窄。

（二）注意的稳定性

（1）注意的稳定性是指在较长时间内，人把注意保持集中在某一种活动上（包括指向某一对象），这是注意在时间上的特征。例如，国旗护卫班的战士值勤就是这种品质的表现。

（2）与注意稳定性相反的状态是注意的分散（分心）和动摇。注意的分散是指在外界诱因干扰下，注意离开应当完成的任务而指向无关的活动和客体。注意的动摇是感觉器官的局部适应而使注意强调发生周期性的不随意变化的过程。分散是不良的注意品质，动摇则是正常的注意现象。

（3）影响注意分散的原因主要有两大类。一是外部因素，多余的无关诱因的吸引、嘈杂环境的干扰、目标刺激物与活动太单调等。二是内部因素，在生理方面，身体疲劳与困倦、激活与觉醒水平太低、身体不适或有疾病等；在心理方面，目的动机不明，情绪低落与波动，意志薄弱，抗干扰能力太差，不良的生活、学习与工作习惯等。

（4）克服分心保持注意稳定性的方式主要有以下几种：

①活动与活动对象丰富多彩、生动有趣，有吸引力。

②排除无关诱因与刺激干扰，保持学习与工作环境的安静。学习时应避免嘈杂的噪音，减少无关刺激。保持环境安静、空气清新、光线适度、温度和湿度合宜、桌椅高低适度等。

③提高活动的积极性。

④积极进行思维活动，提高思维活动积极性，把看、听、说、写、想、做结合起来。

⑤劳逸结合，防止过分疲劳，加强体育锻炼。要形成良好的生活习惯，遵守合理的作息制度，适当进行文体活动，保证足够的睡眠时间，精神饱满，精力旺盛。

⑥保持稳定与高涨的情绪，形成坚强的意志品质。

⑦养成良好的工作和学习习惯。学习时要端正姿势，不要仰卧、斜倚。要有工作、学习的固定场所和严格确定的学习时间，形成积极的工作和学习倾向，工作与学习用具井井有条。

（三）注意的分配

（1）注意的分配是指在同一时间内把注意指向两种或两种以上活动中去的特性，所谓"眼观六路，耳听八方"即指注意的分配。例如，学生听课时，可以做到边听、边看、边想、边记。

（2）注意分配的基本条件：一是同时进行的两种活动中，必须有一种活动达到自动化程度，可以暂时不受意识控制，在同时从事两种以上的活动，多数达熟练或自动化程度，最多只有一种不熟练，注意也能分配，例如驾车中听音乐；二是同时进行的活动之间，形成了有联系的活动系统，例如，自弹自唱、边歌边舞，形成系统，有利于注意的分配。可见，在满足了注意分配的条件下，人有可能实现"一心二用"。

（四）注意的转移

（1）注意的转移是指根据新任务的要求，人有意识地把注意从一种活动或对象，转到指向另一种活动或对象上去的特性，这是注意的动力特征。

（2）注意转移快慢的原因：一是原来注意的紧张与稳定程度，原来注意的紧张度越大、越稳定，注意的转移就越困难、越缓慢，反之注意的转移就越迅速；二是新的注意对象的特点，新对象、新生活越符合人的需要，具有重要意义，有趣味，有吸引力，注意的转移就越迅速，反之注意转移就越缓慢；三是人的神经活动的灵活性特征，神经类型属于灵活型的人要比非灵活型的人注意转移的速度快。

第二节　注意的生理机制及注意理论

一、注意的生理机制

注意是由神经系统不同层次、不同细胞区的协同活动来完成的。自19世纪中叶以来，许多生理学家和心理学家们已对注意的生理机制进行过多方面的研究，目前对注意活动复杂的神经机制已有所认识。

（一）朝向反射

朝向反射是由情境的新异性所引起的一种复杂而又特殊的反射。它是注意最初级的生理机制。

朝向反射是由新异刺激物引起的。刺激物一旦失去新异性（习惯化），朝向反射也就不会发生了。朝向反射又是一种非常复杂的反射。它包括身体的一系列变化，如把感官朝向刺激物、正在进行的活动受到压抑、四肢血管收缩、头部血管舒张、心率变缓、出现缓慢的深呼吸、瞳孔扩散、脑电波出现失同步现象等。朝向反射使出现的一系列身体变化有助于提高感官的感受性，并能动员全身的能量资源以应付个体面临的活动任务，如趋向活动的目标、逃离威胁个体生存的情境等。朝向反射的这种特殊作用，使它在人类和动物的生活中具有巨大的生物学意义。

（二）脑干网状结构

脑干网状结构是指从脊髓上端到丘脑之间的一种弥散性的神经网络。网状结构的神经细胞形状很复杂，大小也不等，它们的轴突较长，侧枝也较多。因此，一个神经元可以和周围的许多神经元形成突触，一处受到刺激就能引起周围细胞的广泛兴奋。

研究发现，来自身体各部分的感觉信号，一部分沿感觉传导通路（特异通路）直接到达相应的皮层感觉区；另一部分通过感觉通路上的侧枝先进入网状结构，然后由网状结构释放一种冲击性脉冲，投射到大脑皮层的广大区域，提高大脑产生一般性的兴奋水平和觉醒水平，使皮层功能普遍得到增强。

网状结构不传递环境中的特定信息，但它对维持大脑的一般性活动水平、保证大脑有效地加工特定的信号，具有重要的意义。

（三）边缘系统和大脑皮层的功能

网状结构的激活作用能使大脑处于觉醒状态。如果没有由网状结构引起的大脑活动的普遍激活，就不可能有注意。但是，觉醒并不等于注意，用网状结构的激活作用不能充分解释注意的选择性。人选择一些信息而离开另一些信息，是与脑的更高级部分——边缘系统和大脑皮层的功能相联系的。

边缘系统是由边缘叶及其附近皮层和有关的皮层下组织构成的一个统一的功能系统。它既是调节皮层紧张性的结构，又是对新旧刺激物进行选择的重要结构。一些研究表明，在边缘系统中存在着大量的神经元，它们不对特殊通道的刺激作反应，而对刺激的每一变化作反应。因此，当环境中出现新异刺激时，这些细胞就会活动起来，而对已经习惯了的刺激不再进行反应。这些神经元也叫"注意神经元"，它们是对信息进行选择的重要器官，是有机体实现选择行为方式的重要器官。这些组织的失调将引起整个行为选择的破坏。临床观察表明：这些部位的轻度损伤将使患者出现高度分心的现象；这些部位严重损伤将造成神经错乱和虚构现象，意识的组织性与选择性也会因此而消失。

产生注意的最高部位是大脑皮层。大脑皮层不仅对皮层下组织起调节、控制的作用，而且还主动地调节行动，对信息进行选择。对大脑额叶严重损伤的病人进行临床观察表明，这种病人不能将注意集中在所接受的言语指令上，也不能抑制对任何附加刺激物的反应。这些病人在没有干扰的条件下能做某些事情，但只要环境中出现任何新的刺激或存在任何干扰作用，如有外人走进病房或病房中有人在说话，他们就会停止原来进行的工作，把视线转向外来者或说话人的方向。注意的高度分散使他们无法完成有目的的任务。

人脑额叶直接参与由言语指示所引起的激活状态。它通过与边缘系统和网状结构的下行联系，不仅能够维持网状结构的紧张度，而且能够对外同感受器产生抑制性的影响。额叶损伤的病人表现出对新异刺激和环境干扰的过分敏感，可能与额叶丧失了对皮下组织的抑制作用有关。

近些年来，由于事件相关电位技术、脑磁图描记（MEG）技术、正电子发射断层扫描（PET）和功能磁共振（FMRI）等新技术不断应用于神经心理学研究，使人们对注意的神经机制及注意对大脑活动的影响作用有了新的认识。据现在所知，认知活动在大脑皮层都有相应的功能区或功能单元定位，如视觉活动通常定位在大脑枕叶部位，而听觉活动则定位在颞叶区域。研究发现，当注意指向一定的认知活动时，可以改变相应的大脑功能区或神经功能单元（通常是由很多神经元组成的神经环路）的激活水平，从而对当前的认知活动产生影响。注意的这种作用可以通过三种方式来实现：提高与目标认知活动对应的神经功能单元的激活水平，抑制目标周围起干扰作用的神经功能单元的活动，以及上述两种方式的结合。来自 PET 和 ERP 的研究一致显示，当注意集中在某一认知活动时，其相应的神经功能单元的活动水平会有所提高。

基于已有的研究，拉贝奇（Lapage）提出对某一对象的注意需要三个脑区的协同活动。这三个脑区分别是：认知对象或认知活动的大脑功能区（功能柱），能提高脑的激活水平的丘脑神经元，大脑前额叶的控制区。这三个脑区通过三角环路的形式结合起来，是产生注意现象的生理基础。

二、注意的理论

（一）过滤器理论

1958 年，英国心理学家布罗德本特（Broadbent）提出了注意的过滤器理论，该理论陈述了在任一时刻人们能注意的信息量是有限的，一旦信息超过了人们所能接受的容量，那么人们就会运用注意的过滤器使一些信息通过而锁住剩余的信息。只有那些通过过滤器的信息才能被分析，从而获得意义。

这个理论解释了为什么未被注意的信息很少能回忆起来，原因在于未被注意的信息没有被处理。此外，依据布罗德本特的过滤器理论，信息意义在确定以前已经受到注意过滤器的处理。

那么，这是不是意味着人们不能同时对两条消息加以集中注意呢？布罗德本特认为，如果两条消息包含的信息很少，显现信息的速度又慢，此时两条消息就能被同时处理；相反，当我们听到许多消息，而快速呈现大量信息的消息又占用的更多的心理容量，此时，大量信息就不能同时处理。过滤器通过过滤消息能保护我们免受"信息超载"。

不过，其他的研究者很快报告了与过滤器理论相反的结果。Moray 发现了一种奇特的现象，后来称为"鸡尾酒会现象"，即当某人的名字插入到被注意的信息或未被注意信息中时，原来追随消息的表现就会被破坏，你能听到且能记起的是自己的名字。生活中你可能有相似的经历：在拥挤的社交场合，当你和一个或更多的人在交谈时，你身后如有人在喊你名字，你就很难抓住你正与之谈话的人所说的话，这是因为你名字的声音已抓住了你的注意。

由此，鸡尾酒会现象向过滤器理论提出了质疑。按照过滤器理论，所有未被注意的消息都将被过滤出去——那就是为什么在双耳分听实验中被试者只能回忆起这些消息中的一部分现象的原因。而鸡尾酒会现象则反映出一些完全不同的事情：人们在接受消息或对话中只要听到自己的名字，他们的名字能使他们注意转移到先前未被注意的消息上。这一发现，后人称之为"瓶颈理论"或"单通道理论"。

（二）衰减器理论

过滤器理论得到了某些实验的支持，但进一步研究发现，这种理论并不完善。例如，在双耳分听的研究中，有人发现来自非追随耳的信息仍然受到了加工（Gray，1960）。为此，心理学家安妮·特瑞斯曼（Anne Treisman）提出了一个改进过的过滤器理论，这个理论被她称为衰减器理论。该理论不再认为未被注意的消息在成为含义以前已经被完全地锁住或阻断，换句话说，在未被注意的消息中的一些有意义的信息即使很难恢复，但还是可利用的。这类信息从属于三种分析：第一种分析是消息的物理属性的分析，如音调或响度；第二种分析是语言的分析，即解析消息并使它们变成音节和词语的过程；第三种分析是语义的分析，即处理消息意义的过程。

对一些有意义的单元（如词语或短语）的处理是相当简单的。一些拥有主观重要性的词语（如你的名字）或者那些危险信号（"着火了！"、"当心！"）能持久地降低阈限，并且能够被认知，即使只是很小的音量。那些能持久降低阈限的词语或知识短语对于听者来说只需要较少的心理努力就能被认知，因此实验中的被试者能听到他们的名字是因为认知他们的名字只需要较少的心理努力。

很少的词语能够持久地降低阈限。然而，消息中词语出现的情境能够暂时地降低它的阈限。如果一个人听见"一只狗追……"，那么省略部分词语猫是首先，即使词语猫出现在未被注意的通道，也只需一点点的努力去听并且处理它。这也就解释了为什么在特瑞斯曼实验中，被试者听到前面一句中的词语会促使其去察觉和认知接下去的词语，即使这些词语出现在未被注意的消息中。

根据特瑞斯曼（1964）的理论，人们能区分被注意的消息和未被注意的消息。如果两条消息在物理属性上有所不同，那么我们只是在这个水平上处理这两条消息，并且很容易拒绝或排斥那些未被注意的消息。如果两条消息只是在语义上有所不同，那么我们就在意义的层面上对消息进行处理，并且根据这种语义的分析去选择注意的消息。消息语义的处理需要更多的努力，因此，我们只是在必要的时候进行这种分析。没有被注意到的消息并不是完全被锁住或阻断了，而是被弱化了，这种弱化很像降低音量从立体声中弱化声音的信号。那些能持久降低阈限的消息（"有意义的"刺激）仍旧能被恢复，即使是来自那些未被注意的消息中。

衰减器理论和过滤器理论的不同在于：过滤器理论认为那些曾经进行过物理属性分析的未被注意的消息是被完全阻断和抛弃的；而衰减器理论则认为那些未被注意的消息是被弱化了的，但是它们所蕴涵的信息依旧是可利用的。

（三）后期选择理论

Deutsh 等 1963 年提出了后期选择理论。该理论认为，对于熟悉事物的认知是没有选择性的，也不受任何容量所限制。感觉输入的信息是多还是少并不影响刺激分析的程度，也不影响分析所需要的时间。

过滤器理论被假设成一个瓶颈——在这个地方，一个人所能处理的信息量是相当有限的。而后期选择理论也描述了一个瓶颈，但是这个瓶颈处在信息处理过程的后一阶段，当消息意义被摘录后，所有的信息材料的再处理将取决于这个瓶颈。该理论还认为，最"重要"的信息能被完全地精细加工，这些精细化的材料更有可能被保存，而那些未被精细化的材料则会被遗忘。

通常，人对一条消息"重要性"的理解取决于许多因素，既包括消息出现的情境和消息内容对于个人的重要性（如你的名字），也涉及观察者的警觉水平。在低水平警戒的情况下（如当我们熟睡时），只有非常重要的消息（如婴儿的哭声）才能抓住注意，而在高水平警戒的情况下，不太重要的消息（如电视节目的声音）也能被处理。因此，注意系统的功能在于决定消息中什么信息是最重要的，只有最重要的消息才能引起观察者的反应，所以后期选择理论也叫选择理论、反应选择理论或记忆选择理论。

（四）多模型理论

1978 年，Johnston 和 Hein 提出了一个新的模型，称为多模型理论。在他们看来，注意是一个可伸缩的系统，允许消息的选择发生在几个不同的点上。他们描述了处理消息的三个阶段：阶段一，刺激的感觉表征被建构；阶段二，语义标准被建构；阶段三，感觉和语义表征进入意识。（为了比较，Johnston 和 Heinz 将第一阶段选择与布罗德本特的过滤器理论相联结，将第三阶段处理与 Deutsh 和 Deutsh 的模型相联结。）他们还认为，更多的处理需要更多的能量和更多的心理努力，消息在第一阶段被处理（"早期选择"）时所需的能量相对于消息在第三阶段被处理（"后期选择"）时要少，选择越是往后，难度随之增加。

（五）图式理论

Ulric Neisser（1916）曾提出了一个完全不同的注意的概念化理论，被称为图式理论。Neisser 认为，我们并不过滤、衰减或忘记那些我们讨厌的材料。注意好比摘苹果，我们所注意的材料就像我们从苹果树上摘下的苹果，我们抓住了它们，而未被注意的材料则被比作未被摘下的苹果。因此，去假定那些未摘下的苹果从我们的掌握中"过滤出去"是荒谬的，一个比较好的描述是那些未被摘下的苹果仍留在树上，即那些未被注意的信息，只是简单地被我们的认知加工所遗漏了。

（六）特征综合理论

Anne Treisman 因受 Schneider 和 Shiffrin 研究的启发，提出了特征综合理论。其大意是，人们通过两个不同的阶段知觉事物。在第一个阶段中，人们处在前注意或者自动化状态，能登记事物的特征，如它们的颜色或形状。在第二个阶段，注意允许人们"黏合"这些特征，使之成为一个统一的事物（Tsal，1989）。

第三节 社会知觉概述

一、知觉与社会知觉

（一）知觉

财经心理学所涉及的是对社会现象的社会知觉，但要懂得什么是社会知觉，首先必须懂得什么是知觉。

1. 知觉的概念

知觉是指人脑对直接作用于感觉器官的客观事物进行综合整体的反映。对事物整体的反映，就是对事物的各个部分、各种属性加以整合，并对事物整体加以解释、说明。例如，有某物，用眼看，长圆形，黄色；用手摸，表皮光滑，有一定硬度；用鼻闻，有强烈的水果香味；用嘴品尝，果肉软，甜味浓，略带一点酸味……于是人脑便把这些属性综合起来，形成对该事物整体的映像，并知道它是"芒果"，这就是知觉。知觉是在感觉的基础上产生的。

影响知觉产生的因素主要有以下几种：

（1）刺激物的特点和个体神经过程的特点。

（2）个体的知识经验，个体先前的知识经验可以影响知觉的深化。

（3）个体的其他心理因素，如言语、情绪、需要、兴趣等。知觉事物离不开言语活动，个体的情绪状态、需要、兴趣会影响知觉的积极性、指向性、清晰性。

（4）常常需要多种分析器协同活动。

（5）要以各种形式的感觉的存在为前提，并与感觉同时进行。

由于万物都是在时空中运动变化的，因此，知觉也就相应地可以被区分为：时间知觉、空间知觉和运动知觉。

2. 知觉的基本特征

知觉是认知事物的一个重要环节，它有如下基本特征：

（1）知觉的选择性。作用于人的外界事物是各种各样、纷繁复杂的。人不可能同等地接受所有感觉信号的影响，并对之作出同等的反应。一个人总是以少数特定的事物作为知觉对象，对这些事物的知觉相对清晰，而对其余的事物则比较模糊。知觉的这种特性称为知觉的选择性。比如，在嘈杂、拥挤的街道上，我们对于同伴的声音和身影感知得更清楚，而对于朋友以外的事则比较模糊。

（2）知觉的理解性。在感知当前事物的时候，人总是根据以往的知识、经验来解释它们并用词语将它们标示出来。换言之，知觉中通常渗透着对于对象的理解，知觉的这种特性称为知觉的理解性。植物学家眼里的雪松是"裸子植物"，而同样一棵雪松在园林工人眼里则是"常青绿化树种"，在木匠眼里却是"优质木材"。理解使得知觉更为深刻、精确，也更迅速。

（3）知觉的整体性。知觉对象具有不同的属性，由不同的部分组成。但是人并不是孤立地感知个别的属性或孤立的部分，而是将它们知觉为一个统一的整体。知觉的这一特性即是知觉的整体性。知觉的整体性的根源在于知觉对象的各种属性的部分总是整体地以有机统一的复合刺激物的形式作用于人。

（4）知觉的恒常性。在一定范围内，当知觉的条件发生改变时，知觉映象并不立即随之改变，而是仍然保持相对不变，知觉的这种特性称为知觉的恒常性。一张桌子从不同的角度看，其形状是不同的，但我们仍将它知觉为桌子；煤在阳光下发亮，但我们仍将它知觉为黑色的；转动头部时，尽管双耳传入大脑的听觉信号发生了改变，但我们仍然将发出声响的方位知觉为不变的。

（二）社会知觉

"社会知觉"概念是由美国心理学家布鲁纳（Bruner）于1947年提出来的，用以表述他的新观点，强调知觉的社会含义以及社会因素对知觉的影响。所谓社会知觉，是指对社会对象的知觉，也包括个人对个人、个人对群体、群体对个人、群体对群体的知觉，也包括对个人间以及群体间关系的知觉。简言之，社会知觉就是对人、社会群体及其关系的知觉。由于社会知觉涉及人及其社会关系，这就与仅以自然物为对象的知觉有所不同。对自然物的知觉只涉及关于对象的外表印象，概念渗入也仅限于物质和自然概念。当然，即使是对自然物的知觉也会染上一定的情感色彩。比如，由于内心的喜悦会觉得"月亮也在笑"，由于激愤会觉得"大海在怒吼"，由于沮丧又会觉得"试卷也在悲哀"等，但社会知觉比对自然物的知觉更为复杂，而且具有更强烈的个人感情因素。在社会知觉中我们不只是感知人的面貌、表情、姿态、举止、衣着等外部特征，还感知人的心理活动和社会属性，包括需要、动机、兴趣、气质、个性、观点、信念以及品格和社会角色。因此社会知觉不仅染上了不同的情感色彩，还引入了大量的社会概念。用美国心理学家巴克（Bak）的话说：社会知觉乃是"把概念应用于他人"。其实我们不只是把概念用于他人，我们还将概念用于包括自己在内的一切社会对象，以此从不同的角度，更加深刻、准确，也更迅速地知觉周围的人和事以及它们间的关系。可见，社会知觉是人的一种特殊社会意识，它影响着人的其他心理活动，调节着人的社会行为。

二、社会知觉的类型

由于社会知觉是对作为社会存在的人的知觉，它要从不同的侧面来知觉自己、他人、人际关系、社会角色、因果关系等诸种对象，所以社会知觉也就相应地有了不同的类型。

（一）自我知觉

自我知觉是指主体对自己生理状况（身高、体重、相貌、仪表等）、心理状态（兴趣、爱好、能力、气质、个性等）、行为状态以及与他人之间的关系的知觉。它使我们感知到自己的存在、自己在活动中的角色、自己与他人相处的情境、自己的行为表现等。我们正是通过自我知觉来发现和了解自我的，所以自我知觉是自我意识形成和发展的基础。出生七八个月以内的婴儿并不知道自己的存在，没有自己与周围环境的界限的意识，以后随着早期的自我知觉的发展，才逐步形成自我意识。自我意识形成的神经基础在于：大脑不断将来自外界的信息与通过自我知觉获得的信息联系起来，逐步形成了作为有机联系的整体的自我信息系统。

（二）对人知觉

对人知觉是指通过对他人言谈、举止、表情、相貌、仪表以及姿态等外部特征和行为表现的知觉，在概念参与的情况下，进而形成对其需要、动机、兴趣、情感及个性等心理特征以及整个人的完整印象。对人知觉有客观的一面，也有主观的一面。由于知觉的理解性特点，对他人的知觉层次总是随着自身的认识水平提高而上升的，所以对人知觉是一个需要不断完善的动态过程。作为财经人员应该了解对人知觉中会有主观的成分，并尽量避免对同事妄下断语。

（三）人际知觉

人际知觉是指对人与人之间关系的知觉，它在人际交往中发生，以各种交际行为为对象。交际行为是指人们在相互交往中接触和交换的言语、态度与动作，包括交谈、表情、礼节、援助、侵犯等行为。在感知这些人际因素的基础上，借助现成的概念，可以形成对自己与他人、他人与他人关系的知觉，如友好的、一般的或敌意的等，并产生相应的情感。财经人员与同事有着友好的人际知觉，进而建立起良好的人际关系，是财经工作成功的有力保证。

（四）角色知觉

角色知觉是指对人们所表现的角色行为的知觉。在社会中每个人都扮演着某种角色，如家庭角色、职业角色、群体角色等。人们通过人际交往、社会活动和业务活动，不断产生对他人的各种角色知觉，并借助于思维的作用，掌握各种角色的行为标准，形成角色意识。比如，一般认为女性的角色特征是温柔细致、善解人意、体贴和善的；商人的角色特征是精明、注重实利、善于推销、言不符实的；外交官则是彬彬有礼、能言善辩、感情丰富、机智幽默的。人们的角色知觉是他们既以大家接受的特定角色规范评价他人，也以同样的规范约束和塑造自己。财经工作者通过一定的方式，尤其是以身作则，使同事之间形成良好的和固定的角色知觉，进而加强角色意识，有利于形成有序的机制和高效的组织行为。

（五）因果关系知觉

因果关系知觉是指在有关的一系列社会知觉中对其因果关系的知觉。这种社会知觉的形成既要求有丰富的某种社会知觉，又要求有效的思维参与，形成对已有知觉间因果联系的知觉。我们经常能够形成这样的知觉：某同志之所以普遍受到尊重乃是他素来品行端正，工作过硬，又热心助人的结果。像这一类的知觉就是因果关系知觉。日常生活中经常有倒果为因的错觉，比如一些财经人员自身的欠缺导致了工作失误，却硬说是其他人员心不齐，所以工作难做。

三、社会知觉的主要规律

人对客观事物的知觉，受到主客观条件的影响，尤其特殊的活动规律。知觉过程

57

的心理规律主要体现在它的四个基本特性中。

（一）知觉的选择性

（1）知觉的选择性是指把知觉的对象优先从背景中区分出来的知觉特性。被知觉的刺激物作为知觉的对象，其余的事物则成为对象的背景。对象和背景是相对的，它们可以相互转化。

（2）影响知觉选择性的因素有客观和主观两个方面。一是从客观因素方面看，刺激物的大小、强度、明度、色调、活动性、位置、新颖性，特别是对象与背景的差别，对知觉的选择性有很大影响。一般而言，明度和强度大的刺激物，颜色鲜艳的、活动变化的、新颖的刺激物，对象与背景差别大的事物，都容易被优先选择出来成为知觉的对象。二是从主观因素方面看，知觉时有无明确的目的和任务，主体的经验、需要、动机、兴趣、爱好、定势、情绪等，对知觉的选择性也有重要影响。

（二）知觉的整体性

（1）知觉的整体性是指当客观事物的个别属性作用于人的感官时，人能够根据知识经验把它知觉为一个整体的知觉特性。例如，根据熟人的背影，就可以获得对他的整体知觉，从而知觉他为某人。

（2）客观事物的各个部分和属性分别作用于感觉器官，它们之间形成了固定的联系，使人能在大脑中把这种联系保存下来。当客观事物作用于人的感官时，大脑会对来自感觉的信息进行加工处理，通过主观上的补充、删略、替代或改组等，使人对客观事物产生完整的知觉。

（三）知觉的理解性

（1）知觉的理解性是指人在知觉某一客观对象时，总是利用已有的知识经验去认识、解释它，并用词语把它标示出来的特性。

（2）知觉理解性的基本特征是用词语把事物标示出来，词语对人的知觉具有指导作用，可以帮助并加快理解。此外，个人的需要、情绪、兴趣等对知觉的理解性也有重要的影响。

（四）知觉的恒常性

（1）知觉的恒常性是知觉条件在一定范围内变化时，人对客观事物的知觉映像仍然保持相对不变的特性。例如，一面鲜红的旗子，在白昼时分和黄昏时分尽管它的明度发生了很大的变化，但人对颜色的知觉映像没有明显变化，同样知觉为红色的旗子。视知觉的恒常性特别明显，一般有大小、亮度、形状和颜色等恒常性。

（2）知觉的恒常性在我们日常生活、工作和学习中有着重要的意义。知觉的恒常性使知觉在一定条件下带有一定的稳定性，使人们在不同的情况下始终按事物的真实面貌来反映事物，它有利于我们正确地认识和有效地适应不断变化的环境。

第四节 社会知觉的偏差

由于主、客观条件的限制，人们对于对象的知觉不可能立即达到完全符合的程度，对社会对象的知觉尤其如此。所以，社会知觉常常会发生这样或那样的偏差。这些偏差的产生具有一定的规律性，了解这种规律性，对于在财经工作中避免偏差是十分有必要的。

一、第一印象效应

当我们初次与某位素不相识的人接触，对方的仪表、风度和言谈、举止给我们留下的印象称为第一印象。第一印象给人的影响是强烈、深刻和持久的，它会构成一种"成见"，对往后的认知活动产生先入为主的作用。例如，对于某人的第一印象很好，很可能在相当长的时间里对此人一直怀有好感；如果情况相反，则可能要费许多周折消除不良印象。我们对那些有好感的人更乐意接近，更容易宽容，也更合作；对那些引起我们反感的人则可能更苛刻、挑剔一些。这种种的认知和行为反应恰恰体现了第一印象的重要性。财经人员之所以要时刻注重自身的修养，严于律己，以身作则，除了能为部门树立好榜样，还能够在初次接触的上级领导和群众中获得良好的第一印象，为以后开展工作打下良好的基础。而一个"不修边幅，邋邋随便"的第一印象则很难令人对这样的财经人员的才干产生认同。另外，财经工作的领导者还应该避免仅凭第一印象"以貌取人"，做到既不任用徒有其表的庸才，也千万莫学孙权与刘备待庞统那样委屈贤才。

二、晕轮效应

晕轮效应又称光环效应、成见效应或以点带面效应，是指通过社会知觉获得对于对象的核心品质或行为特征的突出印象后，将其扩大为对象的整体品质及行为特征，并由此掩盖了对象的其他品质与行为特征的知觉。这种效应往往在对道德品质和性格特征的知觉中表现得特别明显。由于晕轮效应的产生通常是基于有限的社会知觉，从某一明显而突出的社会知觉出发，对对象作出整体的判断，所以它具有如下特点：

（1）遮掩性：在知觉中，突出品质行为特征对其他品质的遮掩，如所谓"一俊遮百丑"。

（2）弥散性：突出品质及行为特征扩大化、宽泛化，也就是"一好百好，一糟都糟"。

（3）定势性：对核心品质的知觉在以后对同一对象的知觉中起到了心理定势的作用，引导人不自觉地沿着特定的方向去知觉。

三、首因效应与近因效应

在个体的社会知觉过程中，最初获得的印象总是先入为主对后来的知觉产生强烈的影响，这就是首因效应。新近形成的印象往往鲜明而突出，在对对象的整个知觉印象中后来居上，并对此后的知觉产生影响，这就是近因效应。首因效应其实就是前述第一印象效应，之所以在这里称之为首因效应乃是为了对应于近因效应。首因效应对知觉的影响来自初次形成的印象没有前摄抑制的作用，而近因效应对知觉的影响则来自新近形成的印象没有倒摄抑制。那么，首因和近因到底哪一个的影响更强烈呢？这完全取决于近因与首因之间的相对状况。一般来说，消除一个强烈的首因需要更强烈的近因，这有些像直接盖房子和拆了旧房再盖新房。财经领导者应该有意识地消除这两个效应的不良影响，发挥它们的积极作用。比如，发表讲话或作报告时，首先可以简明地正面陈述自己的观点，然后引用论据并逐步遵循逻辑展开，并适当驳斥相反的观点，最后以鲜明的结论再一次突出自己的观点，这样可以事半功倍。显然，充分利用好首因效应和近因效应的只能是那些一贯为人忠实、作风正派、工作出色的领导者。

四、定势效应

定势效应是指以往的知觉作为一种认知定势和心理准备状态对以后的知觉产生的影响，这种引导性的影响使得社会知觉具有某种"惯性"。一般来说，构成知觉定势的因素有：突出的第一印象、典型的近因和素来的稳定知觉，也有个人身上较为稳定的心理因素，如动机、需要、价值观、愿望、习惯等。由于定势效应，人们在面对相同情况时的知觉会更加迅速有效，但在变化的情况面前定势又会造成误导，产生定势错觉。

五、社会刻板印象

社会刻板印象是指人们对社会事物和人形成的一套概括化、类别化的固定看法。社会刻板印象是普遍存在和不言自明的。社会上为人所介绍的关于性别、年龄、职业、民族、地域、文化、宗教等的现成观念对人的潜移默化的影响，以及这些观念就近套用的方便使我们频繁地不加批判地继续使用它们。这些固定看法作为深入认识的开始和一种发明的工具有利于个人进入认知情境，但这类固定看法因为忽略了对特殊对象的具体分析和直接针对性，终归是"刻板"的。所以，进一步的深入认识恰恰需要对它们进行分析批判。1962年我国台湾大学心理系教授杨国枢和李本华就两百多名台大学生对不同国家国民性的刻板印象的调查结果如下：

美国人：民主的、天真的、乐观的、友善的、热情的、进取的和喜欢炫耀的。

日本人：善模仿的、爱国的、尚武的、进取的、有野心、有礼貌和小气的。

中国人：和平的、保守的、好传统的、勤劳的、友善的、聪明的、低效率的和缺乏经济头脑的。

几十年过去了，无论是美国、日本还是中国，国家和人民都发生了很大变化，但对这一调查结果所代表的社会刻板印象仍持赞成态度的人不在少数。

第五节　社会知觉的归因

对自己、对他人、对人际关系的知觉都涉及对行为原因的解释。观察一个行为，观察者对于引发此项行为的原因通常只能推测。由于知觉材料的有限性，他可能凭借过去对他人类似的经验类推行为原因，也可以假设自己在相同情境下的动机和选择来回溯行为原因。理论上提出归因问题始于1958年，当时美国社会心理学家海德（Haid）在他的《人际关系心理学》一书中首次提出了社会知觉的归因理论。此后这一理论得到不断发展，1962年美国社会心理学家凯利（Kelly）提出了三度归因理论，美国的另一位心理学家维纳又于 1972 年在海德的归因模式的基础上增加了稳定因素等，使得归因理论逐步完善。

一、归因概念

归因乃是指人们对他人或自己的所作所为进行分析，指出其性质或推论其原因的过程，也就是对他人的行为过程或自己的行为原因加以推测和解释。对于"为什么?"这一问题的回答，不仅在于说明已经发生的行为，还能对尚未发生的行为进行预测。海德认为，我们都相信一个人的行为必有其原因，这原因或者属于外部环境，或者属于主观条件。如果推测个人的行为的原因在于外部因素，如周围环境、与他人的关系、工作的特殊性、与行为相关的巨大奖赏或惩罚、运气等，成为外归因或情绪归因；如果判断个人行为的原因在于个人本身的特点，如兴趣、动机、心境、态度、志向、性格、能力、努力等，则称为内归因或个人倾向归因。行为原因也可以归结为是这二者的共同影响。实际上任何行为的原因都涉及这两方面，只是主要方面有所侧重而已。

归因实际上是从行为结果回溯推论行为原因的过程。比如，一个骑自行车的人猛然发现一辆驶入非机动车道的出租车正朝自己开过来，突然向人行道躲避，结果打翻了冷饮摊的冰柜……观察者可以归因于出租车，也可以（因为当时车速很低）归因于骑车人反应过当，还可以归因于卖冷饮的老太太把冰柜挪得太靠近马路。有关当事人就发生的事件都会有一番自责的理由，骑车人不得不承认头天晚上睡得太晚，脑子当时很乱，心情也不好，事后自己也在心里提醒自己：真得小心! 这样出门弄不好真能出事。从这一案例中我们可以看到，归因包括三方面的内容：

（1）心理活动的归因：将心理活动作为结果，反溯这一心理活动的原因。上例中骑车人把心理状态不佳归因于休息不足就属于此类归因。

（2）行为的归因：把行为作为结果，寻找行为产生的内外原因。上例中观察者寻找的几种可能的内外原因就属于此类归因。

（3）对未来的预测：归因的结果应该是带有一般性和指导性的，它帮助人在以后相同的境遇下对结果有所准备并迅速作出适当判断和反应。上例中骑车人对相同状态下骑车感到不安就属此类归因。

二、归因理论

归因理论经历了一系列的发展和完善，以下是几种代表性的理论：

（一）海德的归因理论

海德认为，日常生活中的每一个都对各种行为的因果联系感兴趣，总是试图分清周围人们行为的前因后果，所以，归因乃是每个人日常所作的研究工作。海德区分了引发行为的两种因素：一是行为者的内在因素，包括能力、动机、努力程度等；二是来自外界的因素，如环境、他人和任务难度等。人们作为观察者在日常生活中对行为进行因果分析时总是试图把握这些因素的作用。如果某项行为被归因于行为者的内在状态，观察者就可以将行为作为行为者的内在品质的外在表征，由此假设和推测行为者的心理特征，

61

并依此预测以后在类似条件下同一行为者可能采取的行为。如果该项行为被归因于外在因素，观察者就很难根据行为表现对行为者的内在特征有所推测，也就很难据此预测行为者未来的行为选择。因此海德认为行为的预测与行为的归因是相互联系的。

（二）凯利的归因理论

1967年，美国心理学家凯利又创造了颇有特色的归因三度理论。他认为，人们行为的原因不外乎这三个方面：行为者本人、行为对象和二者交往时所处的情境。但要具体判断一种行为究竟由哪一个方面的因素引起，还必须分析此种行为是否具有一致性，即是否与其他人的行为相一致；是否具有区别性，即是否与平常的行为相区别；是否具有一贯性，即是否在其他行为对象上也经常出现这种行为。然后，再根据这三个参照点进行综合分析，找出其行为原因。例如，老刘对刚看完的一场晚会倍加赞赏，如果归因信息模式是HHH，即高一致性——其他人也称赞该晚会，高区别性——老刘从不轻易赞扬类似形式的演出，高一贯性——老刘从来都认为像这样的晚会值得一看。故此，归因结果为情境因素——晚会本身确实很棒。

多线索归因的合理性是建立在可对行为和行为环境反复观察的基础上的，但生活中我们更多的是不得不仅仅根据唯一的一次观察就对行为进行归因。为了弥补三度分析模式在这方面的不足，凯利另外提出了因果图式说。

因果图式就是人们在日常生活中逐步形成的关于现象之间因果联系的一种基本经验和认识结构。这种习惯的经验和认识结构可以受到许多因素的激发而参与对行为的归因过程。正是因为头脑中预先存在这种因果图式，所以人们在归因过程中总是在期待着符合因果图式的信息。一旦信息不足，人们就会根据较为接近的因果图式去猜测，添补信息，从而不仅使得归因者能够对行为事件作出归因，还保证了人们在各种情况下都能对特定行为作出相应的归因，而且还保证了人们在各种情况下都能对特定行为作出相应的归因，并对环境迅速作出近似有效的反应。

凯利认为，因果图式是多种多样的，不同图式在不同场合发挥作用。人在考虑行为因果关系时有这样一条原则：一种原因产生某种结果的作用可因其他原因的存在而打折扣——凯利称之为折扣原则。凯利另外加以区分的因果图式还有多式必要因图式、多式充足因图式、补偿因图式、长条形图式和对称形图式等。

（三）维纳的归因理论

美国心理学家维纳于1972年在海德归因模式的基础上增加了稳定与不稳定因素，建立了一套对成败进行归因的理论。他认为成败因素主要有四个方面：能力、努力、任务难度和机遇。每一方面又包含内因和外因，稳定和不稳定两个维度。它们之间的关系见表3-1。

表3-1　　　　　　　　　　　　维纳的归因模型

	不稳定	稳定
内因	努力	能力
外因	机遇	任务难度

对成败的不同归因，行为者会有不同的感受，还会对未来的行为产生影响。如果将自己的成功归结为内在原因——个人能力强又很努力，会使人满意而自豪；如果归结为外在原因——任务容易、机遇好，会令人感到庆幸，充满感激。若将自己失败的原因归结为内因——不努力、能力也差，会令人自惭和感到无助；归结为外因——任务难度大、机遇又很差，会令人气恼、愤愤不平。

把自己的成功归因于稳定因素——任务容易、能力强，能激发热情，增强自信；把成功归因于不稳定因素——机遇好，也努力了，对工作积极性可能会提高也可能会降低。如果将失败归因为稳定因素——任务难、能力弱，会降低积极性；而归因于不稳定因素——运气不好或努力不够，可能会提高工作积极性。

事先的预期对事后的归因会有影响：事先预期成功，后来果然成功了，事后就会倾向于将原因认定为能力强和技术过硬（即内部的稳定的因素）；如果预期失败，结果却成功了，就有可能将原因归结为不稳定因素，比如归因于机遇。

成败归因作为一种会通过情感或情绪影响到将来行为的方法，财经人员如果运用得当，可以正确地总结自身或同事过去成功的经验和失败的教训，正确地针对情况采取措施，对症下药解决问题；也有助于消除不利于开展工作的消极情绪，有效地激发群体成员的工作热情，充分发挥群体的积极性和创造性。

（四）归因偏差

上述归因理论，特别是凯利的归因理论，是预设了一些规范的归因要求条件和比较严格的归因模式。如果现实的归因不能满足所要求的初始条件，这些归因模式就难以奏效。而实际生活中我们所采取的归因并不总是符合凯利的规范的。同时，在现实中我们接纳了大量的偏见，这使得归因常常出现这样或那样的偏差。

1. 高估内在因素

这种偏见来自观察者，被称为基本归因错误。观察者往往倾向于将行为者本身当做行为的起因而忽视了环境因素的作用。在分析发生这种情况时，杰黑森等人指出原因有两个方面：其一，我们的社会规范认为人应该对自己的行为负责，所以较之外因，内因更受到重视；其二，事件中行为者总是处于中心的位置，易于成为注意的焦点，从而使得我们忽视了背景和社会关系。

2. 行为者和观察者的归因分歧

对同一行为，行为者所作的归因会发生分歧。行为者倾向于高估外因的作用，即对自身的行为倾向做外归因，而观察者可能正好相反。这种分歧的缘故在于以下两个原因：

第一，行为者和观察者的着眼点不一样。观察者和行为者在关注问题的时候都是在关注外在对象，行为者在观察者的关注范围之内且作为他关注的焦点。故而，行为者的内在因素受到重视，而行为者自身的外在对象恰恰是环境和他人，所以也就更多地选择外归因。

第二，两者掌握的信息不同。观察者对行为者历史情况所知甚少，仅有的信息中较多的是行为者在事件中的表现，而行为者除了环境状况外还了解自身的很多情况。

3. 忽视一致性信息

在凯利的三度归因中假定了归因者对一致性、区别性和一贯性的同等重视，但实际上，由于一致性要求对环境中他人的情况有足够的了解而难以做到，因而不太受重视，观察者更集中地注意行为者的情况，而不太注意周围人如何行事。有关何以产生这种现象的研究显示如下信息：

首先，人们习惯于注重具体的、生动的、独一无二的事情，忽略抽象、空洞的统计类的信息；

其次，人们倾向于认为行为者的直接信息比环境、他人的信息更可靠；

最后，环境、他人不如行为者突出，往往只构成观察背景，易于被忽视。

4. 自我防御性归因

自我为了达成理想与现实之间的平衡，往往采取一些纯心理的方式，就不利的现实进行保护性解释。这包括站在辩护自我的立场把成功归因于自己，把失败归因于环境，尤其在行为者确信无人确知自己行为原因的时候更容易这样；也包括固执于失落的理想的立场贬损自己，特别是遭遇了失败的会借酒浇愁，麻痹自己。在这种情况下，理想的暂时失落由于归因不当导致了放弃思想、逃避现实。

三、社会知觉归因对财经的意义

由于归因普遍存在于我们日常的因果探究之中，因此财经工作处处都有归因。如果掌握好了归因规律，懂得如何对各种行为进行正确的归因，不仅可以对同事的个性品质和行为特征作出比较客观的判断，从而理顺单位里的工作关系和人事关系，有效地避免人际交往的摩擦和内耗，而且还能利用归因规律调节组织集体和个人面对成功与失败的异常情绪，有效地推动单位或部门有机地、稳健地、热情高涨地开展工作。归纳起来，财经工作中有以下几点需要注意：

（1）应注意将财经工作的成功与失败恰如其分地归因于财经人员所作的努力、所选择的方式与途径等主观可控制因素。这样较有利于促进财经工作者进一步改进工作，以争取更大的成绩或迅速挽回不利局面，反败为胜。

（2）在出现工作失误，集体或主要责任人心理压力很大时，应该区别情况适当进行失误分析的外归因，以稳定情绪，恢复自信，集中精力面对现实，解决问题。

思考题

1. 什么是注意？注意有哪些类型？
2. 注意的良好品质是什么？
3. 什么是社会知觉？社会知觉有哪些类型？
4. 试举例说明社会知觉有哪些常见的偏差？如何避免这些偏差？
5. 什么是社会知觉的归因？
6. 社会知觉归因对财经工作有何意义。

第四章
情绪、情感与财经工作

学习要点

◇ 情绪、情感的概念；

◇ 情绪、情感的特征；

◇ 情绪、情感的功能；

◇ 情绪、情感的分类；

◇ 情绪、情感对财经工作的意义。

第一节 情绪、情感概述

65

一、情绪、情感概念

情绪和情感是人对客观世界的一种特殊的反映形式，是人对客观事物是否符合自己需要的态度的体验，而人对客观事物的态度是与自己对客观事物的需要密切关联的。我们的生活总是伴随着这样或那样的情绪或情感，它对我们的精神生活有广泛的影响。中医传统理论认为：喜、怒、忧、思、悲、恐、惊七情过甚皆伤身。中医还按照阴阳五行学说的范式，将七情与五行相对应：心主喜，属火；肝主怒，属木；脾主忧，属土；肺主悲，属金；肾主惊，属水。而且还有一套基于五行生克的情绪平衡理论：喜生思，克悲；怒生喜，克思；思生悲，克惊；悲生惊，克怒；惊生怒，克喜等。由此可见，对"情"的重视古已有之。在日常生活中，我们几乎同等地使用"情绪"、"情感"、"感情"等词语来表达不同的意思，但我们都知道区分有情和无情、积极和消极的含义。一个好的财经人员应该善于把握情与理、宽与严的关系，因此，认真研究心理学，掌握好情绪、情感的规律对于财经工作者是十分重要的。为了能更清楚地阐述，首先我们把情绪与情感放回到全部心理活动的背景中去，看看它们处于什么位置。

（一）认知、意志与情感

传统心理学把心理现象区分为三种过程，即认知过程、情感过程和意志过程。三种过程以不同的方式联系着，同时又有各自的功能。认知过程是对外界刺激事件本身特征的反映，其中感知反映刺激事件的感性特征，思维则反映刺激事件的内在本质特征。凭借认知活动，人们在心理上处理事件，加工信息，进行决策，解决问题。意志过程是认知活动的能动方面和自觉调节方面，是在决策和解决问题的过程中更多地做意识上的加工，并在行为上付诸实现的过程，是必要时认知活动在行动中的体现。意志带有某种意向或意动的含义，必须有主体的主观努力参与。从某种意义上讲，认知过程与意志过程是连续，只要在客观上对人有这样的要求，认知之后有必要采取行动，认知就转化为意志和意志行动了。情感过程则与人的切身需要和主观态度联系着，从这种联系中引申出感情的内在体验和外显表情等异于认知和意志的存在方式。因此，情感过程与认知和意志过程不是持续的关系，而是带有因果性质、互相伴随而产生的。从情感角度看，其因果关系和伴随性质应当理解为情感可以发动、干涉、组织或破坏认知过程或意志行动；而从认知的角度看，则应当理解为对事物的评价可以发动、转移或改变情感反应和体验。在情感过程中，我们经常使用这样三个相互联系又彼此区别的概念，即情绪、情感与感情。从上述"认知"、"情感"、"意志"三种过程的划分中我们不难发现，感情是作为情绪、情感这一类心理现象的笼统称呼来使用的。事实上，日常语言中广泛地使用着"感情"这一术语，它表示广义的情绪、情感状态，以及人的愿望、需要的感受倾向，它代表着情绪、情感的一般现象。

（二）情绪与情感

情绪与情感与认知活动不同，它具有独特的主观体验形式（如喜、怒、悲、惧等感情色彩）、外部表现形式（如面部表情和体态表情等）以及独特的生理基础（如皮层下各部位的特定活动等）。情绪与有机体的需要相联系，在种族发生上具有明显的生物学适应价值；情感则是人在社会环境中特别是在人际交往中发展起来的，从而具有很强的社会性。因此人既具有与生物学需要相联系的情绪体验（如疼痛引起的不愉快情绪），又具有与社会文化相联系的情感体验或社会情操体验（如道德感、审美感等）。情绪和情感影响着人的心理生活的各个方面，而且贯穿着整个人生。

就某一时刻的状态而言，情绪和情感乃是当下被意识到了的主体对外在对象是否符合自身需要的态度的体验。就脑的活动而言，情绪和情感是同一物质过程的心理形式的两个不同侧面——这也正是一些心理学家对情绪和情感不加分别的原因。实际上，情绪着重于表明同一心理形式的过程，着重于描述该过程的外部表现及其可测量的方面；而情感则着重于表明同一过程的感受或称主观体验方面，它对正在进行着的认知过程起评价和监督作用。因此，在描述人的主观体验，尤其是涉及高等的社会体验时使用情感概念，而对动物则一般不用或只以拟人的方式使用情绪概念。

按照一种更严格的尺度，情绪与情感有如下三点明显区别：

（1）情绪指那些与某种机体需要是否满足相联系的体验。比如，由于饮食需求的满足与否，而引起的满意不满意的体验；由于冷暖适应需求的满足与否，而引起的愉快不愉快的体验；由于对机体有无危害而产生的安全与不安全的体验等。总之，凡是低等的、最简单的态度体验都属于情绪。情感则是指与社会需要相关的体验，如社会的需要、精神文化生活的需要、对道德秩序的需要等所引起的高等、复杂的体验。因此，情绪是低级的、人类与动物共有的，而情感则是人类所特有的，是受社会历史条件影响的。

（2）情绪总是带有情境性的。它是由当时的情境所引发的，容易迅速减弱、不太稳定且随情境改变而改变。而情感则既具有情境性，又具有稳定性与长期性。比如：孩子淘气的时候打碎了家里一只珍藏的古代花瓶，当时当境母亲会感到愤怒，这种愤怒会随时间的推移而逐渐消退，而母亲对孩子的爱则始终持续，稳定而长久，不会因为一时一事而改变。

（3）情绪在强度上通常要高于情感，具有一定的突发性、冲动性和外显性，激烈的情绪容易失控，并常常伴随着机体生理上的变化。而情感则比较平稳、深沉、内隐和微妙，情感始终都在意识的支配之下，而且没有明显的生理上的变化。

事实上，上述区别完全是为了概念和叙述上的方便，在实际的心理过程中对二者很难作无歧异的严格区分。情感的变化是通过情绪的变化来实现的，任何稳定的情感都是在大量情绪体验的基础上形成的，所以情感的转变有赖于情绪上的共鸣逐渐达到。

二、情绪、情感的待征和动能

（一）情绪、情感的特征

如上所述，情绪、情感乃是主体对客观对象与自身需要的关系的态度的体验。如果不存在内在的需要，不存在对象与需要的关系（即对象能否满足需要）以及对这种关系的态度，也就不存在情绪或情感——对这种关系的体验。所以，情绪与情感的特征之一就是植根于需要，另外一个特点就是情绪与情感具有达尔文在研究人类和动物表现时所提出的"两极性"。

1. 情绪、情感与需要

需要是个体在社会生活中所必需的要求在人脑中的反映。正是由于对象与需要的满足之间的一定关系决定了人当时的特殊情绪或情感。能满足需要的对象会引发肯定的情绪或情感，如满意、愉快、喜爱等；不能满足需要或与之相抵触、相矛盾的事物，则会引起否定的情绪或情感，如不满、忧伤、厌恶等。客观对象是复杂多样的，它们与人的需要的满足之间的关系也是纷繁复杂的。实际生活中，有些事物满足人的一部分需要但不能满足其他需要，甚至与其他需要的满足相抵触，所以人的情绪和情感在不同时候是十分不同的，有时候各种不同的，甚至相反的各种情绪或情感能同时呈现，因而可能表现出"哭笑不得"，或者"悲喜交加"，或者"百感交集"。

需要的不同层次决定了由它引起的情绪或情感的作用，与人的最基本的需要相联系的是起主导作用的情绪或情感。基本需要得不到满足往往引发强烈的不满，这种不满将持续地占据主导地位。相反，从本能到社会及精神需要，需要层次愈高时满足与不满足引起的肯定与否定的情绪与情感强度愈弱，反应愈平和。

2. 情绪和情感的两极性

从任何角度分析，情绪和情感都可分为向、背两方面，即肯定—否定、满意—不满意、强烈—微弱、紧张—松弛、快乐—不快乐的两极状态。这恰恰与需要的满足与否是相应的。这种两极性有以下许多具体的表现：

（1）表现为肯定和否定的对应性质，诸如，快乐—悲哀、热爱—憎恨、兴奋—烦闷、轻快—沉重等。而在每一对立情绪中间存在强度上不同的多样化的情绪形式，有时候对立两极的情绪可以同时出现于对同一事件的态度体验里。比如，学习中遇到障碍时，既有一时难于解脱的烦闷感，又有锐意求解、势在必得的兴奋感。

（2）表现为积极的或增力的、消极的或减力的性质。快乐、兴奋、热爱等积极的情绪和情感能够增强人的活力，驱使人积极行动；消极的情绪和情感，如由于悲恸而至郁闷消沉，能够削弱人的活力。当然，有时候同一情绪或情感其效果既可能是积极的，又可能是消极的。例如，惊恐可能抑制行动，减弱活力，所谓"惊呆了"、"让恐惧攫住了"、"吓得目瞪口呆"，也可能令人突然振奋，动员其全部精力和体能应付当前危机。按中医学的解释，前者即是惊克喜，后者属于一惊生怒。

（3）表现为紧张与轻松的性质。这种两极性常常表现在人的活动的紧要关头，或者在人所处的情境是最有意义的关键时刻显示出来，比如高考前的紧张、考完后的松弛、比赛前的紧张、赛完后的松弛。这里紧张的程度取决于受环境、情境影响的行动和任务的性质，如客观情境所赋予的对人的要求的急迫性、重要性等；亦取决于人的心理状态，如活动的准备状态、大脑活动的紧张程度、注意的集中程度等。紧张能让人进入应激状态，使全部精力和体能充分调动起来，集中对付当前的活动。但有时过度的或持续太久的紧张也可能导致抑制，造成行动瓦解和精神疲惫。

（4）表现为激动和平静的性质。激动往往与人生活中起重要作用或占主要地位的事件有关，相关事件的出现往往是大大出乎意料之外的，与预期或意向相违背的，由此引发的情绪扰动超出了意识的控制，往往是强烈的、短暂的、爆发式的情绪、情感体验。相对地，平静则是和缓、持续的。日常生活中安静的情绪状态适合于平常的持续努力活动。

（5）表现为强弱程度的不同。任何一种情绪、情感都有从弱到强的变化过程，如，从稍感不快到拍案而起、从愉快到欣喜若狂、从略感不安到惊恐万分等。

情绪的强度越大，人卷入其中的精力和体能也越多。情绪、情感的强度取决于引起情绪、情感的事物对人的意义，以及个人既定目标和动机是否能够实现和达到。

（二）情绪、情感的功能

1. 情绪、情感的心理功能

首先，情绪和情感在认知活动中作为重要的主体因素起着重大的作用。情绪和情感在认知中具有激化、选择和内控作用。科学工作者之所以能克服困难，锲而不舍，积极深入地从事科学研究，追求真理，是因为他们对科学的巨大热情和对真理的倾心热爱。积极的情感能激发人学习的积极性、创造性、提高身体整体的机能效率，从而提高观察力、记忆力、思考力和想象力的发挥水平。所以，情感是激发和提高智力的重要心理条件。

其次，情绪和情感的信号特征在人际交往中起着言语以外的交流作用。情绪、情感是人的思想、意识的自然流露，各种不同的情绪、情感状态都有相对确定的含义，起着信号作用，人们在言语之外借以表达自己的需求、愿望和对事物的态度。通过这种"无言的自白"表达自身并对他人施加影响，也从别人的"无言的自白"中理解他们和接受这种无声的影响。我们彼此交流情感的无声语言可以是面部表情，可以是动作、姿态，还可以是语气和声调。这种感情语言往往对他人起到激励或抑制作用，有时这种语言悄然无声地暗示了个人的倾向性，从而起到比直接说明更为显著的作用。

最后，情绪和情感的易感性功能，即人们相互可以通过情绪和情感接受别人的感染或对他人进行感染。电影、电视、戏剧、歌曲等文学艺术作品无一不是借情绪、情感的易感性功能来达到预期效果的。所以，人际关系中要以情感人、入情入理，财经活动中则应晓之以理、动之以情。

2. 情绪、情感的实践功能

情绪和情感的即时状态对当下神经反应功能和体能的发挥有着明显的作用。每一个人的情绪水平与潜能发挥水平之间存在着特殊的相关曲线，随着人的生理节律及环境和健康状况的不同，人的潜能发挥的最高水平对应着一种最佳情绪水平。高于这一情绪水平（比如过分焦虑、紧张等）或低于这一水平（比如消沉、冷淡、情绪低落等）都会影响潜能的发挥。财经人员应善于调整自己的情绪与情感，尽可能让它随时处在有利于冷静、高效处理一切日常的和紧急事务的最佳水平，也要善于调整同事的情绪水平。情绪低落的要鼓励，情绪高涨但麻痹松懈的要警示，能力正常但热情不高的则要"激将"。所以，恰如清初思想家颜习斋提出"冶情"所主张的，人际关系应在情感上下工夫，而且"冶情"应该作为"修身"的一门功夫。情绪与情感除了上述功能之外，对整个身体健康都有影响，关于这一点将在后面详细讨论。

三、情绪、情感的分类

（一）情绪的分类

根据情绪的强度、速度、持续时间的长短，可以将其分为心境、热情、激情和应激四种基本状态。

1. 心境

心境是一种微弱、平静而持久的情绪状态，它具有感染性。心境通常不是关于特定事物的特殊体验，而是在一定时期使人的一切体验和活动都染上同样色彩的情绪状态，也就是说心境具有弥散性。如高兴了看什么都喜欢，悲伤了瞧见什么都流泪，生气了瞅着什么都上火等。这些表现出来的心境在对象上有弥散性，而在对他人的影响上则具有一定的感染性。

引起心境的原因是多方面的，诸如生活中的重大事件、爱情及事业上的顺利与否、成功与失败、工作进展情况、人际关系、健康状况、疲劳程度、生理节律、气候时令、环境景观、目前正在进行的活动的性质等。有时候原因是明显的，当事人一清二楚；有时候可能意识不到造成当时心境的原因，于是会莫名其妙地高兴或烦躁。要弄清这些未被意识到的原因需要静下心来反思一下，学会把握自己的心境、控制自己的心境是充分发挥自身主观能动性和创造性的重要保障。

2. 热情

热情是一种强有力的、稳定的、深厚而持久的情绪状态，"热心肠"即是一种热情。一个人的热情较心境而言相对强烈、稳定、深厚而持久，它甚至可以持续终生。

热情总是指向一个人的希望和目标，积极的热情对人的工作、学习、生活都有很大的促进作用。比如，劳动热情可以令人不辞劳苦、任劳任怨；爱国主义热情令人临危不惧、大义凛然，与敌人殊死斗争。而消极的热情则与此相反，往往产生各种负面和消极的影响。例如，对虚荣的热情会使人沽名钓誉、名不副实，对个人利益和小集团利益的热情则会导致损人利己、损公肥私、营私舞弊以致徇私枉法。

3. 激情

激情是强烈的、暴风雨般的、短暂而激动的情绪状态。例如，勃然大怒、欣喜若狂、痛不欲生、惊慌失措、万念俱灰等都是暴烈的、短促的，来得快，去得也快。

导致激情的原因有很多，通常与生活中的重大事件有关，对立意向的冲突和过度的抑制都会引起激情。激情的产生与机体状态也有关系。

激情具有明显的外部表现，如怒发冲冠、捧腹大笑、咬牙切齿、吹胡子瞪眼睛等。激情之下，认知范围缩小，自控能力减弱，难以约束自己，不能正确评价自己的行为后果和行为意义，故此控制不良激情于事先十分重要。一般可采取转移注意、降低强度、延缓暴发等办法减少因不良激情导致的恶劣后果。但积极的激情的暴发却是应该和必需的，如面对外族人入侵而奋起反击需要爱国主义的激情，面对歹徒行凶作恶而挺身制止需要正义的激情，偶见有人落水而跃入冰窟舍己相救需要见义勇为的激情。

4. 应激

完全出乎意料的紧急情况所引起的情绪状态即是应激。在突如其来的危急关头，必须迅速决断，几乎是无选择余地的采取行动，这一瞬间人的机体进入应激状态，除了精神主要关注紧急情况忽视所有其他事物，即高度专注外，人的感知觉、肌肉、关节等各部分的功能高度专一地服务于当前紧急需要，机体潜能全面调动，超常发挥。应激状态过后，机体恢复常态时，回顾应激时的所作所为能令当事人自己都感到不可思议：这一连串的反应是我做的吗？例如，一个 27 岁的女财务人员，在办公大楼失火，保险柜一笔巨款来不及搬走，当时仅有她一人在保险柜旁而且附近无人可求助的情况下，她竟然不假思索地背起保险柜从四楼下到一楼安全开阔地，然后又上楼到其他办公室抢救出一些其他物品。事后追问是谁救出保险柜时，大家都没有印象，当她记起是自己一个人背下楼来时也不禁手心渗汗。那个保险柜重约 80 斤，换了平时她连想也不敢想，而且事后让她再搬，她无论如何也搬不动。应激状态下反应更快、更佳，而且痛觉之类干扰判断的感觉暂时消失。

（二）情感的分类

情感是在人类社会历史发展过程中形成的、高级的社会性态度体验，是受社会历史条件制约的。根据情感的内容、性质和表现方式的不同，可以区分为道德感、理智感和美感三种基本形式。

1. 道德感

道德感是关于人的言论、行动、思想、意图是否符合道德需要而产生的情感，不同的历史时代，不同的社会制度，道德感是不同的。

人生活在一定的社会环境中，在与他人的交往过程中掌握特定的社会道德标准，并转化为自身的道德需要。当自己或他人的言论、行为、思想、意图等符合这些道德标准时，产生满意的、愉快的、赞赏的肯定情感，否则产生不满意、不愉快、厌恶等否定情感。具有高尚道德情感的人，有着高度的责任感、纪律感和事业心，因此，高尚的道德情感是财经工作者应该具备的条件之一。

2. 理智感

理智感是人在认知过程中产生的与追求真理的需要是否得到满足直接相关的一种情感。它是与人的认知活动、认知兴趣、对事物设问求解的渴望相联系的。这种在疑问得以解开、问题获得答案时的理智感中蕴含着人类精神上的巨大满足。正是由于理智感，古往今来的学者、伟人、科学家们在长期的探索活动中为新的发现而欢欣，为出现难题而疑虑，为找到答案而惊讶，为准确的预测而振奋。

理智感是在认知过程中发展起来的，又推动认知过程的进一步深入，为了追求真理而进行探索，又为了探索而掌握真理。人的理智感正是在这样的一种辩证的过程中不断得到发展。

3. 美感

美感是人对事物美的体验，是客观事物和行为、思想是否符合自己对美的需要而产生的情感。物质美、行为美、语言美、精神美等都能给人以美的体验。

与道德感相似的是，美感也受到社会历史条件和民族、地域的制约。由于一定社会历史时期的审美标准不同，以及不同民族和地区风俗传统的差异，对同一事物的美感体验是不尽相同的。在原始部落里以用各种颜色的植物液汁文身、画脸和佩戴鼻饰为美，而在发达社会里则以各式发型、流行时装、高跟鞋和裙子为美；一些民族以胖为美，而更多的民族以苗条为美。我国过去以妇女裹脚、男人蓄辫为美，如今在生活中若仍有人裹脚、蓄辫则会被视为怪异的人。

第二节　情绪、情感对财经工作的意义

情绪、情感对财经工作者和财经活动有着十分重要的意义，主要体现在以下三个方面：

一、情绪、情感与人际关系

人际关系是群体内聚力的基础，群体内聚力又是群体工作效力得以发挥的前提，而且人际关系的好坏直接关系着财经工作者的身心健康，影响到财经工作者的自我发展和自我完善。因此良好的人际关系对于财经工作是十分重要的，而情绪和情感在人际关系中扮演着不容忽视的关键角色。如何通过对情绪与情感的认识，避免不利的感情因素对人际关系的干扰，利用积极的感情因素促进形成良好的人际关系，这是财经工作者必须高度重视的问题。

个人品格与人际关系有着直接的内在联系。财经工作者的个人品格会在群体对他的评价中产生深远的影响，这种对人品的评价与群体心目中理想形象之间的反差决定了他们对于财经工作者的情感取向。一个人格高尚的财经工作者，他的人格代表了众人心目中的道德理想、理智典范甚至是审美标尺，大家会因为崇敬和爱戴完全接受他、信任他，会对他非常友好和关心，自然也会积极主动配合工作。财经工作者以身作则能够使群体上下统一在一种良好的情感氛围之中，这种以正气为基调的感情色彩是一个群体朝气蓬勃、团结兴旺的基础。相反，如果财经工作者自身作风不正派，腐化堕落，他无法拉拢群体成员，大家也难以信任他，难以真正对他有好感。群体成员就会在无奈之下工作，积极性、创造性根本得不到发挥。所以，对于财经工作者来说，人际关系的首要因素是自己能够德才兼备，具有财经人员应有的人格力量。

健康的组织与制度是从机制上奠定良好人际关系的基础。就个人而言，情绪与情感总是与他的认知和特定的评价标准相联系的。就单位而言，群体的情感又总是与特殊的机制相联系的。合理的人事搭配和组织形式、严谨的规章制度和严格的监督执行能够使财经活动形成便利通畅、有章可循的工作格局。在完全公开的规章和制度面前，群体成员知道自己的权利、义务和责任，任何人的感情都是建立在自觉遵守财经制度和对财经人员的正常监督基础之上。这就决定了群体之中的感情因素是健康活泼的建设性成分，人人都对诚实、正直、勤勉、上进的行为表示认同，而对相反的行为则疏离和排斥。这样，人际关系的主流就不会是表面的一团和气和实际上的任人唯亲、拉帮结派。与群体成员打成一片能够从各方有效地消除财经工作者与群体成员之间的距离感。情绪与情感从某种意义上说，是主体对象的认同程度的反应。人们很少对那些远离现实关联的对象投注与现实之中的对象同样的热情和关注。换言之，要贴近群众，财经工作者必须是可亲可敬的。财经人员忽视群众意见、脱离群众，就会造成感情上的隔阂，这类距离感会使财经活动脱离实际，失去其原有的效率。

财经工作者要想拥有好的情绪与情感氛围，不仅要创造出良好的群体环境和人际交往条件，还要形成跨层次、跨专业、跨部门的相互交流。这样可以加强部门之间的意见交流、感情沟通且减少失误。

二、情绪、情感与工作效率

总的来说，一般人都倾向于认为情绪越高涨则工作效率越高，实际上，在一定范围内工作效率与情绪水平确实是正相关的，即随情绪水平提高，工作效率亦相应提高。但这种正相关有一个极限，如果正处在这一极限值上时，工作效率达到最高水平，如果情绪水平超过这一极限值，工作效率反而与情绪水平的增长呈负相关，即情绪继续高涨，工作效率反而下降。心理学家赫布提出的情绪激活水平与操作效果之间的假设曲线所要说明的正是这一规律，参见图4-1。

在情绪激活水平很低（如深睡、昏睡状态），操作效率极低或等于零；情绪激活（觉醒）程度逐渐提高，或情绪逐渐被唤醒，操作效率随之提高；情绪唤醒到一定水平

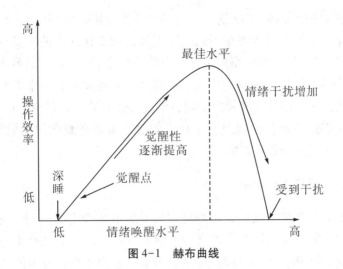

图 4-1　赫布曲线

（最佳水平），操作效率达到最高；情绪激活水平继续提高，情绪开始起干扰作用，操作效率开始下降，当情绪过度紧张时，操作效率降至极低水平。

情绪心理学中的另一定律：耶克斯—多德森定律则在上述赫布曲线的基础上考虑了另一新的因素，即工作难度，参见图 4-2。

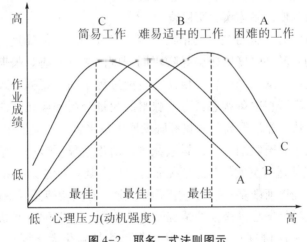

图 4-2　耶多二式法则图示

这一定律表明：不同性质的工作，取得最高效率所要求的情绪激活水平不同。在一定的情绪背景下，任务越复杂，取得最高效率所需要的情绪激活水平越低。通俗地讲，操作简单的工作可以用激昂的情绪去获得高效率，而复杂困难的工作则需要相对地心平气和以保证条理清楚，从而取得高效率。

情绪与工作效率的关系除了上述趋势之外，还有如下规律：

（1）平时情绪稳定、不易激动者的工作效率比情绪不稳定、容易激动者更高。

（2）平时情绪稳定者，可因情绪压力而提高工作效率，而情绪向来不稳定者受情绪激活水平提高的影响，其工作效率会降低。

（3）持续高激活水平的情绪和消极情绪会降低工作效率。

情绪对工作效率的影响比较显著、直接。总体上讲，良好的心境、饱满的热情、奔放的激情甚至突发的应激状态在不同条件下都是对工作效率的提高有益的，但应当学会掌握一个"度"，因为对效率的关注本身就是在寻求一个最佳的效果。

情感对工作效率的影响相对地更温和、持久，也更间接。一个人的工作效率并不直接受道德情操、审美趣味和理智感支配，但良好健康的职业道德、正直磊落的为人，对秩序与速度美感的真切体验以及善于思索解决疑难的智慧熏陶无疑对个人的工作、学习效率有着深远持久的积极影响。

三、情绪、情感与身心健康

医学上所谓心身疾病，指的是由心理因素导致的生理上的疾病。易怒、焦虑、狂暴的人易得胃病，因为这些情绪因素会抑制胃液分泌，进食后消化不好，长期胃功能失调就导致胃病。同样，性格怪僻、任性、多疑、心胸狭小、爱生闷气的人，易患精神病或神经官能症；过分压抑，时常面对内在的心理冲突，缺乏安全感，自感无助和无能，悲观绝望的人，易患癌症；常忧虑、好激动、竞争性和攻击性强及不满的人，易患心血管疾病。1974年加拿大生理学家谢尔耶（Sere）做了这样一项实验：他将羊放在装有狼的木笼旁边饲养，使羊长期处于对危险的应激状态，结果，羊慢慢地不吃食，后终于得病而死。于是，他认为，应激状态的延续能击溃有机体的生理化学保护机制，使其抵抗力降低，易为疾病所侵袭。

应激性疾病所指的应激乃是一切情绪紧张，以及相应的体能消耗，日常生活中超出心理承受能力的刺激或过度紧张会导致不同程度的应激状态。长期处于应激状态就会导致机体功能失衡，从而产生各种疾病。应激过程中的一系列生理生化变化都是为了使机体进入高度活跃和准备状态：肾上腺素的大量分泌和经血液向全身的输送能在短时间内使心率加快、血压升高，并将肝脏糖原大量水解，向血液中提供大量葡萄糖，神经系统反应更快，肌肉收缩有力，胃液减少，消化进程缓慢……整个机体处于高度"战时状态"。就机体适应突发的紧急情况而言这是完全必要的。在紧急情况过去以后，机体的生理生化过程逐渐恢复常态的稳定平衡，除了有些疲劳感外一般没有不良影响。但是，经常处于应激状态难以松弛的情况却完全不同，持续的应激状态等于使用应付突发态势的情绪水平应付日常工作、生活，不仅能量异化大于同化，而且长此以往，会造成神经功能和身心平衡的失调，造成体质下降，抗病能力降低，容易感染各种疾病。结果，应激导致失调，失调又促成应激，形成恶性循环。

情绪导致疾病，情绪也能治疗疾病。积极的情绪在维持和增进身心健康及治疗疾病上有着不容忽视的重要作用，而且它的作用很难用药物取而代之。经常保持良好的情绪状态，乐观开朗，心情舒畅，有利于机体整体功能的协调和各器官系统功能的正常发挥，张弛有节，缓急有度。畅快的情绪还有助于疾病的康复和伤口的恢复。打胜仗的伤员伤口的愈合比打败仗的伤员快，这跟伤员的情绪有关。

另外，医学实践证明：心理治疗无论是对心理性疾病还是器质性疾病都有显著疗效，这说明"心药"不仅可以治"心病"，有时也可以治器质性疾病。财经工作中能正确调动和保持积极乐观的情绪，其重要性是显而易见的。

　　情感对健康的影响长久深远，当然，在形式上也比较和缓。一个有着高尚道德情操和个人修养的人更少受到道德的困扰，他会自觉按照社会公认的规范行事，不必为私欲违背道德从而备受良心的谴责。心怀坦荡而磊落，身心自然清正，当然有益于健康。而优雅的审美情趣、睿智的理性熏陶同样能让人自如应付各种环境和事务，身心协调，健康而充实。

思考题

1. 什么是情绪和情感？
2. 情绪、情感有何功能？
3. 积极健康的情感对财经人员的工作和生活有何意义？
4. 情绪与工作效率的具体关系怎样？

学习要点

◇ 个性的概念、个性结构的内容；

◇ 气质的概念；

◇ 气质类型特点及其对财经工作的意义。

◇ 性格的概念和性格结构；

◇ 性格类型对财经工作的意义；

◇ 一般能力和特殊能力；

◇ 能力与知识、技能的关系；

◇ 能力的个体差异及其对财经工作的意义。

第一节 个性概述

一、个性概念和个性结构

人虽然是生物实体，但他不同于一般动物。作为个体的人具有自然和社会的多种属性，然而，人最本质的属性是社会性。所谓一个人的个性是指在社会环境和个体先天素质的共同作用下形成和发展起来，在一个人身上所表现出的独有的、稳定的、本质的各种心理特征的综合。

个性的概念在这里包含以下几层含义：

（1）个性的概念包括人类的共同心理特点，具有一定时代、民族的心理特征，同时更多地是他本人的先天素质与后天经历所形成的个体心理特征。

（2）个性的形成和发展依靠一定的社会环境的影响、家庭教育、个人经历以及自我锤炼等多方面因素的相互作用。

（3）个性是指在一个人身上所表现出来的那些经常的、稳定的本质心理特征。

人的个性和其他现象一样，是一个多层次的有机统一体，它有着内在的结构。个性结构主要由两大部分构成：一是个性心理倾向，它表明一个人的需要、兴趣、动机、态度、理想、信念、价值观等，个性心理倾向支配个体行为，制约人的心理活动的方向和行为的社会价值，推动个性发展；二是个性心理特征，是指个体的气质、性格、能力组成的个性特征，这是个性差异的主要方面。这两个方面是相互制约，相互融合，紧密联系，不可分割的统一整体。

财经心理学研究个性，主要是研究个体心理活动中个体心理特征的实质及其形成规律。

二、个性的特点

与其他心理现象一样，人的个性也有其自身的特点，主要表现在以下几个方面：

（一）社会性

从个性的形成和发展来看，人的先天素质是个性形成的前提条件，而决定个性形成和发展的是社会环境。人的个性是在社会交往过程中，个体社会化的结果，是在一定社会历史条件下和一定社会关系中，社会的思想理论、道德规范、价值观念的影响下形成的。离开了社会，人就无所谓个性，有的只是自然属性，所以个性是一种社会历史现象。

（二）稳定性

个体的个性是指在一个人的生活中表现为一贯的、恒常的、在某种条件下经常出现的、较为稳定的心理特征。而那些偶然出现的，或一段时间里反复出现但并不具有一贯性，缺乏稳定的心理特征，并不能看成个人的个性。比如说，某人偶尔忘了某件东西，并不能就说这个人具有健忘的个性特征，只有那些在生活和工作中经常表现出丢三落四的人，才能说他具有健忘和粗心大意的个性特征。

（三）差异性

世界上没有个性完全相同的两个人，即使是孪生兄弟，个性也不会完全相同。尽管在大体相同或相似的社会环境条件、群体中生活，个性心理上会形成某些共同的心理特征，但是，个体的个性差异仍然是存在的，这一点是绝对的。任何个体都是个性和共性、共同性和差异性的统一。个体的差异性是共性中的差异，也体现着共性的差异，这一点在分析和考察个体的独特个性时尤其要注意。

（四）整体性

个性不是指某个人单个的孤立的某一心理特征，而是指在个体的生活中表现出来的相互关联、彼此联系、相互补充、相互促进的各种心理倾向性和心理特征的一个综合完整的个性。这些各种心理特征在日常生活的表现中不一定完全那么一致、相似地表现为一个整体个性，但毕竟有它的一致性和相关联性。人们正是通过对这些完整的个性心理特征的观察来判定某人是某种性格或者某种气质的。

三、个性对财经工作的意义

财经活动是以人为中心的活动。无论是财经人员还是财经领导者都是有着个性的活生生的人，了解和研究人的个性对财经活动有着重要的意义。

（一）研究和了解财经工作对象的个性心理特征，有助于财经活动的科学化

财经工作者的工作主要是为经济活动提供服务的，财经工作者要想使自己的财经活动有效化和科学化，就必须了解自己的服务对象的心理特点、个性特征，了解得越仔细，工作就会越有效。

（二）研究和分析财经工作者的个性和心理特征，有助于优化财经工作者的自身素质，提高财经工作者的工作水平

成功的财经活动中最重要的因素莫过于财经工作者自身的心理素质，即良好的个性心理特征。在财经活动中不仅要让财经工作者自己对自身的个性心理特征有一个比较清晰的认识，以便不断自觉地培养锻炼自己的心理素质，使其优化，而且要让其上级主管和群体成员也对个性进行了解和研究，以全面地了解财经工作者，达到相互理解，达成共识，使财经活动顺利进行。

第二节　气质与财经工作

一、气质概念和气质类型学说

气质是个性心理特征之一。气质是人生来就有的典型的、稳定的心理特征，它是在人的自然素质基础上形成的心理活动的动力特点的总和。日常生活中气质一般是指人的脾气、秉性或性情。心理活动的动力特点，是指心理活动进行的强度、速度、稳定性和指向性，使人在心理特点上表现出明显的个人色彩。

例如，有的人思维敏捷、灵活，反应快，有的则迟钝、缓慢；有的人情绪和情感强烈，有的人情绪变化不明显，即使非常高兴，也只是淡淡地一笑了之；有的人注意力集中时间长，有的人则容易转移注意力；有的人意志力强，有的人则脆弱；有的人喜形于外，对事物容易发生兴趣，有的人则倾向于内，遇事不露声色。这些都表现了个体心理活动的动力特点，集中体现了一个人的气质。

气质是一个古老的概念，最早是由古希腊医生希波克拉特提出来的，后来经罗马医生盖伦的验证修订，正式成为气质学说理论。这就是最早的气质类型学说。

希波克拉特假设人体内有血液、黏液、黄胆汁、黑胆汁四种体液，由于这些体液在人体内所占比例优势不同因而可以把人分成四种不同的气质类型，即多血质、黏液质、胆汁质、抑郁质。这种说法显然缺乏科学根据，但都是朴素的、唯物的。而且在现实生活中，也可以发现人群中的确有着这四种类型气质的典型代表，所以两千多年来，气质这个名称一直为学术界所采纳，并沿用到今天。

近代，由于科学技术的发展，俄国生理学家巴甫洛夫及其弟子对高等动物和人的高级神经活动做了大量研究，提出了关于高级神经活动类型学说。巴甫洛夫认为人的高级神经活动的兴奋与抑制过程在强度、均衡性、灵活性等方面具有不同的特点，这些不同特点的组合便形成了不同的高级神经活动类型。巴甫洛夫根据三种特性（强度、均衡性、灵活性）的不同组合将气质划分为四种基本类型：第一种是强型、均衡、灵

活，称之为活泼型或灵活型；第二种是强型、均衡、不灵活，称之为安静型；第三种是强型、不均衡，称之为兴奋型；第四种是弱型或抑郁型。这种划分恰好与古代的气质类型说基本相符合，灵活型相当于多血质，安静型相当于黏液质，兴奋型相当于胆汁质，抑郁型相当于抑郁质。

二、气质类型的行为特征

人的气质是通过人的情感、情绪以及行为表现出来的。每个人都会有多种不同的气质特点，完全典型地只具有一种气质的人并不多见。心理学家们通过观察研究，发现人的情绪和行为与某种气质类型有着一定的对应性，表现出某些共同特点。

（一）多血质

多血质的特点：耐受性高，感受性低，能忍耐较强的刺激，能坚持长时间的工作；活泼、好动，反应灵活，行动迅速，办事快；情绪兴奋性高，外部表现明显，变化性大，对人热情、友好，善于交际，富有感染力，容易适应环境变化，但脾气急，几乎不能控制和克制自己的反应，对外部事件的反应往往带有突发性、冲动性；不甘寂寞，坚持性差，容易出现厌倦和消极情绪；在认识上，对新事物敏感，认识快，心里外向，语言表达力强，但认识不深刻，容易受暗示，意志薄弱，注意力不稳定，易转移，缺乏知己。

（二）胆汁质

胆汁质的特点：耐受性高，感受性低，情绪兴奋性高而不均衡，外倾性明显，动作反应快但不灵活；容易激动，控制力差，但情绪热烈，态度坦率、直爽，易于受感染，心境变化剧烈，容易与人发生冲突，性情鲁莽、倔强，脾气暴躁，好斗，易爆发狂热；意志坚定，办事果断，做事一干到底，精力旺盛，语言富于表达力，行为冷热不均衡，常常刚愎自用，傲慢不恭。

（三）黏液质

黏液质的特点：耐受性高，感受性低；情绪兴奋性低，动作反应慢，不灵活，具有稳定性，内倾性明显；能自觉调整自己的神经兴奋程度；对人真挚、诚恳，性情安静，脾气柔和，交际适度，遇事谨慎，善于忍耐，不轻易与人发生冲突，不尚空谈，富于实干精神，注意力不容易转移；认识不敏感，对新事物缺乏热情，沉默寡言，不善辞令，心理抑制，易平衡，常被人视为外柔内刚的人。

（四）抑郁质

抑郁质的特点：耐受性低，感受性高，不能经受强烈的刺激；情绪兴奋性低，动作反应慢，不灵活，行动迟缓，具有稳定性、刻板性，严重的内倾，不能自觉调节自己的神经兴奋状态；情感体验深刻，观察仔细，容易多心，神经过敏，感情脆弱，容易消沉，性情孤僻，羞怯、腼腆，脾气古怪；认识反应慢，缺乏自信，有严重自卑感，喜欢沉溺于内心体验之中；情绪上抑制古统治地位，而且又不平衡，为人小心谨慎，思考透彻，在困难面前容易优柔寡断。

从以上四种气质类型的情绪、行为特征来看，每种类型都具有积极和消极的一面，没有哪一种是绝对的好。每一个人的气质一般也是这四种类型特点的融合，纯粹、典型的某一种气质类型的人则不多见。我们说某人具有某种类型的气质，也只是指他的气质中某种气质特征表现得尤为明显罢了，因此，对人对己在分析气质的类型特征时，不要硬套，要因人而异，综合评价，切不可片面地走极端，主观臆断。

三、气质对财经工作的意义

气质是心理活动的动力特征，是人稳定的心理特征之一，它对人的心理活动和行为有一定的影响。正确认识和对待气质，学会分析自己和他人的气质特点，在财经活动中可以根据不同人的不同气质特点进行工作，这对于财经活动的科学化有着重要的意义。

（一）正确认识和对待气质类型的特点

（1）不同的气质类型在心理和行为上表现出不同的特点，气质对心理活动和行为的影响不具有实质性，也就是说，它只是在表现形式、方式、表现程度上有不同，对心理活动的内容及行为方向并不起决定性作用。比如遇到值得高兴的事，任何气质类型的人都会感到高兴，只是高兴的方式、表现形式、高兴程度不同而已。

（2）气质类型以及所表现出来的行为特征，一般来说是与生俱来的，它更多反映的是高级神经活动的特征，因此具有稳定性、不易改变。但不排除有些特征也可以是后天在生活环境和工作经历中形成的。这表明气质也并非固定不变，只是变化需要条件、时间而已。比如，有的人在年轻时生性好斗、性急，难以控制自己的行为，经过生活的磨炼，到了中年则性情稳定，行为谨慎，行动缓慢，也能够控制自己的行为了。

（3）评价气质类型的行为特征的优劣要从具体情况出发，因为同一种气质类型所表现出来的行为特征在不同的情境下，可以作出不同的评价。比如，胆汁质的人做起事来，思维敏捷，手脚麻利，精力充沛，办事效率高，这是优点；但是这种人工作热情往往难以持久，做事毛躁，或者性情暴躁，这是缺点。如果一个人吸收不同气质类型的优点锻炼、培养自己形成一种气质优势，则可克服许多气质上的不足，这样在工作中就能表现出敏捷、麻利，精力充沛，热情持久，办事细致，工作效率持续、稳定等优良的气质特点。因此，在现实生活中评价一个人的气质类型特点时，切不可片面、简单、无端地将某人划分为某种气质类型或者用气质类型特点乱套，而应该从每个人实际的气质表现来分析，这样才能作出切合实际的判断。

（二）气质类型与工作效率

（1）一个人的工作效率高低和社会价值的大小并不能简单地归结为一个人的气质类型，然而从对气质类型的分析中，我们可以看到，一个人的气质的不同类型和行为特点对一个人的工作效率会产生一定的影响。

实践证明，气质类型完全不同的人经过自己的努力都可以取得优异的成就；同样，气质类型非常相似的人，由于各自在实践中条件不同，主观努力不同，其结果可能会截然不同。在财经活动中，认识和了解人们之间的气质差异，善于利用和扩大各个人气质特征积极的一面，抑制消极的一面，将会对工作带来有益作用。

（2）气质类型虽然不能决定一个人社会活动的内容和方向，但它往往能够影响一个人的活动性质和工作效率。有些工作，尤其是特殊职业对职工的气质有着一定的要求，反过来说，不同气质的人选择适合自己的工作，能使工作取得事半功倍的效果。例如，大型动力系统的调度员、高空带电作业的工作人员、飞机驾驶员、宇宙航行员、矿坑救护员等，工作紧张，具有冒险性，动作变化迅速，要求行动反应敏捷，责任重大，因而要求工作人员在心理上能够做到冷静、理智、胆大心细、临危不惧，既要求他们反应灵敏、快速，又要求能在较长时间里维持、控制自己的身心紧张状态。就气质类型的特征来看，胆汁质的人耐受性高，反应快，富有冒险精神，办事果断，但不够细致和准确，且控制力差；而抑郁质的人细致、沉稳，但反应慢，耐受性低，缺乏胆量，优柔寡断。可见，并非单一的某一种气质类型的人能适应那些特殊职业，而是需要培养和锻炼。

（3）作为普通职业来说，对气质要求并不太高，一般的人应都能胜任。当然，不同气质类型的人干同一项工作会出现适应与不适应，干得好和干得一般、较差的区别。更多情况下经过主观努力可以使气质特征中的积极面弥补消极面，使工作同样做出意想不到的成绩来。财经工作虽然是普通工作，但对气质类型仍有一定的要求，并非谁都可以不经训练就能胜任。比方说，抑郁质的人就很难和其他人进行交流，其他人也不会喜欢一个既刻板又优柔寡断、缺乏自信的人；胆汁质的人也是很难干好财经这一行的，性急，毛躁，缺乏持久性，是很难完成财经工作的；对于黏液质的人来说，也很难适应推销之类的工作；等等。可见，需要利用气质互补来取长补短。例如，有些工作需要具有稳定的注意力，又需要注意力能够迅速转移，而属于黏液质的人，他们具有注意力的稳定性，而缺少迅速转移的灵活性，但是在工作中这些人往往可以用注意力的稳定性补偿注意不够灵活的缺陷，从而适应工作；一些属于多血质的人，具有注意力迅速转移的灵活性而缺乏注意力的稳定性，他们在工作中利用动作的敏捷、灵活和注意力转移补偿了注意力不够稳定的缺陷，从而适应工作。

由此可见，不论哪种气质类型都有积极和消极的一面，决定工作成败不在于气质而在于工作态度。如：胆汁质的人易冲动，任性、粗暴、居功自傲，但也会以极大的热情投身于所从事的事业，果敢、临危不惧，表现出高度的主动性和坚持性；多血质的人较轻浮，缺乏坚定性、见异思迁，但多血质的人会朝气蓬勃、聪明伶俐地干好本职工作；黏液质的人因循守旧、缺乏进取，但黏液质的人会严谨地对待事业，埋头苦干，锲而不舍；抑郁质的人虽然容易悲观失望，对工作缺乏兴趣，但一旦工作起来又会做得非常认真细致，精益求精。因此，只要发扬一个人的气质优势，克服劣势，就可以干好工作。

（4）财经人员在工作中应结合气质类型特点，扬长避短，积极注重气质的培养、训练，以适应工作要求。同时要努力提高心理素质，加强思想修养，端正工作态度，增强事业心与责任感，从而持久地提高工作效率。

（5）财经领导者有必要了解职工的气质，在对职工进行教育和做思想工作时，就可以因人而异。

要使思想工作做得有成效，就要注意人的不同气质特点，采取不同的工作方法。

例如在对职工批评帮助时，要考虑到不同气质类型的人对挫折容忍力的大小。一般来说，胆汁质、多血质的人承受挫折的容忍力较大，可以对他们进行严厉批评，有助于他们重视自己的缺点，约束他们的任性行为。但不要激怒他们，以防产生过激行为，产生事与愿违的结果，遇到冲突最好"冷处理"。而对于抑郁质的人，由于他们承受挫折的容忍力较小，较敏感，哪怕稍加暗示，他们就会产生较强的心理震动，因此在需要指出其问题，对他们进行批评时，一定要注意方式、方法。这类职工一般不善于暴露自己的思想。因此，要做耐心的思想工作，态度不能生硬，要以平等而自然的态度与其进行心理沟通；要避免在公开场合批评，以免挫伤他们的自尊心；应鼓励、引导他们参加集体活动，使之感受到集体温暖；加强相互间的交流与沟通，互相理解，帮助他们克服忧郁、猜疑、孤僻等消极心理。对于黏液质的人要考虑到他们缺乏灵活性、反应缓慢、内向的特点，平时应多交谈，多提出要求，给予对方充分的考虑时间，不要急于要求其表态。

第三节　性格与财经工作

一、性格的概念和性格结构

（一）性格

性格是个性心理的核心组成部分。性格是指人对现实的一个稳定的态度体系和习惯化了的行为方式所表现出来的心理特征。

恩格斯曾说过："人物的性格不仅表现在他做什么，而且表现在他怎么做。""做什么"说明一个人追求什么、拒绝什么，体现人的活动动机及对现实的态度；"怎么做"则说明一个人用什么样的行为方式去追求所要达到的目的。人与人之间的个别差异，首先表现在性格上。例如，有的人热情、开朗、活泼、外向；有的人拘谨、内向、冷静、多思；有的人谦虚、谨慎、勤奋、朴实；有的人骄傲、懒惰、狡诈；有的人大胆、勇敢、见义勇为；有的人谨小慎微、见利忘义等。这些都是一个人经常出现的对现实的某种态度并已形成相应的较稳定的行为方式，成为他为人处事的习惯做法，这就是一个人的性格。

性格不是个性的一般组成部分，而是最重要的组成部分，它是区别一个人的最明显的、主要的心理特征。性格是经常地稳定地表现出来的心理特征，因此，我们可以根据一个人的性格习惯，去推测他未来的行为。

性格不是天生的，它是个体在长期实践和教育过程中，在主体同客体相互作用、相互影响中形成的，是客体对主体的作用中，主体自身的反应机制所形成的一种态度体系，它固定下来形成定势，成为相应的个体的行为方式。

（二）性格结构

性格是由彼此联系和依存的众多具体的性格特征构成，这些性格特征集中起来可分为四个层次，它们彼此间相互作用，形成一定的性格构成。

1. 性格的态度特征

这是根据人们对待事物的不同态度来划分的性格特点，这是性格的重要组成部分，大致可分为四种：

（1）对社会、集体、他人态度的性格特征，如热爱祖国、关心集体、大公无私、正直、热情、诚实、富有同情心、喜欢交际、礼貌待人，或者敌视祖国、背叛人民、自私自利、焦灼、虚伪、冷酷无情、粗暴、孤僻等。

（2）对工作、学习、劳动态度的性格特征，如勤劳、认真细致、富有创造精神，或者懒惰、马虎敷衍、墨守成规、因循守旧等。

（3）对物品态度的性格特征，如节俭、爱护财物、有条不紊，或者奢华、贪婪、挥霍浪费、杂乱无章等。

（4）对自己态度的性格特征，如谦虚、谨慎、自信、大方、自尊、自爱、自强，或者骄傲、自满、自负、自卑、轻浮放任、羞怯等。

2. 性格的意志特征

这是指人对自己的行为进行自觉调节方面的性格特征，它反映了一个人控制、调节自己所表现出来的行为方式和水平。具体表现为以下四个方面：

（1）行为目的性的性格特征。这是指一个人是否具有明确的行为目标，并使自己的行为自觉地接受社会规范约束的意志特征，主要有独立性、目的性、组织性、纪律性、主动性、计划性，或者盲目性、被动性、受暗示性、散漫性、放纵不羁等。

（2）对行为自觉控制水平的意志特征。这主要有自制力、自控力，或者自由放任、无拘无束、我行我素、毫无顾忌等。

（3）在紧急或困难情况下表现出来的意志特征。这主要有沉着镇定、深思熟虑、勇敢、果断、顽强拼搏、献身精神，或者惊慌失措、优柔寡断、胆小怯弱、冒失鲁莽等。

（4）在日常工作中的意志特征。这主要有严肃认真、持之以恒、坚忍不拔、知难而进、善始善终，或者轻率马虎、半途而废、知难而退、虎头蛇尾等。

3. 性格的情绪特征

这是一个人对情绪的控制所表现出来的性格特征。人的情绪对人的活动产生一定的影响，这种影响取决于人对自己情绪的控制，对情绪的控制能力因人而异，因此就会表现出不同的性格特点。具体表现在以下三个方面：

（1）在情绪的强度方面，有的人情绪强烈，一经刺激就难以控制，精神状态好，对人富有热情；有的人则情绪低落，很难激起他的激情，萎靡不振，对人冷漠。

（2）在情绪的稳定性方面，有的人情绪稳定，容易保持持久；而有的人则情绪不稳定，被动性强，起伏不定，忽高忽低，忽冷忽热，不能持久。

（3）在主导心境方面（由于情绪的作用，常常构成某种心境，其中有积极的心境和消极的心境），有的人经常保持精神饱满、心情舒畅、热情奔放、乐观开朗、积极向上的心境，善于调节自己的情绪；有的人则情绪低沉、多愁善感、抑郁寡欢等。

4. 性格的理智特征

这主要是指个体在感知、记忆、想象、思维等认知过程方面所表现出来的性格特点。具体表现如下：

（1）在感知事物方面，有的人主动观察，而且观察仔细、精确，并能独立思考；有的人则粗糙、模糊，且被动，只感知事物的细枝末叶，缺乏独立性，易受人暗示。

（2）在知觉记忆方面，有的人善于形象记忆，有的善于抽象把握；有的善于对材料进行收集、罗列，有的则善于对材料的整体进行概括、分析。

（3）在思维方面，有的人全面深刻、灵活细致，喜欢独立思考，有的人则片面肤浅、粗枝大叶，喜欢借用别人现成的答案；有的人思维富于逻辑性、辩证性、开拓性，有的人则思维保守、主观、片面，遇事喜欢钻"牛角尖"。

（4）在想象方面，有的人想象主动、积极、现实、深刻，能够与实际相联系；有的人则想入非非，脱离现实，是幻想主义者。

以上各种性格特征在每个人身上都以其特有的形式结合成有机的整体，以此区别于他人。在每个人的性格结构中，态度方面的性格特征居主导地位。因为态度方面的性格特征具有很强的道德色彩，它直接表现一个人认识世界的总的心理倾向，也是一个人的本质属性、世界观的具体体现，并且在一定程度上决定着其他三方面的性格特征。

人的性格是在一定条件下的一定行为方式中表现出来的，只有在各种条件下从多方面去考察一个人的性格，才能洞察其性格的全貌。因此在分析或描述一个人的性格时，切不可按上述框框采取公式化的态度去生搬硬套、罗列、堆砌，也不能停留在一时一事上。

（三）性格结构的基本特点

1. 完整性

性格不是各种性格特征的简单堆积，而是一个有机构成的统一整体，各种性格特征之间有着一定的内在联系。例如，在反映劳动、工作、学习态度的性格特征方面表现出认真负责、踏实勤奋的人，往往在性格的意志方面表现出有较强的坚韧性和自制力，并且在性格的理智特征方面表现出主动性和创造性，在对待自己的态度方面也往往表现出谦逊、谨慎的品质。人们往往是通过对某人的一种性格特征的了解来推知他其余的某些性格特征。

2. 制约性

性格的多方面特征是相互制约的。仅就态度特征而言，在对人、对集体、对社会的不同态度上也同样是相互制约的，而且对集体、对社会的态度常常制约着人对其他事物的态度。比方说，对集体、社会具有高度责任感和义务感的人，他不仅待人比较正直、诚实，而且对劳动、工作也一定表现为认真、负责、一丝不苟。在他从事有益于社会的行为中，通常也会表现出应有的效率和坚定。

3. 稳定性和具体性

性格的稳定性是指环境条件只要不发生大的变化，人的性格结构就不会发生根本性的变化。当然一个人的性格并不是在任何时候都表现为一种统一的模式，在不同的环境条件下，人的性格会以不同的结合方式表现出来。在一定场合下，可以着重显露其性格的某一侧面，在另一个场合，又可以着重显露其另一个侧面。因此，我们分析一个人的性格，不能脱离具体的历史条件。就一个人的性格结构特征来看也并不都是优良的，而是同时伴有缺陷，对此要作具体分析。

4. 变化性

一个人的性格并非固定不变，它是随着社会环境和个人成长道路、经历变化形成的，性格结构也可以随着时间的流逝而改变。在个人一生的成长过程中，有的性格特征被强化，有的性格特征被弱化，有的新的性格特征逐渐形成，从而使性格结构处于不断调整变化中。

正因为性格结构的整体性、制约性、稳定性和具体性、变化性特点，就要求财经工作者要冷静、全面地对待每一个人，切不可简单处之。

二、性格类型的划分

性格有个体差异，但不排除人的性格大致可以作出不同类型的划分。根据不同的标准可以划分成不同的类型，主要有以下几种分类：

（一）依据人的心理活动的倾向或开放程度划分

依据人的心理活动的倾向或开放程度，把人的性格可以分为外倾型和内倾型。这是瑞士心理学家荣格的见解。

外倾型性格的人，生性活泼、开朗，善于交际，感情外露，好外出，对人坦率、随和、办事果断，独立性强，重视外部事物，不拘泥于小节，缺乏自我分析和自我批评精神，有时也较轻率。

内倾型性格的人，心理活动倾向于内心世界，对外部事物多疑、困惑，语言少，情感深沉、孤独，富于幻想，不喜欢社交，缺乏决断力，待人接物小心谨慎，考虑问题沉着多思，反应慢，缺乏行动，经常沉浸于自我分析和自我欣赏，重视内心世界的细微变化，行动多从主观自我出发，对人冷淡，有防御性。

（二）依据性格特征与心脏病发病率的关系状况的分析划分

依据性格特征与心脏病发病率的关系状况的分析，把性格划分为 A 型性格、B 型性格和中间型性格。这是美国心脏病专家弗雷德曼提出的分类方法。

A 型性格：急躁，争强好胜，有强烈的时间紧迫感，常常同时思考或进行两件不同的事，但缺乏耐心，看不惯别人做事缓慢，容易激动、发怒，不知满足。这种人容易得心脏病。

B 型性格：从容、安逸，不争强好胜，能化竞争为兴趣，紧张工作后能愉快地休息，做事胸有成竹，不受外界干扰，这种人不易患心脏病。

中间型性格是介于 A 型和 B 型之间的一种性格类型。

（三）依据个体行为的独立性程度划分

依据个体行为的独立性程度来划分性格类型，可将性格划分为独立型、顺从型和反抗型。这是奥地利心理学家阿德勒提出的。他根据个体具有竞争的特点，把性格分为优越型和自卑型。他认为，优越型的人特别好强，遇事不甘落后，总想胜人一筹；

自卑型的人，遇事甘愿退让，不与人竞争，有很深的自卑感。后来，一些心理学家虽赞成他的观点，但不同意他采用的竞争性的提法，于是提出独立和顺从这样两种类型的划分。

独立型性格的人，具有个人信念的坚定性，善于独立发现和解决问题，能独立作出决断，喜欢把自己的意志和意见强加给别人，不轻易被其他因素所干扰；面临突发事件能沉着镇定，不慌不忙，应付自如；有充分的自信，容易发挥出自己的才干，有独立性。

顺从型性格的人，缺乏独立性，容易受他人的暗示，容易轻信，不加考虑地接受别人的意见，屈从权势，逆来顺受，办事盲目；在紧急困难的情况下，缺乏主见，惊慌失措，逃避现实。

还有人提出第三种类型，即反抗型，这种人喜欢把自己的意识和愿望强加于人，想借自己的力量去改变他人。

（四）依据心理机能划分

依据心理机能来确定性格类型，可将性格划分为理智型、情绪型和意志型。最初是由英国心理学家培因和法国心理学家里波提出的。它是根据理智、情绪、意志这三种心理活动在性格结构中所占的优势的不同，将性格划分为三种性格类型：

理智型性格：这类人能够冷静地进行理性思考、推理，以理智支配行动，并用以衡量一切。

情绪型性格：这种人情绪体验深刻，不善于思考，言行举止受情绪左右，处理问题喜欢感情用事。

意志型性格：这种人在活动中目标明确，行为主动，对未来充满信心。

此外，还有以男女性别为依据来进行性格分类；有按性格的多种特性的不同结合来进行分类；等等。

三、性格对财经工作的意义

（1）对性格要有一个正确和全面的认识。

人的性格总是与一定的社会生活相联系，明显地带有社会性和历史性，因此，性格具有好坏之分。它与能力、气质不同，它与一个人的理想、信念和世界观联系紧密，所以作为财经活动的参与者研究人的性格，对财经工作有着重要的意义。

（2）认真了解财经活动参与者的性格特征，有利于推动财经工作的顺利进行。

财经活动中，如果根据性格的不同安排财经人员的工作岗位，不仅能使他们对工作有兴趣，还会使他们彼此在满意的心境和良好的人际关系氛围中工作，定会收到事半功倍的效果。

（3）财经活动的领导者切实把握职工的性格特征有助于进行思想政治工作，有的放矢，因人施教。

根据职工性格的不同类型特点，有针对性地采取不同的方式和方法，有分寸地、适度地给予引导，能使工作做得扎实有效。

第四节 能力与财经工作

一、能力概念和能力的分类

（一）能力概念

能力是保证完成人的活动所必需的并直接影响活动效率的个体心理特征。能力总是与活动相联系，它是人们顺利完成某种活动的最基本、最直接的心理因素和内在条件。能力的高低直接影响一个人进行活动的快慢、难易以及活动的持续性和巩固程度，并直接影响到一个人从事活动的效果。在财经活动中，要想高效率地做好财经工作，财经工作者除了要具备一定的专业技术知识外，还必须有较强的决策能力、组织能力、人际交往能力、分析处理问题的艺术以及解决问题的能力等。没有这些条件，是难以成为一名称职的财经工作者的，同时也无法成功地完成任何一项财经活动。在一些大型活动中往往需要多种能力综合运用，各种能力完美结合。

（二）能力的分类

从不同的角度、根据不同的标准，可以对能力作不同的分类。按能力水平高低划分，可以分为能力、才能、天才；按能力构造划分，可以分为一般能力和特殊能力。

一般能力，是指正常人所具备的，在日常工作、学习、生活中完成基本活动所需要的能力。它是有效掌握知识、技能和顺利地完成活动所必不可少的心理条件，即使最简单的活动，都不能缺少的能力。它包括观察能力、记忆能力、语言能力、思维能力、想象能力、操作能力，分析解决问题的能力等。

特殊能力，是指在从事某种特殊的专业活动中所需要具备的，并在专业活动中才表现出来的能力，又称专门能力，如数学能力、音乐能力、绘画能力等。

二、能力与知识、技能的关系

能力与知识、技能既有联系，又有区别。

首先，知识、技能与能力紧密相连。能力是掌握知识、技能的必要前提条件，没有基本的能力，如感知能力、记忆能力等，就无法掌握知识和技能。能力的大小对掌握知识与技能的快慢、难易、深浅和巩固程度起到制约作用；反过来说，知识是能力形成的理论基础，技能又是能力形成的实践基础，人们的能力是在掌握知识与技能的过程中，得到形成和发展的。

其次，能力与知识、技能又是有区别的。知识、技能不同于能力，科学知识是人们在长期实践中对事物的认识和经验总结，是人类共同的精神财富；技能是由于练习而自动化了的动作方式，是个体运用知识经验，执行活动的动作程序与方式。通过反复练习，达到精确、迅速、运用自如的技能叫技巧。能力则是个体活动中表现出来的，是活动得以顺利完成和提高效率的个体心理特征。从发展特点上看，知识可随一个人的年龄增长而增长，技能也会相应地提高，但一个人的能力则不同，能力经历了一个从形成、发展到衰退的过程，能力只在一定的年龄段上呈提高趋势。总之，这三者是既有区别又有联系的，不可简单等同。

三、能力的个体差异

每个人因个体先天素质、后天接受教育和活动领域的不同，在能力上表现出个体差异来。这种差异一般表现为质和量两个方面，质的差异即类型差异，是指在完成同一种活动时，不同的人可能采取不同的途径或能力的不同结合。量的差异表现在能力发展的高低水平和早晚上。

（一）能力的类型差异

就一般能力而言，在感知、表象、记忆、言语和思维能力等方面，人们相互间都表现出个体差异。同是思维能力，有的人形象思维占优势，有的人抽象思维更突出；同是观察力，有的人善于从细微之处发现问题，有的人则在观察对象的综合、归类方面见长。

就特殊能力来说，更是因人而异，有的擅长音乐，有的擅长绘画，有的精通书法，有的具有体育竞技能力等。

（二）能力发展水平的差异

对同一种能力，不同的人发展水平是不同的。比方说组织能力、演讲能力，不同的人的水平不同。这种差异主要是取决于人的智力、专门能力和创造力的发展水平。通过智力测验发现，大多数人的智力水平属于中等，而智力水平极高或极低者是少数。至于专门能力则与从事的特殊活动有关。

（三）能力表现早晚的差异

一个人的能力发展有早有晚，有的人在儿童与少年时代就表现出卓越的才能，这就叫"才华早露"。我国科技大学的少年班创办近20多年来，招收的最年轻的大学生只有11岁，中外历史上都有这种典型的事例。当然也有的人早年才华平平，到后来才表现出优异的才能，这就是所谓"大器晚成"。例如，我国著名画家齐白石，年轻时做木匠，到30多岁才开始学画，到40多岁才表现出他的绘画才能。这种情况的存在原因有很多，有的是专攻的课题本身比较艰深、复杂，不可能一下子取得成就；有的是因客观条件所限制而延误了才能的发挥；有的是起步较晚；也有的是智力水平所限。当然不排除也有的是早年不刻苦，后来加倍努力，终于取得成果。

四、能力对财经工作的意义

研究能力差异的目的在于合理地使用人才，在财经活动中尽量做到"人尽其才，才尽其用"。要做到这一点，财经工作者应注意以下几个方面的问题：

（一）不同的职位要求有不同的基本能力

各个岗位、各工种所需人员的基本能力或特殊能力是不尽相同的，财经人员除了必须具备基本的专业及业务能力、管理能力和人际能力外，还要结合职位特点在所具备的能力方面有所侧重。

（二）不同的人才应适当安排不同的工作

人的能力与专长只有与其工作及职位要求的能力相一致时才能得到充分发挥。这就要求财经领导者在用人时应尽量根据每个人的专长与能力。"量才为用，用其所长"，扬长避短，充分发挥职工的聪明才智，合理利用好人力资源。也只有这样，才能使职位更具有吸引力，使职工热爱本职工作，尽职尽责，发挥才干。

五、能力测验

由于能力的构成复杂，其表现又受多方面因素影响，因而对能力的高低评价必须依赖能力的测验。能力测量方法主要并经常使用的有观察法和智力测验法。

（一）观察法

观察法是根据人们在不同活动中表现出来的行为特点去推测、判断和评价其能力状况的一种方法。比如，可以在同等条件下，对同龄人学知识、学技能的活动进行观察，了解他们的智力水平。在运用观察法时，为了推测准确，往往需要花费较长时间，从多方面进行，其中还要经过多次比较、分析，甚至作必要的量化处理，才能作出较为合理的判断或评价。

（二）智力测验法

智力测验是衡量智力水平的一种方法。智力是人们认识客观事物中表现出来的观察力、记忆力、想象力和思维能力等多方面能力的综合。思维能力是智力的核心。

智力测验是法国心理学家比索和西蒙在 20 世纪初为了鉴别智力正常和智力落后水平的儿童，通过编制一套测量表而作的测验。测验结果通常用智力年龄（MA）和智力商数（IQ）来表示。

智力年龄也叫心理年龄，简称智龄。智龄是以被测者通过对不同年龄组的测验项目的回答来计算的。每一年龄组有 6 个条目，每个条目代表 2 个月的智龄。如果一个儿童通过 10 岁的全部条目，其智龄就是 10 岁，如果他又通过 11 岁组两个条目，12 岁组一个条目，他的智龄则为 10 岁 6 个月。智龄可以用来对同龄儿童的智力发展水平进行比较。

智商是智龄与实际年龄（CA）之比，智商是相对数。为了避免计算中的小数，将商数乘以 100，其公式为：

$$IQ = \frac{MA}{CA} \times 100$$

如果一个儿童的智龄和实际年龄都是 10 岁，其智商 $IQ = \frac{10}{10} \times 100 = 100$；如果他们的智龄为 11 岁，其智商 $IQ = \frac{11}{10} \times 100 = 110$。智商为 100 者，其智力水平与实际年龄相当，智力属于中等水平；智商大于 100，如 110，表明智力高于正常发展水平；智商低于 100，表示其智力低于正常水平。智商测量可以对同龄或不同龄的儿童智力水平进行测试并比较。

另外，对成人的智商测量一般采用项目测量表。项目测量表对儿童与成人都适用，它是考察人的智力的某些侧面，是把被测者的得分与同年龄组正常得分的平均数之比确定为智商。

目前国际上普遍采用的是韦克斯勒制定的成人智力量表，又称韦氏量表，它是通过对多种能力的测定来确认人们的智商。测量内容分为言语量表和操作量表两部分，每组表中又有若干测验项目，每个项目可单独记分，最后通过获得的总分便可得知被测者的智力得分。这样，再与同龄组正常得分的平均数之比确定其智商。

思考题

1. 什么是个性？个性结构的主要构成是什么？
2. 什么是气质？气质四种类型的心理特征是什么？
3. 气质类型与财经工作有何关系？
4. 什么是性格？了解性格类型对财经工作有何意义？
5. 能力的个体差异与财经有什么关系？

第六章
个体激励与财经工作

学习要点

◇ 需要概念、动机概念，需要、动机和行动的关系，激励概念；

◇ 需要层次理论的内容、评价和在财经活动中的应用；

◇ 双因素理论的基本内容和在财经活动中的应用；

◇ 期望理论及其在财经活动中的应用；

◇ 公平理论及其在财经活动中的应用；

◇ 强化理论和企业中的奖惩问题。

第一节　需要、动机与行动

一、需要及其分类

需要是个体对客观条件的需求的反映，是在缺乏所需求的东西时的一种主观状态。人类在生产和发展过程中，存在着对食物、空气、水、运动和休息等的需求，也存在着对知识、技艺、友谊、政治生活和伦理生活等的需求。人类的这种客观需求反映在头脑中就成为主观的需要。

需要具有指向性，即总是指向一定的对象，总是对某种东西的需要；需要具有重复性，即它不因获得一次满足而终止；需要具有变化性，即它是不断发展的、日益多样化的。

人的需要是多种多样的。按照需要的起源，可分为天然需要和社会性需要。天然需要是在种族发展过程中形成的，对空气、水、食物的需要就属于天然需要。天然需要也就是生理需要，这种需要是人和动物所共有的。但是，人的天然需要的对象和满足方式主要是社会历史发展的产物，受社会生产、社会生活条件的制约，因此，与动物的天然需要又是有区别的。社会性需要是人类在维持社会生活，进行社会生产和社会交往的过程中形成的。对文化生活、政治生活的需要就是社会性需要，这种需要是人所独有的。

按照需要的对象，可分为物质需要和精神需要。物质需要既包括对自然界产物的需要，也包括对社会文化物品的需要。精神需要是对观念对象的需要，如对潜力、道德、审美等方面的发展条件的需要。

按照需要的主体，可分为个人需要和社会需要。个人需要是对个人需求的反映。社会需要是对社会需求的反映，如爱护公共财物、维护公共秩序、捍卫整体利益的需要等。社会需要被个人所理解和接受而成为个人的信念时，就转化为个人需要。

需要作为人对自己需求的反映，它是一个积极、主动的过程，是受社会历史条件制约的，是和人的兴趣、爱好、理想、信念、世界观、人生观、价值观联系在一起的，并受后者的制约。

二、动机及其分类

动机是引起人从事某种活动并指引活动达到目标，以满足某种需要的意念。它表现为愿望、理想、信念等主观形式。

动机是由需要引起的。人对其需要的体验形成追求某种事物的愿望，当愿望所指向的事物，即需要的对象，激起人的活动时，需要就转化为动机。动机推动人去行动，以实现目标。

动机是引起人的行动的主观因素和直接原因，是推动人的行动的内驱力。它体现着所需要的客观事物对人的活动的激励作用，并把人的活动引向其目标的实现，以达到需要的满足。

动机可以由当前的具体事物引起，如饮食的需要引起就餐的动机。动机也可以由关于事物的表象、概念、情感、思想等引起，如是非感、正义感、责任感、事业心等，可以成为推动人从事高尚的、有意义的活动的动机。

人的需要是多层面的，基于需要而产生的动机是复杂而多样的，与人的需要相对应，动机可以分为天然动机和社会性动机。天然动机是基于人的生理需要而产生的，饥、渴、寒、暑、睡意、性欲等所产生的动机就属于天然动机。社会性动机是随着个体的发育、成长而在社会生活和实践中逐步形成的，是基于人的社会需要而产生的。对劳动、认识、交际、成就、荣誉等的需要而产生的动机，就属于社会性动机。

此外，按照社会意义，还可以分为高尚动机、一般动机和卑劣动机，各种动机按一定的相互关系构成动机体系。人的动机体系是在后天实践中形成、变化和发展的。

三、需要、动机与行动的关系

需要、动机与行动三者的关系表现在人类行为和心理活动的过程中。人的意志行动开始于需要和由需要引起的动机，当人受到某种刺激产生了某种需要而未得到满足时，便引起心理紧张，这种心理紧张状态是一种心理张力，它在遇到可以满足需要的目标时就成为一种内驱力，激发动机的产生。动机推动人去从事某种活动，活动的结果使其达到了目标，需要得到满足，心理紧张状态随之消失，同时又产生了新的需要。如此循环往复，使人不断向新的目标前进。

需要、动机与行动的关系见图6-1。

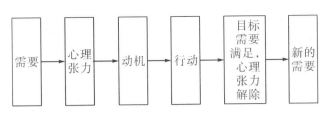

图 6-1　需要、动机和行为的关系示意图

四、激励及其本质

激励作为一种心理现象，是指外部的或内部的刺激持续地激发人的动机，使人始终维持在兴奋状态的心理过程。

在财经活动中，激励是指遵循人的心理和行为的客观规律，激发财经工作员工的工作动机，调动财经工作员工的积极性，提高工作效率，有效地完成组织目标的过程。

人类行为和心理活动的一般规律：人受到刺激而产生需要，需要未满足时引起心理紧张，即产生心理张力，心理张力转化为动机，动机推动人去从事活动。根据人类行为和心理活动的一般规律来分析激励过程，它表现为刺激变量、机体变量和反应变量三者之间的关系。

（1）刺激变量是指能使有机体作出反应的刺激条件，包括可以控制的自然环境和社会环境的刺激。

（2）机体变量是指有机体对反应有影响的特性，包括性格、需要、动机等。

（3）反应变量是指刺激变量和机体变量在有机体的行为上引起的变化。

人的行为的激励过程，实质上就是用刺激变量（内在诱因）激发机体变量（需要、动机），产生持续不断的兴奋，引起积极的行为反应，以实现目标，而目标的实现又经过反馈强化刺激这样一个周而复始的连续过程。

第二节　激励理论：需要层次理论、双因素理论

根据人类行为的基本模式并结合不同心理学派对人类行为模式的不同解释，不同学派的心理学家提出了不同的激励理论。

一、需要层次理论

需要层次理论是美国心理学家马斯洛 1943 年在《人类动机的理论》一书中首次提出的，后来又在《动机与个性》、《存在心理学导言》两书中作了重要的补充和发展。他的这一理论在心理学、经济学、管理学、教育学等领域产生了很大的影响。

（一）需要层次理论的基本内容

马斯洛的心理学强调以人和价值为中心，研究人类本质，属于人本主义心理学。马斯洛把人类本质理解为人类所共有的，驱使人们活动的内在需要。他把人的需要首

先区分为基本需要与发展需要两个等级，又进一步把基本需要按照由低级到高级的顺序分为若干层次，见图6-2。

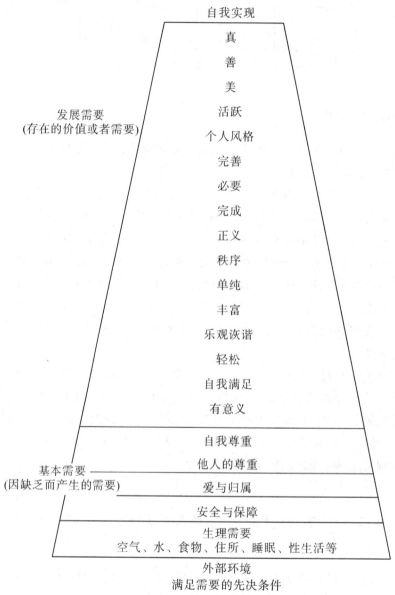

图 6-2 马斯洛的需要等级图

我国财经心理学界一般把马斯洛讲的发展需要也视为一个层次的基本需要，再把所有的基本需要分为五个层次。下面按我国财经心理学的分类，简要地介绍基本需要的五个层次。基本需要从低级到高级排列的顺序如下：

（1）生理需要。它是人最基本的需要，也是最低层次的需要，它是对生存的需求的心理体验。对食物、水、空气、住所、配偶、睡眠、运动等的需要就是生理需要。当一个人同时存在多种需要时，生理需要占据优势地位，只要它未得到满足，他就会把其他需要推到后面去。

（2）安全需要。当人的生理需要得到满足后，安全需要就处于重要地位。安全需要是指对社会生活环境的安全、秩序、稳定、可预测性、组织性等的需要。人们希望在生活环境中有所依靠，不发生意外的、无法控制的、有危险的事情，不发生犯罪、谋杀、抢劫等不安全的事件。这里安全的含义是广泛的，既指社会的安全，也指个人安全。

（3）归属和爱的需要，又叫社交需要。生理和安全的需要满足后，对归属和爱的需要就突出了。这种需要是指个人需要社交，需要得到亲人、朋友、同事的爱护和关怀，希望被群体所接纳和认同，在所处的团体中有一席之地。马斯洛认为，爱包括理解、接受、信赖等内容，是人与人之间的健康的、亲热的关系。爱包括给别人的爱和接受别人的爱两种形式。如果归属和爱的需要得不到满足，就会抑制人的成长和潜力的发展，并且会导致心理失调。

（4）尊重需要。它是指对自我尊重和来自他人的尊重的需要。自尊的需要是指获得信心、能力、本领、成就、独立和自由等的愿望，来自他人的尊重的需要是指获得威望、地位、名誉和受到别人赏识、关心、重视或积极评价的愿望。自尊是以他人的尊重为基础的。如果自尊的需要得到满足，会使人自信，体验到自己的价值、能力、作用，增强力量、效率和适应感；如果自尊受到挫折，会产生自卑感、软弱感、无能感，使人失去自信心。

（5）自我实现需要。它属于高层次的需要，是指实现自己的全部潜在能力，完成与能力相称的工作，使自己成为所期望的人物的愿望。自我实现就是使自己的潜力现实化，它表明人自身存在着向一定方向成长的趋势和相应的需要。有自我实现需要的人，总是竭尽所能将自己的潜力实现，使自己趋于完美。在现代社会，人应当有所向往，有所追求，并创造条件发挥自己的潜能，成为比较完美的人。

（二）需要各层次间的关系

马斯洛把人的基本需要分为低级需要和高级需要。低级需要是指沿着生物谱系上升方向逐渐变弱的本能或冲动；高级需要是随个体心理发展而逐渐显现的潜能或愿望。低级需要与高级需要的关系表现在以下几方面：

（1）所有的人类需要都是相互联系的，不是各自孤立存在的，它们构成一个有序的体系。

（2）基本需要不是并列的，而是按层级次序由低级到高级逐级上升的。一个层次的需要相对地满足了，就向高一层次发展。但是这些需要不可能完全满足，愈是较高层次的需要，满足的百分比愈小。一种需要满足后，就不再起激励作用。

（3）在同一时间内，可能存在几种需要，这是因为人的行为是受多种需要支配的。但是，在多种需要中总是存在一种最迫切的需要，对行为起着主导作用。这五种需要的关系可以用图6-3来表示，可以从图中"心理发展过程"横轴上任取一点，来分析、了解个体动机结构的内容。

例如，在A点上，此人对生理需要最为迫切，其次为安全需要，其他三种层次的

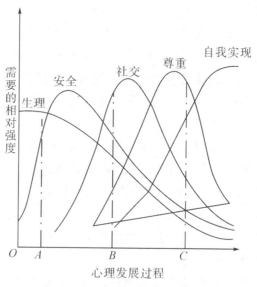

图 6-3　需要决定行为

需要尚未提到日程上，这相当于在生活水平低下的国家，生活需要与安全需要对个体行为具有明显的推动作用；在 B 点上，社交需要对他的影响最大，其次是安全需要，生理需要已获满足，而尊重需要与自我实现需要已经开始发展，但对行为的推动作用尚微弱；在 C 点上该人的行为主要由尊重需要所决定，自我实现需要已有相当大的作用，而生理需要与安全需要已退居下位。

（4）各种基本需要由低级到高级的顺序出现，是与个体心理由低级到高级的发展相一致的。但是，这种需要层次的顺序不是绝对固定的，而是可以变化的，并且有多种例外情况。一个发展到有了高层次需要的人，一旦其低层次需要长期得不到满足，仍会退到低层次需要的水平上来。

（5）越是高层次的需要，与生理过程的联系越少，越能反映出人类的特征。高层次需要的满足，能引起更合意的主观效应，具有更普遍、更长远的价值和意义，从而能反馈为更稳定、更持久的内驱力。

（三）对需要层次理论的评价

马斯洛的需要层次理论具有科学性、进步性和对财经活动指导意义的一面，也有局限性的一面。

（1）马斯洛的需要层次理论是在批判行为主义的激励理论的基础上提出来的。行为主义的激励理论用机械论的外因决定论解释人的行为，把人的行为看成由外部刺激而机械地决定的，把物质刺激看成主要的激励手段，忽视人与动物的差别。需要层次理论强调人与动物的差别，强调人的价值和内在因素，把人的不同层次的内部需要看成激发行为动机的主要因素。这一点相对于行为主义的激励理论而言，是有进步意义的。

（2）需要层次理论是用人的需要解释人的动机和行为，这在一定程度上反映了人的行为和心理活动的一般规律。同时，需要层次理论按个体心理发展的不同水平把人的需要分为高低不同的级别和层次，并把所有需要看成一个有序的、按一定方式对行为起作用的系统，这在一定程度上符合人的一般心理过程，并揭示了人类行为的动力结构。

（3）由于需要层次理论较科学地用人的需要解释人的行为，用不同层次的需要及其相互关系解释人的行为体系及其动力结构，这为企业指出了调动职工积极性的工作方向和内容，提出了做出正确决策、制定正确政策的科学依据。

（4）马斯洛的需要层次理论存在着局限性。这表现在以下几个方面：

首先，它把人的基本需要看成先天的本能的需要，没有看到人的需要的社会历史性，即它是在人们的社会生产和社会生活的过程中产生和发展的，是受社会历史条件制约的。

其次，它认为只有满足了较低层次的需要之后才能出现较高层次的需要，并把它绝对化，这是不符合低级需要与高级需要之间的辩证关系的。实际上，低级需要未满足时，高级需要也是可以发展、可以处于优势地位的，因为高级需要是方向性、终极性的需要，对低级需要有调节作用。比如，志士仁人为了真理、信念、理想、崇高事业的实现，可以忍饥受寒，赴汤蹈火，舍生忘死。此外，在社会主义制度下，可以通过思想教育，树立人们的共产主义世界观、人生观，从而改变需要层次之间的主次关系。

最后，马斯洛的需要理论所强调的是个人需要，是以私利为出发点的，这是与社会主义企业的激励方向相违背的。在社会主义制度下固然要维护个人的正当的、合法的权益，但是，必须坚持国家、集体、个人利益相统一和个人利益服从国家利益、社会整体利益的原则。

（四）需要层次理论在财经活动中的应用

马斯洛的需要层次理论在西方国家被广泛地应用于企业财经活动管理。企业把职工各层次的需要进行分割并与不同的经济活动措施联系起来，获得了很大的成功。日本企业中有些成功的经验，如通过满足职工不同层次的需要，以增强其归属感，从而增强了企业的凝聚力，使职工把自己的命运与企业的振兴联系起来，这就是应用需要层次理论的成果。

从事财经工作的员工各层次的需要与制度和措施的对应关系见表6-1。

表6-1　　　　　　财经员工各层次的需要与制度和措施的对应关系

需要的层次	追求的目标（诱因）	制度和措施
生理需要	工资、健康的工作环境、各种福利	身体保健、工作时间、住宅设施、福利设备
安全需要	职位的保障、意外事故的防止	职业保证、退休金制度，健康和意外保险制度
社交需要	良好的人群关系、团体的接纳、与组织的一致	协商制度、利润分配制度、团体活动制度、互助金制度、娱乐制度、教育训练制度
尊重需要	地位、名誉、权利、责任、与他人报酬的相对高低	人事考核、晋升制度、选拔、进修制度，奖金制度，参与制度
自我实现需要	发展个人特长的环境、工作的挑战性	决策参与制度、提案制度、研究发展计划、劳资会议

在我国社会主义制度下应用需要层次理论，首先，要坚持社会主义原则和实事求是的原则，要从我国国情出发。解决职工的需要必须与社会生产力的发展水平相适应，必须正确处理国家、企业和个人三者的关系。其次，要调查研究不同部门、不同职务、不同文化程度、不同年龄的职工的需要结构及其等级顺序，分别采取相应的管理措施，以激发其积极性。再次，在对财经人员进行激励的活动中，要坚持物质激励和精神激励相结合并以精神激励为主的原则，积极引导职工实现高层次的合理需要，并自觉地把个人的追求与企业、国家的发展结合起来。最后，不但要创造条件，尽可能在职务内满足财经工作人员的需要，即通过工作本身和工作过程中的人际关系，使职工对工作有兴趣、有热情、有主动性、有干劲，以提高工作效率，而且还应尽可能在职务外满足职工需要，以增强企业的凝聚力，使职工与企业融为一体，自觉地为企业的发展多做贡献。

二、双因素理论

双因素理论的全称是激励因素与保健因素理论，它是由美国心理学家弗雷德里克·赫兹伯格提出的。赫兹伯格在 1959 年出版的《工作激励》、1966 年出版的《工作与人的本质》两本书中，以及在 1968 年发表的《再一次：你怎样激励雇员》和 1969 年发表的《丰富工作内容大有好处》等论文中，论述了他的双因素理论。这一理论与马斯洛的需要层次理论的不同之处在于，后者是从满足优势需要出发调动人的积极性，而前者是从外在需要与内在需要及其对调动人的积极性的不同作用的角度，研究如何更有效地调动人的积极性。

（一）双因素理论的实验基础

20 世纪 50 年代后期，赫兹伯格等人对美国匹兹堡地区的 11 个工商业机构中的 200 位工程师和会计师进行了一次调查，要求他们回答"什么时候你对工作特别满意"、"什么时候你对工作特别不满意"、"引起这些特别感情反应的条件是什么"等问题，并要求排出引起这些情感反应的事件发生的先后顺序。

赫兹伯格根据调查的结果，对导致满意与不满意的起因进行了分析。他发现，导致职工对工作满意和不满意的因素是彼此不同的。

导致对工作满意的因素主要有六个方面：工作富有成就感，工作成绩得到认可，工作具有挑战性和吸引力，工作使人有责任感，工作使个人有发展和成长的可能性。

导致对工作不满意的因素主要有十个方面：企业的政策与行政管理、职工与监督者之间的关系、职工与上级的关系、工作条件、工资、同级职工之间的关系、个人生活、职工与下属的关系、地位、工作的安全性。

满意因素与不满意因素的比较见图 6-4。

后来，赫兹伯格又对从属于不同地区、不同企业和组织的 1600 多名雇员进行了 12 次不同的调查，进而得出结论：导致对工作满意的最主要因素是工作使个人成长和发展的可能性；导致对工作不满意的最主要因素是企业政策与行政管理。

（二）双因素理论的基本内容

双因素理论认为，激发人的行为动机的因素有两类，一类是保健因素，另一类是

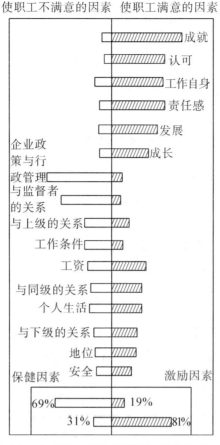

图6-4　满意因素与不满意因素的比较

激励因素。

　　保健因素没有激励人的作用，但是具有保持人的积极性、维持工作现状的作用，因此又称为"维持因素"。上述的企业政策、工资水平、工作条件、人际关系等就属于保健因素。这种因素像卫生条件能保证人不生病，但不能增强健康状况那样，在工作中起着防止人对工作产生不满情绪的作用。

　　激励因素是影响人的工作积极性的内在因素，属于工作本身的内容和意义。它可以增强人的进取心，激发工作动机，提高工作效率。上述的工作成就感，对工作成绩的认可，工作使个人成长和发展的可能性等，就属于激励因素。这种因素的存在给人带来极大的满足，它像人锻炼身体可以改变身体素质、增强健康那样，可以激发人的工作动机，调动人的工作积极性。

　　赫兹伯格对激励因素与保健因素两者关系的理解，是与传统理解不同的。因为按传统的理解，"满意"的对立面是"不满意"。而按赫兹伯格的理解，"满意"的对立面是"没有满意"；"不满意"的对立面是"没有不满意"，见图6-5。

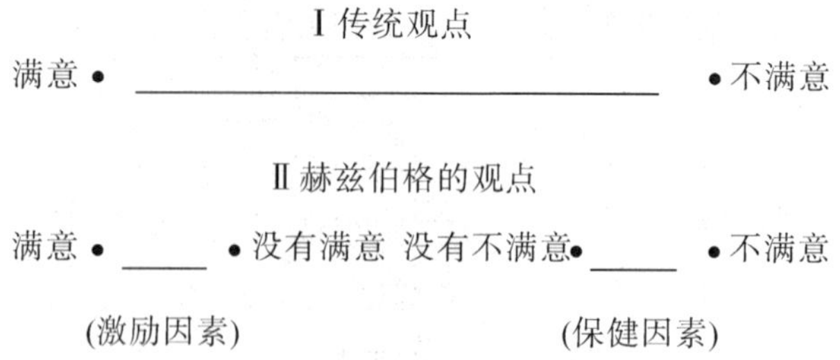

Ⅰ 传统观点

满意 •——————————————————• 不满意

Ⅱ 赫兹伯格的观点

满意 •————• 没有满意 没有不满意•————• 不满意

(激励因素) (保健因素)

图 6-5 赫兹伯格观点与传统观点比较

（三）对双因素理论的评价

赫兹伯格的双因素理论有一定的科学性，它与马斯洛的需要层次理论是吻合的。并且，它不是笼统地认为所有需要层次的满足都能产生激励作用，而是区分出两类不同因素，分别满足两类不同需要，产生两种不同的作用。这对财经人员的管理工作有更具体的指导意义，但是它也存在着局限性，因而受到批评和怀疑。

具体地说，一方面，双因素理论在一定程度上反映了人的行为和心理活动的规律。据美国民意研究中心 1973—1974 年的调查，半数以上的男职工把提供成就感列为工作首要条件，而把有意义的工作列为首位的人数比把缩短工时列为首位的人数多 7 倍。这表明，双因素理论关于两种因素及其激励作用的区别的观点是有客观依据的。

另一方面，双因素理论的内容和实验根据又存在着缺陷。

首先，赫兹伯格调查的对象都是工程师、会计师等专业人员，这些调查对象只是职工队伍的一个层面，不能代表全部财经管理人员的情况，因此对双因素理论的普遍性存在着疑问。

其次，一般人的归因倾向多是把满意的事情的原因归于自己，把不满意的事情的原因归于外部因素。对双因素理论完全依据调查对象自己的归因作出结论，这就使它的可靠度存在着疑问。

最后，一个人对他的工作的体验与他的工作效率的关系是复杂的。当他对自己工作感到满意时，他的工作效率不一定就高；反之，在他不满意时，他的工作效率不一定就低。赫兹伯格的调查研究没有进一步指出和证实满意感与工作效率的具体关系，这就弱化了双因素理论对财经工作的指导意义。

（四）双因素理论在财经活动中的应用

双因素理论指出，保健因素和激励因素分别满足职工的不同需要，各自起着不同作用。因此，在企业的财经工作中运用这两类因素，激发和维持职工的工作积极性，应注意以下三点：

（1）要持久、有效地激发职工的工作积极性，就必须改进职工的工作内容，使之在工作中有成就感、责任感、成长和发展感、被认可感。为此可采取工作丰富化、工作扩大化和弹性工作时间等措施。

所谓工作丰富化，就是设计新型的劳动组织形式，为职工更多地参加管理、参加计划的制订、提出完成任务的方案等创造条件，并使他们定时得到关于自己工作的信息反馈，以产生对工作的热情、成就感和责任感。

所谓工作扩大化，是指尽可能增加职工的工作种类，或使之从事周期性更长的工作，以增加他们对工作的兴趣和积极性。

所谓弹性工作时间，是指多给职工一些自由支配的休息时间。如在全天工作时间中，只要求工人在某段时间必须在工作岗位上，其余时间则可以自由支配。这样可节省工时，方便职工，提高工作效率，增加职工的满意感。

对高层次的财经工作者来说，应简政放权，实施目标考核，减少过程控制，扩大员工的自主性和权利范围，并给予员工富有挑战性的工作任务，才能使他们的聪明才智得到充分发挥。

（2）要保持职工的工作积极性，预防或消除其不满情绪，就应注意保健因素的作用。在企业的财经工作中，应用双因素理论，不能过分地注重改善保健因素。双因素理论指出，满足员工保健因素，只能防止反激励，并没有构成激励。赫兹伯格通过研究还发现，保健因素的作用是一条递减曲线，当员工的工资、奖金等报酬达到某种满意程度后，其作用就会下降，过了饱和点，还会适得其反。

（3）要善于把保健因素转化为激励因素。保健因素和激励因素是可以转化的，不是一成不变的。例如，员工的工资、奖金，如果同其个人的工作绩效挂钩，就会产生激励作用，变为激励因素。如果两者没有联系，奖金发得再多，也构不成激励；一旦减少或停发，则会造成员工的不满。因此在对财经人员运用双因素理论的过程中，既要注重保健因素的运用，以消除员工的不满，又要努力使保健因素转变为激励因素。

101

第三节 激励理论：期望理论、公平理论和强化理论

一、期望理论

马斯洛的需要层次理论和赫兹伯格的双因素理论，都是内容型激励理论。内容型激励理论着重研究激发动机的因素，它是从满足人的生理的和心理的需要方面去激发人的工作动机。佛罗姆的期望理论、亚当斯的公平理论等属于过程型激励理论。过程型激励理论着重研究从动机的产生到采取行动的心理过程，它是用"外在目标"去激发人的工作动机的。

（一）期望理论的一般内容

期望理论是由美国心理学家佛罗姆在 1964 年出版的《工作与激励》一书中首先提出的。这一理论认为，人的需要决定着他的行为和行为方式，而这种行为是建立在对行为结果的一定期望之上的，因此，以期望为纽带，在个人行为与其结果之间存在着激励关系。这就是：行为结果（目标）的激励作用大小，是个人对行为结果的价值大小和实现目标的可能性大小的评估的制约。期望理论用一个公式来表示，即：

$$激励力量 = \sum 效价 \times 期望值$$

用 M 表示激励力量，用 V 表示效价，用 E 表示期望值，上述公式可表示为：

$$M = \sum V \times E$$

效价是指个人对工作目标的实现对个人的价值大小的主观评价。由于各人的优势需要不同，个性特征不同，主观态度不同，所处的环境不同，因此同一目标对他们的效价也往往各不相同。效价有高低、大小、有无之分，可以为正值或负值，也可以为零值。

期望值是指个人对实现目标的可能性大小的估计，可能性的大小也就是概率的大小，所以，期望值也称期望概率。它是主观条件与客观条件相互作用的结果。在现实生活中，人们总是根据过去的经验来估量实现某个目标的概率。如果一个人估计他完全能够实现某个目标，那么期望概率为最大值（p=1）；如果他估计根本不可能实现这个目标，那么期望概率就成为最小值（p=0）。

期望理论的公式表明，如果一个人对某种目标实现的价值评价很高，对实现的可能性也认为很大，那么工作目标对他的激励作用也就很大；如果效价和期望值都较小，那么工作目标的激励作用也就较小；如果效价和期望值中有一项为零，那么工作目标就没有任何激励作用。

效价和期望值共同决定激励力量。效价和期望值的不同结合，形成不同的激励力量，通常有五种情形：

（1）效价高×期望值高，激励力量大。

（2）效价中×期望值中，激励力量中。

（3）效价低×期望值低，激励力量小。

（4）效价低×期望值高，激励力量小。

（5）效价高×期望值低，激励力量小。

（二）期望理论的 VIE 模式

在这个模式中，除了效价（V）和期望值（E）外，还引入了工具性或手段性（I）概念。

工具性或手段性，是指个人所预期的成果（或目标）包括两个层次，即一级成果（或最初目标）和二级成果（或最终目标）。一级成果（最初目标）是达到二级成果（最终目标）的工具或手段。

西方期望理论的 VIE 模式，是指一个人的工作努力可以达到两种水平的输出。第一种水平的输出实现组织目标（最初目标），如企业目标；第二种水平的输出实现个人目的（最终目标），如个人获得金钱、成就或发展的目标。第一种水平的输出带有工具性，是实现最终目标的手段；第二种水平的输出是直接实现最终目标（个人目标）。但是，如果一个人的工作结果不能达到组织目标（企业目标），那么他也就不能达到个人目标。在这种情况下，这种工作对个人的激励力量是很微弱的。

（三）对期望理论的评价

期望理论强调，选择适当难度的外在目标把人的期望值控制在适当的水平，通过提高奖励的效价以提高人的工作积极性，这对于财经人员的管理工作是有指导意义的。但是这个理论存在着片面性和局限性，这表现在以下几方面：

（1）期望理论讲的效价主要是对个人的效价。它着眼于追求个人的价值目标，而把实现集体的价值目标（组织目标）当作实现个人目的的手段。在社会主义制度下，讲效价，应当首先讲对国家、民族、社会的效价，进而把个人价值目标与国家、民族和社会的价值目标统一起来。不能孤立地追求个人价值目标，更不能在实现个人价值目标时损害国家、民族和社会的价值目标的实现。

（2）按照期望理论，如果某项工作目标在职工心目中的效价不高，就无法充分调动职工的积极性，那就不应当要求职工去做该项工作，这显然不适用于社会主义企业。首先，要对职工心目中的效价作具体分析。如果他心目中的效价低是由于其价值取向不正确而造成的，那就应通过思想教育使之树立正确的价值观，以提高效价；如果他心目中效价低是由于他只顾个人的利益，不愿做利国、利民的工作，那就应当教育他懂得国家利益、人民利益高于个人利益并包含着个人利益的道理，自觉地把个人利益跟国家和人民的利益统一起来，积极地工作。

（四）期望理论在财经活动中的应用

按照期望理论，一种激励因素的激励作用的大小，是由被激励者对它的效价和期望值这两者共同决定的。因此，企业的财经工作者在运用某种目标作为激励因素时，就要使职工对它的效价和期望值都比较高，这样才能产生较大的激励作用。为此，应注意以下几点：

（1）确定目标要适当。在一般情况下，目标对职工来说，价值愈大，实现的可能性愈大，产生的激励作用就愈大。但是，如果实现目标极容易，期望概率太高（100%），反而影响高级需要的满足（工作缺乏挑战性，职工缺乏成就感）；反之，如果目标高不可攀，可望而不可即，即期望概率太小，那又使人失去信心。另外，如果目标对职工的价值不大，那也很难激发他的工作积极性。因此财经工作者在制定工作指标、奖励标准等时，既要考虑到工作本身的要求，又要考虑到职工的实际工作能力和实现目标对职工的价值大小。

（2）创造环境条件和心理气氛，用期望值调动职工的积极性。期望值愈大，目标的激励作用愈大。然而期望值是个人对自己实现目标的概率的估计，它受主客观两方面的条件制约。因此，一方面，财经工作者要创造良好的环境条件，以增加职工对实现目标的期望值，并使期望值保持相对的稳定性，使之有持久的积极性；另一方面，由于期望值受个人心理素质的影响，外向性格的人容易高估主客观条件，盲目乐观，内向性格的人容易低估主客观条件，产生自卑心理。因此，财经工作者应当通过思想工作创造心理气氛，使前一种人多考虑困难和风险，使后一种人多看有利条件，从而使两种人都保持合理的期望值，满怀信心而又兢兢业业地工作。

（3）处理好奖励与需要的关系，用效价调动职工的积极性。一方面，人们在年龄、性别、社会地位、经济条件、文化程度等方面的差异会导致在需要上的差异，因此，对同一种奖励，不同的人所体验到的"效价"不同。这就要求财经工作者对不同的人采取不同的奖励内容和奖励方式，以形成最大效价。比如，对物质生活困难的人应采用物质奖励，以取得更大的激励效果；而对后进的人应采用荣誉奖和当众奖的方式，以取得更大的激励效果。另一方面，效价受价值观的制约，同一工作目标对具有不同价值观的人具有不同的效价。因此，从事财经工作的人员应树立正确的价值观，不仅要从个人需要的角度，尤其要从国家需要、社会需要的角度，去理解工作目标的价值，从而提高工作目标的效价，以增加工作积极性。

（4）处理好个人成绩与组织奖励的关系。职工个人总是期望通过努力达到工作目标，取得成绩，然后得到报酬和奖励。如果取得了成绩而得不到报酬和奖励，久而久之，其工作积极性就会消退。因此，企业的财经工作者要强化职工的成绩与奖励、报酬之间的关联性，制定和实施科学合理的奖励制度，巩固和增强职工对工作成果的期望值和效价。

二、公平理论

公平理论是美国心理学家亚当斯在 20 世纪 60 年代发表的《对公平的理解》和《在社会交往中的不公平》两篇论文中提出的。公平理论也叫社会比较理论，它研究个人所做贡献与所得报酬的关系的心理效应，主要研究在工资报酬问题上分配的合理性、公平性及其对职工积极性的影响。

（一）公平理论的一般内容

公平理论认为，一个人总是将自己所得报酬与所做贡献的比值，与另一个跟自己条件相同的人的报酬与贡献的比值相比较，如果两者的比值相等，双方都有公平感；如果 A 的比值大于 B 的比值，B 就会产生不公平感；如果 A 的比值小于 B 的比值，A 就会产生不公平感。

亚当斯的公平关系方程式是：

$$\frac{O_p}{I_p} = \frac{O_0}{I_0}$$

其中，O_p 代表 A 对自己所得报酬的感觉，I_p 代表 A 对自己所做贡献的感觉，O_0 代表 A 对 B 所得报酬的感觉，I_n 代表 A 对 B 所做贡献的感觉。

用公平关系方程式表示比较过程，可以用图 6-6 示意。

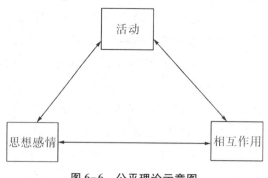

图 6-6　公平理论示意图

公平理论的要点有如下几个：

（1）个人对报酬的满意感是一个社会比较过程。

（2）个人对自己工作报酬是否满意，不仅受报酬的绝对值的影响，而且受报酬的相对值的影响（与别人作横向比较，或与自己过去作纵向比较）。

（3）人需要在分配问题上获得公平感。

（4）人有了公平感才会心理平衡，努力工作；有了不公平感就会产生怨气、牢骚，消极工作或放弃工作。

（二）消除不公平感的方式

当一个人有了对分配的不公平感时，可能用以下几种方式来消除，以求心理平衡。

（1）设法改变自己的报酬与贡献的比值。如增加自己的报酬，或减少自己的贡献。

（2）设法改变他人的报酬与贡献的比值。如减少他人的报酬，或增加他人的贡献，让多拿钱的多干。

（3）重新认识自己的报酬与贡献的比值。如改变对自己的水平、能力、作用估计过高，对他人估计过低的做法。

（4）改变比较对象。与受到更不公正待遇的人相比，产生"比上不足，比下有余"的心理，以得到自我安慰。

（5）以不正确的方式发泄不满，以求得心理平衡。

（三）对公平理论的评价

公平理论揭示了比较是一种普遍的心理现象，反映了在社会分配中人们要求公正、平等的心理需要，有一定的科学性，并对财经管理工作有一定的指导意义。但是这一理论存在着局限性，主要表现为以下两点：

首先，公平是一个具体的历史范畴。在不同历史条件下，生活在不同社会关系中的人，有不同的公平标准；同时，不同的出发点规定着不同的公平标准。亚当斯的公平理论是以肯定资本主义私有制为前提的，在资本主义私有制度下，主要的分配形式是按资分配而不是按劳分配。因此他所说的公平关系是建立在不公平的前提之上的，本质上是不公平的。

其次，亚当斯的公平理论的出发点是个人的利益得失。这是片面的，与社会主义的思想道德相违背的。按照社会主义的思想道德原则，不仅要讲"按劳取酬"，讲公平，还要讲为国家、人民和社会多做贡献。它提倡在人与人之间比贡献大小，而不是斤斤计较报酬多少。

（四）公平理论在财经活动中的应用

公平理论表明，人的工作动机不仅受绝对报酬的影响，而且受相对报酬的影响。人们只有在主观上感到公平时，心情才会舒畅，才能和潜力才会充分发挥出来，工作效率才会高；反之，人们在感到不公平时，心情就不会舒畅，才能和潜力的发挥就会受到压抑，工作的积极性就会减退。把公平理论应用于财经工作，对财经工作人员提出了以下几点要求：

（1）在分配工作任务、制定工作定额、考核工作绩效、提级、晋职、用人、奖赏和待人处事等方面，都要出自公心，做到公平合理，以保证企业人心安定，人际关系良好，职工心情舒畅，职工的才能和潜力得到充分的发挥。

（2）必须坚持各尽所能、按劳分配的原则，使职工个人的贡献与报酬相称，使职工彼此之间在贡献与报酬的比值上互相均衡；打破平均主义，使职工产生公平感，从而调动他们的工作积极性。

（3）分析职工产生不公平感的原因，对症下药，消除其不公平感。目前在我国产生不公平感的原因主要有以下几种：

①错误的攀比引起不公平感。错误攀比的表现是，只比收入，不比贡献，把合理的分配看成不合理的分配，把合理的差别看成不合理的差别，把平等混同于平均。这种攀比倾向引起的不公平感，只能靠提高思想认识来消除。

②奖金制度、分配办法的不健全引起不公平感。这需要通过体制改革，认真贯彻按劳分配原则来消除。

③财经工作者的个人行为引起不公平感。要消除这种不公平感，一方面要求财经人员出自公心，坚持原则，大公无私，一视同仁地待人处事；另一方面要求在财经体制中建立健全权力制衡机制，建立健全群众性的监督机制，以保证各种合理的规章制度的贯彻和公平原则的实现。

④机会不均引起的不公平感。走后门、拉关系、权钱交易等不正之风的存在，造成了在升学、出国、分房、晋级、评奖等方面的机会不均，从而引起职工的不公平感。要消除这种不公平感，财经工作管理者就必须为职工创造机会均等的环境条件，使他们在同一条起跑线上赛跑，完全凭能力和努力进行竞争。只有这样，才能使他们真正感到公平合理，从而充分发挥自己的聪明才智。

三、强化理论

强化理论又叫作"行为修正激励论"。它是"操作性条件反射学说"在财经管理工作中的应用。操作性条件反射学说和行为修正激励论，是由美国新行为主义心理学家斯金纳提出的。斯金纳在1938年出版的《有机体的行为》和1953年出版的《科学和人的行为》两本书中对这种理论作了具体论述。

（一）操作性条件反射学说

斯金纳的操作性条件反射学说认为，人由于某种需要而引起探索活动，在探索过程中，某种偶发的反应使他达到了目的，他就学习利用这种反应，去操纵环境、满足需要。于是这种反应成为产生某种结果、满足需要、达到目的的工具，而这种反应活动具有操作的性质，因此它被称为工具性条件反射，也被称为操作性条件反射。

操作性条件反射不同于巴甫洛夫的条件反射，它是一种反应型条件反射，它只有在强化的条件下才能学会，而强化不取决于对刺激的感知，而取决于反应。

（二）强化理论的基本观点

把操作性条件反射学说应用于财经活动，就形成了行为修正激励论，即强化理论。它作为心理学的一种激励理论，其基本观点如下：

（1）人的行为的结果对人有利，会使行为得到强化，使之重复发生；行为结果对人不利，会使行为减弱或消失。

（2）在财经活动中，对从事财经工作的人员的某种行为给予肯定和奖励，叫作正强化，它使这种行为巩固和加强。对他的某种行为给予否定和惩罚，叫作负强化，它使这种行为减弱或消退。取消正强化，对某种行为不予理睬，就表示对它的轻视或否定，那么这种行为也会逐渐消失。

（3）要激励财经人员按一定要求和方式工作，采取正强化往往比负强化更有效，即给予奖励（报酬）往往比惩罚更有效。

（4）反馈是一种重要的强化形式。强化具有时效性，为了使某种行为得到加强，应当即时反馈，即及时让职工知道自己行为的有利结果，如及时提供奖赏等，这样才能鼓舞其信心，激励其继续努力；反之，如果延时反馈，即过了很久才让职工知道自己行为的结果，这就会使激励力量减弱。

（三）强化理论在财经中的应用

在财经活动中应用强化理论，主要是对符合企业要求和社会期望的行为给以正强化——奖励，使之巩固和加强；而对违背企业要求和社会期望的行为实施负强化——惩罚，使之减弱、消失。

1. 正强化的应用

在对从事财经工作的员工管理中，正强化的应用就是奖励。通过奖励满足人的心理需要，可以产生激励作用。为了取得更好的激励效果，应注意奖励的方式和方法。

（1）创造奖励的心理气氛。如果在平淡的环境气氛中奖励一个人，这对受奖者或其他人只能起保健因素的作用。如果创造出受奖光荣的强烈心理气氛，就能使奖励对受奖者和其他人产生极强的激励作用。

（2）奖励的对象要有先进性。人都有模仿的心理倾向和进取心，奖励先进不仅是对受奖者的正强化，而且也是根据人的模仿心理和进取心，引导其他人以受奖者为学习的榜样和追赶的目标。这就要求奖励的对象真正具有先进性、代表性，使之起到楷模作用。

（3）奖励要及时。及时奖励可以收到最佳的激励效果，延时奖励则会大大削弱激励效果。

（4）奖励的内容和形式要多样化。应根据不同人的不同需要，采用不同的奖励内容。同时，奖励方法也应不断创新，因为新颖刺激的激励作用较大，而同种刺激的重复则会使激励作用减弱。

2. 负强化的应用

在对从事财经工作的员工管理中，负强化的应用就是惩罚。惩罚可以产生积极的效果，但是它会引起人们心理上的不满，情绪上的消极反应，行为上的对抗等。因此，惩罚手段的应用要注意方式和方法。

（1）惩罚的形式要多样化。不同的人对惩罚或批评有不同的心理反应，因此，惩罚或批评的形式要因人而异，不能千篇一律。

（2）惩罚的内容要多样化。要针对错误行为的性质、情节、后果等分别进行不同的惩罚或批评。

（3）惩罚要及时。

（4）惩罚既要坚持原则，又要讲情理。惩罚要严格按原则办事，同时又要是善意的，做到严中有情，严中有理，宽严适当，一视同仁。这样才能使受罚者口服心服，知过改过。

3. 奖惩结合，以奖为主，以惩为辅

奖励可以使积极的、有利的行为得到巩固和加强；惩罚可以使消极的、不利的行为减弱、消退。奖励与惩罚相结合，奖勤罚懒，奖优罚劣，赏功罚过，可以使职工的行为从正负两个方面得到强化，从而增强激励效果。

但是，奖励和惩罚的心理激励机制和作用是不同的。奖励作为一种正强化的手段，能使人心情舒畅，产生满足感，产生积极向上的力量，并促进人际关系的健康发展。惩罚作为一种负强化手段，则阻碍个人需要的满足，使人产生挫折感、失落感，导致情绪低沉，工作干劲消减。所以，在财经人员的管理中，应遵循以奖为主，以罚为辅的原则。

思考题

1. 什么是需要？什么是动机？需要、动机与行动的关系是什么？
2. 需要层次理论的基本内容是什么？如何评价它？
3. 双因素理论的基本内容是什么？如何在企业财经中应用？
4. 什么是效价？什么是期望值？怎样应用期望理论充分调动财经人员的积极？
5. 公平理论的基本内容是什么？如何评价它？
6. 什么是正强化？什么是负强化？在财经管理中如何正确应用？

第七章
态度、挫折与财经工作

学习要点

◇ 态度及其构成因素、态度的功能；

◇ 态度形成的三个阶段；

◇ 影响态度转变的因素、转变态度的方法；

◇ 态度对财经工作的意义；

◇ 挫折容忍力；

◇ 受挫折时的行为表现；

◇ 战胜挫折的方法。

第一节　态度与财经工作

一、态度及其特征

（一）态度的概念

态度是个体对某一对象所持有的较稳定的主观评价和心理倾向。正确地把握这一概念，要注意以下三点：

（1）态度是个体对事物的较稳定的评价。人们对事物的态度，并非一朝一夕形成的，而是个体在长期的社会实践中逐步形成的。态度一旦形成，就具有相对稳定性，对事物就有着较稳定的看法、见解和评价，对人们的生活和行为方式产生持久的影响。

（2）态度不同于认知。态度实质上是一种心理倾向，虽包含有认知的成分，但又不等于单纯的认知活动。态度的目的不是认识对象，而是影响和指导人的行为，构成人的心理活动的准备状态，使人的反应具有一定的倾向性。

（3）态度的对象是多方面的。态度必须针对某一特定的对象，这种对象既可能是具体的人或物，也可能是一定的思想、概念、行为方式、历史事件等。也就是说，精神性的东西和物质性的东西都可以成为态度的对象。

作为一种内在的心理结构，态度是由认知成分、情感成分和意向成分这三种心理成分构成的。

（1）认知成分。

它是个体对对象带有评价意义的认识，如真假、好坏、美丽和丑陋等。

（2）情感成分。

它是个体对对象的情感体验，如尊敬和轻蔑、同情和冷漠、热爱和仇恨等。

（3）意向成分。

它是个体对对象的反应倾向，又称为行为的准备状态，如亲近与疏远、接受和拒绝等。

以上三种成分之间是相互联系的。其中，认知是基础，情感是核心，意向是外观。在通常情况下，三种成分是协调一致的，并对从事某种活动产生心理动力，然而态度的这三种成分有时也不尽一致甚至是矛盾的。例如，我们在认知上认为某个人并不坏，也许他有许多优点，但是在情感上又无法容纳他，不喜欢他，在行为中就会有意或者无意忽视他、排斥他。因此许多心理学家认为情感成分是态度结构的中心。

（二）态度的特征

1. 态度的社会性

态度不是先天产生的，而是在后天生活实践中形成的。人的态度与人的本能有着本质上的差别。人的本能活动与态度一样也具有倾向性，如饥了要吃，渴了要喝，遇到不利环境能趋利避害，但这是与生俱来、非学即会的。而人的态度是在社会实践中，通过与社会各种条件相互作用而逐渐形成发展起来的。"世上绝没有无缘无故的爱，也没有无缘无故的恨。"事实上，态度的孕育、形成和转变是一个人的社会化的过程。每个人的态度既有鲜明的个性，又有时代和社会的色彩，显示出纷繁复杂的内容。

2. 态度的稳定性

态度形成后，将持续一段时间而不轻易改变，成为个性的一部分，从而对人的行为产生广泛持久的影响。要想改变一个人的态度并非一日之功，需要有一定的时间并具备一定的条件。作为财经工作者，最好能够形成有利于社会、集体和财经工作的态度。

3. 态度的内在性

态度是人的一种内在的心理结构，它深藏于内心。态度虽然包含了意向成分，并通过行为表现出来，但毕竟不是行为本身，因此，态度本身是无法测量的，只能通过个人的外显行为进行观察、推测和判断。而且态度作为个体内在的心理品质，为了适应个体和社会的需要，有时不通过行为直接表现出来，如抑制内心的情感，使自己表面上很平静；有时还与表现出来的行为正好相反，如内心是痛苦的，但外表却显得很高兴。态度的这种内在性正是人的心理现象的复杂性和人的自觉能动性的表现，也使得人们测量态度有很大的难度。

4. 态度源于价值观

价值是指某一对象能否满足人的需要，对人有无意义。很明显，价值这个概念是表述事物与人之间关系的范畴。我们认为"某物有价值"，就是认为该物对自己来说是可取的、有意义的，能满足人的需要的。态度也是反映个体与态度对象之间的关系的概念，它是个体对态度对象的主观评价和心理倾向。这种主观评价和心理倾向的形成虽然受诸多因素的影响，但是从根本上讲，它源于个体对态度对象的价值评价。在社会生活中，由于历史条件、社会环境、个人所受教育、文化修养以及人的需要、兴趣、信念和世界观等的差异，人们形成了不同的价值观，对同一事物也就会产生不同的态度。价值观的不同造成了态度的不同。不过，从总体上看，能满足人们需要的事物使人对它产生正面的、积极的态度；反之则使人产生反面的、消极的态度。所以说，态度正如价值一样，反映的是一种主客观的个性，即外界事物与人的主观需要之间的关系。把握了这一点，就把握了态度的实质。

二、态度的功能

态度有如下四种功能：

（一）对行为的方向性和对象的选择性具有调节作用

态度能驱使人们趋向或者逃离某种对象，影响着一个人对某事、某物、某人作出选择。例如，我们总是乐于接受与自己观点一致的人，并愿意同他来往。所谓的志同道合就是这个意思。我们对一个否定自己的人总是有一种预先的逃避心理，甚至反感情绪，不想同他来往。所谓的道不同不相为谋也就是这个意思。

（二）对信息具有接受、理解与组织作用

喜欢的事物，我们总是容易亲近它，愿意甚至抱着极大的热情去接受它、理解它。而不喜欢的事物，我们总是不想去了解它，认识上也比较模糊，有时予以歪曲。这说明态度对信息有过滤的作用。

（三）对对象或事物的反应模式具有预定作用

由于态度是在过去认识和情感体验的基础上形成的，一经形成就会具有指导性，使人对某种对象采取相应的模式。例如，一个持冷漠态度的人总是对人冷若冰霜，而一个持宽容态度的人总是与人和睦相处。

（四）导致情绪上的不同体验

人们对事物的态度不一样，所带来的情绪体验也不相同。一般说来，与自己态度相一致的行为会使我们内心感到愉悦、兴奋，而与自己态度相悖的行为会使我们内心感到不满、厌恶。

三、态度的形成和转变

（一）态度的形成是一个人社会化的过程

人的社会化就是个体向社会学习，逐渐融入社会并成为其中一员的过程。态度的形成与社会化同步进行，其程序与个体社会化程序基本一致。

首先，态度的形成是家庭社会化教育的结果。俗话说，父母是孩子的第一个教师。父母、亲友在生活态度、待人接物等方面无时无刻不在影响着孩子，他们的言传身教直接孕育了孩子的各种态度，并制约或促进孩子态度的形成。孩子通过不断模仿并受到强化后逐渐形成与家庭相一致的态度。

其次，态度的形成也是学校教育的结果。儿童到了一定年龄就要接受学校的教育，他们从老师和同伴群体那里受到一定的影响。如果学校与家庭教育是一致的，那么他们原来已有的习惯态度就会得到进一步强化；如果学校与家庭教育不太一致，那么他们则趋向于与群体保持一致的态度，心理上接受群体的规范和观念，并逐渐由他律转化为自律。不过家庭教育从小在他们身上刻下了不可磨灭的印迹，对他们的态度的形成有很大的影响。

最后，态度的形成是社会教育的结果。青年完成学业后，步入社会，从事一定的职业并开始独立生活。此时他们已经具备审视社会并独立作出判断的能力，但社会生活的方方面面又时刻影响和制约他们作出判断。个体已有的社会态度和整个社会的需要，是一个既对立又统一的矛盾体。适合社会需要的态度会被个体进一步巩固；不适合社会需要的态度，有的会被个体保留下来，有的则被淘汰。在社会职业单位、各种社会组织、个人交往，以及知识、信息、舆论、角色等的影响下，个体心理不断成熟；对社会政治、经济、文化活动的广泛参与使个体对社会形成了较深刻的认识。这时的社会态度是在对社会有了较深刻的认识和体验的基础上形成的，因此它不再是模仿的、自发的、感性的、不成熟的和不稳定的，而是自主的、自觉的、理性的、较成熟的和较稳定的。态度体系将与人的世界观、价值观一起被纳入个性结构中，成为内在的心理结构，制约着个体的行为。

（二）态度形成的三个阶段

心理学家凯尔曼在1961年提出了态度形成的三个阶段：服从、同化、内化。

1. 服从阶段

服从是指个体受外在因素的制约被迫从外表上与他人或社会保持一致的态度。从构成态度的三种成分来看，服从只是态度的意向成分在起作用。服从大多是外部因素造成的，受强化原则的制约，表现为他律。一个人是否服从社会的要求意味着他可能会受到社会的奖励或惩罚。如作息制度就带有强制性，遵守制度就得到出勤奖（正强化）；违反制度就得不到出勤奖并且有时还影响其他利益（负强化）。这种外置性的行为只是表面的，一旦强制性消失，服从可能会消失。态度形成的初期，需要服从来满足社会正常的稳定和秩序。

2. 同化阶段

同化是指个体不是被迫而是自愿地接受某人或某团体的观点、信念、态度和行为规范，使自己的观点、信念、态度和行为规范同他人或团体的要求相一致。同化多属于态度的情感成分。这是由于我们在生活中接受或喜欢某人或某团体，并视之为楷模，在行为上向其看齐。如儿童多以父母为认同对象，就是喜欢父母那样的作风、习惯和观念。

3. 内化阶段

内化是指个体真正从内心深处相信并接受他人的新观点、新思想，并把它纳入自己的态度体系中，成为自己的态度，从而彻底地转变自己原有的态度。内化是在理智的基础上建立起来的，在行为上表现为自律。当一个人真正信服了某种观点、信念和行为准则后，就在内心世界中自觉地形成这一套原则体系并融合于自己的价值观中，构成自己态度体系的有机组成部分。内化是态度稳定化阶段。

态度的这三个阶段，反映出态度成分中三种因素的不同优势作用，它们一般是不易分辨的。一种态度，可能是出于服从，也可能是出于内化。比如，领导要我们做一件事，有时是出于领导的权威，不做不行；有时是出于对领导的认同，认为领导交代的工作应该去做；有时是出于对领导的信服，认为领导交给的这项工作是有意义的，无论对自己还是对单位都是有价值的。因此，在财经活动中对于同一种态度财经人员要作具体分析。只有把握了相关人员态度形成究竟处于何种阶段，才能使财经工作顺利进行。

（三）影响态度形成的因素

影响态度形成的因素是多方面的，但归纳起来可分为主观和客观两个方面的因素。

1. 主观因素

（1）社会认知的影响。社会认知是指个体对社会对象的了解、判断和分析。人际关系、群体和社会组织、社会历史事件等都是我们认知的对象。对这些对象认知是深刻还是肤浅，是全面还是片面，都直接影响个体形成什么样的态度。

（2）知识的影响。知识是态度形成和改变中的重要因素。一般来说，我们关于某一对象的知识越多，就越倾向于形成正确的态度。但是，知识的影响有时还很难形成态度。如果接受的知识与原来的态度一致，那么这种态度得到强化并明朗化；如果它们不一致，要么接受新知识改变原来的态度，要么歪曲、否定或抛弃新知识而坚持原有态度。

（3）个体心理的影响。个体心理包括个体的需要、个人价值观和个体心理特征等方面。态度是在需要得到满足的过程中形成并发展的。能满足个体需要的对象容易使个体产生肯定的态度，否则产生否定态度。个人价值观是一个人对客观事物意义和重要性的总评价。每个人心中都有对自由、幸福、苦乐、荣辱等的评价，这种评价就形成了我们对待这些事物的态度。个体心理特征中的个体气质和能力也影响了人的态度的形成。例如，抑郁质的人比胆汁质的人更容易形成对某些有危险的事物的惧怕态度；依赖性强的人比独立性强的人更容易形成言听计从的态度。

2. 客观因素

（1）活动范围及交往对象的影响。人的态度是在实践活动中形成的，活动的环境和交往的对象时刻影响着人的态度，此所谓"近朱者赤，近墨者黑"。

（2）团体的影响。人所属的团体对其态度的形成有较大的影响。一个团体，往往其教育、知识、行为都较一致；团体每一个成员对团体有认同感、归属感，接受团体的规范和要求；团体在无形中有一种压力使其成员从众，因而个人与团体往往有一致的态度。

（3）偶发性经验的影响。个体在许多情境中，偶发性事件所带来的个体创伤或戏剧性经验也可迅速地形成态度。例如，小孩第一次吃鱼被卡了喉咙使他长期可能不吃鱼或不喜欢吃鱼,所谓"一朝被蛇咬,十年怕井绳"就是这个意思。

（四）态度的转变

1. 态度转变的方向

态度一旦形成之后就比较稳定和持久,但并不是一成不变的。但态度会随着客观事物发展的条件和规律的变化而变化,从而使新的态度取代旧的态度。态度转变的方式有两种。

一是一致性改变。在不改变方向的前提下只改变态度的强度。如从一般赞成到特别赞成,从一般反对到特别反对,从一般喜爱到特别喜爱。

二是不一致性改变。这种改变是一种方向性改变,也改变强度。例如从肯定变到否定,或从否定变到肯定。态度方向性改变有时是自觉进行的,有时是被迫和无奈的。

2. 影响态度转变的因素

首先,受原有态度的影响。如自己多年经验形成的态度具有很强的稳定性,不易改变;处于强烈情绪化时态度不易改变,而中性态度则相对容易改变;生活中的习惯态度不易改变;在认识的基础上形成的态度不易改变;认知、情感、心理倾向一致的态度不易改变;个人信仰、信念更不易改变。

其次,受个体人格特征（例如智力水平、气质类型、年龄、性别、自我防卫机制等的影响）。智力水平的高低与一个人态度形成与转变有很大的关系。智力水平低的人容易受他人影响,被动地改变态度。气质类型不同,使人态度改变差异很大。黏液质的人态度改变慢,而多血质的人态度改变快。年龄、性别也影响人的态度。年轻人比老年人态度容易改变,女性比男性态度容易改变。另外,自我防卫机制强的人,态度难以改变,而自我防卫机制弱的人态度则容易改变。

最后,受个体所处情境的影响。个体与团体的关系影响态度改变的程度。一个人对团体忠心耿耿,很难改变由团体产生的态度;而一个人对团体缺乏忠诚心,缺乏认同感,那么他在外界环境影响下很容易改变由团体产生的态度。另外,客观信息的多少和个人活动范围的大小也对态度改变产生影响。处于信息多和活动范围广的人容易改变原有态度;而处于信息少和活动范围狭小的人一般坚持原有态度,不易改变。

3. 转变态度的方法

转变态度的方法有很多,概括起来有以下几种:

（1）改变客观事实以改变态度。俗话说"事实胜于雄辩",在客观事实面前,最容易让人态度发生转变。因此,摆事实、讲道理,使人了解事实的真相,才能使人内心诚服,产生信任感,从而改变原有态度。例如在改革开放之初,虽然不断宣传它的重要性和必要性,但是还是有部分人对此抱怀疑甚至否定的态度。经过20多年的实践,事实向人们展示了改革的巨大成绩,才使广大人民更坚定了改革的信心,使少数人的糊涂认识得到了消除。

（2）输送新知识。要改变原有的态度,必须输送新知识以更新旧知识,在输送新知识的过程中,宣传和说服是主要途径。在使用宣传和说服以改变态度的方法时必须注意以下几点:

①注意使用正面和反面材料以及正反材料的顺序对态度转变的影响。在宣传活动中，只讲正面材料，还是只讲反面材料，还是两方面材料都讲，以及它们顺序的安排会产生什么样的结果，必须视具体情况而定。如宣传的观点和材料是人们要研究的内容，或者听众本身就对宣传的观点和材料感兴趣，在听众中又不存在反对的态度，要形成一致性意见使宣传达到立见功效的结果，应只讲正面的观点和材料；如听众对宣传的观点抱有否定或怀疑态度，听众中对宣传的观点就有分歧和争论，宣传的任务要形成人们长期稳定的态度和信念，则应提出正反两方面的观点和材料。关于顺序的安排，首尾部分比中间部分对宣传对象更有强烈的影响，因此，应首先提出正面观点，把反面材料放在中间部分，最后再用新的事实论证正面观点和材料。

②注意情绪因素和理智因素对形成和改变态度的影响。有些宣传要带有强烈的情绪色彩，调动人们的感情；有些宣传要带有浓厚的理智色彩，让人们感到有理有据。前者适用于开始时期并且希望立竿见影的活动；而后者适用于长期过程并且想保持稳定、清晰意见的活动。实际上，这两种活动是可以结合运用的。

③注意宣传者与宣传对象态度的差距对宣传效果的影响。如果听众原有的态度与宣传者的态度有很大的分歧时，宣传者的观点能得到多数人支持，则会使持反对观点的听众改变态度；如果听众中反对者的观点得到多数人的支持，则听众会更加反对宣传者的观点。如何造就一种群体压力和气氛使得有很大分歧的听众接受宣传者的观点，这是宣传者必须注意的问题。

④注意人际关系对态度转变的影响。在宣传活动中，宣传者要有一定的权威性和吸引力，这与宣传者的地位、学识、品质和个人风格有极大的关系，宣传者要发挥作用，必须注意以下人际关系的这些因素。在实际过程中，通过威信效应、名片效应、"自己人"效应和好感来使听众接受宣传者的观点是屡见不鲜的。所谓威信效应，就是通过学识来征服观众；所谓名片效应，就是首先亮出与听众一致的观点以形成开始一致；所谓"自己人"效应，就是让听众感觉到宣传者是代表他们的利益，是他们的自己人一样；所谓好感，就是使听众接受你、喜欢你。

（3）角色扮演法。角色扮演是指要求改变态度的人，在给予的情境中学习自身角色应履行的职责，使其设身处地地理解对方的心情、问题和困难，感受和体会处于不同地位的人员应如何看待问题，处理问题，从而改变自己原来的态度。例如，在医院里，让医生、护士扮演病人的角色，整天躺在病床上，选择两类护士看护他们，一类是耐心周到、服务热情，另一类是态度粗暴、漠不关心。让其体会一个病人的处境、心情、病人对护士的期待，从而改变医生、护士对病人的不良态度。

（4）耐心倾听法。要改变一个人的态度，必须了解他的思想和情绪，这就需要耐心地倾听和理解他的想法和感情。在具体操作过程中，需要倾听者对所述的对象不表示难为情，给予同情和理解，并在倾听过程中发现问题的症结。千万不要和倾听对象发生争论，要让他们自由地发表不同的意见、看法，获得情感上的平衡。在此基础上，倾听对象对倾听者感到亲切，这时倾听者指出问题的症结，就可能改变他原来的观点和态度。

（5）接触了解法。作为两个或两个群体，对某一问题有不同的意见，持不同的态度，通过接触可以使双方相互了解，有助于改变双方的态度。通过接触改变态度的程度与速度，取决于接触时间的长短、双方的诚意和对环境适应的程度。例如，白人孩子与黑人孩子，他们在一起生活一段时间后，白人孩子改变了对黑人孩子的歧视态度。

（6）发挥集体的影响。个人很容易受所属集体的影响而改变态度。集体的行为、规范、舆论和人际关系等对个体抛弃原有态度形成新的态度都有重要的影响。例如，一个自由散漫的人进入部队后，由于受到部队的规章制度和军人环境及气氛的影响，最后可能变成一个遵守纪律的先进分子。

四、态度对财经活动的影响作用

态度不仅影响个体对别人的知觉、感情和评价，而且对一个人的学习效率和工作效率以及职业的选择、加入什么群体、坚持什么信念等都有重要影响，因此，在财经活动中要重视态度的作用。

（一）态度对社会认知的影响

态度是在过去的认知和情感体验的基础上形成的，它具有稳定性和长期性。人们对于某些固定的人群或事物，往往有一套或弱或强的固定看法。这种"定型"的看法，往往阻碍一个人去正确辨别群体中的个性差异，影响正确的社会性判断。如果不随着客观事物的发展而改变特有的态度，我们就很难对新事物、新情况、新问题作出正确的判断，甚至会造成严重的失误。在财经活动中，财经工作者要努力改变那些不利于群体和组织的态度，改变与客观事实不相符合的态度，并要有的放矢地改变认知和情感。

（二）态度对忍耐力的影响

个体在从事有目的的活动中，总会遇到环境干扰或障碍，有时会受到挫折。如果我们对组织有认同感和责任心，那么我们就能够战胜困难，具有百折不挠的意志和忍耐力，就不可能会由于一点不如意的事情或失败就抱怨诉苦或情绪低落、一蹶不振。作为财经人员应使自己在组织中有认同感，热爱自己的工作，从而培养自己的忍耐力。

（三）态度对学习的影响

态度具有过滤作用。当学习的材料与态度一致时，学习的内容则容易被吸收、同化和记忆；如果学习的材料与态度不一致，态度则成为学习的障碍。因此，作为财经人员在学习中应使自己的态度与学习内容结合起来，开发自己的智力潜能，培养自己的学习热情，提高自身的素质。

（四）态度对工作效率的影响

财经人员的态度与工作效率之间有着十分复杂的关系。一般说来，职工对工作满意，抱积极的态度，其工作效率可能很高，反之亦然。但是对工作持消极态度、感到不满意的职工，也可以表现出同样高的效率。这是因为工作态度与工作效率之间有许多中间变量的影响。人是很复杂的，对于一般职工来说，工作并非其主要目标，工作效率只是他借以达到其目的的手段。另外，人的需要是多方面的，当个体生活上的需要获得满足后，目标就转移到社会性需要。如果个人工作效率过高地超出同伴，就可能被别人指责为"出风头"、"破坏进度"而遭到排斥。因此个人即使对工作满意但为了获得他人的理解和认同，也要有意降低工作效率。有时候一个人要获得社会尊重，让别人瞧得起，即使对工作不满意，也要加紧工作提高工作效率。可见，财经领导者既要看到工作满意态度可能促进工作效率提高，也可能降低工作效率；也要看到工作不满意可能降低工作效率，也可能促进工作效率提高。

第二节　挫折与财经工作

一、挫折及其成因

（一）挫折的含义

"挫折"一词的一般含义是指压制、阻挠、失利。在中国古代最初是用来说明兵家战争中失利的意思。在我国《管子》一书中则有"兵挫而地削"的说法。挫折常常与挫败、挫伤、失意等通用。

心理学上的"挫折"一词，是指个体在通向目标的道路上遇到不能克服的障碍，致使个人动机不能实现，个人需要不能满足时而引起的紧张、不安、焦虑的情绪状态。从这里可以看出，"挫折"一词具有两种含义：第一，挫折是一种情绪状态，亦即一种心理现象；第二，挫折这种情绪状态是指个体所追求的目标在无法实现的情况下产生的。

从行为方面来看，人们的行为总是从一定的动机出发达到一定的目标。如果在通过目标的道路上遇到了障碍，会产生如下三种情况：

（1）改变行为，绕过障碍，达到目标。

（2）如果障碍不可逾越，可能改变目标，从而改变行为的方向。

（3）在障碍面前无路可走，不能达到目标。一般是在后一种情况下，人们才会产生挫折感。

挫折在人类日常生活中是随时随处可能遇到的，因而对人的行为影响很大。对挫折的分析必须一分为二。人经过一定的挫折，可以增长才干、磨炼意志，从而以更好的方式和方法去实现目标；但从另一个方面讲，在遇到重大挫折时，也可能使个体产生痛苦失望、惊慌失措的情绪，从而导致行为失常，甚至引起某种疾病或做出不利于个人和社会的行为。

（二）挫折产生的原因

个体所遭遇的挫折是多种多样的，引起挫折的原因也十分复杂。挫折产生的原因主要有以下几个：

1. 外部因素的影响

外部因素引起的挫折叫环境起因的挫折，它是指由于外界事物或情况干扰和阻碍人们实现目标而产生的挫折。外部因素又可分为自然环境因素和社会环境因素。前者是指个人能力无法克服的自然或物理因素，如生、老、病、死、天灾人祸、时空的变

117

化等带给人的影响，往往阻碍人们目标的实现，使人产生挫折感。例如，洪涝灾害使农民种田的目标受挫，无法实现预期收入甚至颗粒无收。后者是指个人在社会生活中受到政治、经济、法律、道德、宗教、风俗习惯等人的因素的影响而引起的挫折。这种挫折比较复杂，也比前一种挫折影响大得多，诸如人际关系紧张、教育方法不对、讥讽嘲笑、不正之风、管理漏洞等，都可能使人产生挫折心理。

2. 内部因素的影响

内部因素也叫主观因素，由此引起的挫折叫个人起因的挫折。这种因素也可以分为两种情况：一是个体所具备的生理和心理上的条件；二是需要动机发生冲突。前者是指智力、能力、容貌、身材不佳、个人经济不足、思想意识不端正、思想方法片面等，致使目标无法实现。如腿短不能成为跳高运动员、色盲不能考入医学院、体质差无法胜任工作、文化水平低不能开展工作等。后者是指个人在日常生活中，经常产生两个乃至更多的需要，但又无法同时获得满足，特别是两种相排斥的需要，只要其中一个需要得到满足，另一个就受到阻碍，因而产生了难以抉择的心理状态，即所谓动机冲突。另外，个人欲望与机体的需要、理想与现实、机体中的协作与竞争发生冲突等也可以成为挫折产生的原因。

一个人在心理上是否体验到挫折，与他的抱负水平密切相关。抱负水平指一个人对自己所要达到的目标规定的标准。如果一个人自我估计水平过高，期望水平不切实际，追求一些无法实现的目标，必然会产生挫折。如一个人规定自己理想分数为100分，另一个规定自己理想分数为90分。当他们都取得95分时，前者会产生挫折感，后者会产生满意感。

3. 外部因素和内部因素共同起作用

两种因素共同起作用会产生强烈的挫折感。例如，一个人过高估计自己，认为自己待遇太差，往往会产生怨恨之情。如果财经领导者不能及时发现或引导财经人员排解怨气，会使怨气愈积愈重，或者即使发现了，而对他严厉批评，就会使他产生强烈的挫折感。

二、挫折容忍力

人们在遭受挫折时，都会作出相应反应。当面临同一种挫折情境时，不同人感受到挫折的程度也不同，这种差异主要取决于两个方面的因素：一是挫折本身的强弱程度，一般来说，程度较弱的挫折引起心理和行为反应微弱，而程度较强的挫折引起心理和行为反应较强烈；二是受挫者对挫折的容忍力，不同的人对同一强度的挫折也具有不同的反应，同一个人对不同强度的挫折也具有不同的反应，这就在于对挫折容忍力不同。挫折容忍力是指一个人在遭受挫折时免于行为失常的能力。一个中等强度的挫折，对于挫折容忍力较强的人来说，消极影响小，他可能会毫不灰心和气馁，但是对于挫折容忍力较差的人，就可能导致一蹶不振。同一个人可能忍受工作上的严重挫折，但却不能容忍自尊心受到伤害；能忍受别人的侮辱，但面对环境的障碍却会焦虑不安，灰心沮丧。

心理学研究表明，人对挫折容忍力的强弱，主要受以下四个方面因素的影响：

（1）受挫人的生理条件或健康状况。

个人身体的强弱程度不同影响挫折容忍力的强度。例如在条件大致相同的情况下，身体强壮、发育正常的人比体弱多病的人的挫折容忍力强。

（2）受挫人的生活经历。

过去所受的挫折锻炼，是影响挫折容忍力的重要因素。例如，生活中历经危难、饱含辛酸的人比一帆风顺、终日养尊处优的人更能容忍挫折。

（3）个人对挫折的主观判断。

挫折作为一种情绪状态，直接受认知的影响。每个人判断挫折对自身的影响是以自己的知识、经验为依据的。因此不同的判断会形成不同强度的挫折。比如，两个人同时碰到一个朋友，可这个朋友没有同他们打招呼，结果，一个人认为朋友不与自己打招呼是轻视他、瞧不起他，伤了他的自尊心，因而受到挫折；另一个人认为这个朋友可能有什么心事，或者思考什么问题没注意到他，他感到无所谓。

（4）思想政治条件。

人的理想、信念、世界观、人生观等对挫折容忍力有极大的影响。远大的理想、坚定的信念、正确的世界观和人生观，是我们战胜困难的精神支柱，它能大大增强人的挫折容忍力。而胸无大志、浑浑噩噩的人遇到一点困难就会惊慌失措、难以忍受。

（5）性格特征。

挫折容忍力跟人的性格特征有很大的关系。如抑郁质的人往往敏感、多疑，感情比较脆弱，如果遇到一点打击，很可能在内心中造成巨大震动，受到伤害。多血质的人往往活跃、好动，兴趣比较丰富，如果遇到一点打击，很可能认为没什么，也会转移到其他事物上，受到的伤害会很小。

三、受挫折时的行为表现

一个人遇到挫折时所引起的心理和行为反应是不同的。就作出的反应而言，有以下几种类型：

（一）坚持行为

当人受挫后，仍然继续原来的态度和行为方式。这种反应常常发生在自信心强或个性强的人身上。坚持行为可能会导致两种结果：一是受挫后坚持原有行为将会磨炼人的意志，使人获得有益的经验教训，并使受挫者得到磨炼并产生积极和建设性的行为；另一种是受挫后坚持己见使受挫程度进一步强化，甚至可能导致无法挽回的严重后果，自我堕落。

坚持行为的具体表现有以下几种：

（1）升华。将不为社会所接受的动机或欲望加以改变，并以较高的境界表现出来，以求符合社会标准者，称之为升华。例如，一个人遇到不幸事件时，不是沉沦下去，而是化悲痛为力量，在事业上取得成就，这就是升华。

（2）增强努力。受挫后发现目标难以达到，不仅不灰心丧气，反而树立了战胜困难的勇气，鼓足干劲，努力实现。

（3）补偿。当既定目标受各种限制而无法达到时，转移目标，以实现新的目标达到补偿。

（4）重新解释。在目标难以达到时，延期、修订、转化目标。

（5）固执。固执是指坚持不懈以及坚持己见、不肯变通之意。心理学上讲的固执是指被迫重复某种无效的、无任何结果的动作。固执与习惯行为非常相似，其区别在于：如果习惯的行为不能满足人的需要时，或者受到惩罚时，会改变习惯；而固执与此相反，不仅不会改变，反而会更加强烈。如发生火灾时，人们习惯上去推门，但发现门已锁上，人们还是拼命地去推门，越重复这种动作，逃生的希望可能越小。在企业中，实施新技术后会由于种种原因出现事故，人们习惯上认为新技术并不是完满的，但是有人会执拗地认为老一套办法最好，甚至找种种理由进行辩解，抵制变革。

（二）对抗行为

挫折发生后，不仅在心理上产生强烈的委屈感和愤怒感，而且在行为上表现为发泄不满甚至产生破坏行为。这种行为有两种形式。

（1）直接对抗。这就是直接对受挫对象进行攻击和报复，对人嘲笑谩骂，甚至动手打人。直接攻击的方式可以采取口头方式、打斗方式、面部表情、动作手势等。

（2）间接对抗。如果不能直接攻击阻碍自己达到目标的对象，会把攻击行为转向某种替代物，这种攻击往往采取寻找替罪羊的形式，有时发泄到自己身上。例如，个人在单位受气，回家后骂老婆、打孩子、摔东西。又如孩子在家受到责骂、痛打后把攻击对象转到学校和社会，有时还会发生犯罪行为。间接攻击有三种情形：一是当觉察引起挫折的对象不能攻击时（如对方权势、个人身份限制）便将不满发泄到他人或他物上，即"迁怒"；二是当没有明显的对象可攻击，或者当事人不知如何攻击时，便将自己的无名怒火发泄到与真正起因毫不相干的人或物上；三是自己攻击自己，怨恨自己。

（三）妥协行为

人们为了缓解受挫时产生的心理或情绪上的紧张状态，常常采取一些妥协行为，这主要包括以下几方面：

（1）合理化。这就是为自己受挫寻找辩解理由，自己原谅自己，从而减轻受挫感，如"阿Q精神"、"酸葡萄心理"等。

（2）推诿。这就是把过失归于外因，以推卸自己的责任，减轻内疚感。

（3）压抑。这就是用意志的力量压抑愤怒或焦虑的情绪，勉强去做违心的事情。

（四）表同

表同是指当个人在现实中无法获得成功或满足时，把自己比拟成现实或者幻想中成功的人，借此从心理上分享别人成功后的快乐，以减轻个人的焦虑。例如，模仿别人的言行举止，以别人的姿态风度自居等。

（五）倒退行为

它是指人们在受到挫折时表现出与自己年龄不相称的幼稚行为。如受挫后盲目相信别人，盲目执行某个人的指示，有时缺乏责任心，无理取闹，轻信谣言等。在日常生活中，我们可以看到某些领导受到挫折后大发脾气、甩手不管的情形，也可以看到某些老人受挫后酷似孩子、又哭又闹的情形，这都是倒退行为。

（六）放弃行为

当人受到挫折后，丧失信心，意志消沉，自暴自弃。例如考大学失利后，就万念俱灰，做什么事都感到毫无意义。放弃行为表现如下：

（1）退缩逃避，即知难而退，或遇到挫折时，从其他活动中寻找乐趣。

（2）冷漠，即对挫折反应漠不关心，无动于衷。

四、战胜挫折的方法

对付挫折，要有正确的态度。其基本原则是发展积极性、建设性的反应和行为，减少或避免消极性、破坏性的反应和行为，以减轻或消除人的挫折感。战胜挫折的具体方法如下：

（一）树立正确的挫折观，正确对待挫折

人生的道路是复杂曲折的。任何事不可能一帆风顺，许多愿望不可能都达到满足，因此，对生活和工作中可能遇到的各种挫折，以及难以预料的挫折应有精神准备。有了精神准备，在遭遇挫折时，我们不仅会减轻挫折感，而且会在战胜挫折的过程中磨炼自己的意志，提高自己战胜各种困难的能力。

（二）财经领导者对受挫折者的攻击行为要有容忍的态度

财经领导者对受挫折者的攻击行为不采取针锋相对的反击措施，并不表明领导者的软弱，而是表明他有比反击更好的办法来应付攻击。这就需要对受挫人进行帮助，把他看成心理上的病人，这样才能营造一种解决问题的气氛。

（三）改变环境

改变环境有两种方式：一是调离原工作和生活的环境，到新的环境中去；二是改变环境气氛，给受挫者以同情和温暖，使他感到自己没有受到集体的排斥，仍然是集体中的成员。

（四）采取精神发泄方法

这是一种心理治疗方法。这是创造一种环境，使受挫者可以自由地表达受压抑的情感，发发牢骚。人在受挫后会以紧张的情绪反应代替理智行为，只有使这种紧张情绪发泄出来，才能恢复理智状态。精神发泄可以采取多种形式，如写信发泄、到情绪发泄室发泄、个别谈话等。

（五）及时了解和排除形成挫折的原因

对受挫者要认真、冷静、客观地分析主客观上各种因素，找出导致挫折的关键所在，及时予以排除。分析挫折原因时，要正确判断哪些合理要求是可以得到满足的，哪些不合理要求是不能满足的，应给予正确引导。例如，考不上大学受到挫折，分析挫折原因后，或者复读一年后再考，或者走自学成才的道路，或者接受成人教育等，使之感到一样可以有所作为。

思考题

1. 什么是态度？态度由哪三种成分构成？它们之间的关系怎样？

2. 态度的特征有哪些？谈谈态度形成的三个阶段的含义。

3. 什么是挫折？挫折由什么原因形成？请具体分析。

4. 受挫时的行为表现有哪些？

5. 转变态度和战胜挫折的方法各有哪些？请分别叙述。

第八章
群体心理与财经工作

学习要点

◇ 群体及其构成因素、群体形成的原因和作用；

◇ 非正式群体及其作用、正确对待非正式群体；

◇ 群体规范、群体压力与从众行为；

◇ 社会助长作用、社会干扰作用；

◇ 群体内聚力、影响内聚力的因素、内聚力与工作效率的关系；

◇ 影响群体士气的主要因素、群体士气与工作效率的关系；

◇ 群体心理建设的基本原则。

第一节　群体概述

一、群体及其作用

（一）群体及其构成要素

个体、群体和组织是一个有机联系的统一体。社会基本的单位是个体，两个以上的个体构成群体，若干群体构成组织。因此，群体是把个体和组织联结起来的纽带、中间环节，是介于个体与组织之间的人群结合体。

构成群体的一群人，必须具备以下特征：

（1）有共同的行为目标，这是群体的基本条件。群体成员为了达到某个共同的目标而结合，没有行为的目标和内容，群体就失去了存在的意义。

（2）群体成员之间有着某种共同的利益、兴趣、爱好和感情。在行为上，他们互相依赖、互相作用；在心理上，互相意识到对方，了解对方的情况，并有"同属一群人的感觉"，即彼此意识到互相是不可分离的。

（3）有共同的行为规范和准则，这些规范和准则不会因为个别成员的去留而改变。

综上所述，群体是指为了实现一定的目标，由若干人所组成的，在工作上互相依赖，在感情上互相影响，行为有共同规范的人群结合体。

美国心理学家霍曼斯认为，任何一个群体都包含三个因素，见图 8-1。

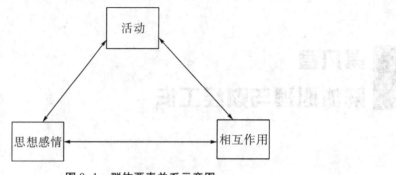

图 8-1　群体要素关系示意图

活动即人们所进行的工作。群体通过一定的活动，如财经活动、生产活动、学习活动、科研活动、文娱活动等，发挥成员的智慧和才能。

相互作用指群体成员在活动中产生的语言与非语言的相互之间的信息沟通与接触。

思想感情主要指态度、感受、意见和信念。群体成员以一定的方式联系在一起，通过们的活动和相互作用表现出各人的态度、感受、意见和观点。

活动、相互作用、思想感情三者是相互联系的。群体成员活动产生相互作用，在相互作用中产生思想与感情的沟通，思想感情的联系又会进一步影响活动和相互作用。

（二）群体形成的原因

（1）安全需要：通过加入一个群体，个体能够减少独处时的不安全感。

（2）地位需要：加入一个被别人认为是很重要的群体中，个体能够得到被别人承认的满足感。

（3）自尊需要：群体能够使其成员觉得活得很有价值。

（4）情感需要：群体可以满足其成员的社交需要。

（5）权力需要：权力需要是单个人无法实现的，只有在群体活动中才能实现。

（6）实现目标的需要：有时为了完成某种特定的目标需要多个人共同努力，需要集合众人的智慧、力量。

（三）群体的作用

群体介于个人与组织之间，它的存在对于其内部成员和所属组织起着重要作用。

1. 群体对组织的作用

群体对组织的作用主要是完成组织赋予的任务。一个组织要想有效地完成其任务和目标，必须分工合作，把总任务、总目标分成若干具体任务和分目标，并下达给所属的群体。群体对组织来说，主要作用便是承担组织分配下来的任务和目标，对其成员进行合理的分工，科学地组织，协调人际关系，进行宣传、鼓动和思想教育工作，使群体内的个人行为成为在组织目标之下组织起来的、统一的群体行为，从而有效地实现组织目标。

2. 群体对个体的作用

群体对个体的作用主要是满足其成员的心理需要。人们的需要是多种多样的，有的需要如心理上的需要，则要通过群体内人员之间的相互联系、相互帮助才能得到满足。具体表现如下：

（1）人通过归属于群体而意识到他归属于社会，他通过群体中的活动而参加整个社会生活。因此，个人只有属于群体时，才能确认自己在社会中的地位，才能免于孤独、恐惧、寂寞，满足安全感的需要。

（2）通过群体中人与人之间的相互交往，交流意见，沟通信息，可以促进人与人之间的信任和合作，在困难时得到关怀和帮助，在受到挫折时得到支持和鼓励，在不幸时得到同情和安慰，在成功时得到激励与鼓舞，满足人际交往的需要。

（3）个人在群体中受到其他成员的欢迎、尊敬，可以满足其成就感和自尊的需要。

（4）在群体中大家通过交换意见，得出一致的结论，可以使个人对社会情境中某些不明确、无把握的看法，获得支持，增加自信心等。

衡量一个群体是否成功和有效，主要是从群体对组织的作用和群体对个体的作用两方面加以测定。任何一个群体如果能同时达到以上两种目标，便是高效率群体。如果只能完成组织赋予的任务，而不能满足其成员的心理需要，那只能算是成功的群体，而不能算是有效的群体。

二、群体的分类

根据不同的标准，可以对群体进行不同的分类。

（一）大群体与小群体

大群体相对来说社会因素比心理因素有更大的作用，如阶级群体、阶层群体、社会职业群体、民族、集团公司等。

小群体，即成员间有直接的、面对面的接触和联系的群体。小群体少则几人或十几人，多则几百人。由于人们之间直接接触，从而能建立起情感上和心理上的联系，心理作用就比较大，如教研室、科室、班组、车间等。

（二）假设群体与实际群体

这是依据群体是否实际存在而划分的。

假设群体又称为统计群体，它实际上并不存在，只是为了研究和分析的需要而人为地划分出来的。如按照性别分为男性、女性；按照年龄分为青年组、中年组、老年组；按照学历分高中毕业、大专毕业、本科毕业；按照职业分为工人、干部、技术人员等。假设群体实际上并不存在，或许以上划分群体的人从来没有聚集在一起，也没有直接交往，甚至根本就不认识，只是由于他们在某些方面存在着共同特征而已。假设群体虽然实际上并不存在，但它是研究和分析问题不可缺少的手段。

实际群体是在现实生活中实际存在的群体，它有一定的规模，有一定的组织形式，其成员之间彼此有着一定的联系，如某教研室、某科室、某车间等，都是实际群体。

（三）参照群体与一般群体

这是依据群体所起的作用和所发挥的影响而划分的。

参照群体又叫典型群体、榜样群体，是指在目标、规范和行为方面能成为人们要努力达到的标准群体,它对一般群体有很大的影响。如军队里的"雷锋班"、"南京路上好八连"等,都是参照群体。财经活动中所树立的榜样群体,将对引导财经人员的良好行为起着巨大的作用。

一般群体是与参照群体相对而言的。

（四）正式群体与非正式群体

这是依据群体构成的原则和方式来划分的。

正式群体是为了完成组织任务、目标而设立的群体。一般说来,它有正式文件明文规定,有固定的编制、明确的分工、具体的职责和权限等。正式群体在机关、企事业单位占据主导地位,如车间、班组、科室、党团组织等都属于正式群体。在正式群体中,又有命令型群体和任务型群体之分。命令型群体由组织结构决定,它由直接向某个主管人员报告工作的下属组成。任务型群体也是由组织结构决定,它是由为完成一项工作任务而在一起的人组成,一旦任务完成群体就解体。

非正式群体是没有组织明文规定的群体。这种群体是人们在共同劳动、生活中自然形成的,其特征是:成员之间的联系带有明显的感情色彩,以个人的好感和喜爱为基础;群体的成员也有一定的相互关系结构和规范,不过并没有正式的明文规定,而是由人们心理上的相互作用而自然形成并调节的;群体的成员间信息反映灵敏,传递迅速;有自然涌现出的"头头",他们对群体内成员具有较大的凝聚力、号召力和影响力。如爱好和兴趣相投的亲密朋友,利益和观点一致的同事,生活经历和社会历史背景相似的同学同乡,同院里要好的邻居伙伴等,很自然地会更多地相互交往,相互支持,从而形成公开的或不公开的非正式群体。同学会、同乡会、自愿组成的技术攻关小组以及社会上的流氓团伙、盗窃集团等都属于非正式群体。在非正式群体中,又可分为利益型群体和友谊型群体。利益型群体是由为某个共同关心的特定目标而走到一起的人组成;友谊型群体的形成则是因为群体成员具有某些共同的特点。

传统的管理科学只重视对正式群体的研究,美国心理学家埃尔顿·梅奥在著名的霍桑实验中提出非正式群体后,非正式群体才日益受到人们的重视。

非正式群体虽然没有正式的组织形态,但是,它的存在是不容否认的客观事实,而且,由于其成员是以共同的观点、利益、兴趣、爱好为基础的,因此,它具有很强的凝聚力,对其成员的心理和行为都有深刻的影响。对于非正式群体这一客观存在的事实,我们不能禁止,也不能回避,只有充分认识它的作用,才能因势利导,使非正式群体与正式群体的活动协调一致,引导非正式群体为达到正式群体的目标服务。非正式群体对财经活动既有积极作用,又有消极作用。

1. 非正式群体的积极作用

（1）沟通意见

正式群体内意见的沟通渠道有限,非正式群体成员彼此互相信任,能开诚布公地进行交流,这样就能够把意见广泛传达到各处,使组织内的沟通网络更加完善。

（2）安定情绪

由于人的社会需要是多方面的,正式群体很难全部给予满足,非正式群体成员在一起获得心理上的满足和情绪上的稳定，有助于组织内良好心理气氛的建立。

（3）教育引导

一个正式群体要领导群众完成任务，除了通过行政措施外，还要通过教育引导来组织力量。非正式群体成员之间关系密切，感情融洽，做思想工作效果好，在协助组织完成任务方面能起到积极作用。

（4）解决困难

非正式群体的领导与伙伴，有时比正式群体领导对其成员在工作或生活上的困难发觉早、解决及时。

2. 非正式群体的消极作用

（1）影响工作效率

如果非正式群体活动过于频繁，就会影响休息，造成财经人员在工作中精力不足，从而影响工作效率。

（2）容易产生抵触情绪

由于非正式群体成员间感情比较亲近，当一个成员受到组织上的批评而产生不满情绪时，容易引起其他成员的同情，引起其成员对组织的抵触情绪。

（3）传播小道消息

非正式群体信息沟通灵，成员聚集在一起，最容易传播小道信息，扩散流言。

由于非正式群体对组织既有有利的一面，又有不利的一面，所以，在财经活动中财经领导者应正确对待财经人员所组成的非正式群体，充分发挥非正式群体的积极作用，减少其消极作用。

3. 财经活动中，如何发挥非正式群体的积极作用

（1）要注意联络感情，积极支持其正当的活动

财经管理者只有与非正式群体成员真诚相待、建立友谊、联络感情，才能对非正式群体施加影响。对非正式群体开展的有益活动如体育活动、文娱活动，要积极支持，给予方便，使他们的正当活动能健康发展。

（2）要搞好目标导向

组织的团结和有效率取决于非正式群体的目标与正式群体的组织目标是否一致。当两者目标一致时，非正式群体可有效地推动财经工作的进行。因此财经领导者要注意目标导向，使组织目标与非正式群体的切身利益相结合，同他们心理需求相联系，充分发挥他们的创造力。

（3）要做好核心人物的工作

非正式群体的"头头"威信高、影响大、说话管用，因此，财经领导者要注意做好他们的工作，应以同志式的平等态度关怀他们、信任他们，充分调动他们的积极性，并通过他们带动其他成员的积极行动，防止和克服消极行为。

（4）要分别对待性质不同的非正式群体

财经领导者对于可以促进正式群体目标实现的积极型的非正式群体，应予以保护和支持；对于妨碍正式群体工作的消极型的非正式群体，应设法改变其活动倾向和已形成的规范；对于已经超越法律许可的范围，构成了对社会危害的破坏型非正式群体，

应予以坚决取缔或制裁。

三、群体发展阶段

从 20 世纪 60 年代中期起，大多数学者认为，群体的发展经过了五个阶段的标准程序，见图 8-2。

形成──→震荡──→规范化──→执行任务──→中止

图 8-2 群体发展的标准程序

（1）形成阶段，这个阶段的特点是群体的目的、结构、领导都不确定。

（2）震荡阶段，为群体内部冲突阶段。

（3）规范化阶段，在这个阶段中，群体内部成员之间开始形成亲密的关系，群体表现出一定的凝聚力。

（4）执行任务阶段，在此阶段，群体结构已经开始充分地发挥作用，并已被群体成员完全接受。

（5）中止阶段，这时群体开始准备解散，注意力放在群体的收尾工作。

第二节 群体心理对个体心理与行为的影响

群体由个体组成，在群体活动中个体特点并未消失，但是，却有了不同于个体单独情况下的心理活动特点。这说明群体心理对个体心理与行为有影响。这种影响主要是群体规范、群体压力与从众行为、社会助长作用与干扰作用。

一、群体规范

（一）群体规范的含义

群体规范又叫群体常模，是指群体所确立的行为准则，群体的每个成员都必须遵守这些准则。

群体规范的形成受模仿、暗示、顺从等心理因素的制约。美国心理学家谢里夫的实验说明了群体规范的形成过程。他请受试者坐在暗室里，在受试者面前一定距离出现一个光点，几分钟后熄灭。然后让受试者回答光点移动多远，实际上光点并没有移动。这一实验是一种典型的心理学视错觉实验。这个实验进行几次以后，每个受试者都建立了自己的反映模式。有人觉得光点向右上方移动，有的觉得向左下方移动，有的认为是向上移动，等等。然后，主试者让受试者一起在暗室内观看出现的光点，大家可以讨论。实验反复进行，过一段时间后，大家对光点移动方向的判断逐渐趋于一致。由于受试者之间相互暗示与模仿心理机制的作用，受试者形成了群体的规范，代替了个人的反映模式。当群体规范形成之后，再让这些受试者单独地观察光点作判断，这时出现一个有趣的现象，受试者并没有恢复他原先建立的个人反映模式，也没有形成新的反映模式，而是仍然保持群体形成的反映模式。此种情况说明群体规范形成后对人的心理和行为会产生重要影响。

（二）群体规范的分类

1. 按其表现形态，可分为正式的和非正式的群体规范

凡是通过群体正式指定的规章、制度、纪律、公约、守则等，属于正式的群体规范；凡是不成文的，在实践中自然地约定俗成的群体习惯和舆论的力量，是非正式的规范。大部分群体规范是非正式的，约定俗成的。

2 按规范的内容和作用，可分为积极的群体规范和消极的群体规范

凡是同组织的目标、国家和集体的利益相一致的，是积极的群体规范，大多数正式群体的规范都属于这一种。凡是片面从小群体利益出发，同组织利益相对立，对国家、集体起消极作用的，是消极的群体规范，如进行集体走私，为掩盖罪行订立攻守同盟等。群体规范并不规定其成员的一举一动，而是规定群体所为与所不为的范围。群体存在的重要条件之一是它的一致性，这个一致性既表现了群体成员在认识、行为、感情等方面的接近，又表现了他们受某种群体规范的制约。当群体成员的行为偏离了规范所规定的方向和范围时，群体会通过各种方式进行纠正，如批评、讽刺、冷淡、轻蔑、打击等，使其回到群体规范的轨道上来，以保持群体的一致性。一个人在一个新的群体中，迫于群体舆论的压力，会从服从到认同再到内化，逐步把群体规范变成其自觉遵守的规范。内化的结果又必然导致外化，形成习惯化的行为，这个过程正是群体培养成员良好品质的心理依据。

二、群体压力与从众行为

群体压力是指群体内部由于群体规范对其成员产生的一种压力。当一个人在群体中与多数人的意见不一致时，会感到一种来自群体的压力。的确，在现实生活中，如果一个人的行为和一般人不同就会被别人看成怪癖、不近人情，而怪癖、不近人情就有可能会受到别人的歧视。这就迫使群体成员产生一种必须顺从群体一致行为的自我意识，否则就会感到孤立。

群体压力与行政命令不同，它不是外在的，从上而下的强制性地改变个体的行为，而是来自并存在于群体内部，是通过心理上的影响来达到改变个体行为的目的。

在群体压力下，个人放弃自己的意见而采取与大多数人相一致的意见和行为就称为从众行为，俗称"随大流"。

1951年美国心理学家阿希设计了一个典型的实验，证明在群体压力下会产生从众行为。他将7~9个人编成一组，让他们坐在教室里看两张卡片。一张卡片上画着一条直线（X），另一张卡片上画着三条直线（A、B、C），见图8-3。

让大家比较在后一张卡片上的三条直线哪一条直线与前一张卡片上的直线长短相等。阿希在实验前预先做了布置，在9人的实验组中对8个人都要求他们故意作出错误判断，例如认为X=C。而有一个受试者并不知道事先有了布置。做了多次这样的实验，统计结果表明，在那个受试者单独进行判断时，都能判断出X=B，错误的概率小

图 8-3 阿希实验卡片

于 1%。而与其他受试者一起实验，并让那个受试者最后作判断时，竟有 37% 的概率放弃了自己的正确判断而顺从群体的错误判断。这就是著名的阿希"三垂线"实验。

阿希实验之后，一些心理学家进一步分析了影响从众行为的因素主要是环境因素和个性因素。

1. 环境因素

如群体凝聚力强，成员对它的认同感强时，其成员从众性强；当群体中多数成员的地位、专长、能力高于自己时，则容易从众；当群体一致反对个人意见，使个体感到群体压力时，则容易屈服从众；当某个问题或某一政策复杂，没有参照标准时，则个体没有把握坚持己见，容易从众。

2. 个性因素

一般说来，智力低者容易受群体影响而跟随大众；情绪不稳定、焦虑者多容易从众；缺乏自信、独立要求低者，容易从众；过于重视他人并依赖他人者，容易放弃己见而从众；重视权威、墨守成规者，容易从众。

对从众行为的进一步分析还表明，同是从众，但每个人的情况是很不相同的，大致有以下几种情况：第一种是确实把多数人的错误判断看成正确；第二种是对自己的判断缺乏信心，没有把握，因此从众，这占大多数；第三种是相信自己的判断没有错误，但不愿标新立异与大家争执，表面上采取从众行为，内心却保留自己的意见，有人称此为权宜的从众。

在现实生活中，群体压力与从众现象是大量存在的。在财经活动中，当群体中某个人或少数人表现出反从众行为或独立行为时，不能一概认为是错误的，而采取群体压力的方式。因为任何独创精神都具有反从众的表现，对反从众者施加压力，很可能因此而扼杀了某种独创精神。但是也不能认为群体压力只有消极作用，对于群体成员的一些不良行为给予适当的压力以迫使其改正，是必要的。

三、社会助长作用与社会干扰作用

(一) 社会助长作用

个人与其他人一起工作时，由于其他人在场，无形中激发了工作动机，使工作效率得到提高，这种群体对个体的促进作用叫社会助长作用。

1897 年，美国心理学家特里普利进行了一种"群体效应"实验，目的是考察竞争对手在场与否对于个人行为的影响。让被测试者在三种情境中骑自行车完成 25 公里的路程。第一种是单独骑行计时；第二种是有人跑步陪同骑行计时；第三种是与其他骑车人同时骑行时。其结果显示：第二种情况下，比单独骑行的速度提高了 30%，第三种情况下，比有人跑步陪同骑行的速度提高了 4.8%，比单独骑行的速度提高了 35.4%。

据心理学家研究，从事简单熟练工作，例如包装、装配零件等，各自独做，互不相见，则不如与其他人在一起工作效率高。其原因如下：

（1）人们都有一种求成动机，群体内各成员共同作业时，求成动机表现为竞赛动机，希望自己的工作比其他成员做得更好，这种动力可以激励自己全力以赴，以获取成绩。而在单独条件下，缺乏较量的对手，劲头自然不足。

（2）个人同多数人一起工作时，不可避免地会产生被他人评价的意识，总是认为他人会注意自己并对自己作出评价，因此产生了一种希望被他人评价为"好"、"不错"、"有水平"的动机，从而产生助长作用。

在一个群体中，如果群体成员的关系是互相依赖的，有共同的目标，而且有自由沟通的机会，则多数人在一起，更能在思想上开拓思路，互相激励，有助于新的观念、新方法的产生，使社会助长作用更加明显。

（二）社会干扰作用

当个人与他人一起工作时，反而精力不集中，影响独立思考，妨碍工作效率，这种群体对个体的促进作用叫社会干扰作用。

心理学研究表明，从事脑力劳动或复杂性工作，特别是进行创造性思维活动时，有其他人在场，或许多人一起进行，反而注意力不集中，工作容易受干扰，效率不高，起到社会干扰作用。活动的性质越复杂，他人出现所产生的干扰作用越大。

这是因为，脑力劳动或创造性的思维活动，是一种性质复杂的劳动，它需要注意力高度集中，独立思考，当人的大脑高度专注于某一问题，寻求解决问题的新途径、新方法时，有其他人在场，就会彼此干扰，反而降低工作效率。

在财经活动中，财经领导者了解了社会助长作用与社会干扰作用，对于科学地、合理地安排不同性质的工作是很重要的。对于简单熟练性的一般财经工作，可以安排以班组为单位，并适当组织竞赛，将有助于提高工作效率；而对于从事比较复杂、需要集中注意力的思考性工作的，则应为他们提供相应的工作环境和条件，使他们能静下心来认真思考，多出成果。

第三节 群体内聚力和士气对财经工作的意义

一、群体内聚力和影响内聚力的因素

（一）群体内聚力及其特征

群体对其成员的吸引力以及群体成员之间的吸引力称为群体内聚力。在现实生活中我们常常看到，有的群体意见一致，成员对群体工作有强烈的责任感和义务感，群体成员之间相互合作，关系融洽，任务也完成得较好；而有的群体内部矛盾重重，关系紧张，内耗严重，任务完成得不好。这就是群体内聚力大小不同的表现。

群体内聚力类似于我们平常所说的群体团结性概念。一个高内聚力的群体，必然是一个团结一致的群体。但是，这两个概念又是有区别的。我们提倡的团结性，既包括群体内部的团结，也包括与其他群体的相互支持、相互帮助。而内聚力主要是指群体内部的团结，它可能出现排斥其他群体的倾向。弄清这两个概念的区别，对于我们掌握后面将要讲到的群体内聚力与工作效率的关系是有帮助的。

一个高内聚力的群体具有以下特征：

1. 群体对其成员有强烈的吸引力

高内聚力的群体能吸引其成员积极参加群体活动，努力完成群体任务，使群体成员能感受到成为该群体一分子的光荣和自豪。

2. 群体成员对群体有强烈的向心力

高内聚力的群体成员对群体充满了感情，他们关心群体的利益，维护群体的荣誉，愿意更多地承担群体的任务，对群体有很强的归属感。

3. 群体成员之间有着强烈的相互吸引力

一个高内聚力的群体，成员之间意见沟通快，能经常进行信息交流，互相了解，民主气氛浓，关系融洽、和谐。

（二）影响群体内聚力的因素

群体内聚力的高低，受多种因素的影响，主要有以下几个方面：

1. 群体的领导方式

不同的领导方式对群体内聚力有不同的作用。1939年心理学家勒温（Kurt Lewin）曾做过专门实验，比较了在"民主"、"专制"和"放任"这三种领导方式下各实验小组的效力和群体气氛。

勒温将领导风格分为专制型、民主型和放任型，他认为，这三种不同的领导风格，会造成三种不同的团队氛围和工作效率。

（1）专制型领导者只注重工作的目标，仅仅关心工作任务和工作效率，对团队成员不够关心。在这种团队中，领导者与被领导者之间的社会心理距离比较大，领导者对被领导者缺乏敏感性，被领导者对领导者存有戒心和敌意，容易使团队成员产生挫折感和机械化的行为倾向。

（2）民主型领导者注重对团队成员的工作加以鼓励和协助，关心并满足团队成员的需要，营造一种民主与平等的氛围。在这种团队中，领导者与被领导者之间的社会心理距离比较近，团队成员有较强的工作动机，责任心也比较强，工作效率比较高。

（3）放任型领导者采取的是无政府主义的领导方式，对工作和团队成员的需要都不重视，无规章，无要求，无评估，人际关系淡薄。

通过试验研究结果表明，"民主"型领导方式组比其他组成员之间更友爱，群体中思想更活跃，相互交往更多，因而内聚力更强。

2. 外部的影响

一些研究表明，群体间的竞争，使群体经常遇到一些挑战性压力，这种压力会增强群体成员相互之间的价值观念，从而增强群体的内聚力。因为当群体面临外部压力时，能促进群体成员认识到只有紧密团结合作，共同对付外部威胁、竞争，并在竞争中获胜，才能保证群体的生存和发展，从而增强群体的凝聚力。

3. 群体目标的达成

成功与内聚力的大小往往是互相关联的。群体经常顺利地实现某些目标，对其成员将起积极的促进作用，使他们增强荣誉感、自豪感、自信心，从而进一步增强群体的内聚力。所以，越是经常成功的群体，内聚力也越大；而内聚力越大的群体，其成功的可能性也越大。

4. 群体的规模大小

群体规模的大小对群体内聚力也有一定的影响。在多数情况下，较小群体中的成员对自己的群体较满意，因而较小群体比大群体更富有内聚力。群体太大，成员太多，彼此之间都不了解，不可能有强内聚力。当然，群体规模太小，人数太少，又会失去平衡力量，矛盾难以解决。研究表明 7~8 人为最佳，超过此人数，随着群体的增大，内聚力则会减小。

5. 群体成员的个性特征、兴趣和思想水平等

一般来说，成员之间越相同或相似，群体的内聚力就越高。

二、群体内聚力与财经工作效率的关系

群体的内聚力与工作效率之间的关系，存在着复杂的情形，二者的高低强弱并不是完全成正比的。

社会心理学家沙赫特曾经做过一个重要实验，检验了群体内聚力和对群体成员的诱导方式对于生产率的影响。这个实验对于我们理解群体内聚力与工作效率的关系是有启发意义的。

实验的自变量是内聚力和诱导，因变量是生产率。除了设立对照组进行对比之外，沙赫特把实验组分为四种条件，即强内聚力与弱内聚力、积极诱导与消极诱导。实验条件见图 8-4。

群体内聚力

		强	弱
诱	积极	强力聚力，积极诱导	弱内聚力，积极诱导
导	消极	强内聚力，消极诱导	弱内聚力，消极诱导

图 8-4 内聚力与诱导关系图解

四个实验组分别做积极诱导与消极诱导。诱导方法是让不同小组的成员相互写条子，积极诱导的字条内容是要求增加生产；消极诱导的字条内容是要求降低完成任务的速度。实验时间为 16 分钟。实验结果表明，两种诱导产生明显不同的效应，极大影响了内聚力与生产率的关系，见图 8-5。

实验结果说明，无论内聚力强弱，积极的诱导都提高了生产率，其中强内聚力组生产率更高；而消极诱导则明显降低了生产率，弱内聚力组的生产率则更低。可见，一

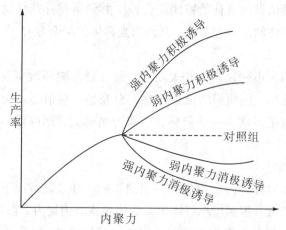

图 8-5 沙赫特实验有关内聚力与生产率的结果

个内聚力很强的群体，如果财经领导者能够加以正确的教育与引导，使群体目标和组织目标紧密结合，群体利益与组织的整体利益相一致，那么，在这种条件下，群体的内聚力就会与工作效率成正比；相反，如果只是搞"感情投资"，只是从加强成员之间的感情来增强内聚力，而放松对群体成员的思想教育和指导，那么，群体的内聚力越强，就越会助长群体的本位主义和小团体思想，甚至与其他群体起摩擦，使工作效率下降。在这种情况下，群体的内聚力就与工作效率成反比。

因此，一个高明的财经领导者必须在增强财经群体内聚力的同时，加强对财经群体成员的思想教育和指导，克服群体中可能出现的消极因素，这样才能使群体内聚力成为促进生产率的动力，使群体向正确的方向发展。

三、群体士气和影响士气的因素

（一）群体士气及其特征

"士气"一词原用于军队，表示军队的战斗意志，作战时的斗志。财经心理学借用这一概念，是指财经群体所具有一种高昂的意志状态，也就是财经群体成员实现组织目标的精神状态和干劲。

群体士气是财经领导者应引起高度重视的问题。古人云："夫用兵之道，人和为本"、"上下同心，无往而不胜者"。这都说明将帅同心，士卒奋勇是决定战争胜负的根本因素。一个群体有了高昂的士气，就可以迸发出巨大的力量，再艰巨的任务也能完成。群体一旦士气低落或没有了士气，就会成为一盘散沙，丧失战斗力。

美国心理学家克瑞奇等人认为，一个士气高昂的群体，应该有以下特征：

（1）群体团结来自内部的凝聚力，不是起因于外部压力。

（2）群体内的成员没有分裂成互相对立的小团体的倾向。

（3）群体内部具有处理内部冲突与适应外部变化的能力。

（4）群体成员之间具有强烈的认同感和归属感。

（5）群体成员都明确群体的奋斗目标，并积极为实现目标而努力。

（6）群体成员对群体领导持肯定和支持的态度。

（7）群体成员承认群体存在的价值，并具有维护群体继续存在和发展的愿望。

以上这些特征不是抽象的，它必然表现在群体成员及群体的行为上：群体成员的参与意识强；群体成员的工作积极性高；群体行为呈积极的态势；群体的创新精神明显。

（二）影响群体士气的主要因素

影响群体士气的因素主要有以下几个方面：

1. 对群体目标的认同

当个人目标与群体目标协调一致，亦即个人认同群体目标时，群体成员就会将自己与群体联系起来，产生一种个人成败与群体成就休戚相关的心理。在这种情况下，个体对群体才有强烈的认同感，才会激发其实现群体目标的自觉性和积极性。

2. 对工作的满足感

工作安排合乎个人的兴趣爱好，适合他的能力，能施展他的才能，实现他的抱负，便能激发其工作积极性与创造性。因此，根据财经工作人员的文化程度、智力水平、专业技术与兴趣，合理安排工作，量才使用，各尽其能，有助于提高士气。

安全与舒适的工作环境，能使群体成员获得安全与舒适感，对提高成员士气也起着积极作用。工作环境不安全、杂乱，易使成员烦躁或抑郁，降低群体士气。近代工业心理学家对照明、音响、通风、温度、湿度、休息时间进行研究，目的在于改善工作的物理环境，使职工在工作时身心都感到舒服，提高工作积极性。

3. 合理的经济报酬

贯彻执行按劳分配与按生产要素分配相结合的原则，是调动财经工作者积极性的根本途径。工资待遇上实行按劳取酬、同工同酬，在奖金分配上实行多劳多得，公平合理，有助于提高员工的士气。反之，吃"大锅饭"，干多干少一个样，干好干坏一个样，会挫伤员工的积极性，降低士气。

4. 团结和谐的人际关系

一个士气高昂的群体，成员之间必须具有一致性和合作精神，有着团结和谐的人际关系，彼此之间很少发生冲突和敌对现象。这种合作、效力、体谅别人的群体容易发展成有效群体，也称合作型群体，群体士气就高；相反，则可能发展成竞争型群体，群体成员之间互相猜忌，互相争斗，群体士气就低。

5. 领导水平

领导者的思想、品德、知识、能力、作风乃至领导艺术、管理方式，对于群体士气影响很大。领导者作风民主，决策透明度高，善于听取不同意见，关心职工切身利益，这样就能获得职工的信任，鼓舞职工士气。相反，领导者官僚主义严重，高高在上，或我行我素，不听别人的意见，就会挫伤群体的士气，造成信任危机。

四、群体士气与财经工作效率的关系

群体士气是群体行为的动力之一，它对于提高工作效率有重要意义。

我们所希望的是，一个群体不仅有高昂的士气，而且有较高的工作效率。但是，

135

高昂的士气只是提高工作效率的必要条件之一，而不是它的充分条件。要提高工作效率，除了提高士气外，还需具备许多其他条件，如机械设备、原材料供应等物质条件，工艺技术水平、职工素质、技术熟练程度等人力条件。

1962 年，戴维斯曾就群体士气与生产率的关系问题作出研究报告，指出高士气不能保证生产工作一定高效率，但它是提高生产率的必不可少的条件，见图 8-6。

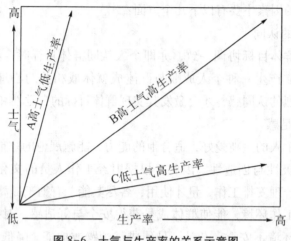

图 8-6　士气与生产率的关系示意图

A 线表示高士气低生产率。如果只关心职工的满足感，而不考虑管理方式、设备条件，则将产生 A 线状态。在这种情况下，高士气群体目标与组织生产的目标相抵触，则可能阻碍或限制生产。

B 线表示高士气高生产率。这种状态是我们所希望达到的最佳状态。要想达到这种状态，必须使组织目标与职工需要协调一致，使高士气的群体接受组织的目标，为完成组织目标而奋斗。

C 线表示低士气高生产率，如果只强调工作的物质因素，根本不关心职工的心理需要，则会使群体成员的积极性受到伤害，士气会越来越低。这种高生产率不可能维持很久，最终会因引起职工的不满，导致生产率降低。

从戴维斯的研究报告中，我们得到的启示是：在财经活动中，财经领导者如果仅仅只靠高奖金、优厚的福利待遇来满足职工的物质需要，靠一时的精神鼓动来提高职工的积极性，而忽视了改善设备条件和经营管理，那么，尽管一时群体士气很高，但生产率并不会相应地提高，而且这种高士气也很难维持，最后导致生产率降低。反之，如果领导者单靠严格的纪律，采取严厉的惩罚手段，或只注意更新机械设备等，而忽视职工的心理需要，结果生产虽然一时上去了，但职工的满足感却降低了，士气低落，最终生产率也会降下来。因此要提高工作效率，除了要改善设备条件，提高工艺水平外，还必须保持较高的士气，只有把物质的条件和高昂的士气这一精神条件相结合，才能长期保持较高的劳动生产率。

第四节　财经人员群体心理建设的基本原则

　　群体是个体和组织的中介，群体的行为和力量不仅对组织起着重要的作用，而且对个体的心理和行为也具有很大的影响力。这种影响力可能是积极的，也可能是消极的。积极的影响力能够推动人们为实现组织目标而奋斗，消极的影响力则可能涣散人们的斗志，挫伤人们的工作积极性。因此，加强财经人员群体心理建设，充分调动和发挥个体的工作积极性和创造性，对于发挥财经人员群体的积极影响力，顺利实现组织目标有着很重要的意义。

　　财经人员群体心理建设的基本原则如下：

一、目标整合原则

　　个体目标与群体目标的统一，称为目标整合。目标整合是维持群体生存的首要条件。一个群体如果行动目标不一致，"各吹各的号，各唱各的调"，那就会引起群体分裂而威胁群体的生存。

　　目标整合包括两层意思：对群体来说，群体目标应该包括满足个体的需要与愿望，使个体目标在群体内能够得到实现；对群体成员来说，各个个体的目标应该与群体整体目标保持一致，或趋向统一。当个体目标与整体目标发生矛盾时，应以整体利益为重，修正个体目标，在必要时甚至放弃个体目标。

　　目标整合的作用在于：第一，把个人的目标与共同的目标联系起来，能使群体成员之间更好地密切配合，协作行动，主动关心群体，为实现群体目标做出自己应有的贡献；第二，能使群体在实现整个目标的前提下，充分兼顾个人利益，最大限度地调动群体内每个成员的工作积极性，进一步增强群体的凝聚力。

二、志趣相投原则

　　志趣相投是指群体成员在动机、理想、志向、信念、兴趣、爱好等方面的共同性或相似性。动机、理想、志向、信念等方面的心理品质是个性心理结构中的重要组成部分，是个人行为的内在动力和工作积极性的源泉。一般说来，成员之间的一致性越多，群体的凝聚力越强。

　　在一个群体内部，成员的志趣相投有两方面的作用：第一，共同的志趣容易使成员参加同类的活动，增加彼此交流与沟通的机会，从而达到相互了解，在行动上保持步调一致，互相协作和帮助；第二，共同的志趣可以保证成员获得最大的心理满足，使群体成员在心理上有共同的语言，有相似的态度和相同的价值观，从而激发成员的工作热情，增强信心和力量，提高工作效率。

三、心理相容原则

　　心理相容是指群体中成员与成员、成员与群体、群体与领导之间的相互吸引，相互尊重，相互信任，相互支持。心理不相容则表现为相互排斥，相互歧视，相互攻击。

心理相容的作用在于：第一，心理相容是群体团结的基础，也是实现群体目标的重要保证；第二，心理相容可以为群体活动提供和睦融洽的心理气氛，成员在群体活动中能保持良好的心境和人际关系，有利于更好地发挥主观能动性。

群体心理相容与许多心理因素有关。第一，取决于成员在理想、信念、目标等方面的一致性。第二，成员的政治素养、道德品质也影响人们之间心理上的相容。如果群体中有人自高自大，妒贤嫉能，私心严重，搬弄是非，就会破坏相容气氛。第三，成员的性格、气质对心理相容也有影响，有些具有相同性格和气质的人反而合作得不好，而不同性格和气质的人合作，因互补性而心理气氛和谐。

四、智能互补原则

智能互补是指群体内不同智力水平和不同智力类型的人进行合理的搭配，使之共同协作，取长补短。

人的智力是以抽象思维能力为核心的各种认识能力的综合，包括观察力、注意力、记忆力、想象力和思维能力。人们的智力不仅有不同水平的差异，而且有不同类型的差异。一般认为，一个群体的智能结构，不能千篇一律，应该是各种智能的人进行合理的搭配，绝不能清一色。一个群体内部有人想象力丰富，有人逻辑推理严密；有人敢当机立断，有人能深思熟虑；有人长于实干，有人善于协调。一个融合各种智慧和能力的群体，就能使各种人才充分发挥作用，完成各种不同类型和不同难度的工作任务。除智能需要互补外，性格、气质、性别、年龄也需要互补。群体成员年龄知识、智能、性格、气质等方面互相搭配，取长补短，才能各得其所，各显其能，共同形成一个合理的有机整体。

第五节　群体心理与团队建设

一、团队的概念与类型

（一）团队的概念

一个团队是指一群为数不多的雇员，他们的知识、技能互补，他们承诺于共同的行为目标，并且保持相互负责的工作关系，共享共同的绩效。团队的目标没有成员的交流和合作是无法完成的。当团队形成之后，其成员必须很快发展出合适的能力组合来完成团队目标。

（二）团队的类型

团队的基本类型分为四种：功能团队，问题解决团队，交叉功能团队，自我管理团队。

（1）功能团队（Functional Team），通常指每天在一起从事相关事物和任务的个体集合。功能团队经常存在于各种功能部门中，如市场、生产、财务、人力资源等。在同一个功能部门中又可分为一个或更多的功能团队，如人力资源又可分成招聘、福利、安全、培训和发展等团队。建立功能团队有助于克服传统的科层制组织中的低效率现象。

（2）问题解决团队（Problem-solving Team），是指组织内部出现特定任务时所建立起来的团队。如房改时为了清理单位中的住房而组建起来的清房小组就属于这种团队。在这种情况下，一个暂时的、由不同组织职权部门组成的、负责解决特定问题的问题解决型团队就形成了。这里的"特定问题"可能与一种产品的研制，一种新课程的开发，一种新的工作分类的系统，一个新的市场销售活动有关。时间的长短、组织的程度、参与的程度、各种资源的利用等因素会使团队的效率产生很大的差别。在问题解决型团队中，创新是一个重要条件，此外，团队有权利实施自己的解决方案。

（3）交叉功能团队（Cross-functional Team）是指将各种工作领域具备不同知识技能的人们聚在一起以识别和解决彼此的问题。交叉功能团队是具有各种专业和作用的员工集合，通过解决跨部门和跨功能的问题来达成目标。交叉功能团队在需要适应性、速度和对客户要求作出迅速反应的情景中最有效。新型喷气式飞机的发展包含着交叉功能团队的广泛运用，成百个设计——建造团队形成了。

（4）自我管理团队（Self-managed Team），是指由团队成员合作处理日常事务，整个工作流程自己负责的团队。自我管理团队在西方发达国家非常盛行，以员工的高素质为前提，成员充分发挥民主，共同决策，共同分担并轮流担任领导责任，团队成员接受各种技能的交叉训练，也接受多重技能及工作轮换的观念。

一种高水平的团队授权经常通过自我管理团队得到实现。自我管理团队的影响力是巨大的，他们从根本上改变了工作的组织方式，使一种更高水平的领导实践成为可能。引入自我管理团队将减少一至两个管理层，因而产生了扁平式的组织结构。

二、团队精神的铸造与培养

团队精神体现在以下几个方面：

（1）在团队与其成员之间的关系方面，表现为团队成员对团队的强烈归属感与一体感。

团队成员为团队的利益与目标尽心尽力，对团队具有无限的忠诚，能为团队的成功而骄傲，为团队的困境而忧虑。归属感与一体感来源于团体利益目标与其成员利益目标的高度一致。团队与其成员结成一个高度牢固的命运共同体，在潜移默化中培养成员对团队的共存意识与深厚久远的情感。

（2）在团队成员之间的关系上表现为成员间的相互协作共为一体。

团队成员彼此视对方为"一家人"，互敬互重，相互包容，容纳各自的差异性、独特性。发生过失时，大义容小过；工作中相互协作，生活上彼此关怀；利益面前互相礼让。团队成员在互动中形成了一系列行为规范，和谐相处，充满凝聚力，追求整体绩效。

（3）在团队成员对团队事务的态度上，表现为尽心尽力全方位的投入。

团队成员参与管理，共同决策，全力行动，充满活力与热情。团队有大有小，团队精神也有"大小"之别。有人在小团队中搞团队精神,对更大范围的团队而言可能奉行本位主义。总之,团队精神有程度上的差别,高位阶的团队利益优先是一个重要原则。

1. 团队精神的培养

(1) 兼顾个人和团体。

我们既要发挥团队中个人的作用,这对培养组织的活力有重要的支撑作用,我们也不能因强调个体而忽视团队精神的培养。过分限制个人的发展,会产生个人对权威的盲目崇拜,对集体和他人的过分依赖。总之,培养团队精神要以个人发展为基础,又要"以义制利","以义取利"。

(2) 培养团队精神要正确导入价值观与功利观。

通过共同的价值目的与愿望,运用教育、舆论的手段推行一系列道德行为规范,并融入人们的思想观念之中,引导人们产生团队协作行为,培养协作精神。同时,通过一系列制度安排,依靠利害关系的激励与约束机制,促使人们产生团队协作行为与团队精神,从而导入功利观。

功利观的导入见效快,时效不长;价值观的导入见效慢,时间长,一旦收效,影响深远。功利观没有正确的价值引导与规范,往往会使人物欲横流,争权夺利,使组织崩溃;然而,价值观如果完全脱离功利,会沦为空洞的说教,难以为人接受。在团队精神的培育中要将二者相结合。

(3) 培养团队精神要兼顾工作效率与员工关系。

团队既要鼓励每个人的充分发挥,又要减少成员间的差距,使成员间和谐共处。在提高团队绩效的同时,也应理顺团队内部及外部的制度与关系,尤其要逐步建立与团队相适应的招聘制度、考评体系、激励与约束机制等。这样才能促进团队建设以及绩效的提高,团队既要创新又要重稳定,这样才能持久。

2. 锻造团队型领导风格

团队领导人的领导风格有三种类型:监督型领导、参与型领导及团队型领导。

监督型领导是传统型领导。这种领导者的风格特点是:指挥员工,解说决策,训练个人,独揽大权,容忍冲突,反抗变革。

监督型领导大权独揽,成员一般不参与决策,成员间缺乏合作精神。此类领导注重对成员的控制,而不是充分授权,处理冲突采取压制或容忍态度。在对待改革的问题上持保守态度,因而这种领导难以适应快速多变的时代环境。

参与型领导的领导风格相对而言要民主得多。此类领导的风格特点是:让员工参与,征求意见做决策,发挥个人能力,协调群体合作,解决冲突,推动改革。

在领导风格发展至参与型领导时,员工尝到了自主的味道,领导者在决策前会积极提供自己的看法进行彼此间的沟通。但领导者依然肩负重任,需要发布重要的命令,处理最棘手的问题,从事大部分的规则工作,在事情发生偏差时采取纠正行为。

团队型领导的风格特点是:建立信任并激发团队合作,辅导并支持团队做决策,开拓团队才能,建立团队认同感,充分利用成员差异,预知并影响变革。

团队型领导有两类型:一种与整个团队分担决策,拟订计划,解决问题,协调与其他团队的关系等责任,常把时间用于会影响团队表现的组织问题上;另一种领导虽然还会对整个团队的表现负责，但是很少参与日常的团队决策和工作，他们通常把时间分成两部分，一部分从事策略性工作，另一部分参加必要的团队会议。

团队型领导在团队建设中身兼球员与教练双重角色。他们主要促进团队健康成长，为成员创造表现机会。当成员需要帮助和支持时会全力帮助。在向团队型领导发展时也会遇到一些来自领导者本身与外部环境、团队成员等方面的障碍，如领导者会担心团队建设削弱其地位，减少手中的权力，因而会有意无意地拒绝放弃控制，拒绝改变角色，这是一种认识上的障碍。其实，随着团队的日益成熟，领导者可以集中精力做原来不能做或没时间做的更高层次、更重要的事，领导者的地位也随团队的进步而水涨船高。团队成员对改革领导风格的真诚度也存有怀疑，他们会采取观望等待、不合作、消极等的态度，对此，领导者要作出积极肯定的承诺，然后是自始至终地身体力行。

思考题

1. 什么是非正式群体？如何正确对待非正式群体？
2. 什么是群体规范、群体压力与从众行为？
3. 什么是社会助长作用和社会干扰作用？
4. 怎样增强群体内聚力？群体内聚力与工作效率的关系如何？
5. 怎样提高群体士气？群体士气与工作效率的关系如何？
6. 财经人员群体心理建设应遵循哪些基本原则？

第九章
人际关系与财经工作

学习要点

◇ 人际关系的本质和内容；

◇ 人际关系对财经活动的影响；

◇ 人际吸引的本质和内容；

◇ 人际关系测量法及其改善；

◇ 改善人际关系的原则和方法。

第一节　人际关系概述

一、人际关系的本质

人是生活在社会中的，人们在日趋复杂的社会物质生产和精神生产过程中，必然要建立起十分复杂的社会关系。这些社会关系主要包括生产和生活关系、政治和法律关系、道德和宗教关系以及心理关系等。这里的心理关系即为人际关系。人际关系是指在群体中，人与人之间所形成的直接的可觉察到的心理上的相互关系和联系。它是社会关系的一种具体表现形式，即人与人之间在心理上的距离。人际关系作为人们之间通过交往所形成的心理关系，属于社会关系范畴。一个人的一生中，从小长大成人，直至离开人世，在长达几十年，甚至上百年的时间里学习、工作和生活，必然要遇到各种各样的人和事，结成各种各样的人际关系。诸如父母与子女关系、兄弟姐妹关系、夫妻关系、朋友关系、邻里关系、上下级关系、同事关系、同行关系、师生关系、同学关系、同乡关系、战友关系等，这些均属于人际关系。

人际关系的状况，如亲疏、远近、是敌是友等取决于人们的心理需要满足程度。人们在交往中如果双方的心理需要都能得到满足，交往双方之间就会发生并保持一种亲近关系。譬如，甲、乙两人之间互相尊重，就满足了各自的尊重需要。这样双方都认为对自己有益，因而甲、乙之间容易产生亲密关系。假如后来一方对另一方因某种原因表示不尊重了，另一方就会产生疑虑和不安，心理距离增大，原来的亲密关系就会变成疏远关系，甚至发展成敌对关系。

人际关系的变化和发展是与人的情感相联系的，不同性质的人际关系引起的情感体验不同。亲密、融洽的关系引起人们愉快的情感体验，使人感到心情舒畅；疏远或冷漠的关系，引起人们不愉快的情感体验，使人感到烦恼、不安；敌对的关系引起憎恨甚至仇视的情感体验，并可能导致攻击性行为，既有损于人的身心健康，也有害于事业。马克思提出：人们为了要进行生产，便发生一定的联系和关系，只有在这些社会的联系和社会关系的范围内，才会有人们对自然界的关系，才会有生产活动。人际关系作为人们之间通过交往所形成的心理关系，属于社会关系范畴。人们关系的性质决定于社会生产关系及在其基础上形成的经济、政治、法律等关系的性质。社会生产关系的性质决定于生产资料所有制的形式。资本主义生产关系是以生产资料私有制为基础的，其基本特征是少数资产拥有者剥削多数劳动者，他们之间是剥削与被剥削、统治与服从的关系；社会主义生产关系的基础是生产资料公有制，在这种生产关系下，人们在生产过程中处于同志式平等地位，人与人之间的关系是互相合作的友爱关系。

每一个人都必须在一定的生产关系、政治关系、思想关系系统中生产和生活，并受其深刻影响。但是个人并非机械、消极地接受社会关系的影响。社会关系作为一定社会的宏观的经济关系、政治关系和思想关系，是透过微观的人际关系对人发生作用的，而人的社会关系是以团体中具体的人际关系的形式表现出来的，所以，人与人之间直接交往的心理关系是社会关系影响个人发展的中介因素。社会环境对个人的人格品质影响的大小，受一个人参与的人际关系水平所限制。人际关系既是社会关系的具体形式，又是一定的社会关系（主要是经济关系和政治关系）的反映。

二、人际关系的类型

（一）从功能上分类

从功能上看，人际关系可划分为情感性人际关系、工作性人际关系、混合性人际关系。

1. 情感性人际关系

情感性人际关系是以人与人之间情感为基础的，长久而稳定的直接交往关系，这种关系主要可以满足友爱、温情、安全感、归属感等各方面的需要。家庭中的母女之情、父子之爱、兄弟姐妹之亲情，以及同事、朋友和师生之间的真情实意，都属于情感性人际关系。在中华民族的优秀文化传统中，历来提倡注意情感的交流，提倡以诚相待，重义轻利。在我国一般家庭中，父母与子女、夫妻、兄弟姐妹之间的关系是深刻的情感性人际关系，家庭成员的关系中有较多的真诚行为，而很少玩弄权术和计谋。当然，家庭成员也会有矛盾和冲突，但他们之间的情感因素在矛盾冲突中起重要的制约作用，即使是关系破裂了，在情感上还有千丝万缕的联系。

2. 工作性人际关系

工作性人际关系是以获取某种东西为目的而建立的一种人际关系。如果说建立并维持情感性关系本身就是目的，而建立工作性关系则只是达到某种目的的手段，所以这种关系大多是短暂而不稳定的。例如，从事财经工作的同行之间的人际关系，商场中的售货员与顾客的关系，公共汽车上售票员与乘客的关系，医院中医生与病人的关系等，都以双方交往为各自达到目的的手段。双方交往时，彼此之间不相识，了解甚少，纵然其中带有情感成分，也十分淡薄。所以，这类工作性关系常常会出现"人走茶凉"的情况。

在社会关系中，工作性人际关系有积极性作用。它作为社会交易的法则，是客观的、公平的。这是一种普通的非个性化的法则，即某人被认为是工作性关系对象时，个人就会一视同仁地以同样的原则与人交往。人们在以公平法则与人交往时，都要依据一定的比较标准来衡量自己的得失，而不受情感因素的左右，这样比较容易根据客观标准，作出对自己较为有利的选择。

3. 混合性人际关系

混合性人际关系是介于情感性人际关系和工作性人际关系之间的一种关系类型。这种关系的实质是交往者彼此之间具有一定的情感关系，但这种关系不像原级团体（如家庭）那样深厚，不能随意表现出真诚行为。通常把邻居、亲戚、一般同学、同事、同行、同乡等看作这类关系。这种人际关系有以下特点：

（1）重叠（复杂）性。这种人际关系交往双方通常都共同结识一个或几个第三者，这些彼此有一定关系的人构成一个关系网，关系网交叉重叠，形成了复杂的人际关系网。

（2）延续性。这种人际关系在时间上有一定延续性，大多以非血缘关系为基础，不像情感性人际关系那样深刻，能长久维持。它借助人与人之间的交往频率来维持，如果一方长期不与对方接触、联系，关系就渐渐终止。

（3）可预期性。这种人际关系可以预期将来的感情交往。在工作性的人际关系中，人际交往是非个性化的，交往的双方即使可能再次相遇，但也不能预期将来的情感交往；在混合性人际关系中，人际交往是特殊的、个性化的，人们之间可预期将来关系的发展状况，并依据社会准则对其加以评判。

由于混合性的人际关系中既有情感性成分，又有工作性因素，所以，如果个人需要某种生活资源，而要求他的关系网中某资源拥有者予以协助时，他往往要顾及"人情法则"。倘若资源拥有者（握着人权、财权和物权者）坚持公平交易法则，不给对方以特殊的关照，就会影响他们之间的关系，甚至破坏着这种"人缘"。因此在许多场合，资源拥有者为了维护基本既得的权利，巩固已有的地位，不得不利用"人情法则"，给对方以特殊的帮助和照顾。同时，得到帮助和照顾者，理当回报对方的"人情"，当对方有事求助于他时，就遵从"受人滴水之恩，必当涌泉相报"的社会习俗，还以"人情"。如果双方用以送"人情"的资源都是国家和人民的财富，就会有损于国家和人民的利益，这就是所谓的庸俗关系学，它是不正之风的根源之一。

（二）从需求上分类

从需求类型上看，人际关系可划分为包容需求的人际关系、支配需求的人际关系和情感需求的人际关系。

1. 包容需求的人际关系

包容需求的人际关系是一种与他人交往愿望的人际关系。人是群居的社会动物，离开群体就无法生存。因此人必须与别人往来结交，希望与他人建立良好的人际关系。基于这种愿望，大多数人在与他人相处中，其行为具有某些共同特征，如主动与人交往，积极参与团体活动，对他们表示亲近等。俗话说："在家靠父母，出门靠朋友。"谁都想有三朋四友，这种朋友关系对个人的个性发展和事业影响都甚大。但是，因寻求朋友动机不同和个性的差异，朋友关系的性质和维持时间也不尽相同。从性质上看，有以吃吃喝喝为基础的酒肉朋友关系，有以共同的兴趣、爱好为基础的朋友（如棋友、戏友等）关系，有基于共同信仰的朋友关系，也有共患难的朋友关系，等等。从维持时间上看，有的维持时间很短，有的则维持时间很久，甚至终身保持友情。

2. 支配需求的人际关系

支配需求的人际关系是一种企图应用权力与他人建立和维持良好关系的愿望的人际关系。其行为特征是使用权力、权威，控制、领导他人，或者反抗权力、藐视权威，或者追随他人、模仿他人、受人支配等。希望支配、控制他人并不是身居高位的掌权者所独有的欲望，而是人人皆有的动机。这是因为"力求优越"是人们普遍存在的动机。

3. 情感需求的人际关系

情感需求的人际关系是一种在情感上愿意与他人建立和维持良好关系的愿望的人际关系。其行为特征是同情、热情、喜爱和亲近等，但有的人对他人或对少数人会产生冷淡、疏远、厌恶、憎恨等情感。

人在社会活动中有一种与人亲近的内驱力，这就是需要他人关心，需要友谊和爱情，需要他人的支持与合作等。总之，人需要与他人建立亲密的情感关系，这种愿望是人一生中所追求的。从个体心理发展过程来看，人一生中的感情需要在几个时期表现极为强烈。

首先，幼儿恋亲期。这个时期的幼儿对身边的亲人，特别是母亲表现出强烈的感情需要，特别需要母亲的关照和爱抚。心理学研究表明，在幼儿的潜意识中存在着一种"恋母情结"，这种感情的需求能否得到满足对他（她）的个性品质的形成和发展有重要影响。因此，对父母来说，尤其是母亲应尽可能多地给孩子以母爱，利用孩子对父母的感情需求，施以积极的教育与影响，使儿童沿着正确的方向健康地发展。

其次，青春性爱期。这个时期的青少年生理上性成熟，心理上性意识发展，于是出现了异性间的浪漫主义的性爱阶段。从生理和心理发展上看，青年人追求异性，希望与异性建立亲密的感情关系有其必然性和合理性。教师与家长应该注意到青春期的这个特点，对男女青年之间的接触交友不要横加干涉和生硬地予以禁止，否则不仅会妨碍男女青年正常交往，而且可能破坏青少年与成人之间的关系。正确的做法最好是采取引导的方式，通过巧妙的方法诱导他们既保持正常的友谊关系，又不致出现庸俗关系和越轨行为，并使青少年与成人的关系和谐发展。

最后，老年失落期。人步入老年后，心理上会出现一些变化，主要有三种情况：一是因退休后收入减少而产生不安全感；二是因失去权力和工作而产生无用感和被遗弃感；三是因子女成婚离家和同辈人的去世而产生孤独感。

因此社会应给予老人更多的关照，帮助和尊重他们，使他们在感情上获得温暖；作为子女应经常看望老人，并与老人保持交往，以满足老年人特殊的感情需要。

三、人际关系的行为模式

一定的人际关系表现出一定的人际行为模式，即一方的行为会引起另一方相应的行为。所谓人际行为，是指具有一定人际关系的各方表现出来的相互作用的行为。人生活在各种社会关系中，必然会发生互动，人的个性特征的形成和发展是通过交往而实现互动的结果。互动可能是积极的心理反应，如愉快、活泼、信任、接纳、亲近等反应；也可能是消极的，即一方的行为引起另一方消极的心理反应，如恐惧、挫折、失望、不满、拒绝、痛苦、逃避等反应。人们在社会交往中，一方对另一方的行为作出何种反应，受他们的社会地位、角色以及生理和心理特征所制约。在阶级对抗的社会中，阶级地位的不同，往往对同类行为会有截然不同的反应。鲁迅就曾经一针见血地指出，《红楼梦》中傲慢自大的贾府是绝对不会去接受林妹妹的，这与贾宝玉的行为就是截然不同的。在非阶级对抗的社会中，各人的经历、教育程度、修养、需要及个性特征的不同，对同一行为的反应也有差异。例如对团体中犯有过错行为的人，有人热情帮助、诚恳批评；有人怕得罪人、漠不关心；有人幸灾情乐祸甚至落井下石。然而，尽管人际间行为反应千差万别，但有其共同性。美国社会心理学家利瑞详细研究了人际间的行为反应，从几千份人际关系的研究报告中概括出了八类行为模式：

一是由管理、指挥、指导、劝告、教育等行为，引起尊敬和顺从反应的人际关系。

二是由帮助、同情、支持等行为，引起信任和接受等反应的人际关系。

三是由同意、合作、亲善、友好等行为，引起协助和友谊等反应的人际关系。

四是由尊敬、信任、赞扬、寻求帮助等行为，引起劝导和帮助等反应的人际关系。

五是由害羞、礼貌、敏感、服从等行为，引起骄傲和控制等反应的人际关系。

六是由反抗、疲倦、怀疑、怪癖等行为，引起惩罚和拒绝等反应的人际关系。

七是由攻击、处罚、不友好等行为，引起敌对和反抗等反应的人际关系。

八是由激动、拒绝、夸耀等行为，引起不信任和自卑等反应的人际关系。

这八种情况可以归结为两类：第一种至第四种为积极、肯定反应的人际关系；第五种至第八种为消极、否定反应的人际关系。

四、人际关系对财经活动的影响

群体中的人际关系是对财经活动影响的重要因素之一，它直接影响财经群体的凝聚力和士气、财经群体的生产绩效和对财经目标的实现，乃至财经群体的兴衰。西方心理学和行为科学十分重视研究人际关系问题。20 世纪 20 年代，美国心理学家梅奥主持了著名的霍桑试验，结果创立了人际关系学说。到了 20 世纪 30 年代，美国管理科学中出现了以人际关系学说为基础的新管理学派，即人际关系学派。这个学派重视研究人的行为规律、动机和需要、人际吸引、人际行为模式、人际关系的调适和障碍等问题。这些问题在最近美国出版的社会心理学、管理心理学中仍占有相当重要的地位，其中有不少研究成果是值得我们研究财经心理学的人借鉴的。但是，总的来说，西方研究人际关系的目的是调和资本家和工人之间的矛盾，缓和劳资双方的紧张关系，收买人心，以便使资本家获得更多利润，巩固资本主义私有制。我们社会主义国家研究人际关系，是为了掌握人际关系的规律，正确处理好人际关系，以利于调动广大劳动群众的社会主义建设的积极性和创造性，加速我国社会主义现代化建设进程，满足人民日益增长的物质生活和文化的需要。

社会主义国家财经活动中的人际关系是一种新型、高雅的人际关系，它的基础是社会主义的经济关系和政治关系。因此，社会主义国家财经活动中的人际关系是同志式的人际关系，是平等和友爱的人际关系，是充满真情、合作互助的关系。建立和完善这种高雅人际关系，是实现财经活动目标的重要条件，特别是财经领导者实现经济管理目标的重要条件。它对财经工作的顺利进行有着深刻而广泛的影响。这种影响体现在如下几个方面：

（1）增强团结。人际关系的状况直接影响着群体的团结。良好的人际关系是群体团结的基础。财经活动中，只有职工之间、职工与领导之间、领导与领导之间人际关系搞好了，才能成为一个团结战斗的集体。

（2）提高工作效率。财经活动中，组织内人际关系良好，组织成员之间感情融洽，就能使大家感到心情舒畅、士气高涨，就容易激发大家的积极性与创造性，从而使工作效率得到提高。反之，如果组织内人际关系紧张，互相猜疑，钩心斗角，互不协作，就会影响组织的凝聚力和士气，降低工作效率，影响任务的完成。

（3）有益于心理健康。现代医学研究证明，健康包括身体健康和心理健康两部分。而在心理健康方面，最重要的是对人际关系的适应。对人际关系适应不良，就会引起身心疾病，如神经衰弱、高血压、心脏病、胃溃疡等疾病。原始人主要是与自然搏斗，在那种恶劣的自然条件下，人类更多的是需要团结协作，因此人际关系简单，心理疾病很少；在现代文明社会中，由于人际关系复杂，心理疾病增多，成了影响人类健康的一个重要因素。如果在财经活动中，普遍地建立和完善社会主义的新型人际关系，人与人之间形成平等、友爱、真诚的互助关系，就会使财经工作者愉快地去工作、学习和生活，从而有利于提高全社会的心理健康水平。

第二节　人际吸引

一、人际吸引的本质

人际吸引是指人们在生产劳动、生活交往活动中所产生的相互了解、相互支持和帮助，能相互弥补，可满足一定的需要，从而建立起来的或形成的彼此依赖关系和特定友好吸引关系。人际吸引的形式可以包括仪表吸引、接近性吸引、交往频度吸引、能力吸引、相似性吸引、互相性吸引等。

二、人际吸引的形式

（一）仪表吸引

在人际交往中，常常可见那些一表人才、举止端庄大方、待人有礼而又风度翩翩的人容易给人以好感，尤其在第一印象形成中占有重要地位。美国社会心理学家沃尔斯特和阿伦森曾做过这样一个实验：举办各种类型的晚会创造会面的机会，然后问被测试者是否愿意与某人约会。结果是，实验者方面事先评定的体态魅力值与对方提出再次会见（在某种意义上说这是好感的标志）的数值成正比。并且得出这样结论：女子的魅力对男子来说首要因素是体态魅力。同时还得出这样的实验结果：具有体态魅力的女性，当满面笑容时，其魅力确实迷人；可是，在冷若冰霜时，其体态的魅力却适得其反，令人产生的强烈厌恶感远远超过一般人。这种仪表的吸引力，产生于人的爱美之心。但是，仪表因素产生的吸引力，一般随着人们之间交往的深入，其作用会越来越小，且影响吸引力的因素将逐渐由外在的仪表转入人的内部思想修养与道德品质因素。

（二）接近性吸引

空间距离越小，双方越接近，就越容易发生人际交往。俗话说"远亲不如近邻，近邻不如对门"就是这个道理，尤其在交往初期更是如此。我们看到同室、同桌的人容易产生交往，而交往频繁就容易达到相互了解，容易产生相互支持、帮助，从而建立起朋友关系。所以，一个人的大部分朋友，不是同事、同学就是近邻。

然而，绝不是相互接近的人就一定能成为朋友的。同班组、同寝室的人，可能因为相互间气质、性格、兴趣、信仰、年龄、经历等因素的相近而成为知音、挚友；也可能因为这些方面的因素不同而面和心不和，甚至可能势不两立等。所以，距离的远近与交往的频率不是建立良好的人际关系的充分条件，只是必要条件。社会心理学家沙沃尔认为，接近性吸引还必须增加这么一个变量，即接近性必须具有满足他人需要的因素，或者说，人们对接近者表示接纳，这样接近性才会增强吸引力。

接近能产生吸引力，其原因在于：人们大都愿意建立一种和谐的人际关系，愿意和周围的人和睦相处；并且在人际互动中，都力图以最小的代价换取最大的报酬，而同周围的人打交道，所付的代价最小，也最容易了解对方的动向，从而在和他交往时产生安全感。

（三）频繁交往吸引

俗话说："路遥知马力，日久见人心。"这句话是说，只有经过较长时间的接触，较多次的交往，才能真正地了解一个人。交朋友也是如此。一般来说，相互接触的次数越多，越会增加熟悉程度，从而增加喜欢程度。心理学家查荣克做过实验：他让被试者看一些人的照片，有的照片看了25遍之多，有的只让看一两次。然后，让被试者说出他比较喜欢的人，结果，被试者说出的是看过其照片次数多的人。因此，作为一个财经活动的领导者，应多接近群众，让群众熟悉自己，同时也使自己熟悉群众，增进相互了解，互相吸引。

（四）能力吸引

人们一般都喜欢聪明能干的人，而不喜欢愚蠢无能的人。一个人有才干、有特长就会产生一种吸引力，别人因欣赏其才能，会对其产生钦佩感，并愿意与他接近。当代青年中的"追星"现象，就是这一因素造成的。这是因为：一方面，聪明能干的人或许能在某些问题上给别人以指点和帮助；另一方面，才华出众的人会使与其交往者感到"赏心悦目"、"妙趣横生"，构成一种酬赏。

然而，并不是人越聪明能干，就越惹人喜欢。事实上，一个很有才华而又有小缺点的人，反而更使一般人喜欢接近他，这种现象称为"仰巴脚效应"（意指出丑效应）。因为，一个人与"完人"相处会产生不如人的感觉，从而在心理上敬而远之。而当他发现所谓的"完人"也有缺点时，看到他也有平凡的一面，就把他划为与己同类，接触中就有了安全感，心理间的距离就缩短了。

（五）相似性吸引

个人特质的相似性，是人际吸引的又一个重要因素。个人特质包括年龄、学历、兴趣、爱好、容貌、社会背景、志向、态度等。交往双方在个人特质上的相似性，能使他们产生相互吸引力，并且越相似，吸引力越高，越容易产生亲密感。社会心理学的研究表明，一个人的最好朋友大都是同等地位的人，因为他们在教育水平、经济条件、社会价值观等方面都很相似。态度是这类因素中最重要的因素，如果在政治主张、宗教信仰、对社会上重大事件的观点上都比较一致的人，就会在感情上最为融洽，甚至成为心意相契的莫逆之交。心理学家海德的平衡理论指出，人们倾向于去使认知体系的感情关系和单元关系保持协调一致，倾向于把看来相似的东西视为一组合，故而诱发出协调一致的情感反应——喜欢。这就是相似性产生吸引的原因所在。

（六）互相性吸引

当交往双方的需要以及对对方的期望正好成为互补关系时，就会产生强烈的吸引力。一个群体中，不同类型的人一起工作时，如有的人善于出谋划策，有的人善于经营管理，有的人善于信息沟通，这种智能互补，往往使这些人相互依赖、缺一不可，从而形成良好的人际关系。我党老一辈无产阶级革命家毛泽东、周恩来、刘少奇、朱德等在领导中国革命的过程中，正是由于能力互补，形成了一个坚强有力的领导集体，进而缔结了深厚的无产阶级的革命友谊。心理学家柯克霍和戴维斯曾研究了大学生两性间从朋友到夫妻关系演变过程，试图探求人的相似性和互补性的作用。结果发现从友谊到爱情发展过程中，这两项因素表现为三种形式：

（1）初交时，社会相似性很重要，如宗教、民族、经济背景、社会地位相似与否，是构成人际吸引的重要因素。

（2）深交后，个人性格的相似性显得很重要，如个人兴趣、态度、价值观念等方面的相似程度，是构成深厚友谊的基础。

（3）长期的友谊和爱情，双方在人格特质上的互补显得重要。如双方均有互补的需要，而各自又能从对方那里获得满足，这样犹如剪刀的两个刀口，谁也离不开谁，形成彼此依赖关系，使友谊或爱情得以长期维持。人际间人格特质的互补是彼此相爱的主要原因之一。

三、人际关系的心理障碍

1. 我它取向

我它取向是指人际关系中不把对方看作一个有思想、有感情、有个性的人，而看成某种物体或工具，因而不尊重他人的感情和人格，不体察对方的需要与愿望。结果必然造成交往双方的不平等关系，使人际关系紧张。

2. 自我中心主义

自我中心主义原为皮亚杰的儿童心理学中的用语，其意是指儿童在一定年龄阶段，只从自己的经验和角度去认识人和事，而不能意识到别人对同一事物的看法，对人和事的看法带有强烈的主观片面性。自我中心主义者常常表现得非常自私自利，只关心自己的利益，置他人的利益于不顾，甚至损人利己。因此，与这种人不可能建立起深厚的人际关系。

3. 虚伪狡诈

这种品行向来为人们所厌恶。人们与这种个性品质的人打交道时，会担心上当受骗，缺少安全感，自然也会影响到人际关系。

4. 报复心强

这种人对人对事缺乏公正客观的评价，自我防御机能强，处处以报复心理支配。与这种人交往常使人处于戒备状态，很难与其搞好关系。

5. 狂妄自大，性格暴躁

与这种人交往，常会遭到轻视、侮辱，必然会破坏人际关系。

6. 过分自卑

自卑者缺乏自信心，对人际关系的变化十分敏感。这种人常使人感到无能、软弱、卑贱，因而不愿与其交往。

7. 妒忌心强

这种人妒忌别人的才华、能力、成就或物质和精神上的所得。具有这种性格的人，在人际交往中易形成不合作甚至敌对的局面，从而破坏人际关系。

8. 猜疑心重

怀有猜疑心理的人，对人处事容易偏激，使人难以与其坦诚交往，常使人感到手足无措，或使人有委屈感，难以从内心亲近，从而使人际关系陷入僵局。

9. 苛求于人

这种人对别人要求太高，喜欢吹毛求疵。与这种人交往，自尊心常会受到伤害，很容易使人避而远之。

10. 势利眼

这种人对上奉迎，对下欺压，极易遭到别人蔑视，使自己处于孤立状态。

11. 兴趣贫乏

这种人缺乏人际吸引力，人们在与之交往中常感到索然无味。而这种人在与人交往中又常常表现为对人的过分服从，甚至讨好对方，这样反而易使对方感到反感，影响正常的人际关系的形成。

12. 气量狭小

这种人对人际关系十分敏感，不能容人，使别人不愿与其交往。

13. 不求上进，自由散漫

这种人常被人看不起，因而不愿与其交往。

14. 言而无信

这种人由于不讲信用，使人害怕他在交往中失信，而不愿与其交往。

15. 不受约束

这种人法纪观念淡薄，对自己放任自流，随心所欲，无责任感，使人见之退避三舍。

上述这些性格特征，都是不利于促进人们团结与协作的，一个人如同时兼有数种性格特征的话，则更缺乏人际吸引力。

第三节　人际关系的测量与改善

一、人际关系的测量方法

（一）莫里诺社会测量法

这是美国心理学家莫里诺于 20 世纪 30 年代采用的测量群体中人际关系的一种方法。它是采用问卷的形式收集群体中人际关系状况的资料，然后用图表、数据等量化的方法予以表达的一种定量测量方法。这种方法可以确定人们相互之间喜欢和厌恶、排斥和吸引的程度，了解群体内人与人之间的心理上的关系。实施社会测量法，首先要确定实施的目的及测试的对象，然后根据目的选择测验的标准，通常标准只有一个。比如工作标准，"您愿意与谁在一起工作？"等。标准要具体，不要笼统。另外，如选择反面标准时要慎重，注意修辞，尽量避免使用刺激性语句，以免引起被测试者的疑虑、不安等情绪。然后向群体成员提出问题让其回答，获取测试资料。对所获取资料加以整理，并进行统计分析。

统计分析有两种方式，一是开列社会测量矩阵，二是绘制社会测量图。如采取矩阵法时，按选择对象顺序第一名给 3 分，第二名给 2 分，第三名给 1 分；最不喜欢的人给 -3 分，依次给 -2，-1 分。列表计算后，可以一目了然地知道群体内的人际关系结构：谁选择谁，选择是单向或双向，谁在群体中最受欢迎，谁最不受欢迎等。从中就可看出一个群体的心理气氛如何。

社会测量法简便易行，在较短时间内可以了解小群体中人际关系的状况。该方法在经济管理中对了解处、科、所、班、组的人际关系状况，确定核心领导，改进班组结构，为组成内聚力较强、士气较高的组织群体，有现实意义。

（二）彼得罗夫斯基的参照测量法

苏联心理学家彼得罗夫斯基认为，在群体中最被人们喜欢的人，不一定是群体内最起作用、最有威信的人，而莫里诺社会测量法的方法难以发现这种最能发挥作用的人。彼得罗夫斯基提出的参照法就是为了解决这个问题的。彼得罗夫斯基的参照测量法的具体做法是：先让群体的所有成员相互进行书面评价，再把所有的评价纳入标明被评价人姓名的信袋里；然后告诉全体成员可以看看别人是怎样评价你的，但不会把所有人的评价意见给你，只让你挑选三四个人对你的评价给你看。这时每个人都力求了解对他最有意义、有分量的评价，因而往往挑选他们心目中最有威信、最有见解、最值得依赖的人。这样，那些被选择提名较集中的人，可能就是群体中威信最高而又起作用的人。这种人不可能不被人"喜欢"，因为他们往往有独特的见解，可能还很固执，甚至有点傲气，然而却很有才干和见解，是人们心目中的权威者。

（三）人物推定法

这种方法首先向群体成员介绍各种各样的人物类型和行为方式的特点，然后请成员写上各自认为符合研究者提供形象的群体成员的姓名，提出的项目需要根据研究的目的确定。如"群体中大公无私、积极工作、努力奉献的人是谁？""自私自利、冷漠懒惰的人是谁？""谁最使人感到讨厌？"等。正面形象者被选上的可打正分，反面形象者被选上的可打负分，最后予以统计，就可知道群体中每个成员所处的位置。

（四）社会距离尺度法

这是让每个成员给群体中其他成员评分的方法。例如：对自己最尊重和喜欢的人评5分，较喜欢的人4分，既不喜欢又不讨厌的评3分，不太喜欢的评2分，最不喜欢的评1分，最后统计每个人所得的总分。总分表示心理距离，得分越多表示这人与别人心理距离越近，人际关系好；反之心理距离越远，人际关系越差。

二、人际关系平衡与改变理论

人际关系并不是一成不变的，它是会随着条件的变化而改变的。解释人际关系平衡与改变的最主要的理论是海德、纽科姆的认知平衡理论。这个理论认为：人际关系的变化受人与人之间态度上的变化制约。人在生理上有保持体内平衡状态的需要，在心理上同样也有着保持态度体系平衡的需要。当原有的平衡被打破时，就会推动和使人产生恢复平衡的行为。态度间的不一致是促使态度改变的主要因素。这一理论，特别重视人与人之间在态度上的相互影响，在影响中改变态度，而态度的改变又影响人际关系的变化。

人际关系的建立，往往是通过某事或某人为中介而实现的，除了交往双方之外，还要涉及第三者。纽科姆提出"A—B—X"模式来表达这种关系。其中 A 是一个认知主体，B 是另一个认知主体，X 是第三者（可以是人或物）。纽科姆认为，A 与 B 对 X 的态度是否一致，对他们之间能否形成协调的关系起着很重要的作用。若 A 与 B 对 X 的态度是一致的，他们的关系就是协调平衡的；若 A 与 B 对 X 的态度不一致，A 与 B 之间的关系就会不协调、紧张、不平衡。A、B、X 之间的关系状况有六种情况，见图9–1。

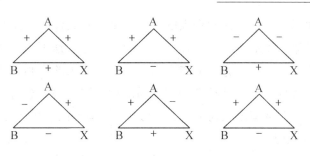

图 9-1 模式图

图中"+"号代表喜欢、肯定、重要;"-"号代表不喜欢、否定、不重要。在 A—B—X 系统中呈现紧张状态的程度,将受到下列几项因素的影响:

(1) A 喜欢 B 的程度。A 越喜欢 B,而 B 对 X 的态度与自己不一致时,两者的紧张程度严重。

(2) X 对 A 的重要程度。当 X 对 A 越重要时,而 B 对 X 的态度与自己不一致,A 与 B 关系越紧张。

(3) B 因 X 而与 A 发生相互作用的频数。当 A 与 B 经常要共同参加与 X 有关的工作时,而 A 与 B 对 X 的态度不一致,两人之间的关系越紧张。

(4) A、B 两人对 X 所持态度的差异程度。A 希望做到尽量完美,而 B 想达到的水平低,两人的差距就会增大。

(5) A 对自己所持态度的确信程度。A 越自信,越认为自己正确,A、B 对 X 的态度不一致时,两者关系就越紧张。

由此可见,A 对 B 的人际关系,受到共同有关的许多事物的动态关系影响。如果 A—B、B—X、A—X 三者关系皆为正时,其人际关系是和谐的、团结的。例如:A、B 是好友(A—B 为正),B 喜欢体育(B—X 为正),A 也喜欢体育(A—X 为正),则 A、B 两人如不涉及其他事项,其关系是平衡和谐的。

如果,A、B 是好朋友(A—B 为正),B 喜欢体育(B—X 为正),而 A 不喜欢体育(A—X 为负),则 A—B—X 系统为负的关系,呈现不平衡的状态。要使这种不平衡的状态趋于平衡,A 可能采取的方法有两种:

(1) A 减少对 B 的友好程度(将 A—B 变为负),不再与 B 做好友,人际关系因此而改变。

(2) A 改变自己对 X 的态度(将 A—X 变为正),与 B 配合,使原有的人际关系得以维护。

总的来说,在 A—B—X 模式中,三边符号相乘为正者,即为平衡状态;而三边符号相乘为负者,即为不平衡状态。

三、改善人际关系的原则与方法

(一) 改善人际关系的原则

1. 摆正各种关系的位置

各种关系就是各种利益,其本身是对立统一的。各种关系大体上可分为两类:一是个人和集体的关系，二是个人和个人的关系。个人和集体的关系是财经工作中最根本的关系。这个关系摆得不正确，个人和个人的关系也会摆不正。这时，最重要的是要确立财经工作者的主人翁思想、集体主义思想以及公民的权利义务观念和组织纪律观念，坚持个人利益服从集体和社会利益、局部利益服从整体利益、眼前利益服从长远利益、少数人利益服从多数人利益、个人利益不得损害他人利益的原则。

2. 平等互助、互谅互让

在财经活动中，人与人之间的关系首先是平等关系。如果用等级观念待人处事，自以为高人一等，或者企图从与他人的相处中占些便宜都不利于建立、巩固和发展人与人之间的正常关系。在财经活动中，每个财经工作者都在为他人服务，同时又接受他人对自己的服务，这就要求人与人之间互相爱护，互相关心，互相体谅，互相帮助。因此，讲究社会公德，多为别人着想，对别人的需要和别人的困难抱有同情心和正义感，实行平等互助的原则，就可能处理好与他人、集体的关系。如果一个只依赖或只享受他人为自己创造的各种条件，而不愿意与他人创造条件；或者只要求他人尊重自己，而自己不尊重他人；或者为了一己私利，对别人实行消息封锁、技术资料封锁，以邻为壑、见死不救，甚至落井下石，无端攻击和陷害他人，都是违背社会公德、破坏人与人之间正常关系的。现实中，各种矛盾常常交织在各种关系中，要正确处理这些关系，不但需要正确的原则、纯正的品格，而且还需要恰当的时机、方法和技巧。这里面包括互相尊重、互相容忍、互相学习，同时还要有耐心、信心、讲礼貌、讲信用等。

3. 划清高雅社会主义的人际关系与庸俗的关系学的界限

高雅的人际关系完全出于公心，不谋求制度以外的个人或小集团的私利。它有利于国家、集体、他人。而庸俗人际关系学谋取的是个人或小集团的私利，是损害国家、集体和他人利益的。

我国社会主义财经活动中的人际关系是高雅的人际关系，是在党的政策和国家法律允许的范围内建立的，是符合社会主义根本利益的。而庸俗的人际关系学则不同，它拉的是私人关系，谋的是个人特权和个人私利，占的是国家和集体的"便宜"，损害了国家和人民的利益，既破坏了人与人之间的正常关系，又损害了国家和人民的根本利益，败坏了社会风气。因此，必须将高雅的人际关系和庸俗的人际关系彻底划清界限，并坚决抵制这种庸俗关系。

（二）改善人际关系的方法

第一种是寻求共同的目标。财经人员彼此要寻求共同的目标，并且都愿意献身于这个目标，就能在事业上增大相互一致性和吸引力。

第二种是促进人们实现需要的满足。财经人员彼此要增进了解，主动提供支持和帮助，严于律己、宽以待人，大事讲原则、小事讲风格，大事精明些、小事糊涂些，以促进他人生理、安全、社交、自尊和自我实现需要的满足。

第三种是争取获得良好印象。要争取获得他人对自己的良好印象，以促进关系的改善。

为了便于大家学习理解本章内容，下面举例说明人际关系的实用测量方法，以供讨论。

案例主题：人际关系的测量方法

案例资料：人际关系的好坏反映一个人在人际交往方面的效果，反映一个人掌握和使用人际交往技巧的水平，这可以通过心理测量方法来加以测算。下面一个简单的人际关系测算表，请根据自己的实际情况作答。

1. 在人际关系中，我的信条是（　　　）。

A. 大多数人是友善的，可与之为友

B. 人群中有一半是狡诈的，一半是善良的，我选择善良者为友

C. 大多数人是狡诈、虚伪的，不可与之为友

2. 最近我新交了一批朋友，这是（　　　）。

A. 因为我需要他们

B. 因为他们喜欢我

C. 因为我发现他们很有意思，令人感兴趣

3. 外出旅游时，我总是（　　　）。

A. 很容易交上新朋友

B. 喜欢一个人独处

C. 想交朋友，但感到很困难

4. 我已经约定要去看望一位朋友，但因为太累而失约。在这种情况下，我感到（　　　）。

A. 这是无所谓的，对方肯定会谅解我

B. 有些不安，但又总是在自我安慰

C. 我很想了解对方是否对自己有不满的情绪

5. 我和朋友保持友谊的时间通常是（　　　）。

A. 数年之久

B. 不一定，合得来的朋友能长久相处

C. 时间不长，经常更换

6. 一位朋友告诉我一件很有趣的个人私事，我是（　　　）。

A. 尽量为其保密

B. 根本没考虑过要继续扩大宣传此事

C. 当朋友刚一离去，随即与他人议论此事

7. 我遇到困难时，我（　　　）。

A. 通常是靠朋友解决的

B. 找自己可信赖的朋友商量此事

C. 不到万不得已绝不求人

8. 当朋友遇到困难时，我觉得（　　　）。

A. 他们大多喜欢来找我帮忙

B. 只有那些与我关系密切的朋友才来找我商量

C 一般都不愿意来麻烦我

9. 我交朋友的一般途径是（　　　）。

A. 经过熟人的介绍

B. 在各种社交场合

C. 必须经过相当长的时间，并且还相当困难

10. 我认为选择朋友最重要的品质是（　　　）。

A. 具有能吸引我的才华

B. 可以信赖

C. 对方对我感兴趣

11. 我给人们的印象是（　　　）。

A. 经常会引人发笑

B. 经常会启发人们去思考

C. 和我相处时人会感到舒服

12. 在晚会上，如果有人提议让我表演或唱歌时，我会（　　　）

A. 婉言谢绝

B. 欣然接受

C. 直截了当地拒绝

13. 对于朋友的优缺点，我喜欢（　　　）。

A. 诚心诚意地当面赞扬他的优点

B. 会诚实地对他提出批评意见

C. 既不奉承也不批评

14. 我所结交的朋友（　　　）。

A. 只能是那些与我的利益密切相关的人

B. 通常能跟任何人相处

C. 有时愿与同自己志趣相投的人和睦相处

15. 如果朋友们和我开玩笑（恶作剧），我总是（　　　）。

A. 和大家一起笑

B. 很生气并有所表示

C. 有时高兴，有时生气，依自己当时的情绪和情况而定

16. 当别人依赖我的时候，我是这样想的（　　　）。

A. 我不在乎，但我自己却喜欢独立在朋友之中

B. 这很好，我喜欢别人依赖于我

C. 要小心点，我愿意对一切事物的稳妥可靠持冷静、清醒的态度

评分方法：请根据你在以上题目答案中作出的选择，在下表中对应的分值上打"√"。

分数 题号 选项	A	B	C	分数 题号 选项	A	B	C
1	3	2	1	9	2	3	1
2	1	2	3	10	3	2	1
3	3	2	1	11	2	1	3
4	1	3	2	12	2	3	1
5	3	2	1	13	3	1	2
6	2	3	1	14	1	3	2
7	1	2	3	15	3	1	2
8	3	2	1	16	2	3	1

结果评价：将各题得分相加即得总分。

（1）总分为 38~48 分，表示你的人际关系很融洽，你很受人喜欢。

（2）总分为 28~37 分，表明你的人际关系不太稳定，有相当多的人不太喜欢你。如果要想让自己更受欢迎和喜欢，你需付出较多努力，可以参考前文中介绍的交往技巧，进行有意识的训练。

（3）总分为 16~27 分，表明你的人际关系不融洽，交往圈子狭小，有必要加强人际交往技巧的训练，逐步扩大交往的范围。

思考题

1. 试说明人际关系的本质和内容。

2. 试说明人际吸引的本质和内容。

3. 试说明改善人际关系的原则和方法。

4. 试说明人际关系对财经活动的影响。

5. 请结合你自己的情况，说明人际关系的测量方法。

第十章
组织心理与财经工作

学习要点

◇ 组织概念、组织构成要素、组织结构设计原则；

◇ 组织效率、影响组织效率的因素及提高组织效率的措施；

◇ 组织变革的心理阻力与克服心理阻力的方法；

◇ 组织发展的含义、组织发展的一般形式。

第一节　组织概述

一、组织的含义

（一）组织的含义

组织是由许多目标相同、功能相关的群体所组成的有机体。它是动态的组织活动过程与相对静态的社会实体单元的统一。例如，工厂、商店、机关和学校等，都是组织。

组织的含义具体地说，它包含着四个方面的要点：

（1）组织是实施既定目标的有机主体和手段。

（2）组织包含着工作关系、人与人的关系，是技术系统、管理系统和社会心理活动系统的统一。

（3）作为动态的组织活动过程，组织是把各要素在一定条件下，按一定原则进行合理有效的配合过程。

（4）作为相对静态的社会实体单元，组织是由若干个人或群体所组成的有机整体，是在其活动过程中有效合理配合关系下形成的相对稳定的组织机构和各机构之间的关系形态。

（二）对组织含义的认识过程

对组织这一概念的认识是随着人类社会实践的发展而不断深化的。

1. 古典组织理论中组织的含义

古典组织理论是指 19 世纪末 20 世纪初西方出现的组织理论，其代表人物有泰勒、韦伯和法约尔。古典组织理论偏重于组织的分工、等级、责权、协调及组织的经济效益的描述，认为组织就是为达成某一特定的共同目标，通过各部门的分工合作以及不同等级的权力与责任的制度化，有计划地协调一群人的活动。如法约尔就认为："组织意味着建立企业的物质和人事机构，把人员和物资都组织起来。"法约尔把组织归纳为两个方面，一是组织结构的设计，二是人事的管理。韦伯的"科层组织体系"认为：组织中单位是以分工原则来区分和设置，有明确职权等级，明文规定制度；人员之间关系以理性准则为指导，不应受个人感情影响等。这些古典组织理论指出了组织的最一般特征：组织有共同目标；包括不同层次分工合作；其功能在于协调人们达到共同目标而进行活动。但古典组织理论有着明显的缺陷，主要是它把组织协调对象——人看成机器的附属品，人员关系只是一种职位关系，过于强调组织协调的科学性、精密性，忽视了人的情感因素和心理行为。此外，它主要从组织的内部来解释组织的静态特征，实际上把组织作为封闭的、静止的、与世隔绝的系统处理，从而不能完整解释复杂多变的社会环境中的组织系统的特征。

2. 现代组织理论中组织的含义

现代组织理论指 20 世纪 30 年代以后，特别是第二次世界大战后发展起来的组织理论。其代表人物主要有美国的巴纳德、赫伯特、西蒙。

巴纳德从系统观点看组织，认为组织是多数人有意识地进行调整的活动或各种力量的系统。并明确指出组织是协作系统的子系统，组织中的人既具有组织人格，又具有个人人格，是两者的统一。西蒙认为，组织是为了实现共同目标而协作的人群活动系统，组织行为是人们为了完成一个人所无法完成的工作而协作进行的团体活动。

现代组织理论对组织概念的描述包含三方面要点：第一，组织是由人所构成，组织行为是人与人协作进行的团体活动；第二，组织是一种协作系统，组织成员有着共同的目标、相互关联的形式和相互协作的意愿；第三，组织是社会大系统中的子系统，该系统在其内部进行活动的同时，必然与外部环境（如社会政治、经济、文化和技术等环境）进行接触和发生关系，受其影响和制约，因而需要而且可以对内部各要素及其相互协作形式进行调节，保持组织内部及其对环境的协调性。

3. 权变组织理论中组织的含义

权变组织理论产生于 20 世纪 70 年代。权变组织理论认为：不存在一成不变、普遍适用的组织理论和方法。组织应根据组织所处的内部因素和外部条件随机应变。因此，也就没有完美无缺的组织。权变组织理论把组织看成由众多相互关联的要素组成的开放系统，把组织的内部因素和外部条件均看成自变量，把组织的构成形式、管理原则等看成因变量。因变量随自变量的变化而发生改变，组织的合理性、有效性是依赖于自变量变化中相应的因变量的变化。因此，研究组织时，必须考虑组织的实际情况、组织内在条件、外部环境等因素，采取适当的管理，设计出相应的组织结构，才能更好地达到组织目标。

组织的概念和群体的概念是不同的。群体是两个或两个以上的人相互依附、相互影响，彼此在心理上都意识到对方的存在，在行为上有着共同的规范，因此群体的规模不会太大。而组织一般是在群体的基础上形成的，它的规模不仅大于群体，而且其结构往往比群体更加严密。组织的显著特点是大家为了完成某一特定的共同目标，分层设科，各自承担着明确的权利、任务和责任，扮演着不同的角色，并制定有各种规章制度约束其组织成员的行为，以保持组织成员行为的一致性。

二、组织的构成要素

组织由一系列要素构成，按照组织活动的性质，可分为技术系统（包括工作性质、工艺流程、技术范围及其先进程度、工作的分工协作方式等），管理系统（包括组织结构、规章制度、管理层次、程序和方法等）、社会心理活动系统（包括组织成员的文化素质、价值观念、工作动机、态度和意愿等）。组织按其要素物质形态又可分为有形要素和无形要素。

（一）有形要素

1. 组织中的工作人员

它是构成组织的第一要素。组织中的一切工作都离不开组织成员。要有成效地完成组织的既定目标，必须要有一定工作能力的组织成员，按照各自的知识、经验、个性、技能、资历和行为表现分配适当的工作，在一定岗位上充分发挥其作用。他们是组织实现共同目标的基础。

2. 组织成员一定的职能关系

任何组织都应根据其规模大小、工作性质来设置不同的职位，明确其责任和权利，确定其相应的利益，并以此为基础构成组织内部门关系。这种责权利明晰、分工合作合理的工作环境，是有效实现组织目标的保证。

3. 组织必备的物质条件

任何组织都需要在一定的工作场所、办公用具、生产工具及设备等物质条件下，才能进行有效的活动，因而物质条件是组织成员顺利完成工作任务的物质保障。

（二）无形要素

1. 共同的目标

组织共同的目标是构成组织的首要的无形要素。共同的目标使组织成员走到一起，组织才能够形成；共同的目标使组织成员依赖于组织并在组织中努力工作，去实现组织的目标，从而也实现了个人目标；对目标的共识使组织成员产生协作意愿，自觉地规范自己的行为，为实现共同目标去分担责任，发挥自己的才能和作用。

2. 良好的协作关系

组织内部存在着个人与个人、部门与部门等相同或不同层次组织成员纵向与横向的协作关系，共同的目标把他们联系在一起。良好的协作关系，使组织成员在良好的精神状态下舒畅地工作，形成强烈的协作愿望。组织成员视达到组织目标为己任，使组织有效地把每个人的力量统一起来、团结合作，更好地实现共同目标，在协作中使组织不断发展。

3. 组织的内聚力量

在实现组织目标的过程中，组织成员通过组织内信息沟通网络彼此间互通信息，把组织的目标及达到目标的每项决策内容传递给组织各部分；同时把组织成员的活动结果和各自利益取向及时传递到决策层。这种彼此间密切合作、相互影响、步调一致，形成了组织的系统整体力量，从而保证目标的实现。与此同时，组织成员随组织的目标完成，个人的利益不断得到满足，归属感及其责任心大大增加，并自觉把自己作为组织的一员为组织分担责任，心往一处想，劲往一处使，形成强大的凝聚力和向心力。这样，组织的内聚力与有效地实现组织目标两者形成良性循环，不断增强组织的活力。

三、组织结构及其设计原则

（一）组织结构及其模式

1. 组织结构含义及其构成

组织结构是指管理主体行使管理职能，经过设计而形成的组织系统各部分之间相对稳定的关系模式。

不同类型的组织，随着其内部组成、组织目标、组织的功能、组织的技术水准、管理方式等因素的差异，会有不同的组织结构。同一组织，在不同的外界环境和不同发展的时期，其组织结构也不相同。因此，组织结构是随着组织内部因素和外部环境的变化而变化的。

一个组织的结构形式，决定着组织的功能和效率。合理的组织结构能使组织的决策管理系统正常高效地发挥作用，组织的信息网络畅通，组织成员保持积极向上的心理状态，组织的人财物合理配置，从而充分发挥组织的社会功能，获得最佳的组织绩效。因此，研究组织结构，对提高组织功效，实现组织目标十分重要。

组织结构通常是一个复杂的关系网络，构成十分复杂。一般可将组织结构的构成分为组织之间的结构与组织内部结构两大部分。组织之间的结构主要包括组织规模的大小、专业分工协作的程度、各组织纵向与横向的联系等。组织之间的结构合理性，直接影响着社会的整体功能，影响着复杂的社会大系统中的各组织积极性的充分发挥，是社会生产力发展的重要条件。组织的内部结构主要包括组织的管理制度、组织内各部门的横向结构与纵向结构、管理幅度等。组织内横向结构指某组织依工作性质和要求将复杂的工作分门别类归口到一定的部门，各部门的相互联系、相互配合所形成的部门间的关系。如各部门工作任务是一环扣一环，相互配合，缺一不可。组织内纵向结构也称层次结构，指组织内部管理等级层次关系。一般说，层次结构分为四个层次：决策层，即制定组织共同目标计划及规章制度的层面；协调层，即组织内各职能部门；执行层，即贯彻和执行决策指令的层面；操作层，即从事具体业务活动、落实决策指令的层面。管理幅度结构指一个管理主体能够直接有效指挥和监督多少下级人员的数量。一般来说，组织的层次结构的等级数目与该组织的管理幅度呈反比，层次越多，分工则越精细，管理幅度自然越少，反之亦然。

总之，组织内部结构状况，决定了组织的结构形态。组织内部不同的层次结构、横向结构、管理幅度之间可结合形成不同的组织模式，表现出不同的组织结构特性。

2. 组织结构模式及其对内部成员心理的影响

组织结构模式可以有多种，常见的有直线制、职能制、直线职能制、矩阵制等模式。它们各自具有其特点及其适应情况，对组织成员心理影响也不尽相同。

（1）直线制。直线制组织结构模式指组织的指挥与管理职能基本上由领导者自己执行，上级层次指挥下级层次，下级层次只接受单一的上级指令并向其汇报工作，是一种简单的组织结构模式。具体见图10-1。

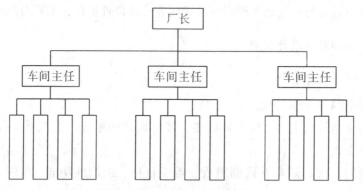

图 10-1　直线制组织结构图

这种组织结构模式的优点是：结构简单、权责分明、指示与命令统一、工作效率高。其缺点是：管理人员工作繁重琐碎，且事必躬亲；管理层次多，信息沟通易失真，而且缺乏组织成员之间、部门之间横向交流与协调。

直线制组织形式对财经组织成员心理的影响主要在于：直线型的垂直领导，使领导者管理大权在握，大事小事一人说了算，久而久之，易形成独断专行的独裁意识和心理，民主意识日趋淡薄。对职工来说，长期的按上级指令行事，一方面，使职工自主意识、创造意识淡化，主人翁精神受到抑制，事事听任摆布，习惯性依赖上级；另一方面，职工雇用思想会逐步强化，以局外人的心理看待组织，工作消极被动。

因此，这种模式一般只适用于规模小、技术系统简单、管理内容单一的小型组织，如财务部门。

（2）职能制。职能制组织模式是在管理分工的基础上，按照管理职能的区别把组织划分为若干个职能部门，这些职能部门既对高层管理者起参谋作用，又在其业务范围内向下级单位负责人下达高层管理者的指令，实施管理，见图10-2。

职能制组织模式的优点是：分工细致明确，有利于职能部门专业人员发挥自己的专业才能，弥补管理者知识能力等方面的不足，同时也减轻了高层管理者的负担，使组织内各层次负责人专心做好应做的工作。由于职能的分工，实行了横向分权管理，有利于组织内信息的横向沟通。缺点是：易形成多头领导，命令不统一，下级和职工无所适从；而且各职能部门的职责权限划分难以明确，部门间关系难以协调；高层管理者权威削弱，易形成工作秩序混乱，使工作效率降低。

职能制组织模式对财经组织内成员心理状态有着影响，主要表现为：按职能分工，

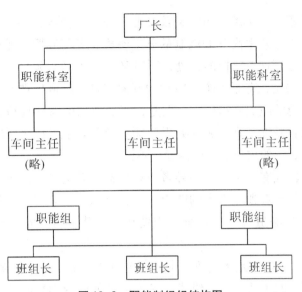

图 10-2 职能制组织结构图

既可满足职能部门负责人的参与需求，使这些人在参与管理过程中自觉不断提高自己的专业水平和管理能力，也有助于克服高层管理者的独裁意识，客观上带来组织的民主气氛。但与此同时，也可能造成其专业兴趣狭小，甚至产生狭隘的部门观念，做出有悖于组织整体利益的事。

（3）直线职能制。直线职能制组织模式是在前两种模式的基础上发展起来的一种新型结构模式。这种模式中的高层管理者对下级拥有直接指挥权，职能部门负责人对上级有参谋作用，对下级有指导作用，但无权直接指挥，见图 10-3。

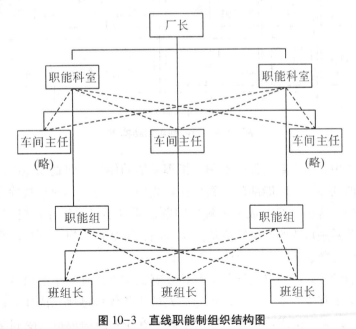

图 10-3 直线职能制组织结构图

由于直线职能制组织模式把直线领导与职能部门参谋作用结合起来，因而兼有直线制与职能制两种模式的优点，同时又较好地弥补了它们各自的不足。它综合了直线制指挥命令统一、工作效率高和职能制的分工明确、各司其职，能充分发挥职能部门参谋作用，减轻高层管理者负担的长处，同时又弥补了多头领导、政出多门、职能部门关系难以协调的缺陷，克服了个人独裁的倾向，是一种制度严密、工作任务和程序明确、工作行为规范的组织结构模式。但是，职能部门的参谋地位，在意见不被采纳时，会影响他们的积极性；高层领导处理问题顾及各职能部门关系时，易影响决策者的独立性、果断性；组织内信息横向沟通仍不够充分。

这种组织结构模式有利于高层领导者集思广益，做出科学的决策，但易形成依赖心理，从而抑制了领导者独立思考的能力和创新意识。对职工实行程序化管理，虽能提高工作效率，但势必造成职工竞争意识弱化、按部就班、安于现状、缺乏创新的心态。

（4）矩阵制。"矩阵"是借用数学中的一个概念。矩阵制是在直线职能制基础上，又增加了横向的项目间关系。二者纵横交叉形成了如同数学矩阵的结构，因此称矩阵制，见图10-4。

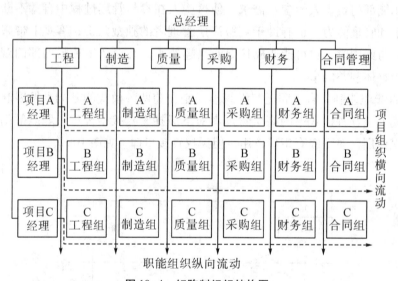

图10-4　矩阵制组织结构图

在这一模式中，每个部门都受到两个指挥系统的领导，即直线职能部门和某专项工作项目小组的领导。原职能部门的领导在模式中呈纵向，领导与被领导关系是相对长期的、固定的，解决着组织成员常规性问题；项目小组的领导在模式中是横向的，领导与被领导关系是短期的。组织成员随工作项目下达而归属于项目小组领导，随着工作任务完成而解散或转移到其他项目工作中。

这种模式的优点有：分层领导与项目领导有机结合，有利于多项目在一个组织中协调进行；易集中有关人员，充分发挥专业人员业务优势迅速完成任务；可避免组织内的重复支出；增强了组织内信息的交流。缺点在于：组织成员要受到两个方面的制约，职工在领导系统出现矛盾时，会无所适从。交叉的领导系统，也往往会出现职责不清的现象。

这种模式内的组织成员处于交叉点上,易形成竞争、创新意识,有较高的适应性,但工作项目频繁变动,也会使他们产生不稳定感。

上述各种组织结构模式,均有其利弊。任何一个组织对于模式的选择,均应从实际出发,考虑多方面因素,以确保组织效率充分发挥,不可机械照搬某一模式。

(二)组织结构设计原则

组织结构实际上是由纵横两方面结构所构成。纵向结构指组织上下管理层次机构的设置有哪些,各机构职责、权利如何,彼此间关系怎样。横向结构指组织内应设置哪些职能部门,各职能部门的职责、权限应如何划分。组织结构设计的核心问题就是如何设计出纵横两方面结构最佳结合形式,使组织在一定的客观环境下,能够充分发挥组织的管理效率,实现组织目标。保证组织结构设计合理性,需要遵循设计的一般原则。

1. 有效性原则

有效性原则就是要体现组织结构和活动必须富有成效。它要求机构设置应基于管理目标需要,并且应能够随组织目标变化作出相应调整,而不能离开目标因人设置。它要求各职能机构的目标必须在与组织目标保持一致的前提下去实现自身具体目标,方能使自身的活动对组织目标实现是有效的。它要求组织内管理工作应是高效率的,信息渠道应是畅通的,因而需要科学合理地设置管理层次,精简机构,以保证组织内信息畅通,使决策准确、迅速地下达到各级部门;同时,将决策的执行情况及时反馈到决策层,以便做出相应的反应。

2. 统一指挥原则

统一指挥是指组织机构从上到下指挥的连续统一。它要求每一管理层次都必须服从上一层次机构的命令和指挥,每一个职务均有人负责,各级负责人只对一个上级负责,接受一个上级的指令。只有这样才能消除多头领导、政出多门的弊端,才能保证组织的集中统一、控制有效。

3. 集中与分级管理相结合原则

集中管理是指在管理中,有关组织总体目标制度等重大问题的决策、指挥、控制权力应相对集中。集中可强化高层领导者的权威,有利于对各职能部门实施有效管理;集中可强化对各部门的协调力度,避免指令贯彻受阻、各行其是的状况,使组织成为高效运转的整体。分级管理则要求把组织的总体目标明确划分为各层次的具体目标,把达到具体目标的决策管理权力下放到各职能部门,充分利用组织内各级负责人的才智,发挥其创造性。集中与分级管理的结合,要求各级领导应把时间和精力放在研究全局性决策问题上,不宜越级指挥。同时,要做到职能明确,制定出必要的协作制度,各职能部门方可发挥其部门专长和职能优势,在各层次中发挥出最佳工作绩效。各层次具体目标决策要与整体目标保持一致,共同成为组织整体高效运转的合力。

4. 责权对称原则

责权对称是指组织中应明确划分职责范围,有责任必有权利,有权利必负责任。而且相同的岗位应具有同等的权利与责任,即职务、责任、权利彼此对称。该原则要求组织设置机构及管理人员时，必须做到职务、权利、责任相统一，在什么岗位有多大权力，就应负多大责任；要求处理好集权与分权的关系，该放的权力应放下去，并将权利与责任的分配标准化，让各级负责人在工作中有章可循，有据可查。只有这样方可调动各级负责人的积极性，使他们能在其位、谋其政、负其责、尽其力，进而提高组织工作绩效。与此同时，高层管理者可保留"例外"事件的决定权和监督权。"例外"事件指制度中未明确规定的事项。这样，各职能部门负责人可独立自主地工作，最高决策层管理者可摆脱日常烦琐的例行性工作，用更多的时间和精力去研究全局性的决策问题。

企业在遵循以上原则的基础上，充分考虑组织的规模、战略、环境、技术和权利控制等影响因素来进行组织结构的设计。

第二节　组织效率

一、组织效率和影响组织效率的因素

（一）组织效率的含义

组织效率指组织在活动过程中，为实现目标、适应环境、满足组织成员的精神与物质需要等方面所获效果的综合表现。

组织行为首要的目标就是实现既定目标。共同目标的存在是组织生存发展的基础，组织的活动是围绕着实现既定目标而展开的。如果能科学合理地制订活动计划，做出决策并切实将计划落实，才有可能有较高的组织效率。

任何一个组织的活动都一定在与客观环境的相互作用中进行，必然地受其影响和制约。外部环境具有变动性和复杂性，组织在实现目标活动中，需要对不断发生变化的外部环境作出及时、准确的判断，并采取相应的措施调整组织的行为方向。在复杂的环境中设计出适应多因素影响的组织系统，使之能有秩序地运转，有效地与外部环境进行物质、能量、信息的交换，在交换中趋近组织的目标。

组织是由人及其行为构成的有机体，要使每个组织成员都充分认识实现组织目标的重要性，并为完成共同目标而积极工作，就需要组织能更多地满足职工的精神与物质需要。只有让组织成员在组织活动中获得参与管理的机会，树立主人翁意识，才能真正调动其工作热情及创造性，营造出民主、和谐的组织氛围，获得较高的工作效率。只有让组织成员在完成组织目标的过程中，满足自己的物质利益的需要，才能更加自觉、主动地为实现组织目标去努力工作。总之，实现目标、适应环境和满足组织成员的需求可作为评价组织效率高低的综合标准。如果这三方面某一项没有做好，或只追求实现目标却不注意外部环境的变化，或只考虑组织目标和环境因素而不顾组织成员的基本需求，都不可能获得高的组织效率。

（二）影响组织效率的因素

影响组织效率的因素有很多，归纳起来主要有以下几方面：

1. 组织机构

组织机构包括组织规模、专业划分、管理制度、管理层次、管理幅度、管理机构设置等状况。组织机构的合理性是决定组织效率的重要因素。

2. 工作目标

工作目标包括达成目标的具体工作任务的性质、工作内容的多少、难度的高低、时间松紧等方面的要求。

3. 组织内工作状况

组织内工作状态主要包括组织内各部门在组织整体中地位与作用状况；各管理层次和机构及其成员工作技能、经验和工作态度；各组织成员的心理状态；组织内工作的物理环境状态、技术设备、人际关系、信息交流等状况。

4. 组织外部环境

组织外部环境包括组织之间的分工协作，能源物质信息交流状况，社会舆论对组织形象的影响。

5. 活动效果

活动效果即组织达到目标和满足组织成员需求的情况。

6. 员工的心理状态

员工的心理状态包括员工的知识、技能、工作动机、态度、价值观念、情感、情绪等。

二、提高组织效率的措施

提高组织效率的措施主要有以下几点：

（一）工作设计

职工是组织中最有价值的资源，对职工所做工作的设计和控制方式直接影响着职工的工作成绩和工作效果。从这个意义上说，工作设计实质是一个人力的运用问题。人力的运用包括所需职工数量的多少、专业技术种类、组织内各职能部门权力、责任和具体目标设置的要求及控制程度等。为了使组织内全体成员都充分发挥作用，避免资源浪费，需要做好以下几方面工作：

（1）要实施科学管理，制定出合理的目标规划和实现规划的一般程序，使工作任务明确、组织成员行为规范、控制严谨有效。

（2）组织的层次和机构设置、人员配备要合理，责权要分明，使每一目标项目均有岗有职，有人指挥，有人负责，使信息渠道纵横交错、通畅无阻，使组织内部既有分工，又有协作，既有统一指挥，又有分散管理，保证组织整体高效率。

（3）工作内容的合理安排。除了合理的专业化分工，让职工发挥专业特长，获得较高的工作绩效外，还需要防止职工因过多重复劳动而产生的厌烦情绪。可以通过工作内容丰富化，通过提高工作的挑战性、责任性以及自主性，使每个职工的工作内容向深层次发展，满足职工成长发展的需要，从而提高职工的士气，以更高的工作热情、强烈的创新意识去完成工作任务，获得更高的工作绩效。

（4）注重工作的时效性。组织内各层次负责人及职工都以一定的方式，按照一定的程序、步骤完成着每一项工作。每个组织成员对完成工作的反应是不同的，这就需要从众多反应中确定最为简捷的工作程序，用较少的动作、程序去完成相同的工作，提高工作时效。

（二）对人的激励

组织要以人为中心，充分发挥人的主导作用来获得较高的工作绩效。可通过一定的激励方式，让职工在提高工作成效中获得责任感和荣誉感。做好组织中成员的工作可以采取以下激励措施：

（1）设置具有激励性的工作目标，把奖惩手段与工作绩效联系起来。同样的人在不同的工作态度、工作热情和对工作不同的认识状态下去完成某项工作任务，工作绩效会有很大差异。如果组织成员在工作过程中，能够明确工作干好和干坏所带来的结果，对惩罚的回避和对奖励的追求，可刺激职工以更高的热情和积极的态度从事某项工作，希望有着更高的工作绩效，赢得对自己的奖励，从而满足自己的荣誉感。

（2）考虑人的需要，并处理好职工物质需要与精神需要的关系。

需要作为人的行为动机的基础，影响着组织成员的工作态度。决策者有必要了解职工需要什么，其中最为迫切的需要是什么，针对其迫切需要采取一定的措施，去满足组织成员的需要，才能获得有效的激励效果。另外，在分析职工需要的过程中，应该全方位考虑，并仔细分析各种需要带来的激励程度和时效。一般说来，人的需要有物质和精神两方面。物质的需要是人的基本需要，它与人们的现实生活联系十分密切，而且易于量化，以物质手段进行激励，受激励者很易感受到并可及时作出反应，是一种有效且作用及时的激励手段。可是，受激励者的物质需要一旦满足，激励状态也就消失。过于偏重物质需要刺激，可能会形成职工对物质的贪欲，导致对自己应尽义务的责任感丧失。因此，物质需要的满足不是万能的，而且对人的刺激来得快，消失得也快。精神方面的需求是一个潜移默化的过程，是通过长期多方面努力才起作用的刺激手段。如满足职工参与决策管理的需要，让他们获得更多的自主权，发挥自己的创造力；提供学习的机会，让他们能够不断发展自己，实现自身的价值等，这一切都非一日之功。事实上，职工在工作中充分认识到自身存在的价值，生理需求不断地得到满足，可以促使他们为组织的事业而奋发努力，富有强烈的事业心和责任感，形成高尚的道德情操，成为职工为组织努力工作持续不断的强大推动力。

（3）为财经员工取得良好的工作绩效创造条件。

这需要明确工作要求，使每项工作评价有明确的尺度。职工易于了解自身的工作达到怎样的水准，真正地负起责任，并真实地去获得达到目标的满足感。与此同时，工作评价的标准应该适中，要既能激励职工努力工作，以最佳工作状况去达到工作要求，而且经努力可以达到要求。否则，或是无激励效果，或使职工丧失信心。在明确工作要求后，还需让职工了解自身工作情况的有关信息。职工可通过自我审视，合乎实际地去评价自己，从而形成客观的激励效果。

（4）充分利用非正式组织的作用。

非正式组织是人们在共同的工作或劳动过程中由于观点、兴趣、习惯、爱好及志向一致而自然而然地形成的组织。这种组织成员间心理相容、关系密切、交往频繁，是以情感或友谊为联系纽带，能在很大程度上满足成员心理上的需要。这种组织一旦建立，就会产生各种行为规范，约束每个人的行为。这种规范可能与组织目标的要求一致，也可能不一致，对组织成员有较大的影响力。充分利用非正式组织的作用，如利用非正式组织的途径沟通信息、交流思想、联络感情、协调关系等，特别是利用非正式组织中"意见领袖"的作用，通过他们进行工作，收效将更为显著。与此同时，需要有目的地引导非正式组织的行为，克服其消极影响，使非正式组织的各项活动与组织目标协调一致，健康积极地开展。

第三节　组织变革

社会是在运动变化着的，组织也不例外。一方面，社会的变化要求社会中各组织进行变革，以适应外部环境变化的要求；另一方面，社会中各组织的变革结果汇集成了社会整体的变革。因此，组织总是处在不断变革、调整和完善的过程之中，我们把组织为适应内外环境而对其自身进行调整和修正称为组织变革。

一、组织变革的起因和征兆

（一）组织变革的起因

组织变革的原因主要来自组织的内外环境的变化。

1. 组织外部环境的变化

组织是一个开放系统，总是处在与外部环境相互作用的过程之中。外部环境包括政治、技术、社会和心理等各方面的因素。外部环境的变化，必然要影响到组织的变革。比如，市场经济体制建立，对市场的适应迫使企业进行改革，更新产品，引进技术，提高企业竞争能力。外部环境是客观的，不是组织能够自由选择和控制的。一个组织为了生存和发展，就必须不断进行组织内部的调整，以便有效地应付环境的改变，保持自身与外界环境的协调平衡。

2. 组织内部环境的变化

组织内部环境的变化主要包括任务目标、技术水平、组织结构、管理方式以及职工素质、心理状态、思想观念等因素及其相互联系状况。组织内部环境变化，同样会引起组织的变革。

目标是组织的核心，组织的一切活动都是围绕着组织目标展开和设置的。一个组织的目标总会因外部环境的变化而发生改变，目标的变化必然会引起组织活动的各因素发生变化。这里，由于组织环境——市场的复杂性，带来组织的目标相应变得更加复杂，组织内机构设置、管理层次将细化，分工协作会变得更加紧密。同样，如果组织环境简单化，组织内也会发生相应变化。由组织目标变化带来的组织各个方面的变化就构成组织整体的变革。

科学技术是人类智慧的结晶，它越来越广泛地进入人类的社会生产和生活之中。随着人类需求的多样化、高级化，科学技术越来越显示出它巨大的威力，成为满足人类需求：促进社会生产力发展的第一推动力。目前，各组织实现目标过程中的科技含量不断增加。为提高工作效率，在激烈的市场竞争中保持自己的优势，有效实现自己的目标，更多的组织是以采用新技术来实现这一过程。新技术的采用，需要有知识和技能较高的职工担负日益复杂的工作，需要有相应的决策机构。如电子计算机技术的广泛应用，要求决策者和操作者懂电脑、用电脑，要能用脑外"脑"进行管理、设计、加工，变繁重粗糙的手工操作为精细轻松的标准自动化工艺过程。这样一来，整个组织内部的人员素质、工作习惯、思想观念、工作态度乃至组织管理结构都会发生变革。持有旧的被淘汰的技能的人员和组织方式将被拥有新技术的人员和新的组织形式取代。

组织是由人和人的行为构成。组织成员的基本素质随着其学习过程、工作阅历等因素而不断改变。组织成员的政治、文化、技术或心理素质的提高，会使他们对组织目标的选择、工作环境状况提出相应要求。这些都会促使组织改变原有的管理方式、技术结构和管理层次。例如，职工的业务水平提高，希望从事技术含量更高、更有竞争力的工作，希望自己的价值能在组织中充分体现。组织在与同类企业竞争中，要保持自己的优势也需要高技术产品。因此组织会改变原有的产品结构，乃至与之相应的管理、技术等机构或设施，充分发挥职工的潜能，满足职工自我发展的需要。

组织成员的思想观念对其行为有较大影响。思想观念的变化会带来他们对组织的地位、目标认识和对工作任务所持态度的变化。工作态度的积极与消极，期望值高低带来需求的满足程度大小，都会影响他们对组织的信赖与支持的程度，进而影响整个组织工作效率乃至影响组织达到目标活动的进行。如单一的工资管理模式随着职工生活水平、价值观念的改变，会使职工反感，甚至在一定程度上抵制。职工对自我价值实现的追求，会促使这种重物不重人的管理方式发生变革。从这点看，组织成员思想观念变革最终也会引起组织的变革。

（二）组织变革的征兆

一般认为，组织面临下列情况之一时，应该考虑变革：

1. 决策迟缓

决策迟缓往往意味着组织做出决策对组织适应环境不利，以致不能把握有利时机，使组织活动多次受挫；同时，决策迟缓也意味着决策效率较低，决策形成缓慢，做出的决策也迟迟难以贯彻执行。

2. 沟通渠道阻塞

社会分工的细化，使得组织内外的协作关系愈来愈重要。协调人们的行为达到其共同目标是组织的功能。它需要通过沟通信息渠道、上情下达、下情上达，使信息能够在各层次间、各机构间、各组织成员之间及时准确地传递。只有这样，决策层才能及时了解组织内各部分情况，并采取相应措施，统一思想，协调关系。如果组织的沟通渠道受阻，信息不灵，组织内外上下级之间不能及时地沟通协调，必然造成职工关系紧张、各部门各行其是、组织应变能力差的混乱状态。

3. 组织效能难以发挥

组织的存在，是因为它具有实现单个个人无法实现的目标的功效。这种功效是通过组织内统一指挥、分工合作、协调行动来实现的。如果效能无法发挥，意味着组织指挥失灵、人心涣散、工作秩序混乱，整个组织活动不能正常开展，组织将失去其存在的意义。

4. 竞争与创新意识差

组织处在不断变化的激烈竞争的社会环境之中。在实现目标的过程之中，需要根据实际情况的变化不断创新，发展自己，才有活力，才能达到目标。如果在达到目标的活动中，墨守成规，求稳怕动，安于现状，组织将难以跟上环境的变化和时代的步伐，势必被发展着的社会潮流吞没、淘汰。

二、组织变革的程序和方法

（一）组织变革的程序

为了使组织的变革取得最佳成效，首先应对变革程序进行研究。国外许多学者从不同角度进行研究，提出了不少组织变革程序的观点。主要有以下几种：

1. 行为科学家勒温的观点

行为科学家勒温以人员变革为中心进行的研究认为，组织变革要经历解冻——改变——再冻结三个阶段。意思是说，解冻引起人们对组织需要变革的认识；改变是以实施变革行为为目标的阶段，通过改变人们的价值观念、态度和行为，实现特定的变革；再冻结则是实现变革后稳定的、维持的、巩固的新状态。

2. 管理学家卡斯特的观点

管理学家卡斯特认为组织变革应该分为以下六个环节：

（1）通过对组织的反省，认真研究内外部环境。

（2）觉察问题，认识变革的需要。

（3）辨明问题，分析、找出所存在的问题。

（4）提出解决问题的办法，并选择出最佳方案。

（5）实行变革。

（6）对实施效果进行反馈，如果找出问题，可重复上述步骤。

3. 心理学家夏恩的观点

心理学家夏恩则强调变革中职工的参与，提出了适应循环的六个步骤，见图10-5。

综上所述，并结合我国具体情况，可将组织变革程序归纳为四个步骤。

第一，发现与确定问题。组织出现变革的征兆就需要及时去发现组织究竟存在什么问题，问题的性质是什么，根源何在。一般可以从与同类组织的地位作用的比较和组织内部各因素变化趋势去发现问题，及时地发现并确定问题，方能够保证组织以后的正常运行、功能和作用的正常发挥。

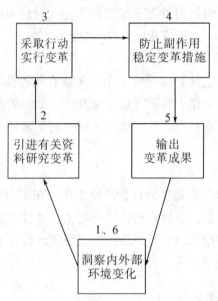

图 10-5 适应循环六步骤示意图

第二，分析问题。发现并确定问题，明确其症结在哪以及产生问题的具体原因是什么。可充分运用调查的各种方法和技巧，了解真实详细的情况，从而为变革方案的制订打下坚实可靠的基础。

第三，实施变革。对问题分析审查清楚后，可针对不同情况制订出可行的变革方案，并加以充分论证，对方案进行选优。最佳方案确定之后，需要全面落实。

第四，对变革进行监督和评估。变革方案全面落实的过程中，可能会出现偏离目标的情况。因此在执行方案中要进行监督，及时了解方案的执行效果，作出评价。如果效果良好，可坚持原方案；如果没能达到预期目标，则可分析原因，对原方案进行修正，直至组织变革达到预期目标。

（二）组织变革的方法

组织变革应根据不同的要求、情况和问题采取不同的方法。一般来讲，组织变革有以下几种方法：

1. 改革组织结构法

改革组织结构是指从结构入手，对组织原来的机构重新进行组织，包括划分和合并、新建和撤销一些部门，协调各部门工作和权限，调整管理幅度与管理层次，扩大基层单位自主权等。改革组织结构法是在调查研究、科学分析的基础上对组织不合理结构形式进行调整而实现的组织变革。这种变革比较直接、见效快，常使组织发生根本性转变。

2. 提高组织成员素质法

这种方法是从人的因素入手，通过提高组织成员的素质（包括思想、业务和心理等方面素质），来实现的组织变革。组织的活动都是由人来承担的，如果组织成员素质较低，不能满足外界环境和组织对他们的要求，组织目标的实现及功能的作用都会受到影响。因此，可以通过思想道德教育，使职工树立主人翁的责任感、自豪感；鼓励组织成员学习新知识，掌握新技术；改变组织成员的精神面貌和技术素养等。这些对增强组织活力，更好地实现组织的变革将起到促进作用。

3. 技术更新改造法

这种方法是从技术入手，进行挖掘、改造、更新。它包括操作技术的改革和管理技术的改革。技术的变革可提高组织技术水平和工作效益，可提高管理效能，先进的技术会带来组织的高效率。在科学技术迅速发展的今天，技术改革对组织变革作用越来越重要。

4. 改革组织外部环境法

任何一个组织都是在与外部环境相互作用中维系自身存在与发展的。外部环境的客观性，使组织应尽量地去适应环境及其变化。但是，组织在与环境相互作用的过程中，可以主动采取有效的措施，对外部环境加以改造，提高组织对环境的利用效率，开辟利用环境的新途径，进而增进组织与环境的协调发展，推动组织变革。

三、组织变革的阻力及其克服办法

（一）组织变革的阻力

变革意味着破旧立新，往往受到来自各方面因素的干扰和抵制。它们的主要表现如下：

1. 心理失衡

首先，人们长期从事某项工作，熟悉和习惯了的工作会在心理上形成安全感和稳定感。当人们面临变革时，意味着旧的常规习惯和对原来职业的认同要打破，对新的工作模式会感到陌生，心理上会产生某种压力或不满，从而抵制变革。

其次，变革要冒一定风险，它需要人们有坚定的信心和勇气，一般组织成员容易满足现状，求稳怕乱，这种心理惰性也会成为变革的阻力。

最后，变革会带来组织内成员原有的权力、地位和人际关系的变化。权力的旁落、地位的升降会使他们产生失落感，新的人际关系彼此间不十分熟悉，合作中难免出现摩擦或不相适应，从而造成心理上的紧张和不愉快，甚至产生被遗弃感。这些关系在尚未充分协调时，会对变革产生抵制倾向。

2. 利益的得失

变革必然涉及组织成员权力、地位的变迁，这种变迁会改变一些人由权力、地位给自己带来的既得利益；变革会带来管理体制、人员组合方式变化，它给人们的工作与生活秩序带来变化，工资待遇等经济利益都会受到影响。正是对这些利益的得失顾虑，使人们对变革产生不同程度的抵制。

3. 社会习惯势力

组织是社会大系统中的子系统，组织要素是在与其他要素相互关联中存在于系统之中。这种关联使各要素自然而然地有着一定顺应潮流的趋向。"枪打出头鸟"、"人言可畏"、"众怒难犯"等千百年形成的社会习惯势力会从各方面增加组织变革的难度和复杂性。

173

（二）克服变革阻力的方法

1. 鼓励组织成员参与变革

克服变革阻力最好的方法是鼓励成员参与变革。参与能让人们更早、更清楚地认识变革的内容、目标及前景；参与使变革本身更直接地包含着组织成员的意见和思想。参与变革程度越高，组织成员自主意识越强，对变革的认同程度也越高，抵触情绪也相应减少或消除。

2. 统一组织成员认识

除参与外，还应把组织成员的思想意识统一到变革的大思路上，让职工充分认识变革的原因、性质、作用及其可能产生的结果，上下统一思想，把组织变革看成所有组织成员自身的需要，这种需要会产生强大力量促使人们自觉行动，推动变革的开展。

3. 重视上下级关系的协调

一个组织上下级关系协调与否，对减少组织变革的阻力有十分重要的作用。和谐的上下级关系，会使组织在变革活动中获得下级的协作，受到较少的抵制。促进上下级的相互尊重、相互信任、相互理解，首先可利用领导者的威信达到上下级关系的协调。有威信的领导者对组织成员影响力大，领导变革容易被人们接受。而威信来自领导者对变革的正确认识，工作作风正派，领导能力强。因此，提高领导者自身素质，树立其威信，并利用威信赢得组织成员的信任、尊重和支持，达到上下关系协调一致。其次，重视群体的作用。群体是联系个人与组织的桥梁，群体目标、行为规范及价值观念对组织成员的心理和行为影响较大。群体是组织的支持力量，如果其目标与组织目标不一致，也可能成为组织抗衡的力量。因此，要重视群体的作用，善于引导，主动发现群体中健康积极的因素，找出积极因素在组织变革中的生长点，有意识地强化这些因素对组织成员的积极影响力，使组织成员在变革中从事的工作与所受到的群体影响力相互一致，强化职工的认同感、归属感，达到上下级关系和谐。

4. 创造和谐的心理氛围

积极健康的心理氛围，可减少职工对变革的厌倦、低落、消极和悲观的情绪，以稳定、积极、有朝气、充满信心的精神状态去面对组织的变革。可以通过树立典型、提倡集体荣誉感等方式，吸引组织成员，强化组织成员对工作成就、整体目标追求的热情。合理安排变革的时间和进程，防止操之过急及职工无心理准备产生的厌倦、抵触和消极心态，减少组织变革的阻力。

第四节　组织发展

一、组织发展及其特点

（一）组织发展的概念

组织发展是指为保持和增进组织的生命力和工作效率，有计划、有步骤地改进和更新组织的过程。

任何组织都由人、结构、技术这三个相互联系和相互作用的子系统组成。组织的发展应是这三个子系统共同改进、更新的过程。实现组织发展需要运用行为科学、心理学及其他有关学科的理论和技术，有计划、有步骤地对上述三个子系统进行系统的变革。组织发展是在一定环境中进行，组织环境的变化决定了组织改进更新的内容、形式、速度和程度。

（二）组织发展的特点

组织发展具有以下几个特点：

1. 组织发展是与环境相互作用的过程

组织的环境包括内部环境与外部环境两个方面。组织是处在不断变化的环境之中，外部环境影响着组织的存在方式及其结构，内部环境则决定其性质、效率和功能。组织发展正是在与外部环境的作用过程中不断改善自身的结构和存在方式，使之适应外部环境变化。也是在内部各因素的相互作用过程中，引起整个组织的性质、功能效率等方面变化，达到组织发展的目的。

2. 组织发展是以有计划的再教育手段实现自我完善的过程

组织是一个相对独立的系统，有其自身的构成要素和内部结构，具有自我协调、自我组织、自我优化的功能。组织能在一定限度下通过自我调整，抵御不利的外部因素冲击，通过对组织的自我扬弃，完成自我更新。组织的自我完善过程主要是以有计划的再教育为手段，即通过教育，对原有组织不适应形势发展的旧规范、旧观念、旧的技能和管理方式等因素进行扬弃，建立新的组织结构体系、技术体系和人的行为规范，形成一个更为完善的组织。

3. 组织发展是一个动态过程

组织发展是在与各内在因素和外在条件的不断作用过程中进行的。各种因素与条件错综复杂，彼此相互关联，这些都使得人们要从多方面考察它们，才能够作出相对准确的描述。组织发展需要不断作出相应的调整，去解决组织中存在的问题，并通过问题解决的程度大小去发现新问题。随着时间的延续，组织环境的各因素都在发生着新的变化，变化着的各因素又彼此相互影响，相互制约，处在动态过程之中。因此，组织发展也必然处在动态的变化过程之中。

二、组织发展的内容和一般形式

（一）组织发展的内容

组织发展主要指为实现组织的高效化而对组织结构、人的行为和技术三方面进行的调整。具体内容主要有以下几个方面：

1. 组织中个体与群体的发展

组织中个体与群体的发展是指适应环境的改变，使组织成员的思想、文化、技术、心理素质改变和提高，使群体工作效率、应变能力、整体协调能力改变和提高。

2. 组织管理的发展

组织管理的发展是组织管理的观念、体系、方式和手段的改进与完善。

3. 组织技术与结构的发展

组织技术与结构的发展指组织发展中在技术层次的改进、应用范围的扩大和组织技术水平提高的同时，组织内各因素之间关系的完善和组织与其他与之相关因素之间关系的改进。

（二）组织发展的一般形式

组织发展的一般形式通常有两类：一是以组织成员为中心的组织发展形式；二是以组织体系为中心的组织发展形式。

1. 以组织成员为中心的组织发展

以组织成员为中心的组织发展是通过改变组织成员的工作态度来改进组织成员的工作行为，达到提高工作绩效的目的。它可以通过职工思想教育、技术培训等方式提高职工素质；可通过人际关系的协调等方式减少工作之间的摩擦，使工作环境和谐；可采取有效的激励措施，满足职工的各种不同需要，改进职工工作态度，最终以高效的工作成绩达到组织目标，实现组织发展。

2. 以组织体系为中心的组织发展

以组织体系为中心的组织发展是通过完善组织结构，提高技术水准，合理地建立起组织内部的分工合作关系，强化信息的沟通，明确奖惩制度，促使组织成员改变工作态度，适应工作环境变化，以此达到提高组织工作绩效、实现组织发展的目的。

三、组织发展的标准和新趋势

（一）组织发展的标准

组织发展最终结果如何，应该有一个评价与衡量的尺度。公正地评价组织发展，能够使人们对组织发展状况有一个明确的认识，增强继续做好组织发展工作的信心，对组织未来的发展有重要意义。根据财经心理学研究，较为广泛适用的组织发展评价与衡量标准可归纳为以下几项：

1. 领导认可和支持

领导认可和支持即上层决策机构对组织发展与变革的承认、支持和指导。组织发展是靠全体组织成员上下齐心努力，但由于决策机构及领导者的独有地位及作用，使他们的信息量较多，管理技术较先进，财经知识较全面，人员素质较高，对组织发展能作更为全面、更为周密的分析和思考，可从大方向上把握组织的发展问题。因此，领导的认可是确立组织发展的重要标志。此外组织决策层的支持和积极的指挥，可使各部门相互协调、积极配合，建立良好的人际关系，树立协作精神。这种组织氛围会推动，甚至影响今后组织的发展。

2. 适合创新的组织环境

组织发展是一个不断变革和不断创新的过程，它离不开组织集体力量与智慧的充分发挥。而集体的力量和智慧的发挥有赖于健康、协调的工作环境。它包括与外界相互沟通，以更快地获取更多、更新信息，方可优先发展；包括组织成员间合作与支持以及行为、思想等方面的步调一致，齐心协力进行创新的活动；包括财经人员的自主性，即给予他们较自由的环境，如在工作规范与工作时间上要求更加宽松，并强化财经人员的使命感、责任感，使他们能寻求个人创造力的发挥。此外，加强民主管理，对各种创造性活动适时地作出准确判断，上下彼此关心，相互尊重，方可形成良好的环境气氛，生机勃勃、卓有成效地开展工作。

3. 适度的组织发展目标

组织发展目标应是根据已拥有的各项基本条件来制定符合客观实际而又切实可行的目标。过高的目标要求令人生畏，使人们失去成功的信心；过低的目标，使人们轻而易举就可成功，不会促使组织成员表现出最佳工作状态，从而浪费了组织潜在的资源及能力。目标制定与实施应能综合反映组织的财经工作者和财经部门的决策、管理、创新等方面的能力；反映出组织实现目标的基本条件和可能性。适度的组织发展目标与有效地实现发展组织目标二者是内在统一的。有效地实现目标，意味着组织的工作绩效、人员素质、综合实力恰如其分地得以提高，且组织发展目标符合组织发展内在要求和客观实际。所以说，组织发展目标的适度性，体现着组织发展的水准、工作绩效的提高幅度、组织成员素质，是组织有效实现发展目标的重要标志。

（二）组织发展的新趋势

随着财经心理学研究的深入，组织发展内容不断有新的理论提出。特别是 20 世纪 90 年代以来，国外经济心理学在这方面的研究有较大发展，包括工作生活质量和新的组织管理方式的出现。

1. 工作生活质量

工作生活质量是综合运用各种激励因素，创造积极的组织气氛，提高组织的绩效的一种组织发展方式。这种方式涉及整个工作环境与气氛，特别强调财经管理部门和职工之间建立相互尊重和信任，共同决策和协调工作。改进工作生活质量的方法有：加强企业中教育与训练，改善工作环境，改进工作态度，实行民主管理，重新设计工作任务与组织结构等。

2. Z 理论

Z 理论是 X 理论和 Y 理论的综合与发展。X 理论认为人性恶，讨厌工作，应加强对人的指挥和控制。Y 理论则认为人性善，喜欢工作，会主动追求工作并承担责任，管理者应对其多激励，少控制，发挥职工的积极作用。Z 理论是日裔美籍学者威廉·大内在其专著《Z 理论》一书中提出的。该理论是在比较了日本和美国管理方式的基础上提出的。它认为人的需求与动机是多种多样的，他们可以依据自己的动机、能力和工作性质来适应各种管理方式。Z 型组织管理模式的主要特点是：长期聘用职工，而不像美国那样传统的短期雇佣方式；较慢地作出工作评价和提升职务，而不是采用以往的迅速评价和提升职务的方法；工作任务专门化的程度适中，不主张采用高度专门化的职业设计；对员工采取非正式的管理体制，但是主张运用十分明确的成绩测量手段；全体一致地决策，而不是个人决定问题；实行整体性的关心，包括职工的家庭。Z 型组织模式引起了国内外许多经济心理学家的关注和兴趣，但是人们认为，无论什么组织模型或者组织发展方式，都必须考虑组织的社会背景，因地制宜地研究采用，切忌生搬硬套。因此，财经工作者需根据具体情况采用不同的方式来实现各种具体的组织目标。

思考题

1. 什么是组织？构成组织的无形要素有哪些？
2. 组织结构设计应遵循的主要原则有哪些？试分析直线职能制的心理效应。
3. 什么是组织效率？怎样提高组织效率？
4. 组织变革的心理阻力及其克服的方法有哪些？
5. 什么是组织发展？组织发展的一般形式是什么？

第十一章
顾客心理与财经工作

学习要点

◇ 态度及态度的结构、特性；

◇ 影响和改变态度的因素；

◇ 流行、流言、舆论产生的原因以及它们对顾客行为的影响；

◇ 顾客价值观、从众心理、逆反心理对顾客心理的影响。

第一节　需要与顾客行为

人类的一切活动，总是以需要为中心的，人的行为总是直接或间接、自觉或不自觉地为了实现某种需要。

顾客是指购买、使用某组织提供的产品或服务的个人、团体或组织，如企业产品的用户，商店的顾客，银行、保险和证券业的客户，酒店的客人，电影院的观众，出版物的读者等。顾客包括个人消费者和社团组织用户。顾客是与组织具有直接利益关系的外部人群，是财经企业组织市场传播沟通的重要目标对象。

需要是人对特定目标的渴求与欲望，是推动行为的直接动力。

需要反映了有机体对其生存和发展的条件所表现出的缺乏。这种缺乏既可能是生理的，也可能是心理性的。在正常状态下，有机体的生理状态和心理状态是趋向于均衡的。这种均衡乃是个体维护其生存的条件。倘若机体内或者心理上出现某种缺乏，便会导致均衡状态的破坏。在这种场合下，机体就处于一种不舒服的紧张状态。只有减少或消除这种紧张状态，才能恢复到原有的满意状态。需要可以看成减少或消除这种紧张状态的反映。

早在 1943 年，美国心理学家马斯洛在《人类动机理论》一文中首次提出了需要层次论，在其名著《动机与人格》中作了进一步阐述。

马斯洛的需要层次理论对我们研究顾客的需要与行为有很大的启发性。马斯洛认为人有许多基本需要，并将这些需要排成一个具有高低层次的系统。马斯洛的需要层次理论主要有三个方面内容：人类有五种基本需要，需要是有层次的，行为是由优势需要所决定。具体内容参见本书第六章。

要争取顾客的支持就必须满足顾客的需要。顾客的行为往往同时受多种需要的支配，在一定的条件下，多种需要中会有一种最为迫切的、起主要支配作用的"优势需要"。从事财经工作的人员应该把这一点作为制定财经政策的依据，并作为评估工作效果的标准之一。建立良好的顾客关系，能促使顾客形成对组织及其产品的良好印象和评价，提高组织及其产品的知名度和美誉度，增加对市场的影响力和吸引力，为实现组织和顾客的共同利益服务。满足顾客需要的意义在于以下两方面：

（一）顾客能够为组织带来直接的利益

一个组织的存在价值，很大程度上在于其产品或服务能够得到顾客的接受和欢迎。组织的经济效益需要在市场上实现，而顾客就是市场，有了顾客才有市场。满足顾客的需要有利于企业组织建立良好的市场关系，能够给企业带来直接的利益。在企业与顾客的市场关系中，存在着大量的需求信息交流和情感沟通。没有充分的需要信息传播，没有融洽的感情沟通，市场的商品交换关系难以建立，更难以保持稳定和持久。在争取顾客的注意力，影响顾客的消费选择和消费行为的市场竞争中，满足顾客需要可以使企业为产品的销售奠定一个良好的基础。

（二）满足顾客需要体现企业组织正确的经营观念和行为

满足顾客需要要求组织将顾客的利益摆在首位，通过满足顾客的需要来换取组织的利益。企业组织的性质决定了它必然要通过经济活动去赢得利润。而满足顾客需要的经营思想认为，利润不应该是企业贪恋的追求，而应该是顾客接受、赞赏和欢迎企业的产品及服务所投的信任票。只有获得顾客信任与好感的企业，才可能较好地赢得自己的利润。因此，企业的行为以顾客的需要为导向，在经营观念和行为上自觉地为为顾客所想。而这种经营观念和行为必然为企业在顾客心目中赢得良好的声誉和形象。

第二节　态度与顾客行为

态度与顾客的行为密切相关，顾客对财经组织的态度，反映了财经组织与顾客之间的公共关系状态，更影响到顾客对财经组织所采取的行动。因此，研究、分析顾客的态度及其成因是财经心理的重要课题。关于态度的特征等具体内容请参见本书第七章。本节主要谈霍夫兰的说服模式。

第二次世界大战期间，卡尔·霍夫兰在美国陆军主持研究战争中对敌宣传和美军士气的问题。战后，他回到耶鲁大学继续进行态度改变方面的研究。霍夫兰关于态度改变的研究对于研究顾客态度的改变很有启发。霍夫兰认为人的态度的改变主要取决于说服者的条件、信息本身的说服力以及问题的排列技巧。

（一）说服者的条件

为了验证说服者的作用，霍夫兰做了这样一个实验：将一群被试者分为三个组，然后让三个人分别在各个小组就一个少年犯的题目进行演说。这三位演说人分别被主持人介绍为"法官"、"普通听众"和"品行低劣之人"。演讲结束后，三组听众开始分别给演说者打分。结果，"法官"得了"正"分，"普通听众"得了"中"分，而"品行低劣之人"却得了"负"分。三种不同的身份和同一题目的演说，形成了三种大不相同的影响力。这个实验结果表明：一个对某问题享有声誉的人总比无声誉的人更能引起更多人的态度改变。

霍夫兰之后的研究者专门研究了说服者的"声誉"问题。认为声誉的最主要成分是专门知识（或专家身份）和超然的态度。如介绍中的"意见领袖"必须是一个身份明确的权威。另外，超然的态度也是劝服者的声誉之一。如同战争中的和平使者往往必须是一位与双方均无利害关系的人一样，对顾客进行广告传播时，财经工作者也不能以一个为厂商的利益而急不可耐的形象出现在消费者面前。

（二）信息本身的说服力

在表达一个有争议的问题时，如某企业的产品对顾客有利又有弊，是用正面理由还是正反两方面理由都用？哪种方式更能够说服人？

霍夫兰认为，如果对方本来就赞同说服者的意见，只讲正面理由可以坚定其原有的态度；如果对方原先或当时反对说服者的主张，把正反两方面的理由都说出来，比只讲一方面理由更好；如果对方教育程度高，说出两方面的理由更为有效；如果对方教育程度低，说一方面理由较好；如果对方的教育程度低，并且原来就赞同说服者的立场，则一定要用正面理由，若说出正反两方面的理由，反而可能导致他犹豫不定。

例如在广告宣传中推广某种农用产品，如果是面对具有不同文化教育程度的农民消费者，应采用不同的宣传方式。对具有一定的农业科学技术知识的农民，因为他肯定会对各种农用产品的优劣进行比较，因而应该对其既强调这种农用产品的优点，又介绍这种农用产品的不足之处（这样往往更会给人一种诚实的印象）。如果是面对一直坚信该农用产品的优良品质和效能而又没有文化的农民，如果向他再介绍这种农用产品的不足之处，相反会使他对这种农用产品产生不必要的怀疑，从而影响到他的购买信心。

（三）问题的排列技巧

问题的排列秩序在改变顾客的态度时也显得比较重要，哪些问题先说，哪些事情后讲，其顺序的安排得讲究技巧。在霍夫兰看来，首先提出宣传论点，可以引起顾客注意，易形成有利的气氛；最后提出的论点有利于顾客记忆。如果传播内容是受众赞同的或可能接受的，那么，把这些内容首先提出比较有利；如果首先唤起顾客的需求，然后再提出问题，则更易于被顾客接受。例如，广告文案的开头往往要先声夺人，结尾之处则较多出现需要顾客记忆的内容。如果首先唤起消费者的需求，然后再推出其产品，这种阐发内容的排列秩序是易于被顾客接受的。

第三节 流行、流言及舆论

在公共场合下的流行、流言、舆论是顾客心理现象的三种表现形式。这里所说的"顾客"是指以接受大众传播为主要信息来源的无组织的群体。深入了解流行、流言、舆论产生的原因和作用以及它们对顾客行为的影响，对财经人员建立有效的顾客关系有极为重要的意义。

一、流行

只要社会上某些有影响的特定的人物表现出某种新奇性的行为，许多人就会竞相仿效，从而成为一种社会风尚——流行。

（一）流行的概念

流行（或时尚）是一种群众性的社会心理现象，是指社会上许多人都去追求某种生活方式，使这种生活方式在较短的时期内到处可见，从而导致了彼此之间发生连锁性的感染，即所谓的"一窝蜂"现象。流行既体现在人们的物质生活（如衣、食、住、行等）方面，也体现在人们的精神生活（如文化、娱乐活动等）方面。平时讲的"热"、"时髦"、"时狂"等都是流行表现的不同程度，它是一种极为普遍的社会现象，从人们的追求中，可以看到当时的社会风气或社会时尚，所以它总是带有时代的特点、时代的面貌。

流行有三方面的含义：

（1）流行是人们对某种生活方式的随从和追求，它涉及的范围十分广泛。

（2）流行是有相当多的人去随从和追求的某种生活方式。

（3）流行是在一定时期内的社会现象，过了一定的时间便不再流行。若长时间持续，就会转化人们的习惯，成为社会传统。

流行又可以根据表现的热情程度和持续时间的长短，分为时髦与时狂。时髦是流行的一种典型表现。它在一定时间内受人赞许，而且经常发生变化，它也包含对某些被认为有待改进的行为规范的叛逆。因此，人们对时髦的追求乃是偏离传统行为而倾向于当前新颖入时的生活方式。时狂是流行的狂热表现，是热情追求某些生活方式而缺乏理智的倾向。例如"追星族"和"发烧友"之类，就是一种时狂。

（二）流行的特点

社会上流行的某些服装、发式、音乐、动作等，内容虽然各不相同，但它们都有一些共同的特征。

（1）新奇性。新奇性是所有流行项目的最显著的特征。但新奇性不在于流行项目本身是否新奇，而主要取决于当时人们的认识。

（2）时效性。流行一般表现为突然迅速的扩展与蔓延，又在较短时间内消失。例如流行歌曲就是这样，一支优美动听的歌曲可以在几天之内传遍各地，但不久后人们又在追求其他歌曲。在现代社会，电影、电视、杂志等宣传工具日渐普及，通过大量的宣传媒介，人们可以了解国外及外地最时兴的东西，从而加速了流行的兴衰。

（3）周期性。流行变化具有周期性。今天作为时髦的事物，几个月之后也许变成陈旧的东西；今天是陈旧的事物，若干时间以后往往又被看成新式的。有人曾研究过妇女时装的变迁，发现其款式的变化大约以 5 到 25 年的周期循环变化。

（4）两极性。流行项目的变化总是从一个极端到另一个极端。例如服装，长到极端必回到短，短到极端必又回到长；大到极端必回到小，小到极端必又回到大；宽到极端必回到紧，紧到极端必又回到宽。从"喇叭裤"到"健美裤"就是一个实例。

人们追求某种生活方式呈正态曲线分布，有人以革新性为标准把人们分为五种类型：

（1）先驱者。他们一般都是属于财力雄厚、富有冒险精神、有勇气、经常希望尝试新构想的人。在生活中他们有时会被认为是"怪人"。此类人数很少，仅占总人数的 2.5%。

（2）早期采用者。他们是有见解、有眼力的人，也往往是为周围人所信赖而起着舆论指导作用的人。这种人能够成功地预见新事物的发展趋势，果断地采用新的构想。此类人数较少，占总人数的 13.5%。

（3）前期追随者。这些人很少带头前进，对于新的构想比较慎重，但是却能相当积极地追随流行。此类型人数较多，占总人数的 34%。

（4）后期追随者。他们对于新的构想持十分慎重的态度，直至多数人都采用时才决心加以采用。此类人数较多，占总人数的 34%。

（5）落伍者。这些人对于新的构想经常保持戒备，倾向于旧传统，对于人们追随流行的倾向十分不满，并看不惯。他们和先驱者一样，在很多场合下都比较孤立，最后还是追随流行，但已经成为落伍者。此类人数为总数的 16%。

（三）追随流行的心理原因

流行并不具有社会的强制力，它与风俗不同，违反风俗往往会遭到社会的反对，而不追随流行并不会遭到人们的指责，人们追求流行基于心理上的种种需要。

1. 从众与模仿

对于大多数人来说，被人视为乖僻、孤独是不能忍受的。于是，人们就要努力去适应周围环境，以保持心理上的平衡。可供选择的最简便而又可靠的方法就是模仿社会上流行的东西，例如周围人们的服装、发式、行为、言语等，以适应环境。人们在追求与模仿流行事物时，一定是正确的，自己与他们一样也不会错，因此从众。

社会上许多人竞相模仿某种新奇事物时，就逐渐形成一种社会风尚。模仿乃是再现他人的一定外部特征和行为方式、姿态、动作和行动，这些外部特征、行为方式、姿态的特点还同时具有一定合理的情绪倾向性。

人们对流行项目的模仿不是通过社会或团体的命令而发生的，被人们模仿的对象具有一种榜样的作用，有时是出自模仿者对榜样的无意识的仿效。不过，无论是自觉地还是无意识地仿效，都不是通过外团体的命令强制发生的。

2. 求新欲望

社会生活的内容若缺乏变化则会变得陈旧，人们的精神面貌也就会缺乏生气。人们企图打破这种趋向的动机与流行的追求有着密切的关系。人有一种基本欲望，即想要从自己周围环境中寻求新刺激，来满足自己的好奇心。而流行之所以能够存在，正是本身具有新奇性的缘故。

人们的求新欲望与流行的新奇性、短暂性有关。人们即使生活上自由自在，精神生活与物质生活十分满足，但若长期处于没有任何变化的社会情境中，总会逐渐感到厌倦，甚至不堪忍受，产生摆脱陈旧生活模式的欲望。流行创造新的生活方式，用不断变化的新的面目满足人们的求新欲望。

3. 自我防御与自我显示

有些人感到自己社会地位不高，承受种种束缚，希望改变现状，避免受到心理上的伤害与压抑。他们往往为摆脱压抑的感情而追求流行，或者是为了克服自己的自卑感而采用华丽的流行项目。这些都是为了自我防御。

另外，有些人往往喜欢标新立异。他们有意或无意地向他人表现和主张自己与众不同，以此来显示自己的地位与个性，表明自己的嗜好与欲望。他们追求流行是为了自我显示（或自我展现）。

4. 追随流行有个别差异

人们是否追求流行，目前虽然尚未得到实证性材料，但在日常生活中可以发现，人们之间有很大的个体差异。追随流行有年龄与性别的差异。一般而言，女性比男性更追求流行；青年比老年更追求流行。在性格上，脾气容易变化的人，喜欢华丽的人，对流行特别敏感。此外，虚荣心、好奇心、好胜心强的人比较追求流行。

流行的研究对于顾客关系有着重要的意义。一个顾客关系活动很可能成为某种流行的倡导者，或者是某种流行趋势的引导者；一个广告传播活动也可能对某种流行有一种推波助澜的作用。对于流行产生的原因的深入分析，尤其是对与企业产品有关的流行趋势的把握，会给企业带来极大的市场效益。在服装业界有"流行色即金钱"的说法，讲的就是这个道理。

二、流言

流言是一种极为普遍的社会心理现象。流言一经发生，传播极为迅速。尤其是那些攻击流言、恐怖流言，对个人和社会都会产生消极影响。

（一）流言的定义及其类型分析

流言是提不出任何信得过的确切根据，而在人们中相互传播的一种特定的虚假信息。

流言与政治、经济、文化和社会生活、个人生活都密切相关。流言与时局、流言与股市、流言与物价、流言与现行政策、流言与大众传媒、流言与企业形象等，都是顾客关系工作中值得研究的课题。国家和社会在面临政治混乱、自然灾害、战时或大规模种族对立时期，企业面临顾客危机之时，流言最易产生，而且往往是此起彼伏，不可等闲视之。

流言的类型大致分为愿望流言、恐怖流言和攻击流言三类。

1. 愿望流言

愿望流言反映人们某种要求、期望、未实现的梦想以及未满足的需求。愿望流言是凭常识就能推测到这些流言将被有目地、故意地传播给顾客。顾客受到这种愿望流言的影响，等待着真实消息的公布。事实上顾客最后大失所望。

2. 恐怖流言

恐怖流言反映出人们内心的恐怖情绪。这种流言常见于社会紧张时期（自然灾害、战争、政变等），以及人们对某些事物产生明显的恐怖和悲观绝望的时候。例如，在苏联，社会上流言很多，说什么食品要涨价了，许多人闻此大为惊慌，连不急需的食品也盲目购进，结果市场真的发生了变化，有些商品脱销，有些商品价格上涨。研究发现，有时人们对官方宣传的信任度下降，反而对流言深信不疑。

3. 攻击流言

攻击流言与恐怖流言相似，一般产生于社会紧张时期，通常起因于群体之间的矛盾，其作用在于制造分裂。例如，当进步势力掌握政权时，它的反对派常常会利用这类流言对当局发动攻击，造谣惑众以引起公众的不满。在激烈竞争的市场环境之下，也可能产生攻击流言。例如，当某企业的产品销路很好时，其竞争对手也可能会散布流言以诋毁企业的形象。

（二）流言传播的消极影响

流言一经发生，传播极迅猛，一传十，十传百，辗转相传，面目全非，越来越离奇、荒诞，成为一种精神上的传染。故流言对个人、对社会都会发生消极影响。

流言对个人心理、行为的影响，是作为一种社会情境对个人发生直接的刺激作用。流言形成并广为传播之后，就会成为一种社会心理环境。人们处于这种社会心理环境之中，就会自然而然受到影响。流言对社会、对群体的消极影响不容忽视，因为群体中人与人之间相互接触，会使流言不断地变化，进而增强它的力量。当不利于社会安定幸福的流言被散发时，往往会引起人们的恐慌，产生强烈的情绪反应。有人听说有多少种物品涨价了，就纷纷抢购，造成一时人为的紧张，于是市场上小至火柴，大至金银首饰，统统被抢购一空，对社会产生很大危害。在激烈竞争的市场环境之下，诋毁企业产品的攻击流言一旦发挥作用，对该企业尤其是企业形象会产生不利的影响。

（三）流言内容变化的特点

流言内容的变化经过一般化、强调和同化三个阶段。

1 一般化

一般化是指将流言内容压缩到只剩下有价值的若干具体细节，使流言越传越变得简略而扼要，遗漏掉许多其他细节。也就是说，流失了许多信息，越到后来越使人感到内容一般化。

2. 强调

强调是指突出流言的某些具体细节。听到流言的人，由于对其中有些内容比较容易注意和产生兴趣，留下了较为深刻的印象。经他再次传播时，就会强调其印象深刻的部分。

3. 同化

同化是指流言的接受者以自己的知识经验、需要及态度等主观因素来理解流言的内容，凡是他认为合乎逻辑的部分就接受下来，同时凭自己的想象对它进一步加工即"添油加醋"之后再广为传播。最后往往把流言套到某个对象身上对号入座，使流言内容与原来的事实相距甚远。

流言内容发生变化的主要原因是人们在记忆上的偏差。人们平时观察事物、记忆事物，往往不够细致；总会有所遗漏、颠倒，甚至张冠李戴；在与他人交往过程中，也可能对于对方的某些含糊、曲解之言词，凭自己的经验来理解，自圆其说，致使外界信息失真、失实、遗漏。

（四）流言的制止

流言的破坏性很大，流言的传播可以摧残一个人的精神，威胁一个企业甚至可以引起社会的震荡，进而影响到一个地区与国家的安定，因此，必须及时制止流言的产生与传播。有以下意见可供财经机构参考：

1. 建立流言研究机构

第二次世界大战期间，美国建立了流言诊所。当时，在波士顿爱尔兰人居住区，各种反犹太人、英国人及失败主义的流言传播极盛，引起时局紧张，流言诊所设立了由大学教授、新闻记者、工会和种族及宗教团体的代表、负责法律实施的公务人员等人组成的咨询机构，另外招募了200多名志愿的流言监视者。在波士顿《先驱报》上，每周登载流言诊所的专栏报道，并分发张贴宣传画，使人们认清了流言中暗藏的分裂动机，缓和、防止了局势混乱。

受流言诊所的启发，美国又成立了流言控制中心。当时流言四起，影响士气和民心，对战争的胜负起了很大作用，使政府意识到了分析和控制流言的重要性。锡拉丘兹大学的许多研究人员因此开始了认真的流言分析与研究工作，他们每周都要对流言进行分析和否定，并在报纸上登载有关报道。从当时的情况看，常读这些报道的人比不常读这些报道的人更对战争局势抱怀疑态度。20世纪60年代，流言控制中心作为一个同流言进行斗争的机构获得了发展，1967年芝加哥成立了流言论所，20世纪60年代后期，美国各地相继成立了流言控制中心，到1974年，人口在10万以上的城市共有36个中心在活动。更近的资料显示，美国设置流言控制中心的城市已近100个。

美国流言研究者纳普（Nape）根据他的经验总结出对付流言的六种方法，对我们从事顾客关系工作很有启发。

（1）提高新闻媒介的可信度，让人们借新闻媒介获取完全正确的情报。

（2）使人们对领袖人物具有信任感。

（3）为了消灭模糊的真空状态，要尽可能多而快地传达可信的情报。

（4）马上掌握可信的情报并作出权威的解释，以迅速而简便地否定虚报。

（5）要防止人们的生活情境过于寂寞和单调。这些是最易导致流言、传闻出现和传播的心理条件。

（6）要慎重展开宣传活动，以便揭露流言的有害影响及制造、传播流言的人的不良动机。

2. 及时制止各类流言的方法

流言是完全可以制止的，因为它缺乏事实根据。政府和企业的财经部门通过调查访问，向人们提供确切的消息，就可以彻底制止流言的流传。此外，在紧急情况下必须有针对性地及时制止流言。

流言的规模大部分不是国家规模。人们希望得到关于某地区危急状态的情报和可信赖人士的说明。因此对情报来源的信任程度同样是重要的。例如，人们恐怕都会打听威胁他们安全的火山爆发、洪水、水坝决口或地震等发生的情况及可能性。在上述情况下，极可能会出现大混乱，危及人们的生命和财产。此时，问题的关键在于如何有效地传播有用的情报。如果政府当局能够利用广播、电视播出事实真相并作适当指导，往往就会避免恐慌。在紧急事态下还可使用其他宣传媒介，例如飞机撒宣传品，直升机装上喇叭，在地区内召开包括有影响力的人士参加的群众集会，与掌握情报的可靠机构进行接触，使人们及时了解情报等。

在出现危机的紧急情况下，为控制流言而简单地反驳说"那不是事实"的做法并不能奏效，更重要的是进行适当的忠告。这并不是说政府或企业了解事实却故意要隐瞒，而是在某些情况下需要或多或少地改变或省略事实，这对防止恐慌保持稳定是必不可少的。比如，在座无虚席的剧场里发生事故而产生流言时，如果观众们得知生命受到威胁，就会一窝蜂似地涌向出口，由于过于拥挤，有可能出现人员伤亡。相反，如果观众认为那是个无关紧要的小事故，全体观众就会平安无事地退出剧场。因此，剧场工作人员切不可先表现出手足无措，心慌意乱的神情，必须用镇静从容的姿态与语言疏导观众离开剧场。

在企业发生危机时，企业应该稳定人心，恢复、保持顾客对企业的信任感并尽快地将正确的情报传达给每一个人。充分利用顾客对企业已有的信任，问题会更容易解决。

三、舆论

舆论也是社会中的一种普遍存在的心理现象，对个人或群体产生一定的影响。它既可以约束个人或群体的行为，同样也可以鼓励个人或群体的行为。

（一）舆论的定义及其特征

舆论是公众的意见与看法，是社会全体成员或大多数人的共同信念，是人们彼此间信息沟通后的一种共鸣。

英国《大不列颠百科全书》指出，舆论至少包括四个因素：必须有一个问题；必须有多数个人对这个问题发表意见；在这些意见中至少要有某种一致性；这种一致的意见会直接或间接地产生影响。

由此可见，舆论具有如下特征：

（1）舆论作为一种公众的意见，当然是为多数人赞成和支持的；反之，若社会上某种意见，即使有人大力宣传和提倡，但未能取得公众的赞成和支持，那么这种意见还不能称为舆论。

（2）舆论总是涉及社会的安宁与幸福的问题。它总是针对社会上出现的某些特殊现象，这些特殊现象与社会固有的风俗传统、伦理道德相违反，人们感到此种情况与社会已有规范相悖，不利于社会的安宁与幸福时，于是作出种种议论。

（3）舆论本身含有合理性。由于舆论的形成是经过一个时期的酝酿与讨论，逐渐使人们看到其合理的部分，于是采纳它，赞同它，支持它。

（4）舆论是有效的。能否使某种意见成为舆论，最主要的是在于它的有效性，即这种意见能否发生社会影响。某种意见能推动或阻碍社会上的某种行为，这种意见就是舆论。

（5）舆论一般不是政府的意见，若是政府的意见，那就以政府的公告、宣言、政策等形式出现。舆论是广大民众的呼声。开明的政府提出的公告、宣言、政策等往往是充分研究社会上流行的舆论之后提出的，提出之后也密切关注社会对它们的舆论，作为反馈信息，以便必要时及时修改。

（二）舆论的结构

舆论有三个基本要素：一是作为舆论对象的人或事件；二是作为舆论主体的公众；三是作为舆论现象本身的意见。一个完整的舆论须三位一体，缺一不可。

1. 舆论对象

舆论对象是指与人们的现实利益密切相关，能够引起大家共同兴趣，需要公众认真对待的社会事件。它有两个显著特点：一是功利性，对社会有重要意义；二是新异性，对人们有强烈的刺激性和吸引力。功利性、新异性越强，越容易形成舆论。舆论主要有以下四种形态：

（1）社会事件，如中国第一颗原子弹爆炸成功、北约空袭南斯拉夫首都等。并非所有的社会事件都能形成舆论，只有当社会生活和社会节奏受到某种冲击或震动时，而且常常由某种突发的或超常的社会事件引起时，舆论的发生才往往不可避免，社会事件由于具有超常的重要性而格外引人注目，成为大规模舆论的导火线。

（2）社会问题，如人口膨胀、环境污染、物价上涨、农民纷纷涌进城市找工作、廉政建设、社会治安、青少年犯罪等。社会生活中某些方面的矛盾发展到一定程度，在一定时期内经常出现妨碍社会发展、危及正常社会生活的事件，从而引起社会的广泛关注的情况下，社会问题就产生了。与社会事件相比，社会问题具有更大的普遍性和历史持久性，影响、波及更大范围的群众，形成舆论过程更长，规模更大。

（3）社会冲突，例如战争、起义、暴乱、动乱、骚乱、商战、心战、论战等。社会冲突的发生，是表明社会问题没有得到及时解决或者根本不可能彻底解决，矛盾在不断激化，斗争采取了外部对抗形式。不管哪一种形势的社会冲突，都必然伴随着或大或小、或长或短的舆论风云。如果舆论冲突引起了大规模的社会改组、社会解体等危机或者社会变革，舆论的风云将会演化成一场社会变革风暴。

（4）社会运动，如五四运动、大生产运动、学先进活动等。人们为了战胜自然，改造社会，解决由社会矛盾引起的各种社会问题与冲突，促进社会的健康发展和良性运行，推动社会进步，提高文明水准，总要提出一定的任务，动员、组织广大社会力量，进行大规模的社会改造工程。这种工程活动涉及面广、影响大，自然被舆论所关注，不少运动本身也往往借助舆论的力量形成声势，扩大影响。

近几年来，人们创造了一个新的语汇——社会热点，除了功利性和新异性之外，它的独特之处在于"热"，亦即"狂热性"。经大众媒介的广泛传播和社会渲染，有时会导致大众时狂和集群行为，伴随着持续高涨的情绪波动，兴奋、躁动，甚至不安。例如，近几年出现的文凭热、经商热、出国热、气功热、股票热等，就属于这一类情况。

2. 舆论主体

作为舆论主体的公众与人群不同，它的内聚力来自思想的沟通和平等的交流。称之为舆论主体的公众，具有以下一些特点：

（1）有共同话题。话题把公众激活，并把他们联结起来。即使到天涯海角、大洋彼岸，只要谈论同一个话题，就已经进入了同一群公众的行列。话题走到哪，哪里就有公众。现代传播媒介，如广播、电视、卫星通信、光电通信、传真技术等，为在大范围内调动和组织公众提供了条件。不同的国家或地域的居民，都可以坐在电视机前，收看当天世界各地所发生的新闻，谈论同一个人物、同一个事件。信息时代把人们的空间距离大大缩短了，一个国际性话题，常常能够吸引十几亿甚至几十亿的公众。

（2）参与议论过程。一个议论过程中，总有三部分人存在着，即说者（传播者）、既听又说者（接受并传播者）和听者（接受者）。前两种人传播信息，表达意见，推动了议论过程，参与了舆论的形成，是舆论的主体。后一种人即听者只是接纳了信息，没有表达意见，终止了传播、议论过程，是沉默的多数。大众传播媒介所谓的读者、听众、观众，大部分是听者（接受者）。但听者（接受者）对于传播、议论过程不是可有可无的，传播者与接受者总是相互依赖，离开了一方，另一方也就不存在了。听者虽然没有表达意见，并不意味着没有意见，很可能与某些条件限制有关。只要具备一定的条件，沉默的多数就会开口说话，这是一股不可小视的力量。

（3）自发性与松散性。舆论主体靠话题激活，依话题为转移，话题兴则舆论主体生，话题灭则舆论主体无。舆论主体松散而无定型，范围模糊，迁移流转不定，既谈不上严格的组织体制和上下级关系，也没有什么指令与服从。舆论的流动没有确定的路线和预设的界限，无论是谁，只要有了共同兴趣，愿意参加社会议论过程，他就是舆论主体。

（4）有一定的层次性。舆论主体虽然表面上各自分散、自我独存，但其数量达到一定程度，运用科学手段对其进行分析，却能发现不少问题。例如按照人口结构，可以分解为性别、年龄、职业、经济状况、文化水平、政治面貌、宗教信仰、种族和民族、地域文化背景等类别，每一类别又可以划分为不同的组段。显然，对于同一个问题，不同组段的舆论主体，看法往往不尽一致甚至大相径庭。

3. 意见

意见有多种含义，例如"对特点事物的观点、判断或评价"，"弱于知识、强于印象的信念"，"被作为确实的东西广泛流行、普遍接受的观念"，"专家们的想法、判断和劝告"等。

美国舆论学者艾尔贝格分析了意见与态度的关系，认为意见是态度的语言表达，而任何一种意见，都包含了三种成分：一是认识成分，如事实陈述、价值评价、思维观点、信仰和信念等，统称为见解；二是情感成分，如肯定或否定的价值取舍，喜怒哀乐的情绪选择等，称为偏好；三则是意志成分，如动机、意图、愿望、要求等，称为意向。在议论过程中，公众针对舆论对象用语言表达出来的态度，或见解、偏好、意向，总要有所赞成或有所反对，总要具有某种偏好和立场，这就是意见。

意见与知识、真理、科学既不能等同也不能对立，两者可以相互渗透、相互转化。西方有句民谚："民声来自天声，民意来自天意。"我国古代恰好也有一句老话："天视自我民视，天听自我民听。"由此可见，公众的意见不可小视。

（三）舆论的作用

舆论是公众的意见，它是一种巨大的精神力量，平时讲的"人心所向"以及"众望所归"等就是一种无形的动力，而"众怒难犯"等则是一种精神压力。古人曾言，"得民心者存，失民心者亡"、"得道者多助，失道者寡助"。这里讲的"民心"、"道"，实质就是公众的意见，即舆论。舆论的作用有以下三个方面：

1. 舆论的制约与监督作用

社会舆论对个人、社会群体乃至政府都能发生一定的制约与监督作用。舆论对社会的监督内容是多方面的：大至社会的经济基础和上层建筑，小至每个人的个人行为；上至政府的路线、方针、政策，下至社会的某一具体事件；从具体问题来看，有决策方面的监督、工作方面的监督、法律方面的监督、道德方面的监督、理论方面的监督等。

舆论可以制约个人的行为。有时候，团体内成员之间为了某个问题发生矛盾与冲突，其他人对此会作出评论，于是，理亏的一方会停止争吵，作出让步。有时，一个行为失检的人在集体舆论下会有所收敛。公共场合下的矛盾与冲突，在人们一致舆论下也会较快解决。个人在社会中总是会发生从众行为。舆论既然是代表大多数人的意见，就可以产生一种社会控制力量，使它对每个人具有一种压力作用，约束每个人的言论和行动。所以，正确的、健康的舆论能够团结公众、鼓舞公众，以阻止不道德的言论和行为在组织中发生。

舆论对群体有相当大的影响。舆论多半是反映着公众的意见和要求，群体领导人如果忽视了社会舆论，会使群众产生反感及冷漠的心理。一般说来，正确舆论可以战胜不健康的舆论，它可以抑制群体中的歪风邪气，使正气抬头。但在某些群体中，如果在正气未抬头时，就可能会有一些不健康的舆论。作为一个群体，必须针锋相对地制造正确舆论，以抵消那些不健康的舆论。这样才有利于群体目标的实现。

2. 舆论的鼓动作用

进步舆论往往可以成为社会运动的先导，只有舆论先行，才能发生伟大的社会革命运动。例如，没有 18 世纪资产阶级启蒙思想作为舆论准备，就不可能出现资产阶级民主革命。

现实生活中的事件，经过许多人对其评论、发表意见，造成舆论，便形成一种社会空气，即社会心理气氛。这种社会心理气氛包围着人们的生活，形成了客观的社会环境，反过来又影响着人们的生活。因为人的心理活动或是受着他人的心理影响或是对他人的心理发生影响，总是相互作用、相互影响的过程，从而使舆论所制造的社会心理气氛影响和控制着人们的行动。

3. 舆论的指导作用

舆论对人们的行为具有指导作用，例如，在购买商品和欣赏电影、音乐时，舆论起着重要的作用。介绍某一商品或某一电影的人，称为舆论指导者——意见领袖，通过意见领袖的宣传，就更具有说服力。因为意见领袖总是某方面的专家，熟悉他所介绍的对象，并且和社会上各个阶层的人们有着广泛的接触。正因为舆论有上述的作用，所以任何一个企业都十分重视对顾客舆论的控制与引导，尽量利用广播、电视、报刊等宣传媒介作舆论宣传，使宣传内容反映顾客的呼声，传达企业的希望和要求。舆论不是一成不变的，它随着社会的发展而不断地变化着。因此，企业应及时把握舆论的发展动向，给顾客以正确的指导。

191

第四节　顾客心理的其他方面

本节主要分析介绍与顾客行为相关的价值观、从众心理、逆反心理等影响顾客心理的重要因素。

一、价值观与顾客行为

（一）价值观的定义

价值观是人们对于是非、善恶、好坏的评价标准，对自由、幸福、荣辱、平等这些观念的理解和轻重主次之分，是影响个体行为的重要因素。

一个人的价值观是从出生开始，在家庭和社会的影响下，逐步形成的。一个人所处的社会的生产方式及其所处的经济地位，对其价值观的形成有决定性的影响。另外，报刊、电视、广播等宣传活动，以及父母、老师、朋友和英雄人物的行为，对于一个人的价值观的形成与发展，也有着不可忽视的影响作用。

在特定的时间、地点和条件下，人的价值观念是相对稳定和持久的。比如，对某种人、物、事的好坏，总有个评价和看法。在条件不变的情况下，这种评价和看法不会改变。但是，随着人们经济地位的改变，以及人生观和世界观的改变，这种价值观也会随之而改变。

价值观是人生观的核心。不同的国家、民族和组织，不同的社会生活和文化传统，会形成不同的价值观，进而导致顾客态度和行为上的差异。顾客关系传播工作应该认真研究顾客的价值观，根据顾客的价值观来设计和调整传播沟通的方针、政策和形式。

（二）影响人们价值观的因素

价值观决定了人们行为的方向和能达到的程度，即决定了人们向往什么、追求什么、喜欢什么、推崇什么。比如，有人祈求工作轻松，有人讲究经济实惠，有人看重地位名气，有人注重工作成就等，都因价值观不同所致。由价值观产生的人们的追求或向往，直接决定着人们的行为取向。这种追求和向往的努力程度取决于以下因素：

（1）个人的成就感、事业心。成就感很强的人，在工作、目标的追求上，"求成功"的心理超过"怕失败"的心理。成就感弱的人，"怕失败"的心理超过"求成功"的心理。

（2）过去的成功或失败的经历。一个能够不断实现自己目标的人，他的向往水平就高；一个追求某种目标经常遭受挫折的人，他对这一目标的向往水平就会降低。

（3）周围环境、生活条件的影响。家庭、亲朋、同事、社会风气、团体气氛都对人的向往水平产生影响。一个充满生气的集体，其成员的向往水平就较高。

（4）对目标的接近程度。距离目标越近，越容易提高人的向往水平。在组织内部，财经管理工作者需要根据这些因素去创造条件和气氛，促使组织的成员形成积极、向上的价值观，以增加组织的活力和动力。

由不同的价值观推动的行为取向，在现实生活中有各种不同的类型。认识和分析人们的价值取向类型，对于选择顾客对象、确定顾客传播活动的目标、调整或协调组织与顾客之间的关系都有意义。比如，有的顾客价值取向是实惠型的，讲究经济实惠，不图空名，以实际利益为标准来衡量所有事物和关系；有的顾客价值取向是功名型的，以获取功名为目标，注重个人的名誉、地位、注重精神价值；有的顾客价值取向是传统型的，推崇传统习惯，决策和行动都比较因循守旧，一切以传统为标准；有的顾客价值取向是现实型的，尊重现实和变化，决不囿于固定的传统习惯，一切随遇而安；有的顾客价值取向是自私型的，一切从个人利益出发，不惜损害他人和公共利益实现自己的目的；有的顾客价值取向是奉献型的，以对他人、对社会的奉献为自己的崇高目标，以为他人和社会服务为乐事；有的顾客价值取向是享乐型的，只顾追求眼前的物质享受和生活享受，缺乏工作的上进心，甚至不顾个人和组织的长远利益和整体利益；有的顾客价值取向是事业型的，把献身于事业作为生活的目标，是个工作狂，甚至不顾个人的实际利益和健康等。这些价值取向类型大多是从个人的角度来说的，至于群体和团体的价值取向还有许多不同的、具体的类型。

顾客关系工作应注意协调组织自身的价值取向和顾客对象的价值取向之间的距离和关系。一般来说，组织和顾客对象的价值取向相一致或相类似，沟通就比较容易，效果比较好；而价值取向相矛盾、相冲突，沟通就比较困难，阻碍比较大，不容易达成共识和理解。因此，与价值观相反的顾客沟通难度较大，必须更加注意传播内容的设计和沟通艺术的运用。

二、团体压力与从众心理

(一) 从众心理的定义

团体是由两人或两人以上组成的，并通过人们彼此之间相互影响、相互作用而形成的。它是具有共同目标的一种介于组织与个人之间的人群集合体。团体和组织是有差别的，但差别不在于规模的大小。组织强调的是一定的职权分工和合作，而团体强调心理上的联系和作用。从团体的作用上看，它强调各成员相互依赖，在心理上彼此意识到对方的存在，各成员间在行为上相互作用，彼此影响，有明显的认同感。

从众心理是指在社会团体的压力下，个人不愿意因为与众不同而感到孤立，从而放弃自己的意见，采取与团体中多数人相一致的行为，以获得安全感、认同感和归属感。这种现象称为社会从众行为，或叫团体压力下的顺从现象，俗称"随大流"。从众心理对于某些顾客态度和行为的产生具有明显的影响作用，值得我们分析、研究。

从众行为的主观原因是不愿意被孤立。当个人的意见与众不同时，心理上就有一种紧张感，有一种孤立的感觉，从而使个体产生不愿意标新立异，而愿意顺从多数人的倾向。从众行为的客观原因是外来的影响和压力。当团体中出现不同意见时，为了保持团体行动的一致，达成团体目标，使团体免遭分裂，团体确实会对有异议的成员施加影响和压力。这种影响和压力是逐渐施加的，它的形式和强度也是逐渐改变的。开始是讨论协商，进而劝说、诱导，再而批评、攻击，甚至孤立、排斥。

正由于上述两方面的原因，通常从现象来看，团体成员都有顺从团体的倾向，但也不都是这样。实际上有顺从，也有不顺从的。顺从有口服心服的真顺从，有口不服但心服的暗顺从，也有口服心不服的假顺从，或权宜顺从。哪些因素决定团体成员顺从还是不顺从呢？这取决于团体、个人及问题本身的性质这三方面因素。

(二) 决定团体成员是否从众的因素

1. 团体方面

从团体方面来说，可以归纳为五点。第一，团体的性质起重要作用，人越需要这个团体，则越愿意顺从。第二，如果这个团体一贯是团结的，团体成员间的感情深厚，则容易顺从；反之，不容易顺从。第三，如果这个团体的气氛是民主的，允许不同意见发表，则个人的不同意见容易坚持；如果是专横的、排斥异己、打击报复，则个人不同意见不易坚持。第四，如果团体中绝大多数人的意见一致，仅有一人意见不一致，则易于顺从；如果有其他人或一些人与他意见一致，则不容易顺从。第五，如果团体的多数意见受到社会支持，个人意见不受社会支持，则容易从众；反之则不容易。

2. 个人方面

从个人方面来说，也可以归纳为五点。第一，如果个人在团体中的地位比别人高，不容易从众；反之则易从众。第二，如果个人的智慧与能力高，不容易从众；反之则易从众。第三，如果个人的情绪是稳定的，不易从众；情绪不稳定，则易从众。第四，重视人际关系的人，易从众；不重视人际关系的人，不易从众。第五，态度与价值观对个人是否产生从众行为也有影响，如果个人整体观念强，重视组织原则，则易从众；

反之，则不易从众。

3. 问题本身

从问题本身的性质与明确程度方面谈，对非原则问题比对原则问题容易从众，对一般问题比对重大问题容易从众。此外，有明确答案的，不易从众；没有明确答案的易从众。

应该注意的是，团体压力与权威命令不同，它不是自上而下的命令，也没有硬性的条例规定，它并不是强制性的。它是通过多数人的一致意见和态度，形成一种无形的压力，对个人的心理构成影响，往往比权威命令更能制约和改变个人的行为。

三、逆反心理与顾客行为

逆反心理指作用于个体的同类事物，超过了个体感官所能接受的限度而产生的一种相反的体验，使个体有意识地脱离习惯的思维轨道，向相反的思维方向探索。逆反心理会造成逆反行为、抵触行为。顾客关系工作需要注意防止顾客产生逆反心理和抗拒行为。

（一）心理感应抗拒理论

人们的态度是否转变，与本身内在的心理状态有关。心理感应抗拒理论就是阐明人们的逆反心理形成的主观原因的理论，是美国心理学家布林在其专著《心理感应抗拒理论》中首次提出的。

布林指出，当一个人的行为自由受到威胁时，他会处于一种动机唤醒状态，这种状态驱使他去试图恢复自己的自由。这种动机状态是人们对其行为自由减少的一种反应，也就是一种反作用力，布林称之为心理抗拒。因为人们都有享有自由行动与思考的权利，大家都坚持认为"我就是我自己行为的唯一主宰者"。

所谓自由行为，对于一个人来讲，是在某一时期，他有一套可供自己选择的行为，这套行为中任何一种行为在什么时间发生都可以由自己决定，所以称为自由行为。自由行为只包括那些具有现实可能性的行为，例如，吸烟是自由行为，而到月球上漫步则不是自由行为。自由行为包括一切可能实现的行为，一个人做什么、怎样做，以及什么时候去做等。为此人们必须具备从事某种行为的身体和心理能力，具备一定的经验、习惯，以及有关法律或其他相应的知识。根据布林的理论，如果一个人的一套自由行为中有一种行为被剥夺或者可能被剥夺的话，他将发生心理抗拒即逆反心理。

（二）影响心理抗拒的因素

布林认为，心理抗拒的强弱是由以下因素所决定的：

1. 对自由的期望

人们对自由的期望越高，则当自由被剥夺时，其心理抗拒力量也越大。一个人越是认为自己应该拥有某种自由，当该自由被剥夺时，其心理抗拒就越强烈。如果人们根本不期望享有某种行为自由，则该种行为自由被取消时也根本无所谓，例如，"禁止吸烟"的命令对不吸烟者来说是无所谓的。

2. 对自由剥夺的威胁

有时候，个人的某种自由行为并未被剥夺，只是有可能被剥夺，即这种自由只是受到威胁，这时，人们也会产生心理抗拒且企图使自己保持这种自由。

3. 自由的重要性程度

如果一项自由对自己越重要，则当这项自由被剥夺时，其心理抗拒力量也越大。所谓重要性，指这种自由行为更能满足自己的需要，而且无法用其他行为来替代。例如，吸烟成瘾者被剥夺了吸烟的自由，而吸烟对他来说是至关重要的，无法用吃糖等其他方法来代替，从而使他产生很大的心理抗拒力。

4. 是否会影响到其他自由

如果人们的某种自由被剥夺，还会影响到其他自由也被剥夺，则其心理抗拒会更强。例如，一个人认为，若吸烟和喝酒的自由被剥夺后，会影响他的交际范围，也就是说，由于他未能自由地吸烟和喝酒，也就失去或减少了广交朋友的自由，由此产生更大的心理抗拒力。

（三）心理抗拒阻止态度的转变

人们产生心理抗拒以后，将会影响其态度的转变，表现在认知、情感和行为意图方面。这就告诉人们，如果宣传说服不当，要求人们不准这样、不准那样，人们认为自己的自由行为被剥夺了，非但不会转变态度，反而适得其反。逆反心理形成也可能是出于好奇心与好胜心（自我显示）。顾客对于某些表现过分的东西，往往会产生十分厌烦、厌恶的感觉，从而形成抵触的情绪。在这种抵触的情绪下，为了证实和论证自己的判断力，使力求得到相反方面的支持和论据，形成相反的认识和判断，并根据相反的判断采取相反的行动，从而表现出个人能力的与众不同。

无论如何，逆反心理的产生会成为组织与顾客进行沟通的一种障碍。因此，要防止出现顾客的逆反心理，财经工作人员就应当细心研究顾客对"自由"的看法与认识，充分尊重和顺应他们的"自由"，不能让他们感觉到自己的"自由"被"剥夺"。另外，从信息传达的角度来看，还要注意传播的信息量和刺激量要适度，信息量过大、刺激过度就容易使顾客产生厌烦情绪，同样也会产生逆反心理。

思考题

1. 态度的特性是什么？影响和改变态度的因素有哪些？

2. 追随流行的心理原因有哪些？

3. 怎样制止流言？舆论有什么作用？

4. 影响人们的价值观的因素是什么？影响心理抗拒的因素是什么？

第十二章
顾客的决策与购买行为

学习要点

◇ 理解购买决策的含义和特点；
◇ 顾客购买决策的内容和方式；
◇ 顾客购买决策的过程；
◇ 顾客的决策原则；
◇ 理解顾客购买行为的含义和特征；
◇ 顾客购买行为理论；
◇ 顾客购买行为模式；
◇ 顾客购买行为的类型分析。

第一节　顾客的购买决策

一、顾客购买决策的含义和特点

（一）购买决策的含义

决策，从词义上讲是指从思维到作出决定的过程，或简单地说，就是决定或决断。从一定意义上讲，购买行为的全过程实质上是顾客不断进行决策的过程。消费行为的实质就是通过购买活动及购买结果满足某种未满足的需要。而为实现满足特定需要这一目标指向，顾客作为行为主体，在购买过程中必须进行评价、选择、判断、决定等一系列活动。

所谓顾客购买决策，是指在购买过程中，顾客为实现预定需求目标而进行的搜集信息，寻求解决方案，选择和确定最优方案，进行购买后评价等一系列活动过程。

任何顾客在选购某一种商品时，都会遇到买与不买、买什么牌子、数量多少、何处购买、何时购买、以何价格购买、以何方式付款等问题，这就需要顾客考虑、权衡、作出决定。决策的正确与否对购买行为的发生方式、指向及其效果具有决定性作用。因此决策是顾客购买活动中的关键环节。

（二）购买决策的特点

购买决策与其他决策活动相比具有以下特殊性：

1. 决策主体的单一

购买商品是顾客主观需要、意愿的外在体现，直接表现为顾客个别的、独立的行为活动。因此，在决策时，一般由顾客个人单独进行，或与直接购买者关系密切的大小群体，如家庭、亲友共同进行。

2. 决策范围的有限性

顾客的决策范围并非包罗万象，而是仅仅限制在对所要购买的商品、购买方式及购买地点的选择和决定上。因此，决策内容相对简单，决策范围相对狭小，一般无须借助现代决策技术手段，而主要依靠人脑进行。

3. 影响决策的因素复杂

顾客决策虽然表现为个人的相对简单的活动，但却受到多方面因素的影响和制约。如顾客个人的性格、气质、兴趣、生活习惯与收入水平，所处环境的生活水准、亲友的期望与评价、社会时尚的变化、价值观念的更新，商品本身的属性和价格、企业信誉和服务水平、各种促销形式，以及地理、气候条件等，都会对购买决策的内容、方式和结果产生影响。

4. 决策内容的情景性

由于影响决策的各种因素不是一成不变的，而是随着时间、环境、地点的变化不断发生变化，因此，顾客的决策具有明显的情景性，其具体内容与方式因影响因素的不同而异。这就需要顾客在实际进行购买活动时，必须因时、因地制宜，具体情况具体分析，以便做出正确的决策。

二、顾客购买决策的内容和方式

（一）购买决策的具体内容

1. 购买原因决策

购买原因决策也就是为什么（Why）要购买商品的决策问题。顾客购买商品的原因，反映了顾客的需要和购买动机。购买原因决策，就是要权衡购买动机和原因，以确定购买的目的。

2. 购买目标决策

购买目标决策也就是买什么（What）商品的决策问题。顾客购买某种商品的决策，一方面受该商品自身特性如型号、款式、颜色、包装等因素的影响，另一方面受市场行情、价格、服务等因素的影响，同时还受顾客个人的收入、个性特点等因素的影响。凡是符合顾客意愿的商品便会刺激顾客做出购买该商品的决策。

3. 购买数量决策

购买数量决策也就是买多少（How）商品的决策问题。顾客往往会根据自己的生活方式、购买习惯、使用频率、支付能力以及市场的供求状况，决定一次购买商品的数量。一般来说，使用频繁的日用品，顾客每次购买的数量就比较多。

4. 购买地点决策

购买地点决策也就是决定去什么地方（Where）购买的问题。这是顾客根据自己所掌握的信息对购买地点所做的决策。购买地点的选择取决于两个因素：一是商品经营者的因素，包括居住区与商业网点距离的远近，商店的名誉，经营方式，服务质量，可供选择的商品的品种、数量、价格、信誉等；二是商品本身的特点，如人们习惯就近购买日常生活用品，喜欢到商业繁华地区和知名的商店去购买选择性较强或贵重消费品，喜欢到大的特约商店去购买特殊商品。

5. 购买时间决策

购买时间决策也就是决定什么时候（When）去购买的问题。决定购买的时间一般与顾客需要的紧迫程度、工作性质、生活习惯、空闲时间等有关，也同商品的种类、存货状况、商品本身的季节性以及商店的营业时间等有关。

6. 购买方式决策

购买方式决策也就是决定如何（Which）购买的问题。顾客在购买商品时要先决定采用什么方式，如是亲自去商店购买还是托人购买，是通过电话预约、送货上门的方式，还是通过邮购、函购，是使用现金购买还是使用信用卡购买，是一次性付款还是分期付款等。购买方式的决策，一方面取决于顾客个人的状况，如支付能力等；另一方面也受外界因素的限制，如零售商是否采用分期付款的方式等。顾客在综合这两方面因素的基础上，对具体的购买方式进行决策。

（二）顾客购买决策的主要方式

1. 个人决策

个人决策是指顾客个人利用经验和自己所掌握的信息，凭借个人智慧作出的购买决定。人们平常大量的购买行为都是常规性的，如油、盐、酱、醋之类的商品，凭着自己的购买经验，直接就可以做出决策。另外，日常生活中也会经常遇到一些紧迫性的问题，如偶然遇到市场供不应求的商品，需个人立刻决定购买，这样既可以提高购买效率，也不会错过购买机会。

2. 家庭决策

家庭决策是指重大购买行为，由家庭成员共同商议，凭借集体的经验和智慧作出决定的决策方式。顾客购买日常生活用品通常由个人决策即可，但耐用消费品和重要商品的购买，由于消费支出占家庭消费的比重大，个人的购买经验一般不能胜任，这样就必须经家庭成员共同商议，凭借集体的经验共同决策。

3. 社会决策

社会决策是指顾客在购买决策过程中，通过社会化的渠道搜集信息，进行商议，凭借社会化的经验和智慧做出决策。由于个人和家庭对于数以百万计的商品的了解程度是极其有限的，尤其是一些非日常消费品。此外，科技的发展又使商品的性能不断改善，推陈出新。因而，仅靠个人和家庭的经验，也很难做出对购买对象的最终决策。这样就必须通过广告或向销售人员进行咨询以及向其他消费者咨询等方式，汲取经验，借助社会的力量和智慧做出决策。

三、顾客购买决策过程

顾客的购买决策是在特定心理机制驱动下按照一定程度发生的心理与行为活动过程。这一过程通常包括若干前后相继的程序或阶段（见图 12-1），顾客决策的运行规律蕴涵于这些阶段之中。

图 12-1　顾客购买决策过程

（一）认识需要

顾客的购买行为，首先从唤起需要开始，认识需要是购买决策的第一阶段。顾客对需要的认知可由内在的原因引起，如肚子饿要吃饭，天气冷了需要购买保暖的衣服等；也可由外部刺激或诱导而感到需要，如看到亲戚、朋友或周围邻居都在装修房子，而感到自己家的房子也应该装修一下，或看到广告上介绍了某一种新产品，很适合自己的需要，从而产生了强烈的购买愿望等。内外刺激引起消费者对自身需求的正确认知，而这种认知起着为决策限定范围、明确指向的作用，因而是有效决策的前提。

（二）寻找信息

寻找信息也就是寻找购买目标。顾客为了确定购买目标，会通过各种途径寻找有关商品的信息，以避免决策失误或减少购买风险。顾客信息来源一般有如下途径：个人来源，是由家庭成员、亲戚、朋友、邻居或同事等提供的信息；商业来源，即各种广告、展销会、产品说明书、经销商的推荐等；公众来源，即报纸等新闻媒介的评述、权威鉴定的结论、消费者权益组织的评价等；经验来源，即顾客个人以前购买使用产品的经验。这些信息来源对顾客的相对影响程度取决于所要购买的商品类型和购买者的特点及其搜集资料的方式。通常，个人来源对顾客的影响力大，顾客很信赖这种信息来源；而顾客的大部分信息来源于商业来源；公众来源往往对顾客的购买起着很大的影响力；经验来源则是对信息进行评估的可靠依据。

（三）评价选择

顾客在广泛搜集信息的基础上，对所获得的信息进行分析、对比、评价，形成若干购买备选方案，再根据自己的购物标准、收入状况、个性心理、商品供求情况等对各种备选方案进行比较和评价，以选定最能满足自己需求的商品。由于评价选择的标准会因顾客价值观念的不同而异，所以，对同一方案，不同的顾客会作出不同的评价，其取舍的结果也迥然不同。比较评价所用时间也有长有短，一般对于日常生活用品、名牌商品等，顾客在选择时所花时间较短，而对高档耐用消费品选择的时间则较长。顾客对多种同类商品的比较和评价，实质上是多种同类商品之间的直接较量。在争夺顾客的竞争中，企业要善于利用一切信息传播媒体，扩大商品和企业的知名度，以促进顾客产生购买行为。

（四）购买决策

在对各种方案进行充分的比较评价之后，便可从中选择最优方案，作为实施方案

199

确定下来。确定最优方案是顾客决策中的实质性环节，是直接决定决策正确与否、质量高低的关键。具体方案一旦确定，顾客就有了明确的购买意向。然而从购买意向到购买决策还要受到两种因素的影响：一是其他人的态度，如与他关系密切的人的反对；二是一些意外情况，如消费者收入或商品价格变动较大等。这些因素都可能改变消费者的购买意向，从而放弃购买的打算或重新回到第二阶段，以作出新的决定。

（五）购后评价

在顾客做出购买决策之后，即进入了购买过程和商品的消费过程。顾客购买商品后，往往会通过使用或他人的评判，对其购买决策进行检验，重新考虑购买这种商品是否明智、合算、理想等。这就形成购买后的感受，而购买感受将直接影响消费者作出今后是否继续购买的决策。所以，如果已购买的商品不能给顾客以预期的满足，使其产生失望或使用中遇到困难，顾客就会更正他对这个商品的态度，并在今后购买行为中予以否定。不仅他自己不会重复购买，而且还会影响他人购买。如果所购买的商品使顾客的需求得到满足，就能使营销者和顾客之间建立起良好的关系，促进重复购买，并因此招徕更多的顾客。

综上分析可知，顾客购买决策过程的五个阶段是环环相扣、循序进行的。但在实际购买活动中，并不是每一个被认知的需求都能转化为购买行动。事实上，顾客在购买决策过程的任何阶段都有可能放弃购买，造成购买决策过程的提前终止。同时，由于商品的特点、用途及购买方式的不同，决策的难易程度与所需经过的程序也有所不同，并非所有的购买决策都必须经过完整的五个阶段。在某些情况下，只需经过其中的几个阶段就可完成决策。所以，企业营销的任务就在于认识顾客购买行为每一阶段的特点，采取行之有效的措施，引导顾客的购买行为，促成交易，并赢得顾客的重复购买和长期使用。

另外，影响顾客决策过程的因素主要有内部因素和外部因素。内部因素包括需要、动机、爱好、顾客的个性以及购买商品的经验等，外部因素包括家庭、参照群体、文化等。

四、顾客的决策原则

如上所述，顾客在决策过程中，总是依据一定的标准对各种可行方案进行比较、选择，从中确定最优方案。而选择标准的拟定又是从一定原则出发的。决策原则贯穿于决策过程的始终，起着指导顾客决策的作用。通常采用的两个最基本的决策原则是满足原则和遗憾原则。

（一）满足原则

满足原则是指购买行为发生之前或初期，顾客对购买结果所带来的利益和效用的一种预期。它又分为相对满足原则和预期满足原则。

1. 相对满足原则

顾客在安排消费支出、制订购买计划时，目的总是在于获得最大限度的效用和满足。在外界环境因素复杂多变、内在需求冲突较大、货币支付能力有限的情况下，最大限度的效用和满足将不可能实现。因此，在进行购买决策时，顾客只需作出相对合理的选择，达到相对满意即可。例如，为购置一件沙发，顾客只要经过有限次数的比较选择，买到质量、外观、价格比较满意的沙发，而无须花费大量时间跑遍所有的家具广场，对每一款沙发进行挑选。贯彻相对满足原则的关键是根据所得与所用的比较，合理调查选择标准，使之保持在适应、可行的范围内，以便以较小的代价取得较大的效用。

2. 预期满足原则

有些顾客在进行购买决策之前，已经预先形成对商品价格、质量、花色、功能等方面的心理期望。为此，消费者在对各种各样方案进行比较选择时，逐一与预先产生的心理期望进行比较，从中选择与预期标准吻合程度最高的作为最终决策方式。运用预期满足原则，可以大大缩小消费者的选择范围，迅速、准确地发现拟选方案，加快决策进程，同时可避免因方案过多而眼花缭乱、举棋不定。

（二）遗憾原则

遗憾原则是指购买决策执行之后的感受。顾客在进行购买决策时，会充分估计各种方案可能产生的不良后果，比较其轻重程度，从中选择不良后果最小者作为决策方案，以便使购买后的遗憾减少到最低限度。例如，当顾客因各类减肥茶的价格高低不一而举棋不定时，有人便宁可选择购买价格最低的一种，以便使遗憾减到最低程度。遗憾最小原则的作用在于减少风险损失，缓解顾客因不满意而产生的心理失衡。

把顾客在购买过程中付出的有形支出（货币支付数量）与无形支出（时间与精力的耗费）看成"成本"，买后的感受看成"收益"，若成本大于或等于收益，顾客就会感到遗憾，认为所购之物和购买行动本身不值得；若成本小于收益，则会感到满意。在此，遗憾与满意均有程度上的差别。一般规律是：不得不面对遗憾结果，则顾客追求遗憾的最小化；如果是满意的结果，顾客自然追求满足最大化。

顾客在做购买决策时，会自觉或不自觉地遵循以下三个基本规则：第一，面临几种必须作出选择的冲突方案，或可供选择的不同方案优劣程度不一时，顾客总是判断可能发生的最坏情况，并让最坏情况的那种机会有最小的实现可能性；第二，若顾客不能判断各种方案的结果或可能出现的情况，则顾客将同等对待各种可能性，而从多个方案中随机选择；第三，对最小遗憾的关心要大于对最大效用或最大满足的追求。为了避免或减少购买风险，实现最小遗憾或最大满足，顾客在购买前要寻找信息、缜密思考与判断，这样，购买后的遗憾便可减至最小。

第二节　顾客的购买行为

一、顾客购买行为的含义和特征

（一）顾客购买行为的含义

行为是在动机的驱使下所发生的实践活动，它是具体的、现实的、可以观察到的。

心理学把行为分解成两项行动：目标导向行动和目标实现行动。前者是寻找能满足需求和欲望的具体物品、具体方式和结果；后者是找到物品和方式之后满足需求和欲望的实践活动过程。

行为实质上是实践主体（即人）在内外环境与条件的影响下，所引起的内在生理和心理变化的外在反映。顾客的购买行为是指顾客为了满足某种需要，在接受外界刺激后形成的购买动机的驱使之下，用货币交换商品的实践活动。顾客的购买行为不仅是顾客对商品的感性认识、理性认识、购买欲望与购买动机的表现，也是顾客在商品交换过程中个性的直接表现。

（二）顾客购买行为的基本特征

在现实生活中，顾客行为是以单独的个体形式体现的。人与人之间都存在差异，要对千姿百态、纷繁复杂的购买行为逐一加以研究，无疑是困难的。因此，需要我们透过现象寻找顾客行为中某些共同的东西，即体现在每一个顾客行为中的基本或共同特征。这些基本特征主要有以下几种：

1. 目标性

人的行为的第一要素就是明确目标。这个目标在行为开始时就已经在观念上存在着明确目标的过程，就是目标导向行动。从顾客受到刺激开始，顾客的购买意向就已形成，经过一定的心理活动产生购买动机，然后引发购买行为，这一切都围绕其目标进行。

目标是可以再细分的。例如，为实现艺术欣赏的目标，某一顾客要购买音响设备。经过资料搜集和综合判断，决定购买组合式高档音响，然后再确定在众多的牌号中，选取哪一种牌号，并决定在哪一类商店购买。目标的细分过程，实际上也是购买目标逐步、逐层次及明确化与具体化的过程。

2. 可控制性

顾客的购买行为的可控制性包括自我控制和间接控制。自我控制是指顾客在购买行为的每一个阶段中，都会自觉或不自觉地调整和修正自己的购买行为，控制自己的购买行为方式和途径，以便能够更合理、更快速地实现预期目标。间接控制则是来自外界，外界的环境因素变化当然会引导、修正和改变顾客的购买行为。

3. 连续性

顾客的每一系列的购买行为往往不能通过一次行动就能达到预期目标，必须连续或重复进行，这就构成购买行为的连续性。例如，新婚夫妇以结婚用品为目标的购买行为就具有连续性的特点。这种连续可能是前一次行为的简单重复，但更多的情况是前一次行为的深化。连续性的特点，保证了顾客购买行为功能的持续发展和取得更大功效。

4. 可变性

顾客在实现目标的过程中，由于外界条件的发生、发展、变化以及顾客个人内部因素的变化，包括知识、经验的积累和作用，其行为方式也会发生变化。这种变化是不可避免的。研究顾客行为的目的之一，就是掌握了解顾客行为方式变化的原因和规律，并自觉地适应这种变化，更好地满足顾客的需求。

二、顾客购买行为理论

自财经心理学问世以来，就一直有众多的学者在探讨顾客购买行为的活动规律，学者们从各种角度提出了一些解释顾客购买行为的理论框架。下面主要介绍习惯养成理论、信息加工理论和风险控制理论三种。

（一）习惯养成理论

习惯养成理论是行为主义学派提出来的。该理论的主要观点包括三个方面：

1. "刺激—反应"决定购买习惯

顾客对某种商品的购买行为，直接取决于"商品—购买"这一"刺激—反应"链的巩固程度。也就是说，假如顾客经常购买某种商品，就会形成一种习惯，建立起一种稳固的条件反射，一旦他（她）再次见到这种商品或重新产生对这种商品的需要时，就会自然而然地再去购买它。这种"刺激—反应"的强度越大，条件反射建立得越牢固，带有某种"定向"性质的购买行为就越容易出现。例如，生活在我国南方的消费者以大米为主食，在长期的生活中形成了牢固的习惯，当家中没米了，自然就会出现"大米—购买"的条件反射。

2. 重复形成喜好与兴趣

不论顾客是否了解某商品的有关信息，在某些内外界刺激物如需要、动机、商品的外观、广告等刺激下，只要顾客对该商品进行尝试购买，并在购买和使用的过程中获得满意的体验，那么这种满意必将促使顾客对该商品产生更浓厚的喜好与兴趣。当顾客再次见到该商品或产生了重新购买该商品的消费需求时，就会自然而然地再去购买它，所以，顾客对商品的喜好与兴趣是在重复使用该商品的过程中建立起来的。

3. 强化是形成习惯性购买行为的必要条件

从心理学的角度看，购买行为是一种习惯建立的过程，即新购买行为建立的过程。根据巴甫洛夫条件反射学说，任何新的行为的建立和形成都必须使用强化物。而且，只有通过强化物的反复作用，方能使一种新的行为产生、发展、完善和巩固。可见，及时适当地使用强化物，能有效地促进顾客的习惯性购买行为。例如，企业如果能严把产品的质量关，那么顾客购买使用后，就会体验到它可靠的质量和完善的功能，也就会产生肯定和赞赏；当第二次需要时就会再去购买它；第二次购买又导致肯定的体验，结果就会促成第三次、第四次……多次的重复购买。在此，商品的质量就是顾客购买行为的强化物。

习惯养成理论可以用来解释现实生活中的许多购买行为，如人们对日用消费品的购买就其实质而言，确实是一种购买习惯形成的过程。但是，习惯养成理论并不能解释顾客复杂的购买行为。

（二）信息加工理论

信息加工理论是认知学派提出来的，也是近年来在心理学中比较流行的一种顾客行为理论。它的核心是把顾客购买行为看成一个信息处理过程，或者说把购买行为看

203

成信息的输入、编码、加工、储存、提取和使用过程。顾客对商品信息的处理过程是：当商品信息刺激顾客时，在多种内外因素的共同作用下，经过顾客的知觉选择过滤后，或被接受或被拒绝，从而决定是否购买。当信息最初被接受时，只是一种感觉记忆。很快就会自然消退，只有当信息被注意后，才能转入短时记忆，这时，顾客就必须认知信息、了解信息，看信息是否与自己的认知、经验相一致。一致则予以接受，否则就予以拒受。信息一旦被接受，就将转入长时记忆，以备取用。当顾客面对某种商品信息时，长时记忆中的储备信息就会与新接受的信息整合起来，形成对该种商品的态度，从而影响购买决定。所谓可控因素是指生产和销售部门能设法对信息加以控制的因素。例如，通过广告、促销活动等传递有关商品信息的内容时，是突出强调商品的新功能、新特点，还是突出强调商品的价格优势；发布信息所采用的媒体是大众传播媒介，如报纸，电视等，还是针对性强的私人传播媒介，如电话，信函等。不可控制的因素是指接受信息的人，如顾客的个性特点、生活方式、社会经验等。

购买行为的信息加工理论实质上是把顾客看成一个自动化的信息处理器。以为顾客总是理智地评估有关的一切信息，并作出理智的和最满意的购买决策。然而事实上，每个顾客都是一个带有情感性、冲动性、偶然性特征的社会人。既然顾客具有许多非理性的特征，那么他们就必然具有信息加工理论无法解释的冲动性或随机性购买行为。所以，信息加工理论只适合对那些制造技术或工艺复杂的且又是第一次购买的行为，或觉察到风险较大的购买行为进行说明和解释。

（三）风险控制理论

风险控制理论是社会学派提出来的。这里所谓的风险是指顾客所承受的在购买商品之后可能遭受到损失的危险。该理论认为，顾客购物时承受的风险主要有六种类型。

（1）功能风险，即商品使用时有没有广告宣传或顾客预期的那样好。

（2）经济风险，即花费这么多钱购买该商品是否值得。

（3）健康风险，即商品使用时是否会影响自己和他人安全及身体健康。

（4）社会风险，即购买该商品是否会引起同事、亲人、朋友的非议和责难，造成社会声誉损失。

（5）心理风险，即购买该商品是否会损害自我形象。

（6）时间风险，即所购买的商品迅速过时而导致的结果。

风险控制理论认为，顾客购买商品时常常面临着各种各样的风险，而个体所体验到的购买风险水平受到许多因素的影响：一是因商品不同，风险水平也就不同，例如，汽车的购买风险就大于电脑；二是实体产品与服务产品之间存在着不同的购买风险，一般来说，服务产品的购买风险远大于实体产品；三是顾客所体验到的风险是因人而异的，而且每个顾客的风险承受能力也存在着很大差异，即被顾客觉察到的风险才会影响其购买行为；四是购买风险与商品购买场所有一定的关系，例如，网上购物风险就远大于传统的商店采购。

风险控制理论认为，顾客为了控制由于购买决策所带来的必不可少的购买风险，在做出购买决策时总是试图利用某些风险控制方法或风险减少策略来尽力控制风险，从而增加自己的决策信心。顾客常用的控制风险的方法如下：

（1）尽可能多地收集商品的有关信息。顾客搜寻信息的途径一般有三种：来自亲朋好友的口传信息，来自营销人员和大众媒体的商品宣传信息，亲身体验。

（2）尽量购买自己熟悉的或者使用效果较满意的商品，或者说重复购买某商品。

（3）通过购买著名的品牌来控制风险。因为名牌商品所内含的质量、功能、价格、社会地位和形象、售后服务等价值标准较高，而相应的购买风险则较低，因此购买名牌商品是回避风险的一种常用方法。

（4）通过从有声望的营销者或者著名的商店购物以控制购买风险。

（5）通过购买高价商品来控制购买风险。

（6）通过各种方法寻求安全保证以控制购买风险，如顾客可以借助于企业所提供的退货制度，或者通过权威机构的检验，或通过免费试用等方法减少购买风险。

三、顾客购买行为模式

如果说前面讨论的顾客行为理论是从宏观上解释顾客为什么要购买商品，那么现在将要讨论的顾客购买行为模式，则是从微观的角度对消费者实际的购买过程进行形象的说明。

模式是指事物的标准形式。它现在被广泛应用于经济研究的各个领域，目的在于将复杂的经济事物简单化，以便人们分析、把握其内在规律。顾客购买行为模式是指用于表述顾客购买行为过程中全部或局部变量之间因果关系的图式的理论描述。一些西方学者对顾客行为模式进行了深入的研究，并提出了多种不同的模式表达式。下面介绍几种最具有代表性的购买行为模式：

（一）科特勒的刺激反应模式

美国著名的市场营销专家菲利普·科特勒认为，顾客购买行为模式一般由三个部分所构成（见图 12-2）。第一部分主要包括企业内部的营销刺激和企业外部的环境刺激，这两类刺激共同作用于顾客本人以期能够引起顾客的注意。第二部分主要包括购买者特征和购买者的决策过程。它们对顾客的购买行为有着很大的影响和中介作用。第三部分是购买者的反应，也就是顾客购买行为的实际外在化的表现，营销人员能够在实际中识别出来。

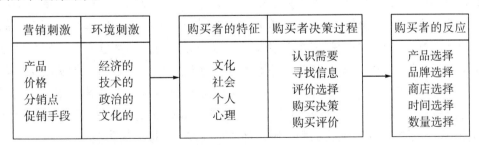

图 12-2　菲利普·科特勒刺激反应的购买行为模式

从图 12-2 和图 12-3 可以看出，科特勒的刺激反应模式表明，刺激作用于顾客，

205

经顾客本人内部过程的加工和中介作用，最后使顾客产生各种外部的、与产品购买有关的行为。因此，该模式易于掌握和应用，但也存在明显的缺陷，如没有对顾客大脑内部所进行的信息加工过程给予必要的说明。

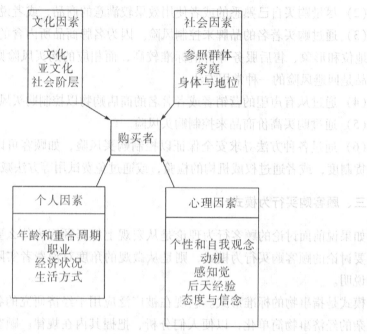

图 12-3　影响顾客行为的主要因素

（二）霍华德—谢思模式

霍华德和谢思认为，影响顾客决策程序的主要因素有输入变量、内在因素（包括知觉过程和学习过程）、输出变量和外因性变量四种，见图 12-4。

模式中的输入变量（刺激因素）包括刺激、象征刺激和社会刺激。刺激是指物品、商标本身产生的刺激；象征性刺激是指由广告媒体、营销人员等传播的语言、文字、图片等产生的刺激；社会刺激是指顾客在同他人交往中产生的刺激，这种刺激一般与提出有关的购买信息相联系。顾客对这些刺激因素有选择地加以接受和反应。模式中的内在因素，知觉过程是完成与购买决策有关的信息处理过程，而学习过程是完成形成概念的过程。知觉过程和学习过程都是在"暗箱"内完成的，经过"暗箱"的心理活动向外部输出变量。模式中的输出变量，也叫结果变量，是指顾客最终所形成的对产品的外部行为。该变量包括三个分变量，一是与顾客对产品的注意和了解相联系的认识反应，二是与评价动机的满足水平相联系的情感反应，三是与是否实施实际购买相联系的行为反应。模式中的外因性变量并没有在图 12-4 中表示出来。因为它们不直接参与决策过程。但是，一些重要的外因性变量，如购买的必要程度、顾客的个性、支付能力以及社会阶层、文化的影响等，都会对顾客产生极大的影响。

霍华德—谢思模式结构比较严谨，比其他一些购买行为模式更具有实用价值。该模式尤其适用于顾客对各种产品品牌的选择和购买。

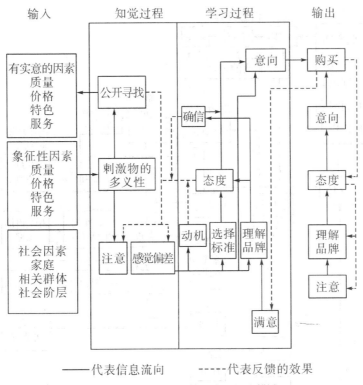

图 12-4 霍华德—谢思购买行为模式

(三) 恩格尔—科拉特—布莱克威尔模式（EKB 模式）

EKB 模式是以顾客制定购买决策的过程为基础而建立起来的，在这个模式里，顾客心理成为"中央控制器"，外部刺激信息输入"中央控制器"。在"中央控制器"中，输入内容与"插入变量"（态度、经验及个性等）相结合，得出了"中央控制器"的输出结果即购买决定，由此完成了一次顾客购买行为。EKB 模式描述的购买行为见图 12-5。

具体来说，EKB 描述了一次完整的顾客购买行为过程：在外界刺激物和社会压力等有形及无形因素的作用下，某种商品引起顾客的知觉、注意、记忆，并形成信息及经验储存起来，构成顾客对商品的初步认知。在动机、个性及生活方式的参与下，顾客对问题的认识逐渐明朗化，并开始寻找符合自己愿望的购买对象。这种寻找在评价标准、信念、态度及购买意向的支持下，向购买结果迈进。经过产品品牌评价和备选方案评价阶段，顾客在选择评价的基础上做出决策，进而实施购买并得到输出结果，即商品和服务，最后对购买后结果进行体验并得出满意与否的结论，并开始下一次消费活动过程。

EKB 模式的优点是详细表述了与购买决策过程有关的一系列变量，它比科特勒的刺激反应模式和霍华德—谢思模式更详细和具体，但却又过于繁杂，不易被财经人员所掌握。

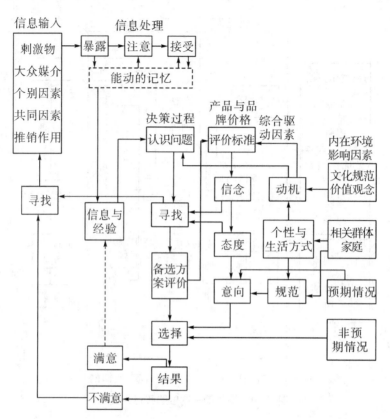

图 12-5　恩格尔—科拉特—布莱克威尔（EKB）购买行为模式简图

四、顾客购买行为的类型

顾客不同的心理活动影响着实施购买的全过程，产生各具特色、千差万别的购买行为。我们可按照不同的标准对顾客购买行为进行分类，总结其变化规律，从而为全面认识顾客行为奠定基础。

（一）按顾客购买目标的选定程度划分

1. 确定型

这类顾客在进入销售现场之前，已有非常明确的购买目标，对所要购买商品的种类、品牌、质量、型号、价格等都有明确的要求，一旦商品合意，就毫不犹豫地买下。这一购买行为的整个过程都是在非常明确的购买目标指导下完成的。

2. 半确定型

这类顾客在进入销售现场之前，已有一个大致的购买目标，但具体要求还不甚明确，最后购买决定是经过选择比较而完成的。例如，一位顾客要买电冰箱，但选择什么牌子、型号、式样、功能等均不确定，他需要对同类商品进行了解、比较，实现购买目标需要经过较长时间的考虑、评定才能完成。

3. 不确定型

这类顾客在进入销售现场之前，没有任何明确的购买目标。茶余饭后、散步、顺路都可能步入商店漫无目的地浏览参观，所见的某一商品、所闻的某一信息都可能引发消费者的需要，激发其购买动机，从而产生购买行为。但有时也可能只是浏览一番，不买任何商品就离去。所谓不确定型购买行为，即指它有可能发生也有可能不发生。究竟是否发生购买行为，与商店内外部环境条件及顾客心理状态有关。

（二）按顾客购买态度与要求划分

1. 习惯型

顾客在长期的购买活动中，会形成一定的购买经验和使用习惯，也会对某些商店或商品十分信任、熟悉，以致形成某种定式，长期惠顾某商店或长期购买使用某品牌的商品，从而产生了习惯性的购买行为。无论是年龄变化或环境变换等都不会改变这类顾客使用该种商品的习惯。而且在购买时，决策果断，成交速度快，不受时尚的影响，购买行为表现出很强的目的性。

2. 理智型

此类顾客的购买行为以理智为主，感情色彩较少。在购买商品之前，往往根据自己的经验和对商品的认知，花较多的时间和精力，广泛收集所需要的商品信息，经周密的分析和思考后，才慎重地作出购买决定。在购买商品时，主观性较强，不易受他人或广告宣传的影响，挑选商品认真、仔细，很有耐心，对商品价格尤为关注，往往以价格高低来评价商品，并以此作为选购标准。他们的购买行为有两种倾向：一是喜欢购买价格低的商品，讲求经济划算，物美价廉。优惠价、处理价、特价的商品对他们有较大吸引力，而对商品的质量、造型则不太强调。二是喜欢购买价格高的商品，以为价格高质量一定会好。因此，他们往往不惜耗资，以满足自己高质量消费的心理需求。

3. 冲动型

此类顾客的个性心理是情绪易冲动，心境变换剧烈。对外界的刺激敏感，心理反应的速度也较快。这种个性特征反映到购买行为上往往呈现出冲动式的购买。此类顾客选购商品时，易受外界因素影响，凭直观感觉从速购买，选购商品考虑不周到，买后常常会感到非常懊悔。

4. 感情型

此类顾客情感体验深刻，想象力和联想力特别丰富，审美感觉也比较灵敏。这类顾客因而在购买行为上偏重于感情因素，也容易受外界因素的影响，对商品的各种特征富于想象与联系，对商品的外观造型、颜色等比较重视，往往以商品是否符合自己的感情需要来确定购买决策。

5. 从众型

此类顾客的购买行为，往往受众多人同一购买趋向的影响，对所要购买的商品不去分析、比较，只要众多人购买，便认为一定不会错，因为人们总是倾向于相信多数人，认为多数人是信息更可靠的来源。并且，团体的行为标准、规则，对人们的行为活动产生重要影响，并为他们提供一定的消费模式，使购买行为趋于一致化。在购买百货日用品、服装、布料等商品中，这种从众心理表现得比较突出。

6. 不定型

此类顾客刚刚开始独立购买商品，缺乏购买经验，购买心理不稳定，在选购商品时大多没有主见，表现出不知所措的言行。他们乐意听取销售人员的介绍，渴望得到别人的帮助。这类顾客容易受销售现场气氛的影响，其购买行为带有较多的随意性。

（三）按顾客在购买现场的情感反应划分

1. 沉静型

此类顾客在购买活动中沉默寡言，情感不外露，举动不明显，反应缓慢而沉着，购买动机一经确定就不易改变，也很少受外界因素的影响。他们与销售人员接触时，习惯地保持一定距离，从不谈论与商品交易无关的内容，也不喜欢对方开玩笑。

2. 温顺型

此类顾客在购买活动中，往往尊重销售人员的介绍和意见，作出购买决定较快，并对销售人员的服务比较放心，很少亲自重复检查商品的质量。这类顾客对购买商品本身并不过于考虑，而更注重销售人员的服务态度与服务质量。

3. 健谈型

此类顾客善于适应各种环境，有广泛的兴趣爱好，但情感易变。在购买商品时，能很快与人们接近，愿意与销售人员和其他顾客交换意见，并富有幽默感，喜欢开玩笑，有时甚至谈得忘掉选购商品。

4. 反抗型

此类顾客具有高度的情绪敏感性，对外界环境的细小变化都能有所警觉，显得性情怪僻、多愁善感，在购买商品时，主观意志较强，往往不能接受别人的意见和推荐，以怀疑的观点审视周围的一切，对销售人员抱有不信任感。

5. 傲慢型

此类顾客情绪易于激动，有时甚至很暴躁，在言谈、举止和表情中都有狂躁的表现。在购买商品时，他们显得傲气十足，甚至用命令的口气提出要求，对商品质量和销售人员的服务要求极高，稍不如意就与销售人员发生争吵，冲动而不能自制。

上述顾客购买行为的分类，只是一般的、粗略的概括。现实中顾客的购买行为是千差万别的，远非几种简单的类型所能归纳的。所以，财经人员研究顾客的购买行为必须结合营销活动的现实环境，结合顾客的言谈举止特点以及心理反应进行具体的分析。

思考题

1. 什么是顾客的购买决策？它包括哪几个阶段？
2. 顾客购买行为的特征和类型是什么？
3. 如何评价西方关于顾客购买行为的理论和模式？

第十三章
顾客价格心理

学习要点

◇ 价格在财经心理学上的意义；

◇ 价格的三大心理功能；

◇ 顾客的价格心理；

◇ 商品定价的心理策略；

◇ 价格调整的心理策略。

第一节　商品价格的心理功能

一、商品价格的含义

什么是商品价格？从不同角度讲，有不同的含义。

从政治经济学角度看，商品价格是商品价值的货币表现。价格是商品价值与货币价值之比。如果其他条件不变，生产一种商品的社会必要劳动时间减少了，价格就会下降；反之，价格就会上升。这就是说，商品价值决定商品价格。

从经济学角度看，价值决定价格，并不是说在每一个场合的商品价格总是符合商品价值的。在市场供求关系发生变化以及市场竞争出现的情况下，商品价格与商品价值的背离现象是不可避免的。因此，从经济学的角度看，商品价格是由市场供求关系和竞争的需求决定的。

从财经心理学角度看，除了商品价值、市场供求关系和市场竞争决定商品价格外，事实上，顾客的心理变化对商品价格的升降也起着不可忽视的作用，因为商品价格的高低，直接影响买卖双方的切身利益，也直接影响顾客对某些商品是否愿意购买以及购买多少。所以，从财经心理学的角度看，商品价格是以顾客在心理上是否愿意接受为出发点的。

商品是要卖给顾客的，只有卖出去了，商品的价格和价值才能最终实现。因此在制定价格时，必须特别注意是否符合顾客的心理。如果一种商品虽然本身价值不大，但迎合了顾客的某种心理需要，价格即使定得高，顾客也乐意购买，如情人节的各种鲜花就是这样。而如果顾客认为以某种价格购买某种商品不值得，他们就会拒绝购买。这就表明，财经心理学意义上的价格，是随着商品拥有者和顾客的购买心理状态的变化而变化的。因此，价格在财经心理学上具有特殊的意义。

当然，从商品交换的实际情况看，不论是商品价值、市场供求关系和竞争需要，还是顾客的心理需要，对商品价格都有不同程度的决定意义。但是，以往经济学家在解释价格问题时常常讲供求关系、原料成本、费用及其他因素对价格产生的决定性作用，而较少讲到价格与顾客心理的作用与反作用的关系。从表面看，掌握和使用价格这个工具的是商品生产经营者，因为是他们把产品和价格创造和制定出来。但是，从另一方面说，顾客也在运用价格这一工具，使得商品生产者和经营者不得不重视和迎合顾客的心理欲求和变化。可以这样说，价格的产生或制定无论在理论上是多么成功，但如果没有得到顾客心理上的认可，顾客不付诸购买行动，这样的价格也是没有意义的。

二、商品价格的心理功能

价格心理是顾客购买心理的一个组成部分，它是商品价格这一客观现实在顾客心理上的反映。由于顾客对商品价格的认识程度和知觉程度是不同的，因而价格心理也存在差异。从顾客的价格问题上的一般心理活动来考察，价格通常具有以下的心理功能：

（1）衡量商品价值和商品品质的功能。由于商品信息的非对称性及顾客的购买行为的非专业性，顾客在选购商品时，总是自觉或不自觉地把价格同商品品质及内在价值联系起来，把价格作为衡量商品品质优劣和价值大小的最重要的尺度。他们往往会认为，商品价格高，则意味着商品的质量好、价值大；商品价格低，则说明商品的质量差、价值小。由于这种心态的驱使，在日常购物行为中，我们很容易发现，对于内在价值与质量完全相同的商品，只要包装不同，价格就不同，顾客一般认为豪华包装的商品一定好于简单包装的商品。而对于一些处理品、清仓品，降价幅度越大，顾客的疑虑心理也就越重，更加不愿问津。在现实生活中"一分钱一分货"、"便宜没好货，好货不便宜"的说法正是顾客这种价格心理的反映。

随着科学技术的进步和现代社会的飞速发展，产品的生产工艺将日益专业化，新产品更是层出不穷，大量高技术产品进入家庭生活消费领域，一般顾客更是难以了解商品的实际价值和品质，因此价格必将成为许多顾客衡量商品价值和品质的最重要的标准，对这一功能的正确认识与理解，制定合理的、适应顾客心理的价格，将会给企业带来巨大的利益。

（2）自我意识的比拟功能。顾客购买商品的目的不仅是满足自己最基本和最迫切的需要，而且也是满足自己的某种社会心理需要。也就是说顾客在购买活动中，可以通过联想，把商品的价格高低同个人的愿望、情感、个性心理特征结合起来，进行有意或无意的比拟，以满足个人的某种欲望和需求。价格所具有的这种心理功能就称为自我意识的比拟功能。价格的自我意识比拟主要有以下几种形式：

①社会经济地位比拟。现实生活中，一些顾客往往通过追逐高价格的名牌或进口商品来显示自己的社会地位和不菲的经济收入，而不愿意到小商店或地摊去购物，认为有损自己的形象；而有些顾客则是小商店、低档摊位的常客，专门购买折价、过季降价、清仓处理的商品。

②观念更新比拟。现实生活中，凡是流行的、合乎时尚的商品，即使价格再贵，都是追求者甚众。例如，"商务通"掌上电脑曾经引发了一批中高收入阶层顾客的购买热情。很多人购买掌上电脑并无多大实际用处，其潜在心理是树立自己观念前卫的形象，希望能够以此获得"与时代发展同步"的心理安慰。

③文化修养比拟。现实生活中，一些顾客舍得花高价购买各种高档艺术品、名人字画、古董等，实际上自己并不懂得或根本也不爱好这些商品，而只是为了表现自身具有较高的文化艺术修养。

④生活情趣比拟。现实生活中，一些顾客既缺乏音乐素养，又没有特殊兴趣，却购置钢琴或高档音响设备，或者亲身实地去欣赏自己听不懂的高雅音乐会，以期得到别人给予"生活情趣高雅"的评价，以此获得心理上的满足。

价格所具有的这些心理功能，与顾客本身的性格、气质、兴趣、爱好等个性心理以及顾客的价值观和态度等有关。因而，这种自我意识比拟功能的表现往往因人而异。但不论顾客的表现有多大的差异，它们都有一个共同点，即从社会需求和自尊需要出发，重视价格的社会心理价值意义。

（3）调节顾客需求的功能。经济学理论告诉我们："在其他条件保持不变的情况下，价格与顾客需求成反比。"用通俗的话来说，在产品的品质、功能、销售地点、付款条件等因素完全一致或者稳定的情况下，当商品价格上涨时，顾客需求量将减少；当商品价格下跌时，顾客需求量将会增加。至于价格变动引起的顾客需求量变动幅度的大小，则在很大程度上又受商品需求弹性的制约。一般来说，生活必需品的需求弹性较小，因而受价格变动的影响也较小，奢侈品的需求弹性较大，因而受价格变动的影响也就越大。

价格调节需求的功能还要受到顾客心理因素的制约，主要表现在两个方面：首先，从顾客心理需求强度来看，顾客对某种商品需求越强烈，对这种商品价格的变动就越敏感，商品价格对商品需求调节的力度就越大；其次，从顾客预期价格心理看，当某种商品价格上涨时，本来应抑制消费需求，但顾客出于购买的紧张心理，预期商品价格会继续上涨，反而刺激了购买心理需求，而当某种商品价格下跌时，顾客出于期待心理，预期商品价格会继续下跌，于是大家都持币待购，结果反而抑制了购买心理需求。

总而言之，现代市场经济条件下，价格是影响顾客心理与行为的诸因素中最具刺激性和敏感性的因素。深入研究价格对顾客的心理影响，把握其价格心理，是企业正确制定价格策略的基础和前提。

第二节 顾客的价格心理

顾客的价格心理是指顾客购买活动中对商品价格认识的各种心理现象，它是由顾客自身的个性心理和其对价格的知觉判断共同构成的。顾客的价格心理与价格心理功能两者之间是相互联系、相互作用的。因此，要充分发挥价格的心理功能，有利于促进销售，必须研究顾客在认识商品价格问题上的心理现象。顾客的价格心理主要分为以下几种：

一、顾客对价格的习惯性

价格的习惯性，是指顾客在多次购买的实践活动中，通过对价格的反复感知，形成了对某种商品价格的习惯性认识。商品价格作为一种客观存在，必然具有其客观标准，但在实际生活中，由于科学技术的飞速发展，决定商品价值的社会必要劳动时间变化莫测，顾客很难对商品价格的客观标准了解清楚，他们只能从多次的购买活动中，经过逐步体验来认识价格，并因此形成了对特定商品价格的习惯性。

价格的习惯性心理对顾客的购买行为有着重要的影响，顾客往往从习惯价格中去联想和比较价格的高低涨落，以及商品质量的优劣差异，也由此抑制或刺激着顾客的购买行为。在顾客心目中已经形成的习惯价格基础上，对商品价格都有一个上限和下限的概念。如果商品价格高于上限则会令人认为太贵；如果商品价格低于下限则会令人产生怀疑。

顾客的价格习惯心理一旦形成，往往要稳定并维持一段时间，很难轻易改变，当商品价格变动时，顾客对新价格的认识又要经历一个由不习惯、不适应到逐步习惯和比较适应的过程，这就是日常生活中常见的商品调价引起的市场波动的原因。因此，企业在定价和调价过程中，一方面要加强对价格的宣传，另一方面要重视顾客的价格习惯性心理的影响。

二、顾客对价格的敏感性

价格的敏感性，是指顾客对商品价格变动的反应程度。因为价格的高低和变动直接关系到顾客的切身利益，所以顾客对价格的变动会作出不同程度的反应。顾客对价格的敏感性是因商品而异的。一般来说，与顾客日常生活密切相关、购买频率高的商品，顾客对其价格的变动敏感性较高。如肉类、蔬菜、食品等的价格略有提高，消费者马上就会感到难以适应。相反，一些非生活必需品、购买频率低的商品，顾客对其价格变动的敏感性就低。如电脑、家用电器、家具等，即使价格上调几十元、上百元，也不会引起顾客很强烈的反应。企业应利用顾客的这种敏感性的价格心理，对不同的商品采取相应的行之有效的价格策略，如对于敏感性较大的商品，在调价时应特别注意掌握一次调价的幅度不宜过大，同时应掌握好这类商品调价的时机，以避免引起顾客心理上的过度反应。

三、顾客对价格的感受性

价格的感受性是指顾客对商品价格高低的感知程度。顾客对商品价格的高与低的认知和判断，一般不以商品的绝对价格为标准，也不完全基于某种商品价格是否超过或低于他们认定的价格尺度，而是通过感觉和直接感受来完成的，即通过不同商品价格的比较来认定的。一般说来，顾客对价格高低的判断是通过以下比较获得的：一是在同类商品中进行比较；二是在同一售货现场中对不同类商品进行比较；三是通过商品自身的外观、重量、包装、使用说明、品牌、产地进行比较。但是顾客在判断过程中，由于受到某些客观因素的影响和心理的制约，因此其价格判断同时具有主观性和客观性的特点。影响顾客价格判断的因素主要有以下几个方面：一是商品本身的外观、包装装潢以及商品在出售中的环境气氛等因素。例如，一杯咖啡，在冰室的售价是 10 元，而在五星级酒店的售价是 40 元，这是因为豪华优雅的环境和气氛影响了顾客对价格的感受性。二是顾客对商品需求的迫切程度。如某商品对顾客有特定的使用价值或社会价值，他就不会计较价格的高低。三是顾客的经济收入，这是影响顾客判断价格的主要因素。例如，同样一件价值 300 元的衣服，月薪 5000 元的消费者和月薪 800 元的顾客对价格的感受和判断可能完全不同。

顾客对价格的感受性心理在现实生活中的反映是多方面的，因此，企业应重视这种心理现象，在营销活动中用优雅的环境、优质的商品、优美的商品展示来影响顾客的心理活动，从而促进商品的销售。

四、顾客对价格的倾向性

价格的倾向性是指顾客在购买过程中对商品价格选择所表现出的倾向。商品的价格一般有高、中、低档的区别，它们分别标志着商品不同的品质与质量标准。由于顾客在个性、经济收入、价值尺度、购买经验、生活方式及文化修养等方面均存在差异性，所以在选购商品时的价格倾向也不同。例如，有的顾客喜欢购买价格高、功能先进、款式新颖、时尚的名牌商品；而有的顾客喜欢购买价格适中、具备一定功能的、比较实在的商品。总的来说，对各种不同种类商品的价格，顾客在比较时的倾向性是不同的。对日常生活用品，顾客倾向于选择价格较低的；对耐用消费品、高级奢侈品，顾客则倾向于价格较高的。而在同类商品中，如果顾客认定商品的质量、性能相同或相差无几，往往倾向于选择价格较低的商品。

综上所述，顾客价格心理是在价格心理功能基础上所形成的比较稳定的或带有规律性的心理倾向，它会使顾客对不同的商品价格作出不同的心理反应。企业在制定商品价格时，除了要研究市场的供求关系外，还要仔细研究顾客的价格心理反应，使制定的商品价格既适合自身经济利益的要求，也适应顾客的心理要求。

第三节　商品定价和调整的心理策略

一、商品定价的心理策略

商品定价的心理策略就是指企业为迎合顾客心理而采取的定价策略。企业在制定商品价格时，除了要考虑商品种类、商品生命周期、需求和竞争外，还要认真考虑价格制定中的各种心理因素，针对不同种类的商品、不同的购买对象，选择正确的价格策略。下面主要介绍几种常用的心理定价策略：

（一）新产品定价策略

（1）撇取定价法。这是一种随时间的推移，新产品销售采取先高价后低价的方法。当一种新产品刚刚投放市场，此时由于技术等原因市场上尚未出现竞争者，也没有相关的替代品，在这种情况下企业就可以给自己的新产品定一个较高的价格，以便获得巨额利润和尽快收回研制、开发新产品的投资。随着竞争者的出现，企业可以酌情逐步降低价格，以保证自己的市场份额。这种先高后低的定价方法就像从鲜奶中撇取奶油，从多到少，从厚到薄，故而又称为"取脂定价法"。

这种定价方法的优点是：可以提高新商品的身价；能尽快收回成本，赚取利润；扩大了价格调整的回旋余地，增强了价格的适应能力。但是，商品的高利润势必引来对手的激烈竞争，对某个生产厂家来讲，独自占领市场的时间不会持续太久。而且当价格超过顾客心理期望时，则可能导致商品无人问津，因此"撇"的幅度是价格制定者应把握的重要环节。

我国目前应用这种方法制定商品价格，主要是对一些市场寿命较短的、更新换代较快的时尚商品，如时装、手机、化妆品、高档商品和特殊商品等。顾客愿意花较高的价格购买这类商品，主要是受好奇、求新、求变等心理因素的影响。

（2）渗透定价法。这种定价法是在新商品进入市场之初，当顾客还不十分了解、熟悉它，购买率尚低时，企业采取优质低价的手段迅速渗透并占领市场，待打开销路后再逐步提高价格的方法。

这种定价法的优点是：能使新产品迅速渗入市场，扩大市场占有率，有力地把顾客吸引过来，并使竞争者难以抗衡。当然，这种方法也有缺陷，商品在打开销路，占领市场后提高价格时，容易引起顾客心理上的反感乃至抵制。此方法在具体实践中一般适用于一些日常生活必需品的定价，迎合了部分顾客求实惠、求价廉的心理，给人一种经济实惠的感觉和印象。

（3）反向定价法。这种定价法的出发点是企业为了适应市场竞争的需要。具体做法是通过市场调查，了解顾客对某种新产品的期望零售价格，即顾客愿意为某种产品所付的平均价格，然后据此测算出新产品的生产成本和其他费用所应当控制的范围，最后再根据控制范围去组织生产。这种方法不同于常规的以产品定价格的做法，而是以价格定产品。旨在建立稳固的产品信誉，符合顾客的消费水平与消费心理，并且能够在较大水平上满足顾客的心理需要。因而这种方法又叫作"满意定价法"，它适用于日用消费品和技术、工艺要求不高的商品。

（二）非整数定价策略

这是一种典型的根据顾客对价格的感受性而制定价格的策略。所谓非整数定价策略，就是给商品制定一个带有零头数结尾的非整数价格，使价格的最后一位数是奇数或者接近于零。

这种策略的心理依据是，利用顾客对商品价格的感知差异所造成的错觉来刺激购买，这种方法在多数国家制定商品价格时都被采用，只是由于各国消费者的风俗习惯、宗教信仰及价值观念不同，运用时也略有差别。例如，美国零售商较多采用奇数定价策略，即价格的尾数是奇数，而日本市场上则以 8 为末尾数的商品价格比较受人欢迎。这种策略不适宜高档产品的定价。

非整数定价策略可以使顾客产生如下的心理效果：可以使顾客产生价格偏低的心理错觉，如标价 98 元的商品比标价 100 元的商品好销，因为顾客会从心理上认为这是几十元的开支；可以使顾客产生定价精确的心理感受，由此对这种价格感到信任；可以使顾客产生美好的联想，由于民族传统、风俗习惯等的影响，顾客往往会对某些数字具有偏爱和忌讳，企业在制定价格时，可有意识地选择顾客偏爱的数字，使其产生美好的联想。

（三）习惯定价策略

有些商品的价格在某个水平上维持了很久，从而形成了某种程度的固定性，顾客对此逐渐形成了习惯，这种价格就称为习惯价格。习惯定价策略则是指企业为了能够继续占领有关市场，采取适应顾客的这种价格习惯心理的定价策略，在较长时期内保持某些商品的习惯价格稳定不变，以形成顾客的习惯性购买，并战胜竞争对手。此定价策略比较适合购买频率较高的、生活上必需的商品。

（四）声望定价策略

声望定价是为了迎合顾客求名、求荣、仰慕名店和名牌商品的虚荣心理而采用的一种定价策略。顾客的求名、求荣心理常表现为对名牌商品的追求，对到有较好声誉的商店购物的追求，对某种特定服务的心理上的满足感会大大超出所支付的价格。这样，企业便可利用这个优势，将商品价格定得高于同行的同类商品，顾客不仅不会减少购买，反而会认为是合情合理的，并以拥有该商品而感到自豪和荣耀。但是，声望定价策略只适宜用于著名企业和名牌商品的价格制定。

（五）分级定价策略

这种定价策略是企业把诸多不同牌号、规格、花色、品种的某一类商品划分为若干档次，分别标以不同的价格，给顾客以档次不同的感觉，引导顾客购买符合自己心理需要的商品。例如，某茶叶店把各地生产的花茶分为三个级别，价格分别定为每千克 100 元、80 元、50 元不等。这样标价使顾客感到这是由质量差别形成的档次，体现了优质高价、劣质低价的原则，也便于他们选购。

（六）优惠性定价策略

优惠价格包括折价与让价，所以又称为折让价格。优惠性定价策略是指在一定条件下，企业用低于原定价的优惠价格把商品售予顾客，其目的是吸引更多的顾客前来购买从而扩大市场份额或者加快资金周转。这种策略主要抓住了顾客的求廉、实惠心理。折让价格的形式很多，主要有：数量折让价格，即根据顾客购买的数量或金额给予一定的折扣优惠；季节折让价格，即为了鼓励顾客在淡季购买季节性商品，对于在商品淡季购买的消费者给予优惠；新产品推广折让价格，即对在新产品试销期间带头购买的消费者给予优惠等。商品价格折让程度以既能够引起顾客的注意，同时又要避免顾客对此产生疑虑为好。

优惠性定价策略的实施效果受以下几个因素的影响。一是产品类型。一般来讲，日用品、服装等折扣程度越大越能够促进销售。二是顾客的心理准备状态。折让销售对那些原来就准备购买的人影响最大，其次是原来没有想到过是否购买的人，而对那些原来就不准备购买的人来说影响最小。三是收入水平。折扣销售对低收入者有影响，对高收入者影响较小。

二、价格调整的心理策略

在市场经济条件下，价格的调整与变动是经常发生的，市场上的价格受多种因素的影响。因此，在调整价格时，除应掌握价格学意义上的基本原理以外，还应认真研究在调整价格时对顾客心理的影响，使顾客能够在心理上承受价格的调整。这就要求企业在调整商品价格时应选择适当的心理策略。

（一）降价的心理策略

降价的心理策略可分为被动型降价和主动型降价两种形式。

（1）被动型降价的心理策略。被动型降价是指由于各种原因而形成商品滞销时，企业所采取的迫不得已的降价措施，常见的有商品供过于求、市场疲软、商品有缺陷或商品处于衰退期等原因。被动降价能否促进商品的销售，关键就在于能否及时准确地把握降价的幅度和时机。一方面，降价幅度要适宜。幅度过小，不能引起顾客的注意，达不到刺激销售的目的；幅度过大，不仅会减少企业的收益，还会造成顾客的疑虑，引起阻滞消费的副作用。一般情况下，普通商品降价幅度在10%~30%，耐用消费品不宜超过10%，如果商品价格下调幅度超过50%时，顾客的疑虑显著增加。另一方面，要准确把握降价时机。降价的时机对刺激顾客购买欲望有重大的作用，一旦发现时机，应立即降价。总之，被动型降价虽然有助于扩大商品销售，减少商品积压，但它只是避免扩大损失，而不是赢利的措施，所以降价不能过于频繁，应避免使顾客产生期待心理和对产品的怀疑心理。

（2）主动型降价的心理策略。主动型降价又叫进攻型降价。它是企业以扩大商品销售为主要目的，降价的商品并不一定是过时、过季商品，主要是通过商品降价来招徕顾客，从而带动店内其他商品的销售。因此这种类型的降价一般都选择在节假日前后、展销会期间。对于产品种类和系列比较多的企业可以实行每日特价策略，这样，每一天都能吸引顾客购买一定的商品。此外，为了吸引周末休息的人们踊跃购买商品，许多商店也会采用周末特价或周末大酬宾的策略招徕平时无暇光顾商店的顾客。目前，由于竞争激烈，大减价已成为企业招徕顾客的主要手段，由于迎合了顾客求实、求廉的心理，会极大地促进顾客的购买行为。

（二）提价的心理策略

价格调整不仅仅是降价，而且还包括涨价。价格上涨是一种正常的经济现象，但商品涨价对顾客来说总是不利的，因为商品价格上涨意味着购买同一商品需要支出更多的货币，所以顾客通常对价格上涨会产生一种本能的反感。企业迫于各种原因不得不提价时，应充分考虑顾客的购买力和心理承受能力，认真分析和预测提价后顾客可能产生的心理反应，并采取相应的心理策略。

首先要做好宣传解释工作，企业应该通过传媒向顾客解释清楚涨价的真实原因，力争消除或淡化顾客的不满情绪，并附之以热情的服务，以取得顾客的信任和谅解。其次提价幅度不宜过大，一般以5%为界线，这样符合顾客的心理承受能力。另外，商品提价应循序渐进，让顾客有一个接受、适应的过程。

总之，商品定价的策略有很多，每一种定价策略都有其特定的前提条件和适用范围，不可生搬硬套，要根据具体情况选择适宜的、有效的定价方法和技巧。同时在商品价格调整时，应充分考虑顾客的心理要求，使调整后的价格尽可能有利于企业的促销活动。

思考题

1. 试分析商品价格的心理功能。
2. 讨论影响顾客价格判断的因素和途径。
3. 就新产品定价策略中的三种方法的优点及适用范围谈谈你的看法。
4. 如何根据顾客的心理进行商品调价？

第十四章
领导心理与财经工作

学习要点

　　◇ 领导概念；

　　◇ 领导功能和领导行为；

　　◇ 领导者影响力的构成及其心理效应；

　　◇ 领导者的心理品质和领导班子的心理品质结构；

　　◇ 领导作风理论、领导行为四分图，卡曼的领导生命周期理论。

第一节　领导、领导功能和领导行为

一、领导概念

（一）领导和领导者的含义

　　在任何一个群体和组织中都存在着领导。领导是群体和组织兴衰的关键因素，而领导是否正确有效，是与领导者的心理品质是否良好、领导功能是否充分发挥密切相关的。群体和组织的心理建设，首先是领导者的心理建设。那么，什么是领导和领导者呢？

　　在日常生活中，人们习惯地把领导者（包括领导人和领导机关）称为领导，这可以说是共同承认的领导的含义。但这并非领导的科学含义，在科学上，领导和领导者是有区别的两个概念。领导的科学含义，国内外学者看法不尽一致。有的人认为，领导是影响人们自觉地为实现团体目标而努力的一种行为；有的人认为，领导是一门促其部属充满信心、满怀激情地完成组织任务的艺术；还有的人认为，领导是影响一个集体走向组织目标的能力。这些看法，各自看到了领导的某个方面，有一定的合理性，但都不全面，而且把领导仅仅视为领导者的行为、工作技巧、影响力，仍然没有把领导和领导者从根本上区分开来。现代心理学认为，领导是领导者指引和影响个人或群体在一定条件下实现组织目标的行动过程。这一领导概念已为国内外多数学者所认可。领导作为群体的行动过程，包含着三个变化着的因素。其一，领导者，即领导人或领导机关。领导者是群体中的一个角色，是权力、职责和服务的统一体。领导者的职责就是调动和发挥被领导者的积极性和创造性，实现组织目标；领导者掌握着与其职责相应的权力，是尽职尽责的保证，而不是尽职尽责的前提；服务是领导者的宗旨。邓小平指出："领导就是服务。"在权力、职责、服务三者中，服务是根本的。在为谁服务这个原则问题上，区分出领导者的阶级属性。毛泽东说："我们的一切工作干部，不论职位高低，都是人民的勤务员。我们所做的一切，都是为人民服务。"为人民服务是共产党和社会主义的领导者的本质属性。其二，被领导者，即群众和下属。下层领导者对于上层领导者来说，又是被领导者，称为下属。被领导者在领导活动中起着决定性的作用。有资料表明，在领导活动效益中，取决于领导者的部分占30%左右，其余约70%取决于被领导者对领导者的支持。在实际生活中，被领导者既要接受领导者的指导，又要参与整个领导活动，还要对领导工作起监督作用，这就在很大程度上决定着领导的绩效。其三，一定的条件，即环境，包括物理环境和心理环境。由领导者和被领导者组成的群体，一方面受环境的制约，另一方面又改造环境，领导活动就是能动地认识环境和能动地改造环境，实现组织目标。所以，领导这个概念，不是专指领导者，而是指由领导者、被领导者和环境三个变化着的因素相互关联、相互作用所构成的一个动态的行动过程。这个行动过程，是领导者、被领导者及环境三者的一个复合函数，用公式表示为：

$$领导 = f（领导者 \cdot 被领导者 \cdot 环境）$$

（二）领导的本质

领导的本质是人际关系。在领导和财经活动过程中，存在着两个基本关系：一是主体和客体的关系，即由领导者和被领导者组成的工作群体（主体）与被改造的那部分环境（客体）的关系；二是人与人之间的关系，即领导者和被领导者的关系。这两个基本的关系即基本矛盾，都贯穿于领导活动过程的始终，能否正确认识和处理这两个基本的关系或矛盾，决定着领导活动的绩效。然而，主体和客体的关系的处理、矛盾的解决，依赖于主体自身中的关系的处理和矛盾的解决。这就是说，在这两个基本关系中，起主导作用的，决定领导绩效的是领导者和被领导者的关系，只有正确处理好这个关系，才有正确解决主体和客体的矛盾的可能性。领导者和被领导者的关系和谐，领导绩效就好；领导者和被领导者的关系不和谐，领导绩效就不好。这是已被无数事实证明了的。所以，领导的本质是人际关系。在不同的社会制度下，人与人的关系有着不同的性质和情况。无产阶级的领导者代表着和实现着人民群众的根本利益，把领导活动看成领导和群众相结合、从群众中来、到群众中去、一刻也不能离开群众的动态过程。通过这个过程，领导者和被领导者在认识上认同，情感上共鸣，建立良好的人际关系，能够提高领导效能。

二、领导功能

领导功能，是指领导者在领导活动中的作用、责任，亦即职能。领导者在领导活动中应起的作用或应尽的职责很多，按工作过程来说有以下五个方面：

（一）决策功能

领导者首要的功能是决策，没有决策，就没有领导。正确的领导依赖于科学的决策；领导失误从根本上说，是决策失误。决策就是出主意，就是根据上级意图、群体成员的要求和本单位的条件，确定组织的工作目标，选择实现其目标的最佳行动方案，制定实施其方案的具体方针、政策和措施，决定实现组织目标所采用的手段和方法，并向群体成员提供实现组织目标所必需的专门情报和技术。

（二）组织功能

这是领导者的一项基本功能。它包括两个方面：一是计划安排，全面规划和落实组织目标任务，在人、财、物等方面所采取的手段或措施要与目标的分解相适应，做到财尽其力，物尽其用，人尽其才；二是组织指挥，对所领导的工作要进行全面的组织和指挥，调度和指导所领导的各个部门或单位，推动整个组织机构正常运作，并检查、监督各项决定的实现。

（三）协调功能

协调或控制群体内部的人际关系，仲裁内部各种纠纷。尤其重要的是要协调好领导者和群众的关系，领导者要成为群体成员心目中的知心人。协调各群体内部的各项活动，使各群体内部的各部门工作保持动态平衡，使之能同步完成组织目标所规定的任务。同时，领导者代表群体或组织和外界联系，协调各群体与上级机关以及左邻右舍的关系，为实现工作目标创造良好的外部环境。

（四）教育功能

财经心理学认为，工作绩效=能力×积极性（热情+干劲）。工作能力取决于人的科学文化技术水平，工作积极性取决于人的思想道德水平。也就是说，工作绩效依赖于人的素质，包括科学文化素质和思想道德素质。人的素质的提高要靠教育，一个领导者如果想提高工作绩效，那他就应该抓教育，从提高人的素质着手。领导者是在群体或组织中最有影响力的人，应该而且能够是一个好的教育工作者。教育包括两个方面：一是思想政治教育，向群体成员进行马克思主义、党的政策的宣传教育，培养无产阶级的科学的价值观、理想、道德和信念；二是科学文化技术培训，提高群体成员的科学文化技术水平。人的素质越高，工作绩效就会越好。但是，身教重于言教，领导自身要有崇高的理想、高尚的道德、模范的行为，成为统一群体的精神支柱和学习的楷模。

（五）激励功能

这也是领导者的一项基本功能。领导的中心任务就是调动职工的积极性，提高工作效率，以实现组织目标。而职工的积极性的调动要靠激励，即激发人的良好的工作动机。因此，领导者要善于运用所掌握的赏罚权，深入了解群众的行为以及其动机和需要，区分良莠，奖勤罚懒，奖优罚劣，树立正气，打击歪风邪气。从物质鼓励和精神鼓励两个方面调动下属和群众的积极性、主动性和创造性，使激励起到目标导向和成为实现目标的动力的作用。

上述五项领导功能，概括起来说，基本上是两大功能，即组织功能和激励功能。

其他的如决策功能、决策目标、决策方案等，既起组织作用，又起激励作用。在协调功能中，无论是协调好人际关系，还是协调好工作，都是对职工和组织的激励。同样，领导者只有教育群众才能组织群众，如果不抓教育，人们思想不统一，如何能组织群众？领导者给予职工学习提高的机会，本身就是一种激励的形式。所以，领导的基本功能，可以归结为组织功能和激励功能。

三、领导行为

（一）领导行为概念

领导行为，是指领导者在领导活动过程中为实现领导功能的一切言论和行动。在领导过程之外的言论和行动，不属于领导行为。领导功能是靠领导者的行为来实现的。由于领导的基本功能是组织功能和激励功能，所以，领导行为，归根到底，就是实现组织功能和激励功能的全部言行。国外心理学家对领导行为进行了广泛的调查，把复杂多样的领导行为概括为两类："抓组织"和"关心人"。

（1）"抓组织"就是领导者对组织设计，如机构设置、职责划分、确定工作目标所进行的活动。它以工作为中心，所以又称为工作行为，通过这种行为实现领导的组织功能。

（2）"关心人"，是指领导者为搞好与群体成员之间的互相理解、互相尊重、互相信任的关系，以及倾听群众意见、关心群众生活所表现出来的行为。它是以人际关系为中心的行为，所以又称为关系行为，通过这种行为实现领导的激励功能。

（二）领导行为效应

领导者的行为对被领导者的心理和行为有深刻的影响，这种影响就是领导行为的效应。领导者的工作行为和关系行为是实现领导功能的两个主要向度。工作行为是工作取向，关系行为是情感取向。工作取向的领导行为偏重于维持群体成员的士气和内聚力。这两种行为取向达到适当的强度，并相互配合，就可以取得双重效应，即达到提高工作效率和改善人际关系的效果。毛泽东主张"关心群众生活，注意工作方法"；邓小平说"我是中国人民的儿子……要全心全意为人民服务"；江泽民强调"三个代表"的实践；胡锦涛提出了"八荣八耻"的荣辱观。所以，我们的领导干部既要关心工作，又要关心人。国外心理学家通过研究认为，领导行为的两个取向较难同时在一个领导人身上体现出来。我国是集体领导，通过分工合作，可以做到既关心工作，又关心人，把工作取向和情感取向统一起来，达到工作效率高和人际关系好的双重效应。

第二节　领导者对财经活动的影响力

一、领导者影响力概念

影响力，是指一个人在与他人交往中影响和改变他人的心理和行为的能力。

任何一个人都有影响力，只是其强度各不相同。作为群体组织或组织的领导者，他的影响力必然大于其他人，因为构成他的影响力的某些因素（如权力因素等）是其他人所没有的。领导者要实现领导功能，要使其行为有效，必须有两个先决条件：一是领导者要有决定权，对群体的组织机构以及实现组织目标所采用手段的决定权，也就是领导者要有权威；二是领导者能受到群体成员的拥护，对领导者发出的号召能积极响应，也就是，领导者要有威信。如果缺乏这两个条件，领导者无法实现其有效的领导；有了这两个条件，领导者就有了影响力。领导者的影响力，就是指领导者以其权威和威信影响并改变被领导者的心理和行为的能力。

二、财经领导者影响力的构成及其心理效应

领导者的影响力包括权力性影响力和非权力性影响力两大类（见表14-1）。

表 14-1 领导者影响力构成

因素		性质	心理效应	
权力性	传统因素	观念性	服从感	强制性影响
	职位因素	社会性	敬畏感	
	资历因素	历史性	敬重感	
非权力性	品格因素	本质性	敬爱感	自然性影响
	知识因素	科学性	敬佩感	
	才能因素	实践性	依赖感	
	情感因素	精神性	亲切感	

（一）权力性影响力

领导者的权力性影响力，又叫强制性影响力，它是由传统因素、职位因素和资历因素构成的。

1. 传统因素

这是人们对领导者的一种传统观念，自古以来，人们总是习惯地认为，子女服从父母，学生服从老师，群众服从领导，这是不言而喻的，习以为常的。但是，随着社会的日益进步，人们意识的日益开化，这种传统观念将会淡化，人们不会盲目地服从，人们总是只服从正确的领导。

2. 职位因素

领导者在群体或组织中的职务和地位，会使被领导者心理上产生敬畏感。位高权大者，群众对他的敬畏感就越强。但是，权力影响的大小是相对的。"顶头上司"的权力有的并不大，但他对直接管理的下属和群众的影响力往往大于其他权力大的上级领导者。

3. 资历因素

领导者的资格和经历也是产生影响力的一个重要因素，它使被领导者心理上产生敬重感。一个领导人资历深、有光荣的历史，绝对比一个资历浅、历史平平的领导人影响力要大得多。

权力性影响力不是人人都有的，只有群体或组织的领导者才有。这种影响力通过两种基本形式表现出来。一是奖励。领导者有奖励权，他可以采取不同范围和不同程度的奖励手段。二是惩罚。领导者有惩罚权，被领导者为了避免挨批评、受惩罚，就必须执行群体或组织的规范，接受领导者对他的影响。这两种形式，奖励和惩罚，都表示为行政命令，对被领导者产生一种强制性的影响，被领导者表现为被动的顺从和服从。

（二）非权力性影响力

非权力性影响力，又叫自然性影响力。这种影响力人人都有，对于领导者来说，它是由领导者本身的品格因素、知识因素、才能因素和情感因素四个方面的因素构成的。

1. 品格因素

这是指领导者的政治品质、道德品质、人格和作风等。一个财经领导者如果有坚定、正确的政治方向，又廉洁奉公，以身作则，严于律己，平易近人，关心群众，团结同事，那他就有一种无形的、巨大的精神感召力量，使被领导者产生敬爱感。

2. 知识因素

知识就是力量。掌握的知识越多，认识和改造世界的力量就越大。如果一个财经领导者有高深的学问，知识渊博，就会使人产生敬佩感。

3. 才能因素

有效的领导者应该具有多方面的能力，如决策能力、组织能力、处理人际关系的能力等。这些能力的完美结合，就是领导才能。财经领导者有才能，就是能够正确解决实际问题，可以使人产生信赖感。即使遇到逆境，人们也会坚定不移地跟着他闯过难关。

4. 情感因素

这是指领导者对被领导者有感情。"人和"、"气顺"是事业成功的关键。

财经领导者对待财经工作人员要满腔热忱、态度和蔼、语言亲切、体贴、关心，与财经工作人员同甘苦、共命运、关系融洽，就会使人产生亲切感，很乐意地执行领导者的决定。

非权力性影响力不是强制性的，它对被领导者的影响是自然而然地产生的。

非权力性影响力能够满足被领导者的心理需要，对被领导者有很大的激励作用，使被领导者产生心悦诚服的心理效应。

三、提高财经领导者影响力的途径

（一）同时发挥两种影响力的作用

权力性影响力和非权力性影响力对领导者都是必要的。由于这是两种不同性质的影响力，要同时发挥它们的作用，才能相辅相成、相得益彰。在使用权力性影响力，执行行政命令时，要辅之以说服教育，动之以情，晓之以理，导之以行。要掌权为公，不以权谋私，为政以公，就能得到下属的拥护。一个领导者的品德高尚，罚不避亲，赏不避仇，权力性影响力就大。

（二）着力于提高非权力性影响力

构成权力性影响力的传统因素和职位因素不是领导本身固有的，在其位时，才有这些因素，不在其位时，这些因素就没有了。权力性影响力中的资历因素，是一种历史性的东西，它只能说明领导者的过去，不能说明领导者的现在，对人们的影响是有限的。对于领导者来说，权力性影响力的诸因素是外在的、暂时性的因素。它们虽然有强制性的作用，但不是持久的。从心理效应看，权力性影响力如果不与非权力性影响力相结合，它只能使被领导者产生被动的服从感。而非权力性影响力则不同，构成它的因素包括品格、知识、才能和情感等，是领导者自身的特点，在其位时，它们起作用，不在其位时，它们仍然起作用，它们是领导者内在的、永久性的因素，它们对被领导者有持久的激励作用，使人产生敬爱感、敬佩感、信赖感和亲切感等高级的社会情感，使人心悦诚服地接受领导者的影响。可见，提高领导者影响力的根本途径在于领导者的自我修养，提高领导者的政治思想水平、道德素质及领导才能，改进领导作风，密切领导和群众的关系。

第三节　财经领导者的心理品质

领导者心理品质是非权力性影响力的构成因素，是实现领导功能的最基本的条件。群体或组织的领导者，不但个人必须具有良好的心理品质，而且领导班子要有合理的心理品质结构，才能发挥整体功能。

一、财经领导者个体的心理品质

（一）国外对领导者心理品质的要求

在发达国家，对领导者的心理品质极为重视，根据本国的条件，提出了比较高的要求。下面举两个国家的例子：

例一　美国企业界提出企业家应该具有以下十大条件：

合作精神：能赢得人们的合作，愿意与其他人一起工作，对人不是压服，而是感服和说服。

决策才能：依据事实而不是依据想象进行决策，具有高瞻远瞩的能力。

组织能力：能发挥部属的才能，善于组织人力、物力和财力。

精于授权：能大权独揽，小权分散，抓住大事，把小事分给部属。

善于应变：权宜通达，机动进取，不抱残守缺，不墨守成规。

勇于负责：对上级、下级、产品用户及整个社会有高度的责任心。

敢于求新：对新事物、新环境、新观念有敏锐的感受能力。

敢担风险：对企业发展中不景气的风险敢于承担，有改变企业面貌、创造新局面的雄心和信心。

尊重他人：重视和采纳别人的意见，不武断、狂妄。

品德超人：品德为社会人士、企业职工所敬仰。

例二　日本企业界要求领导者应当具有十项品德和十项能力。

十项品德为：使命感、责任感、信赖感、积极性、忠诚老实、进取性、忍耐性、公平、热情、勇气。

十项能力为：思维决定能力、规划能力、判断能力、创造能力、洞察能力、劝说能力、对人理解能力、解决问题能力、培养下级能力、调动积极性能力。

（二）国内学者对财经领导者心理品质的研究

我们党历来强调领导干部要德才兼备，在社会主义现代化建设时期，党中央又提出领导干部革命化、知识化、专业化和年轻化的要求。我国学者根据领导干部要德才兼备和"四化"要求，从心理学的角度，对领导者的心理品质展开了研究。一般认为，领导者应当具有以下四个方面的心理品质：

①智力方面的心理品质：敏锐的观察能力、良好的思维能力和创新能力。

②非智力方面的心理品质：高度的事业心和强烈的进取心、广泛的兴趣、乐观而稳定的情感、坚强的意志及决断魄力。

③组织管理方面的心理品质：决策能力、组织指挥能力、协调人际关系能力、开发人力资源的能力。

④品德方面的心理品质：大公无私、清正廉洁、谦虚谨慎、宽容大度。

对领导者的心理品质，国内外的看法各有千秋，很难说哪种看法完整、全面。社会制度不同，对领导者心理品质的要求也不尽相同。在同一个社会制度下，不同行业、不同层次的领导者，对其心理品质的要求的程度也不可能完全一致。并且，领导者的心理品质不是先天具有的，而是后天的学习、锻炼形成的，也不是一个人在当领导者之前就完全具备的，而是在他当领导之后，在领导活动中进一步形成、完善和提高的。财经心理学对领导心理品质的探索，只是为财经活动中选拔和培养领导干部提供参考的心理学依据。

二、财经领导班子的心理品质结构

领导班子是由若干领导人组成的有机整体。合理的心理品质结构，能够弥补领导者个体心理品质上的某些缺陷，产生最佳的整体效应。如果心理品质结构不合理，即使各个领导成员的心理品质都很好，也未必能够产生好的领导效果，甚至还会出现互相抵消的情况。一个合理的心理品质结构的领导班子，应当有心理认同性和心理互补性。

（一）心理认同性

心理认同性是一种心理的默契。领导班子的心理认同性，主要是指目标认同和情感认同。

1. 目标认同

这是指领导班子所有成员都认识和同意领导集体的共同目标。共同目标是一面旗帜，每个领导成员的个体目标都要和领导集体的共同目标相一致，都是为了从不同方面实现共同目标。这样，大家心想到一起，劲使在一起，集体领导效能就高。如果目标不一致，领导班子成员之间就失去了合作共事的前提，必然影响整体功能的发挥。

2. 情感认同

这是指领导班子成员都有高尚的情感和道德情操。每个领导成员在高尚情感和情操上相一致，就会有共同的价值观和责任感，都能深切地感到对祖国、人民、集体所肩负的责任，以极大的热情投身到领导工作中去。如果领导班子的各个成员之间的情感和情操上彼此相悖就会爱憎不一致，心理不相容，这就达不到志同道合。

（二）心理互补性

心理互补性，是指领导班子内部各个成员之间，在心理品质上能够互相扬长补短。其主要是知识、能力、气质、性格诸方面的互相补充。

1. 知识互补

随着社会的进步，科学技术的发展，现代化的领导或管理需要具备多种学科知识。这就要求领导者个体应当博学多才，但领导者个体毕竟不能做到样样精通。为了弥补这一缺陷，把具有不同专业知识的干部组合在一个领导班子中，这就构成了一个知识比较完整的集体。如果领导班子只是由一些相同专业知识的人员组成，那么这个领导集体的知识面就会很窄，势必会难以胜任现代化的领导工作。

2. 能力互补

能力，是指顺利地完成某项活动的心理特征和条件，是指人在心理活动过程中经常地、稳定地表现出来的心理特点。它分为：一般能力，如观察力、记忆力、注意力、思维力、想象力等，适用于广泛的活动范围；特殊能力，如智力、节奏感、彩色鉴别能力等，只能在特殊活动领域内发生作用。

每个人在能力类型和发展程度上都存在着差异。从知识能力上说，有的人善于观察，有的人善于想象，有的人善于分析，有的人善于综合，有的人善于抽象思维，有的人善于组织实施，有的人善于形象思维。从工作能力上看，有的人善于宣传教育，有的人善于后勤管理。每个人不可能是全才，但却各有所能。领导班子应当是各种不同能力的人才的合理搭配，既可以各尽所能，又可以形成一个能力比较全面的领导集体。

3. 气质互补

气质，是指人的心理活动和外部动作的有关速度、强度、稳定性、灵活性等方面的综合。气质的概念首先为古希腊医生希波克拉底和罗马医生盖仑所提出。

他们认为，人体内有四种体液：血液、黏液、黄胆汁和黑胆汁，这四种体液在人体内的不同比例就形成了人的不同气质。

①多血质：活泼，好动，敏感，反应迅速，喜欢与人交往，注意力容易发生转移，兴趣容易变换，具有外倾性。

②黏液质：安静，稳定，反应缓慢，沉默寡言，情绪不容易外露，注意力稳定但难于转移，善于忍耐，具有内倾性。

③胆汁质：直率，热情，精力旺盛，情绪容易冲动，心境变化剧烈，具有外倾性。

④抑郁质：情绪体验深刻，孤僻，行动迟缓，而且不强烈，善于觉察他人不易觉察的细节，具有内倾性。

气质类型无好坏之分。任何一种气质类型都有其积极的方面和消极的方面。

同一种气质类型的人放在一个领导班子内，其缺点就会变得更加突出，对领导班子的团结和工作都不利。领导班子的组合，对上述四种气质类型的人都应考虑，并分别委以相适应的工作。在一个领导班子中，既要有情感发生快，强而不持久，动作迅速，勇敢，刚强，直率，精力旺盛，办事果断有魄力，工作敢于负责的胆汁质特征的干部；也要有情感发生迟缓而强烈，又很少表现于外，动作沉静，有毅力，表现稳重，办事不慌张，有耐心的黏液质特征的干部；既要有情感发生迅速，动作敏捷，活泼好动，善于和人交往，适应性强的多血质特征的干部，也要有情感发生迟缓，敏感性强，办事认真，一丝不苟的抑郁质特征的干部。让胆汁质特征较多的干部做行政工作，让黏液质特征较多的干部做党务工作，让接近于多血质的干部做群众工作或宣传工作，让接近于抑郁质的干部做纪检干部和财经管理工作。这样，各种气质类型的人互相搭配、合理使用，就能互相取长补短，互相制约，互相促进，形成整体功能。

4. 性格互补

性格，是一个人对现实较稳定的态度和习惯化了的行为方式。每个人的性格类型不同，在配备领导班子时，要考虑各个领导成员性格类型特点的合理搭配，形成性格互补效应。外倾型的人对外部世界感兴趣，为人开朗，活跃，善于交际，不拘小节；内倾型的人对自己内心世界感兴趣，为人沉静，谨慎，多思，不善交际。外倾型性格和内倾型性格的人组合在一起就可以互补。人的性格还可以划分为理智型、意志型、情绪型。理智型的人，总是用理智衡量一切，并以理智支配自己的行动；意志型的人，行动目标明确，积极主动，有坚忍不拔的精神；情绪型的人，感情丰富，体验深刻，言行举止容易受情绪左右。这三种性格类型的人组合在一起，也可以产生性格互补效应。财经心理学研究表明，性格类型不同的人往往比性格类型相同的人更容易互相吸引，和睦相处。

第四节　财经领导方式

领导方式，是指领导者在组织和激励被领导者时所采取的活动形式。领导方式主要与生产力发展相关，但是又受社会制度的制约。在不同的社会制度下，领导方式是有所不同的。但是我们可以吸收和借鉴发达国家的一些反映现代社会化生产规律的先进的领导方式、方法。

一、国外的财经领导方式理论

国外心理学家从不同的角度对领导方式问题进行研究，提出了多种不同的领导理论。其中，比较典型的有作风理论、行为理论和情境理论。

（一）作风理论

作风理论，是研究领导者工作作风的类型以及不同的工作作风对被领导者的影响，以期寻求能调动被领导者的积极性、提高工作效率的最佳领导方式。作风理论的创始人是德国社会心理学家勒温，他以权力定位为基本变量，把领导者在领导过程中表现出来极端的工作作风分为三种类型，见图14-1。

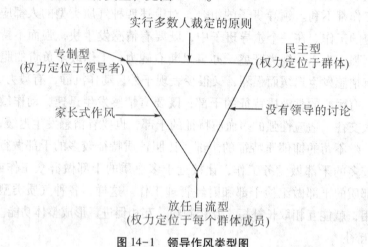

图 14-1　领导作风类型图

（1）专制型领导。权力定位于领导者个人手中，实行家长作风。

（2）放任自流型领导。权力定位于每个被领导者手中，实行没有领导的讨论。

（3）民主型领导。权力定位于群体，实行多数人裁定的原则。

勒温通过实验研究发现，放任自流型的领导者所领导的群体，只达到社交目标，没有达到工作目标，产品的数量和质量都较差。专制型的领导者，虽然通过严格管理，使群体达到了工作目标，但群体成员的消极态度和对抗情绪在不断增长，比民主型领导者的群体发生的争吵多30多倍，挑衅行为多8倍。而民主型领导者所领导的群体，工作效率高，达到了社交目标，而且群体成员士气高，很主动，并显示出较高水平的创造性。

继勒温之后，许多心理学家进行了领导作风研究，多数人的研究结果支持了勒温的观点。

（二）行为理论

行为理论是研究领导者在领导过程中所采取的领导行为以及不同的领导行为对被领导者的影响，以期寻求最佳的领导方式。

1. 领导行为四分图

美国俄亥俄州立大学一组研究人员把复杂多样的领导行为概括为两个方面："抓组织"，即工作取向；"关心人"，即情感取向。他们通过领导行为问卷调查发现，这两种行为的高低程度在一个领导身上有时一致，有时并不一致。因此，他们认为领导方式是这两种领导行为的四种具体组合，用"四分图"表示，见图14-2。

（1）虚弱型领导。低组织低关心人，即工作取向和情感取向均低。

（2）权威型领导。高组织低关心人，即工作取向高于情感取向。

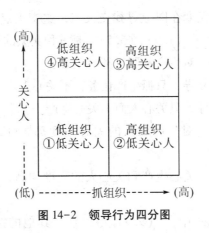

图 14-2　领导行为四分图

（3）战斗型领导。高组织高关心人，即工作取向和情感取向均高。

（4）福利型领导。低组织高关心人，即情感取向高于工作取向。

在这四种类型领导中，俄亥俄州立大学以及后来日本和我国台湾的心理学家的研究结果表明：第（3）种类型的领导最佳，群体成员的劳动积极性和生产效率最高；第（1）种类型的领导最差，群体成员的劳动积极性和生产效率最低；其他两种类型的领导也可导致工作高效率。

2. 管理方格图

领导行为四分图，后来经过美国克隆斯大学两位心理学家布莱克和莫顿发展成为管理方格图（见图 14-3）。

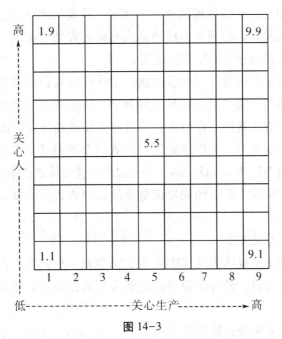

图 14-3

图 14-3 中横坐标和纵坐标都各有 9 个等分，分别表示领导关心生产的行为和关心人的行为的程度，这样就组成 81 种领导风格图像。在评价领导者的领导行为时，就按

照他的两方面行为的高低程度在图上寻找交叉点，这交叉点便是他的领导类型。图中所示（1.1），（9.1），（9.9），（1.9），（5.5），是五种典型的领导类型。

（1.1）是贫乏型领导，对生产和职工都不关心。

（9.1）是任务第一型领导，只抓生产任务，不关心人。

（1.9）是俱乐部型领导，只关心人而不关心生产。

（5.5）是中间型领导，对生产和人的关心程度都居中，只图一般的工作效率和士气。

（9.9）是战斗型领导，关心生产和关心人的程度均高，生产效率高，人际关系协调，职工士气旺盛。

这几种典型的领导方式中，（9.9）型最佳，其他的按顺序排列是（9.1）型、（5.5）型和（1.9）型，而（1.1）型最差。

（三）情境理论

领导的有效性，不仅与领导作风、领导行为相关，还和领导情境相关。所谓情境，即心理环境和物理环境。领导情境，主要是指领导者自身的个性特点、被领导者的个性特点，以及工作性质和工作条件等。情境是一个变量。西方越来越多的心理学家认为，作风理论和行为理论离开了情境变量去研究领导方式，所寻找出的最佳领导方式并不是在任何情况下都是有效的，于是提出了情境理论，又叫权变理论。这个理论是把领导行为与领导情境结合起来研究领导方式。该理论认为，不存在某种适用于一切情境的最佳领导方式，只要与情境变化相适应的领导行为都能构成最佳的领导方式。

领导生命周期理论，是情境理论的一个代表。俄亥俄州立大学心理学家卡曼，把领导行为四分图与被领导者心理由不成熟到成熟的过程结合起来，提出了领导生命周期理论，即三维结构的领导效率模型，见图14-4。

这个理论的主要观点认为：领导者的领导方式应同被领导者的心理成熟程度相适应；当被领导者逐渐趋于成熟时，领导者的领导方式必须加以改变才能有效领导。卡曼认为，有效的领导方式是把工作行为、关系行为和被领导者的成熟程度（包括成就感、责任感、自我控制能力、工作经验等）三者结合起来考虑所形成的。领导生命周期理论模型图所示的 M1，M2，M3，M4，是依次表示被领导者由不成熟到初步成熟、比较成熟和成熟的四个阶段。有效的领导就是要使领导方式适应既定的情境，即被领导者的成熟度。

该图的曲线所示意义如下：

①当被领导者处于不成熟阶段（M1）时，采取高工作低关系的领导方式，即第一象限的命令式领导最有效。领导者以单向沟通方式向被领导者规定任务：干什么？怎么干？

②当被领导者进入初步成熟阶段（M2）时，采用高工作高关系的领导方式，即第二象限的说服式领导最有效。领导者与被领导者双向沟通，相互交流信息。

③当被领导者进入比较成熟的阶段（M3）时，用低工作高关系的领导方式，即第三象限的参与式领导最有效。领导者少指示和约束，多与被领导者双向沟通，相互交

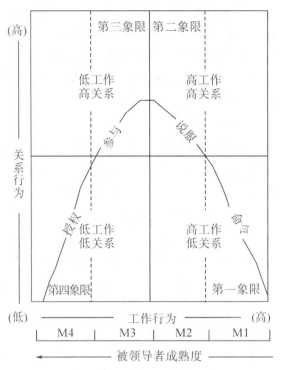

图 14-4　领导生命周期理论模型图

流信息，通过鼓励被领导者参与管理，调动其积极性。

④当被领导者发展到成熟阶段（M4）时，用低工作低关系的领导方式，即第四象限的授权式领导最有效。领导者通过充分授权和高度信任来调动被领导者的积极性。

实践证明，要达到最有效的领导，应针对不同成熟度的被领导者，例如新员工和老员工，由于其责任心、成熟感、自我控制能力的强与弱和经验多少的不同，而采取不同的领导方式，如命令式、说明式、参与式、授权式等，这样才能取得最佳的领导效果。

二、我国的领导方式是民主集中制

我国是社会主义国家。我国的党政机关、企事业单位和人民团体都是实行民主集中制的领导方式，与西方资本主义国家的领导方式有本质的区别。

（一）对西方的领导理论要有科学的分析态度

西方关于领导方式的作风理论、行为理论和情境理论，是在资本主义条件下产生的，具有资本主义管理的两重性。一方面，它们和生产力发展有直接的联系，具有帮助领导者合理地组织社会化大生产，有效地指挥、协调生产劳动，调动被领导者的积极性作用。就这一方面来说，它们着力主张的权力定位于群体，既关心工作又关心人，群众广泛参与，这是我们可以而且应该吸取和借鉴的，可以用来丰富我们的民主集中制的具体内容。另一方面，这些理论又是立足于资本主义社会的雇主和雇员的关系的基础上，是为资产阶级统治和剥削劳动群众、追求最大限度的利润服务的。就这一方面来说，它们反映了资本主义的生产关系和上层建筑。因此难免会有不适应我国国情的地方，例如，它们都不反对专制型或命令型的领导方式，即使在它们所提倡的民主型的领导方式中，也没有人民群众的主人翁地位和管理权。因此对西方的领导理论全盘肯定或一概照搬，都是不可取的。在学习研究过程中，要本着剔除其糟粕，吸取其精华的思想，以促进我国领导科学的发展。

（二）我国民主集中制的含义

民主集中制是民主制和集中制有机结合的一种制度。就民主制而言，是指在国家生活中，人民群众当家做主，有权以不同方式积极参加对国家大政方针、重大决策和法律的讨论，参加对国家事务、经济和文化事务及社会事务的管理，充分体现人民参政议政的民主权利；一切国家机关及其工作人员必须对人民负责，受人民监督，这是我国社会主义本质的体现。就集中制而言，坚持在高度民主基础上实行高度集中，实行少数服从多数、个人服从组织、下级服从上级、全党服从中央。这是建立全党和全国的正常秩序，实行集中统一和行动上的一致的基本保证。民主和集中是相辅相成、互相制约、不可分割的有机统一体。

（三）我国民主集中制的主要内容

民主集中制是我国根本的行政领导制度。我国的宪法把民主集中制作为人民民主专政国家政权的组织原则和国家的根本领导制度确立下来。具体表现为如下三个方面：

（1）全国人民代表大会和地方各级人民代表大会的代表，都由民主选举产生，对人民负责，受人民监督。

（2）国家行政机关、司法机关都是由人民代表大会产生，对它负责，受它监督。

（3）中央和地方国家机构职权的划分，遵循在中央统一领导下，充分发挥地方的主动性、积极性的原则。

民主集中制的领导制度贯穿于各级行政领导的全部实践活动中，是社会主义根本制度的直接体现，它决定和影响着其他行政领导制度，其他行政领导制度是民主集中制领导制度的具体化，是由其决定和衍生出来的；其他具体的行政领导制度，离开了民主集中制，就难以实现和发挥作用。

（四）正确认识和坚持民主集中制

民主集中制是我们党和国家的根本组织原则，也是一切组织系统的科学的领导方式。民主集中制体现了马克思主义的唯物史观和认识的主体。认识来源于实践，对领导者的认识来说，也就是来源于群众，相信群众，依靠群众，是领导和管理的基本原则。民主集中制反映了社会主义社会新型的人与人的关系。人民群众是国家的主人，也是企事业单位的主人。领导者和被领导者之间只是分工不同。他们之间的关系是平等的、同志式的、互相合作的关系。领导者是人民群众的公仆，人民群众赋予他们的权力，是用来为人民谋利益的，全心全意为人民服务是领导干部的唯一宗旨。民主集中制的优越性在于：它能够把领导和群众、认识和实践、民主和集中结合起来，能够把领导者为群众服务，为群众负责和群众当家做主、参与管理统一起来，在我们党的一切实际工作中，凡属正确的领导，必须从群众中来，到群众中去。这就是说，将群众的意见（分散的无系统的意见）集中起来（经过研究，化为集中的系统的意见），又到群众中作宣传解释，化为群众的意见，使群众坚持下去，见之于行动，并在群众的行动中考验这些意见是否正确。然后再从群众中集中起来，再到群众中坚持下去。如此无限循环，一次比一次更正确、更生动、更丰富。这就是马克思主义认识论。坚持民主集中制同坚持马克思主义认识论和群众路线是一致的。领导活动过程就是依靠群众认识世界和改造世界的过程。在这个过程中，坚持群众路线，实行民主集中制，领导和群众就能够在认识上有共识，情感上有共鸣，这样就能够充分地调动群众的积极性，实现共同目标。可见，民主集中制是一个全面系统的、充满生机与活力的、动态的领导方式。

民主和集中、领导和群众是辩证统一、不可分割的。如果把它们割裂开来，孤立地看待，强调一面而否定另一面，那就违背了民主集中制原则。只讲集中，不讲民主，只强调领导者的作用，否定群众的作用，就会导致家长式作风、命令主义的专制型领导；反之，只要民主，不要集中，领导者不负责任，放任自流，就是涣散软弱的贫乏型领导，这势必导致极端民主化和无政府主义。坚持民主集中制，必须自觉地防止和反对思想方法的绝对化、片面性，要把民主和集中、领导和群众很好地统一起来，在"统一"上下功夫、做文章。要结合具体的领导环境，在实践中创造出民主和集中相统一的新经验，把民主集中制的领导方式具体化、程序化，使它们的内容更丰富、更完善，操作性更强，更加有效地帮助领导者提高领导效能。

235

第五节　财经领导者的领导艺术

一、对待决策风险的艺术

任何决策都是要冒一定的风险的，根据领导是否敢冒风险的程度，可以区别出三种不同的领导者决策类型。

第一类是敢冒风险型，第二类是怕担风险型，第三类是中间型。什么是风险？风险就是指失败与成功的可能性的期望值，反映在企业中就是对效益（损益）的期望值。不同的领导者对此会有不同的反应。

例如，在某企业中有一个机会，以0.5的概率可获得利润200元，但同时会以0.5的概率损失100元。在这种情况下，有的领导者为了追求200元的利润，乐意承担100元的风险损失。而另外的领导者为了不损失100元，甘心错过获得200元利润的机会。

风险性决策中要注意两种倾向。心理学中有一种理论称为信号决策理论，这种理论认为，任何决策都要承担两种风险，当选择低决策标准时，其结果是使正确检测概率增加，漏报概率减少，但同时也会产生虚报概率增加的后果。反之，当选择高标准决策时，其结果是使正确概率减少，虚报概率也减少，但与此同时也会使漏报概率增加。

决策人在决策时到底是采取高标准决策好呢还是采取低标准决策好？这就取决于

问题的性质与其他的动机因素。

此外，领导者在决策时要权衡利弊，即使明知某项政策会带来某种风险，但权衡下来利大于弊，就还是应该推行，况且某种风险也可以在我们的工作中加以防止或将其影响降低至最低程度。

领导者不能因为怕担当风险而不去决策，而是要敢于承担风险，积极地将不利因素降至最低程度。

二、对待决策问题的艺术

1. 正确理解方案选择

决策作为多种方案的选择，不能单纯理解为某一方案为"是"，某一方案为"非"之间的选择。实际上是领导对不同的方案加以权衡之后，再从其中选择最适当的一种。

实际上好的决策应以相互冲突的意见为基础，应该从不同的观点与方案、判断中进行选择。领导者应该记住，没有不同的见解，就不能有决策，正确的决策应该从正反不同的意见中才能得到。

2. 正确运用反面意见

领导者应该懂得，有时候反面意见正是决策所需要的"另一方案"。因为决策时如果只有一种方案，那么失败的机会必然很高。如果有若干方案可供选择，那么决策人进可攻，退可守，有多方思考和比较的余地。

此外，反面意见足以激发领导者的想象力，而想象力是了解问题的一种全新的方式，还有助于领导者产生"创新的解决方案"，以此来开创新局面。

由于想象力往往是潜在的，有赖启发和刺激才能出现，而"反面意见"是最有效的刺激和启发，迫使领导者去辩驳和思考。

3. 要注意群体决策中的从众现象

在领导者或者领导班子决策时要防止所谓"众口一词"、"一致同意"等表面现象。第一把手特别要警惕领导班子成员中有人"看自己的眼色"行事，这实际上一种极不正常的现象。要解决这一问题，首先要从领导者（特别是第一把手）自己做起。例如，他绝不坚持己见，以自己为"是"，以他人为"非"；他要启发班子中其他成员的想象力，鼓励反面意见。

我国的历史经验与教训已充分告诉我们，凡搞"一言堂"的领导，往往会导致错误的决策，凡搞"群言堂"的领导就会做出正确的决策。

三、财经领导者的授权艺术

授权问题上也有两种极端表现。

在每一个单位中，如果我们在授权问题上去采访一位领导或一位下属，那么，我们将听到这样两种极端的反应。一位下属会抱怨说，"我的领导似乎想把所有的事情都抓在自己手里"，"我的最大问题之一是领导不把许多应该授权下来的事交下来"，等等。如果去问一位领导，他想要显露出自己很能干，因而能够比把工作交给别人干得更快更好，因而授权是不必要的。更有甚者，有些领导害怕授权之后，年轻人会加速成长，从而威胁自己的职位，迫使自己提前退休。

造成这两种极端现象的根源可能是多方面的，但是，问题的主导方面是领导，是领导对授权的性质和意义缺乏足够的认识，加上一些主观心理上的障碍所造成的。

授权就是将权利与责任授予下级，使下级在一定的监督下具有相当的行为自主权。

有效的授权可以使一个领导者摆脱具体事务，从而使他能完成一个重要的管理职能——通过别人来完成工作，发现需要改进之处，培养下级。

下级的成长和发展在很大程度上取决于他们是否有机会承担需要更大技巧和能力的工作任务。

为此，有效授权的双重意义为：它使领导摆脱其他事务而从事有助于他自己的成长和发展的更重要的工作；它是促进下级成长和发展的一种必要措施。

授权者与被授权者的关系应该明确为：授权者对被授权者有指挥、监督权；被授权者负有汇报情况及完成任务之责。

此外，还要区别授权与非授权。例如，担任秘书与助理之职是不承担责任的，因而这种情况并不是授权。临时代理职务者也不算授权。授权与职务分工也不是一回事，因为前者有隶属关系，而后者无这种关系。

在授权时，如果领导注意遵守以下四个简单步骤，就可以取得所期望的结果。

第一步，得到下级已经理解和接受所授权的反馈信息。

领导有责任肯定授权的人已经正确地理解了被授予的任务，确切地知道期望于他的成果是什么，在什么时候完成。在任何情况下，都要让接受授权、指示或信息的人把他对授了任务的解释，以及他承担领导所期望的结果的责任，复述一下。

乍看起来，这好像是没有必要的。但实际经验告诉我们，"只告诉一声是不够的！"如果领导在授权时稍微花些时间应用了这个简单方法，就会免去许多代价昂贵的错误以及感情上的影响等。我们要求被授权者说声"让我们看看我的理解是否正确"，然后复述一下他对被授予的任务、指示和命令的理解。

在涉及与战斗成败有关的接受军队领导的命令时，下级要复述命令的内容，以防止错误理解和解释。在管理中同样应该运用这一方法。

第二步，采用目标定势。

领导在授权时，向下级讲解了许多完成任务的细节，但却忽略了阐明与提出"最终目标"、"最终成果"的说明。由于被授权者只知细节、具体措施，而不知终极目标，那么，这项授权的效果不会很好。反之，在详细讨论授予任务的细节之前，以明确的语言阐明所要达到的最终成果，那么这项授权常常要有效得多。从心理学的角度来看，这就是有无目标定势的问题。有了心理上的对一定目标的准备，其行为的目的性与效果就好；反之则差。

第三步，放手让下级自己去工作。

当已经授权给下级，下级已经承担了取得成果的责任，知道了时间进度、工作进展报告的要点、所期望绩效的标准等，领导就应该尽可能地放手让下级自己去工作。

在此，授责不授权的做法是错误的。放手的意思就是授责又授权，否则就谈不上放手。

当然，放手并不是等于放手不管，不加强监督。放手以后仍要授权留责，如果出了什么大事，仍保留领导者的责任，这就是"士卒犯罪，过及主帅"的意思。

第四步，跟踪检查。

在下级理解并承担了取得成果的责任，接下去取得绩效的代价便是持续不断地跟踪检查。领导者始终有必要进行定期的跟踪检查，以便确定工作的进展是否同已定时间和标准相符合，有无必要对工作做某些改变，要采取什么样的肯定措施或纠正措施。

如果有些领导对自己所作的授权疏于检查，那么其结果是下级也就放松注意，工作就被"拖延"下来。

综上所述，如果领导者不搞授权，那么他在繁琐的事务的重压下就没有时间和精力顾及自己的成长和发展，获得承担职责的能力；与此同时，所有下级都缺少发展。于是，将导致他所负责的全部工作的绩效不佳。

思考题

1. 什么是领导和领导者？

2. 领导的基本功能和领导行为是什么？

3. 谈谈你对领导者影响力的认识。

4. 领导者应具备怎样的心理品质？

5. 领导班子心理品质的合理结构的要求是什么？

6. 评述西方的几种领导方式理论。

第十五章
心理学在财经领域中的应用

学习要点

　　◇ 心理学在金融领域中应用的主要原理；

　　◇ 心理学在金融投资中的应用；

　　◇ 运用心理学原理解决心理健康问题；

　　◇ 心理学在财经领域中应用的典型案例点评。

　　心理学在财经领域，特别是金融领域中已经有了广泛的应用，而且也受到人们的关注和认可。例如 2002 年诺贝尔经济学奖授予了美国投资心理学家 Daniel Kahneman 和经济学家 Vernon Smith Kahneman。他们把来自心理研究领域的综合洞察力应用到了经济学当中，发现了人类投资决策中的不确定性，即发现人类的投资决策常常与经典经济学理论做出的预测大相径庭。目前，几个重要的理论，如过度反应理论（Overreaction Theory）、视野理论（Prospect Theory）、后悔理论（Regret Theory）及对投资者过度自信理论（overconfidence theory）等，都在经济领域，特别是金融领域得到广泛应用。下面就财经心理学在金融领域中应用的主要原理进行分析讨论。

第一节　心理学在金融领域中应用的主要原理

一、非理性因素与过度反应理论

　　一般认为，个体在投资活动中是理性的，投资者在进行投资决策时会进行理智的分析：当股票价格低于上市公司的内在价值时，投资者开始买入股票；而当股票价格高于上市公司的内在价值时，开始卖出股票。证券市场也由此形成了一种价值投资的氛围，但事实并非如此。股票投资领域中存在着长期严重偏离其内在价值的情况，主要原因是上市公司未来的价值本身具有许多不确定性，正是由于这种不确定性引发了投资者心理上的非理性因素，投资者共同的非理性投机形成了市场的暴涨和崩盘现象。有的学者将一路涨升，然后突然崩溃的股票市场称为"一场非理性的、自我驱动的、

239

自我膨胀的泡沫"。如代表所谓美国新经济的纳斯达克股票指数由最高峰的 5000 多点跌至 3000 点，又经过近两年的下跌，最低跌至 1100 多点；还有荷兰郁金香、南海公司泡沫，在投资领域中屡见不鲜。

为什么人们总会犯同样的错误呢？因为人类的非理性因素在其中起着主要作用，而历史教训并不足以让人们变得理性起来，非理性是人类根深蒂固的局限性。另外研究发现：当证券市场中股市见顶时，只有 14% 的人认为股市会暴跌；但当股市暴跌以后，有 32% 的投资者认为股市还会暴跌。投资者通常是对于最近的经验考虑过多，并从中推导出最近的趋势，而很少考虑其与长期平均数的偏离程度，即市场总会出现过度反应。投资者对于受损失的股票会变得越来越悲观，而对于获利的股票会越来越乐观，他们对过于利好消息和过于利空消息都会表现出过度反应。当"牛市"（Bull Market）来临时，股价会不断上涨，涨到让人不敢相信，远远超出上市公司的投资价值；而当"熊市"（Bear Market）到来时，股价会不断下跌，也会跌到大家无法接受的程度。除了从众心理（Herdmentality）在其中起作用外，还有人类非理性的情绪状态，以及由此产生的认知偏差也起到了一定的作用。当市场持续上涨时，投资者倾向于越来越乐观。因为实际操作产生了盈利，这种成功的投资行为会增强其乐观的情绪状态，在信息加工上将造成选择性认知偏差，即投资者会对利好消息过于敏感，而对利空消息麻木。这种情绪和认知状态又会加强其行为上的买入操作，形成一种相互加强效应。当市场持续下跌时，情况刚好相反，投资者会越来越悲观，因为实际操作产生了亏损，这种失效的投资操作会加强其悲观情绪，同样也造成了选择性认知偏差，即投资者会对利空消息过于敏感，而对利好消息麻木。因而，市场也就形成了所谓的过度反应现象。

二、视野理论

视野理论是 Amos Tvexs 和 Daniel Kahneman 于 1979 年提出的。视野理论认为：人们对相同投资情境的反映取决于他是盈利状态还是亏损状态。一般而言，当盈利额与亏损额相同的情况下，人们在亏损状态时会变得更为沮丧，而在盈利时却没有那么快乐，即个体在看到等量损失时的沮丧程度会比同等获利情况下的高兴程度强烈得多。研究还发现：投资者心情变化在亏损与获利时的比例是 2∶1，即投资者在亏损 1 美元时痛苦的强烈程度是在获利 1 美元时高兴程度的两倍。他们也发现个体对相同情境的不同反应还取决于他目前是盈利还是亏损状况。例如，若某只股票现在是 20 元，一位投资者是 22 元买入的，而另一位投资者是 18 元买入的。当股价产生变化时，这两位投资者的反应是极为不同的。当股价上涨时，18 元介入的投资者会坚定地持有，因为对于他来说，只是利润的扩大化；而对于 22 元的投资者来说，只是意味着亏损的减少，其坚定持有的信心不强，由于厌恶亏损，他极有可能在"解套"之时卖出股票。而当股价下跌时，两者的反应恰好相反。18 元介入的投资者会急于兑现利润，因为他害怕利润会化为乌有，同时，由于厌恶亏损可能发生，会尽早获利了结；但对于 22 元介入的投资者来说，持股不卖或是继续买入可能是最好的策略，因为"割肉"出局意味着实现亏损。这是投资者最不愿看到的结果，所以，其反而会寻找各种有利的信息，以增强自己持股的信心。

Amos Tvers 和 Daniel Kahneman 在 1979 年的一个研究中设计了如下情境：

将被测试者分为两组。

在完成测试作业后，先给第一组被测试者每人 1000 美元，被测试者可在如下两种选择中任选其一：一是再得到 500 美元；二是 50% 的可能再得到 1000 美元，50% 的可能是再得到 0 元。

第二组被测试者每人先给 2000 美元，被测试者必须在如下两种选择中任选其一：一是损失 500 美元；二是 50% 的可能损失 1000 美元，50% 的可能是损失 0 元。

结果发现，第一组被测试者中有 84% 的人选择了方案一，而第二组被测试者中有 69% 的人选择了方案二。尽管得到 2000 美元或 1000 美元的概率都是相同的，但当人们面临获利或损失的不同情境时，人们会做出不同的决策和选择。这次测试结果发现，乐观对待风险（Risk）的态度随着情境的不同而不同。风险指的是未来投资赚钱或赔钱的一种可能性或不确定性（Uncertainty），投资者将可能性或不确定性（Uncertainty）均视同风险（Risk）。所以，投资者更愿意冒险去避免风险（Risk-averse）；而在产生亏损的情况下，多数投资者变成了冒险者（Risk-takers）。换句话说，当确信投资已经赚钱时，多数投资者愿意回避风险；而在面临赔钱的情况下，多数投资者却反而愿意去冒险。冒险的目的无非是想弥补亏损，扭亏为盈。这原理也可以很好地解释赌徒的心理状态：越赔越想赌。

三、后悔理论

后悔理论主要认为投资者在投资过程中常常会出现后悔的心理状态。如股票投资在牛市（即利好）背景下，投资者没有及时介入自己看好的股票（即踏空）会后悔，过早卖出获利的股票也会后悔；在熊市（即利差）背景下，投资者没能及时止损出局会后悔，获点小利没能兑现，然后又"被套牢"也会后悔。在股市平衡市场中，投资者自己持有的股票不涨不跌，别人推荐的股票上涨，自己会因为没有听从别人的劝告及时换股而后悔。投资者当下定决心，卖出手中不涨的股票，而买入专家推荐的股票后，又发现：自己原来持有的股票不断上涨，而专家推荐的股票不涨反跌时，更加后悔。由于投资者在投资判断和决策上经常容易出现错误，而当出现这种失误操作时，通常感到非常难过和悲哀，心理状态和情绪变化极大。

所以，投资者在投资过程中，为了避免后悔心态的出现，经常会表现出一种优柔寡断的性格特点。投资者在决定是否卖出一只股票时，往往受到买入时的成本比现价高或是低的情绪影响，由于害怕后悔而想方设法尽量避免后悔的发生，心理状态和情绪变化更复杂。

有的研究者认为：投资者不愿卖出已下跌的股票，是为了避免做了一次失败投资的痛苦和后悔心情；而向其他人报告投资亏损的难堪，也使其不愿去卖出自己亏损的股票。有一些研究认为：投资者的从众行为（Herding Behavior）和追随常识，均是为了避免由于做出了一个错误的投资决定而后悔。许多投资者认为买一支大家都看好的股票比较容易，因为大家都看好它并且买了它，即使股价下跌也没什么。大家都错了，所以我错了也没什么，以寻求心里的平衡。

此外，基金经理人和"股评家"喜欢吹捧名气大的上市公司股票或绩优股，主要原因：因为如果这些名气大的上市公司股票或绩优股下跌，他们因此操作得不好而被解雇的可能性较小。害怕后悔与追求自豪造成了投资者持有获利股票的时间太短，而持有亏损股票的时间太长，即称这种现象为卖出效应（Disposition Effect）。他们发现：当投资者持有两支股票，股票 A 获利 20%，而股票 B 亏损 20%。此时又有一个新的投资机会，而投资者由于没有别的钱，必须先卖掉一只股票，才能有这个新的投资机会。多数投资者往往会卖掉股票 A 而不是股票 B。因为卖出股票 B 会对从前的买入决策后悔，而卖出股票 A 会让投资者有一种做出正确投资的自豪感。股票投资市场中的股票交易变化不定，几乎没有什么规律可言，所以，投资者的心理变化动向也很难明言。

四、过度自信理论

人类倾向于从无序中看出规律，尤其是从一大堆随机的经济数据中，推出所谓的经济规律。Arnos Tvers 提供了大量的统计数据，来说明许多事情的发生完全是由于运气和偶然因素，而人类有一种表征直觉推理（Representativeheur Istic）特点，即从一些数据的表面特征，直觉推断出其内在的规律性，从而产生认知和判断上的偏差（Biases of Cognition and Judgment）。投资者的归因偏好也加重了这种认知偏差，即将偶然的成功归因于自己操作的技巧，将失败的投资操作归因于外界无法控制的因素，从而产生了所谓过度自信（Overconfidence）的心理现象。

过度自信是指人们对自己的判断能力过于自信。投资者趋向于认为别人的投资决策都是非理性的，而自己的决定是理性的，是在根据优势的经济信息基础上进行操作的，但事实并非如此。Daniel Kahneman 认为，过度自信来源于投资者对概率事件的错误估计。人们对于小概率事件发生的可能性产生过高的估计，认为其总是可能发生的，这也是各种博彩的心理依据；而对于中等偏高程度的概率性事件，易产生过低的估计；但对于 90% 以上的概率性事件，则认为肯定会发生，这是过度自信产生的一个主要原因。此外，参加投资活动会让投资者产生一种控制错觉（Ill Usion of Control），控制错觉也是产生过度自信的一个重要原因。投资者和证券分析师们在他们有一定知识的领域中特别过于自信。然而，提高自信水平与成功投资并无相关性。基金经理、"股评家"和投资者总认为自己有能力跑赢大盘，是过度自信，然而事实并非如此。

Brad Barber 和 Terrance Odean 在此领域做了大量研究，发现男性在许多领域（如体育技能、领导能力、与别人相处能力等）中总是过高估计自己。他们在 1991—1997 年中，研究了 38 000 名投资者的投资行为，将年交易量作为过度自信的指标，发现男性投资者的年交易量比女性投资者的年交易量总体高出 20% 以上，而投资收益却略低于女性投资者。该数据显示，过度自信的投资者在市场中会频繁交易，总体表现为年交易量的放大，但由于过度自信而频繁地进行交易并不能让投资者获得更高的收益，在另一个研究中，他们取样 1991—1997 年中的 78 000 名投资者，发现年交易量越高的投资者的实际投资收益越低。在一系列的研究中，他们还发现过度自信的投资者更喜欢冒风险，同时也容易忽略交易成本，这也是过度自信的投资者收益低于正常水平的两大原因。

五、预期理论

消费者在进行购买决策时，往往是依据对商品的感知价值高低而定的。商品的感知价值是消费者将从某一交易中所获得的感知利益与为此所付的感知代价相对比的结果。一般而言，当感知利益大于感知代价损失时，消费者具有真正的感知价值。感知价值越大，则消费者的购买意愿也越大；反之，感知价值越小，消费者的购买意愿也就越小。研究表明，消费者的感知价值评价都是基于一定的参考价格而形成的。通过把关于消费者参考价格的心理因素分析与经济学预期理论中的消费选择模型结合起来，就可以更好地理解消费者在交易中的感知价值评价规律，并能对其行为反应作出更理想的预测。

那么，如何应用预期理论来促成消费者的购买决策行为呢？概括起来可以有以下三种方法：

（1）通过影响顾客对现状的感受来塑造他们的参考点，这称为财富效应。

（2）以收益或损失来塑造顾客的决策结果。

（3）以能提高顾客感知价值的捆绑组合来扩大消费者的收益或损失，由此可塑造购买者的决策参考点。

预期理论告诉我们，损失对消费者的感受来说显得比收益强烈得多，顾客放弃一项财产的痛苦程度远远大于获得这项财产的快乐程度。这表明，顾客更倾向于维护财产现状，即财富效应描述了这样一种情况，人们不愿意放弃那些已属于自己的财富。这一效应在财经活动中有着广泛的应用。

财经心理学在金融领域中的应用广泛，由于篇幅有限，不能进行全面的介绍。本节运用财经心理学在金融领域中的主要原理对金融投资中的心理进行分析说明。

第二节　心理学在金融投资中的应用

一、金融投资中的心理现象分析

个体在投资决策过程中，会全面考虑所能得到的信息，并理性地进行投资决策。然而，实际上在经济投资领域中发现了大量非理性的投资行为，不但普通投资者会如此，专业的机构投资者同样会如此。Peter Bernstein 在其《反抗上帝》（*against gods*）一文中指出："当人们面对不确定因素，而必须做出决策时，他们会不断地表现出非理性的行为，逻辑分析上的前后不一致以及优柔寡断、抉择困难的状况。"运用财经心理学的原理就能解释很多股票市场的异常现象、市场泡沫和崩盘现象等。

人们在经济投资活动中存在着过度自信、厌恶模糊、厌恶后悔和厌恶损失等心理学特征，而这些特征又直接影响着人们的投资行为。

（一）过度自信

过度自信来源于人们的乐观主义。心理学研究表明，在很多方面，大多数人对自己的能力以及未来的前景都表现出过于乐观。比如在驾驶水平、与人相处、幽默感、投资等方面所做的调查显示，90%的被调查者都表示自己的能力要高出平均水平。同时由于归因偏差的自我强化，人们常常将好的结果归功于自己的能力，而将差的结果归罪于外部环境。所以人们难以通过不断的理性学习来修正自己的信念，从而导致人们心理上的过度自信。心理学研究以前大多把精力放在自卑的人身上，而对于绝大多数人的过度自信则把握不够。

（二）厌恶模糊

厌恶后悔，即人在犯错误之后都会感到后悔，并且后悔带来的痛苦可能比由于错误引起的损失还要大。因此，投资者在决策时倾向于避免将来可能的后悔，即决策的目标可能是最小化未来的后悔。厌恶后悔理论认为：投资者在决策前会估计自己在未来可能出现的处境中的感受，并且采取行动的后悔程度要远高于没有采取行动的后悔程度。Kahneman用心理距离来解释后悔的程度，心理距离既与实际的物理距离有关，也与想象的容易度有关，其基本规律是心理距离越短，后悔的强度越大。

例如，彩票的中奖号码是865304，小文的号码是361204，小军的号码是865305。由于小军更容易假想他能中奖，因此他会更后悔。了解了厌恶后悔的心理特征，就可能在决策时战胜厌恶后悔的心理，将决策的目标定为最小化错误。

有关心理距离的解释有助于人们摆脱五十步笑百步的尴尬情景。

Kahneman研究表明：若有两项选择，一是损失7500元；二是75%的概率损失10 000元，25%的概率没有损失，则绝大多数人会选择后者。这种现象被称为损失厌恶。研究发现，人对损失比对同样数额收益反应更为强烈。例如，损失1000元钱所带来的懊恼要比得到1000元奖金而带来的喜悦更强烈。这提醒财经领导者在金钱上的赏罚要格外分明。在一个团体中，奖励某人1000元，这给其余那些没得到奖而理应该得奖的人员所带来的痛苦是巨大的。

（三）确认偏差

确认偏差，即投资者一旦形成先验信念，他们就会有意识地寻找有利于证实先验信念的各种证据。"事后诸葛亮"，就是力图寻找各种非真实的证据来证明他们的信念是正确的。个体在选择感知时，总是感知那些支持自己观点的信息，而忽视那些不支持自己观点的信息，这也就是所谓的"确认偏差"。产生确认偏差的一个原因就是投资者想避免内心认知失调，尽力使自己原来的决策合理化。

要进行何种选择既取决于投资者本身的信念、期望、欲望以及情绪，而且也取决于对象和背景本身的刺激结构。前者有晕轮效应，而后者有对比效应、主效应和近效应。很多上市公司的报告首先总是要讲公司好的方面，最后才讲到一些细微的不利因素。这就是上市公司利用主效应来影响投资者，希望投资者不要对该公司失去信心。对于投资者而言，就更应特别注意这些细微的不利因素，否则，不利于自己的投资利益。确认偏差会使投资者坚持错误的投资决策，直至强而有力的证据出现才会迫使其改变原有的信念。

另一个判断上的偏差来自信息的可得性。也就是说，人们的判断取决于得到信息尤其是一些范例性信息的难易程度。人们在判断过程中，通常给予那些容易得到的、容易记忆的信息以很高的权重。例如，Kahneman 在实验中发现，如果被试者私下里听人提起生活中的某个人曾经被犯罪分子侵犯，尽管他们可以接触到更全面、更具体的统计数据，但仍然会高估其所在城市的暴力犯罪率。另一项研究表明，相对于一些不太熟悉的信息，熟悉的信息更容易给人们留下深刻的印象，同时会被认为是更真实的。因此，信息的熟悉性或可得性往往会成为准确性的替代品。例如，某些信息被媒体多次重复地报道，使得这些信息可以轻而易举地被人们所获得，不管事实上这些信息的真实性如何，人们往往会错误地认为，这些信息比其他信息更准确。比如 2002 年我国发生的"非典"事件，政府部门发布了准确的感染率以后，如果你听到周围有"非典"患者，你仍然会高估你所在地区的"非典"感染率。这提醒财经人员要妥善处理财经工作中有示范性、代表性作用的事件。

（四）投资中的"阿 Q 精神"

投资中人们存在着很强的"阿 Q 精神"，即人们的信念会由于行动的成功与否而改变。如果投资者行动失败，人们将向下修正自己的信念，人为地降低由于后悔带来的损失；如果投资行动成功，人们则向上修正自己的信念，显示自己决策的英明。其实，一个决策的成功与失败还有很多其他方面的原因，比如下属贯彻领导意图得力与否、员工的素质等。

投资者在考虑一个决策问题的时候，经常会将问题分解成一些相对习惯和简单的科目，并在头脑中相对独立地保持并跟踪这些科目的损益情况。投资者感受的效果则分别来自这些科目的得失带来的感觉，这种考虑问题的方式就是心理账户。在心理账户中，金钱常常被归于不同的账户类别，不同类的账户不能互相替代。比如一对夫妻外出旅游钓到了好几条大马哈鱼，这些鱼在空运中丢失，航空公司赔了他们 300 美元，这对平时勤俭持家的夫妻到豪华饭店吃了一顿，将这笔钱花个精光。在一对夫妻年收入只有 150 美元的时代，这顿饭实在太奢华了。

这笔钱显然被划入了"横财"与"食品"的账户，所以这对夫妻的决策行为一反常态。有时当某笔开支属于不同的心理账户时，人们宁可出高额利息去贷款，也不愿挪用存款。当某笔钱被划入临时账户时，将不受终生收入的影响。对心理账户的研究还发现，两笔盈利应分开，两笔损失应整合。

这条规则给我们的启示是：在你给人送两件以上的生日礼物时，不要把所有礼物放在一个盒子里，应该分开包装；若你是老板，给人一次性发 5000 元，不如先发 3000元，再发 2000 元；开会收取会务费时，务必一次收齐并留有余地，否则若有额外开支再一次次增收，虽然数量不多，但会员仍然会牢骚满腹。

（五）系统偏差

认知的系统偏差是指社会特有因素会对人的信念与决策产生重要的影响。不同背景的人们由于文化差异、收入差异、地区差异等，可能会形成若干个具有不同信念的群体，群体内部无明显差异，但不同群体之间则存在着系统差异。也就是说，人们的认知受到整个系统因素的影响，也受到自身所在群体的因素的影响。人类的这种社会心理特征可以很好地解释不同背景财经人员意见的差异性。

（六）信息串流

信息串流指人们在决策时都会参考其他人的选择，而忽略自己已有的信息或可获得的信息。信息串流理论刻画了大量信息在传播与评估中的丢失现象。由于受注意力的限制，人们只能关注那些热点信息，并形成相似的集体信念，而人们的交流以及媒体的宣传使得这些信念得到进一步加强。财经人员在决策时要注意适度参考他人的选择，重视自己调查得来的信息，要注意不断分辨、修正相似的集体信念。

二、经济投资障碍行为的心理分析

所谓投资障碍行为，就是指投资者想达到却没有达到某一目标（获利水平）的心理、行为上的原因。不仅个体投资者会存在投资心理行为障碍，机构投资经理同样存在类似的心理行为障碍。投资障碍行为主要有行为障碍中的过度反应、反应不足、行为陷阱、错位效应和羊群行为以及心理障碍中的过分简化信息、启发式加工运用不当、控制幻觉和过度自信等。

（一）过度反应

过度反应，即投资者倾向于对消息或新信息作出过多的反应。研究发现，投资者倾向于对好消息作出过度反应，这会使得那些拥有好消息的股票价格畸高，表现好的股票总体表现不如市场；相反，那些最初表现不好的股票在后来倒击败了市场。与过度反应有联系的一个问题是"过度交易"。虽然过度交易往往是由利润驱动的，但过度交易并不能提高盈利水平。对投资者而言，高的交易频率并不一定保证高的收益。因此，投资者不宜对每一个新闻都予以反应，应将视野定在一个更好的背景之中。

（二）行为陷阱

所谓行为陷阱，即投资者采取一些潜在的有害行为而妨碍了目标的实现。投资者常容易落入的行为陷阱有投资陷阱、恶化陷阱、集体陷阱、时间延迟陷阱、无知陷阱、一美元拍卖陷阱等。投资陷阱指的是先前投入的时间、金钱或其他资源会影响个体其后的决策，因而它也被称为"沉没成本效应"。研究表明，投资者对某股票分析越多，收集的信息越全，也就对股票上涨的判断存在越高的信奉水平；股评家往往倾向于向客户推荐那些他们曾经仔细调查研究过的公司股票；投资者倾向于不抛出已亏损的，并且在短期内也确实不可能反弹的股票。这些都是沉没成本效应在起作用。产生这种沉没成本效应的一个原因，在于投资者的启发式加工应用不当。对投资者而言，多考虑机会成本无疑是克服投资陷阱的好办法。

1. 恶化陷阱

恶化陷阱又被称为"滑动强化陷阱"。"滑动强化陷阱"可以解释投资者的特异表现。正是由于滑动强化陷阱存在，随着投资者收益的增多，要增加一定量的主观正价值，需要增加更多量的收益；随着投资者损失的增多，要增加一定量的主观负价值，则需要更多量的损失。

2. 集体陷阱

集体陷阱指的是个体理性并不必然导致集体理性。股票市场的泡沫、金融崩溃等集体非理性行为都是一些个体的理性行为所致。投资者在追求私利欲望的驱使下，总是想利用股票价格的差额获取资本利得，而这最终导致忽视股票的基本价值。广大散户的整个资金量并不比主力的资金量少，但却不能像主力那样影响股价，其原因也就是在于散户群体中存在集体陷阱。

3. 无知陷阱

无知陷阱是指个体由于行为的长期后果无知导致的行为陷阱。投资者去参与股市、认识股市、体验股市是一个从无知到有知的过程，不存在天生的投资专家。即便证券投资专家也经常会落入无知的陷阱。事实上，股市是没法完全准确预测的，但还是有许多人乐此不疲地进行预测，寻找着能击败市场的"模型"。

例如"一美元拍卖陷阱"起源于"一美元拍卖游戏"。在对美元进行拍卖时，参与者最初总是受个体收益所驱使去参与竞标，但随着竞标的继续进行，参与者更关心是否赢得这场比赛，以挽回面子，尽量减少损失，并给他的对手以惩罚。这种逐步落入陷阱的情况往往在竞争激烈的社会情境下更容易发生。股票市场是个高度竞争的市场，因此这种"陷入"经常发生在股民和投资经理身上。有些股民和投资经理最初购入某些股票时是以利益作为行动准则，但经过多空双方力量的多轮较量后，他们就会忘记自己的最初目标，而只关注如何赢得这场搏斗，不要丢面子，并给对方以颜色。投资者克服上述行为陷阱的一个办法就是在每次行动之前，事先考虑自己行动的事后退出成本。

（三）错位效应

所谓错位效应，是指投资者稍微盈利就马上了结，而已经深度套牢却迟迟不肯止损的现象。这是投资者中普遍存在的行为障碍。对这一行为障碍的理论解释之一是前景理论。该理论由诺贝尔经济学奖获得者卡内曼和他的同事托维斯基提出。他们认为产生错位效应的原因在于投资者是损失厌恶型。损失与收益具有不同的价值函数，损失的价值函数是凸函数，并且相对陡峭；而收益的价值函数是凹函数，并且相对平缓。这说明个体对一定损失的感觉要比一定收益的感觉要强烈。这也就难怪投资者获得微薄利润时会按捺不住获利了结，而跌得很惨时又迟迟不肯割肉止损。投资者迟迟不肯止损的现象也得到了所谓"禀赋效应"的验证。投资者往往会高估自己手中持有的股票的真实价值。正如前景理论所阐明的那样，人们往往会根据参考点来评价他们选择的结果好坏。对投资者而言，购买价或者心理价位也许是比较通常的参考点。但是，有时候参考点并不一定就是购买价或心理价位。股民通常会将现在的结果与假如当初不这样做会有什么样的结果进行比较。因此，对错位效应的另一种理论解释就是后悔理论。根据后悔理论的观点，涨了怕再跌，跌了怕再涨，这就是投资者为什么获微利时立即了结，而套牢时却迟迟不肯解套的原因。制定止损点和结利点可以有效克服错位效应。高的命中率并不一定导致高的利润。也许一次的损失量就超过了多次盈利的总和，因此结利点一定要比止损点定得要高些。有研究者认为，目标利润最好是准备承担风险的三倍，且不宜将止损空间定得太狭窄。因为若止损空间太狭窄，则交易会过于频繁。

（四）从众行为

从众行为又称为羊群行为，是指投资者在群体压力之下放弃自己的意见，转变原有的态度，采取与大多数人一致的行为。在行为金融学看来，从众行为是影响资本市场价格水平内在波动的一个重要因素。从众行为发生有以下几个方面的原因：一是投资者信息不对称、不完全，模仿他人的行为可以节约自己搜寻信息的成本。研究发现，人们越是缺少信息，越是容易听从他人意见。二是推卸责任的需要，特别集中表现在一些投资经理和股评人士身上。三是减少恐惧的需要，人类属于群体动物，偏离大多数人往往会产生一种孤独、恐惧感。四是缺乏知识经验以及其他一些个性方面的特征。比如，智力低下者，接受信息能力较差，思维灵活性不够，自信心较低，容易产生从众行为；有较高社会赞誉需要的人，比较重视社会对他的评价，希望得到他人的赞许，因此也容易表现出从众倾向。高焦虑者从众性较强，女性比男性更容易发生从众行为。克服从众行为的有效方法是逆向思维。

在一个群体中，人们彼此模仿，彼此传染。通过相互间的循环反应刺激，情绪逐渐高涨，人们逐渐失去理性。这种行为往往都是难以预测和控制的，并会对社会潜藏极大的破坏性。通常这种影响有两种形式：一是通过情绪传染，当人们有共同的态度、信息时，情绪传染更有可能、更迅速；二是通过行为传染，当情绪激动之后，由不断激发的情绪引发的行动也不断升级，并进一步刺激人们的情绪。这种形式与羊群受惊时的表现非常相似，从而称之为羊群效应。这提醒财经领导者在面对羊群效应时自己要用理性驾驭情感，对财经人员的羊群效应要及时针对具体情况采取具体措施加以排除，预防危机失控。

三、证券（股票）投资市场中的心理分析

在证券（股票）投资市场中，有许多不可思议的现象，比如买了股票就能够赚钱，买了股票就能被深"套牢"，盲目无主见地追从等，由此形成了一种股票投资者心态。目前，在我国形成的股票投资者心态有特殊的表现倾向，即投机性强，急于赚钱，被"套牢"后又有相对的忍耐性和克制力，这些都和我们的文化（心理）传统密切相关。

（一）股票投资者心态发展的三个阶段

一般认为，股票投资者心态发展走向成熟须经历三个阶段，即初级阶段、中级阶段和成熟阶段。

1. 初级阶段

股票投资者心态发展的初级阶段，此阶段股票投资者的投资行为特征是盲目性，心情随着股市的变化而变化不定。他们不了解股票知识或知之甚少，对股市许多专业名词和专业术语不知何意；也不知道如何申请开户；更不会具体操作（填单委托交易、刷卡交易、网上交易等）；买卖股票更不知如何下手。股票投资者初次出入股市时往往能赚上一笔钱，这使得他们兴高采烈，更加认准了"股票能赚钱"，并且"深化"了认

识，即"股市赚钱易、赚钱快"，胆量更大，并且也会鼓动他人积极入市。

2. 中级阶段

此阶段的股票投资者的整体实际情况特征几乎围绕着悔"被套牢"。由于初次出入股市时赚上一笔钱，似乎连战连胜，忘乎所以，胆量更大，心情随着股市的变化而变化不定，且受随从心理影响，便追加股票投资。其最终结果往往是全线套牢，或者等待，或者贱卖（即割肉），成为股市中的抬轿人，有苦难言，开始尝到赔钱的滋味。

3. 成熟阶段

这一阶段股票投资者的主要特征如下：

（1）股票投资者经过一定时间的股市博战，有小赚、深套、割肉和解套，股票投资者心态开始成熟，心情也不会随着股市的变化而变化不定。

（2）股票投资者的股票知识及其操作技巧有很大提高，头脑不再发热，不再贪心，已经充分认识股市风险，交易行为变得谨慎、稳重。

（3）股票投资者谈话慎重，常常与周围的股票投资者谈股票讲风险，股市上赢利与亏损的结果不再流露到脸上和语言中，显得沉稳老练，增强了风险意识。

所以，赚钱的机会多了，以"见好就收"、"落袋为安"、"谨慎买卖为上"等为宗旨。

（二）股票投资者心态的主要心理误区分析

股票投资者欲取胜于市场，必须首先征服自己的心理弱点，在市场中有效地进行自我调节，把握自我，培养一种健康成熟的心态至关重要。股票市场风云莫测、危机四伏，在不断震荡的股海中，股票投资者要想获得成功，具备雄厚的资金是必要的，但具有良好的投资心理则是更为重要的。一些股票投资者由于缺少正确的投资心理，难以适应风云变幻的证券市场，追涨杀跌，牵肠挂肚，夜不能眠。其结果是一败涂地，有的甚至铤而走险挪用公款，倾家荡产。下面分析几种目前常见的错误股票投资者的心态：

1. 盲从心态

具有盲从心态的投资者在股票市场上缺乏自信，没有主见，道听途说，满脑张三李四的意见，唯独排斥了自我的见解，人云亦云，追涨杀跌。其结果只能是输掉股票。

在证券投资市场上，人们为什么常常重复犯盲从跟风、追涨杀跌的毛病呢？

主要原因有以下两方面：

一是缺乏系统的投资知识。知识储备不足，使投资者难以认清市场变化规律及实质，不能把握市场走势，从而只能以别人的行为作为参考模式。缺乏对股票知识的系统了解，就没有自信，只能老是跟着别人后面转，见涨就跟，这样必然要吃亏的。

二是从众心理的影响。盲从心理是证券投资的大忌，投资者要想克服盲从心理，首先必须系统学习、掌握证券投资知识和操作技巧，否则，其投资股票就如瞎子摸鱼，盲人摸象。一个掌握足够证券知识的投资者能透过市场出现的各种现象，把握股市变化的规律，正确预测市场走势。一个人掌握的证券知识越充分，他就越自信，绝不会受别人所言影响自己的判断，一旦他对股票市场的动向有了基本的见解之后，即使持相反观点的人很多，也不会轻易地改变自己的立场。其次，投资者要养成独立思考和判断的习惯。因为股市上永远是先知先觉者太少，后知后觉者太多，"事后诸葛亮"太多。在股市上，总是少数人赚多数人的钱。所以，要培养独立判断、逆向思维的能力，当大多数人"做多"（看好市场）时，自己应寻找"做空"（不看好市场）的理由，因为真理往往掌握在少数人的手中。

2. 贪婪心理

贪心是人性的一个弱点。贪心的投资者在证券市场上永远是高了还想高，低了还更想低。投资者贪婪心理具体表现为：行情上涨时，投资者一心要追求更高的价位，获得更大的收益，而迟迟不肯抛出自己的股票，从而使得自己失去了一次抛出的机会；当行情下跌时，一心想行情还会继续下跌，犹豫不决，迟迟不肯入市，期望以更低的价格买进，从而又错过入市的良机（即踏空）。希望最高点抛出是贪，希望最低点买进是贪，贪心的最后结果不是"踏空"，就是被"套牢"。贪婪过度容易导致投资目标定得过高，致富的欲望过于急切，忘却了风险。不论是做股票还是做期货，最忌的就是"贪心"。如何克服"贪心"这一弱点呢？投资者关键是要保持一颗"平常心"。因为想正确地判断出股价的顶部和底部是件极不容易的事情；要在每一次高峰卖出，而在低谷买进，更是"痴人做梦"。作为投资者在预定行情达到八九成时就应知足了，从事证券投资应留一部分利润给别人赚。不乞求最高点卖出和最低点买进，保持"舍头去尾，只求鱼身"的心态，只有这样，致富的机会才能不断光顾于你。从事证券投资，收益目标不要订得太高，致富的欲望不要过于急切，不要乞求短时间发大财，成为巨富。应认清证券投资的规律，放弃空想，抑制贪念，依据行情只求赚取合理的差价。行情要一步步地做，利润要一点点地赚，稳扎稳打，步步为营，积少成多，那么你的财富就会像滚雪球一样，越滚越大。不应看不起每一单买卖所赚取的较少利润，能作十单少利润的买卖，累计起来就是赚取一单较大买卖的利润。目前，我国股票市场投机优势于投资，而所谓股票投资理念则是多数股评"专家"说给无主见的股票投资者听的真实谎言。

3. 赌博心理

具有赌博心理的投资者往往在股价上涨时，不断加码买进，希望一下子发大财。有些投资者当股价持续上涨，已处高位时，他们会认为还要涨，不顾市场风险，拼命追高，其结果往往是高价被套牢。有些投资者被高价套牢后，不是冷静、客观地判断大势是否已"反转"，是否需要"割肉"离场，而是把全部资金压上，甚至大量透支，孤注一掷，乞求股价反弹，其结果往往是全军覆没。在证券市场上之所以有些投资者赌气十足，是由于股价的变动具有难以预测性，有些投资者以此认为股价变动无规律可循，要想在证券市场中赚钱，全凭运气。赌博无非有两种结局：输或赢。在证券买卖中，怀有赌博心态的投资者无非也有两种结局：一种是顷刻间加入"款爷"之列；另一种是瞬间挤入"乞丐"的队伍。这也就是说，向两个极端发展，要么一鸣惊人，先富起来；要么一败涂地，倾家荡产。具有赌博心态的人往往极力追求向前一个极端发展，而忽视了向另一个极端发展的可能性。常言道，"久赌必输"，从事证券投资，光靠运气是不行的，好运气不会永远跟着投资者走，存有任何侥幸心理所作的投资决定往往是很危险的，损失是惨重的。投资者要克服赌博心态，必须清醒地认识到任何事物发展都是有规律的，股市也不例外，虽然股价每日都在波动，但它的波动也是有规律的。中国古代曾经有一个冒险家做了一对翅膀，站在屋顶上往下跳，他以为可以像鸟一样飞起来，结果却摔死了。可见无视事物发展的客观规律，盲目行动，只会导致失败。所以要想在证券市场上取得成功，不能靠侥幸心理，而必须具备丰富的证券投资知识、操作技巧、超人的智慧和当机立断的决心，透过市场价格不断波动的现象，把握股价的走势规律，看清国家方针政策，理性决策，才能在证券市场上取得成功。

（三）股票投资者心态对经济活动的影响

30 余年来经济的快速发展，新成长起来的我国几家著名企业的发展之路，对我们是有启示作用的。比如，三株集团的湖南事件几乎使三株陷于瘫痪，巨人集团投资珠海巨人大厦使巨人面临破产，郑州亚细亚的大面积推进计划最后成为泡影，标王秦池的销声匿迹，以及 505 集团销售出现零纪录等，均无不发人深思。这些曾经显赫一时的企业由盛而衰，固然有很多原因，但最关键的是企业的决策不当。按照现代管理模式，企业决策是企业管理的重要环节，企业决策维系着企业的生死存亡，所以企业决策者在进行决策前必须深入调查、分析、归纳、总结，直到最后形成完整的思路，形成最终方案，以确保企业未来的健康发展。而这些企业决策的最大失误恰恰在于急于求成，尤其是在企业运行良好时，固有的浮躁心态促使这些企业的决策者未经慎重考虑，而错误决策，盲目扩张。

什么是股票投资者心态呢？作为股票投资者，无论是机构、大户，还是散户，都有一种强烈的、美好的欲望：迅速使自己的资金得以膨胀。股市由于其特有的融资机制，也就给股票投资者提供了实现这种欲望的机会，所以从某种意义上讲，具有很强的投机性。

对于一些发达国家的股市，其发展较成熟，股票投资者一般具有较高的投资意识，投机气氛相对较低。发达国家的股票投资者为了选取一只股票，经常会花费很大的力气去调研这家公司的状况，甚至不惜跑许多路去考察这家公司的产品销售情况，哪家公司的销售情况最好，他们就会选择哪家公司的股票。不过，由于我国股市发展较晚（1990 年才开始起步），十几年来的发展，其间仍然存在着很多问题。特别是中国股市目前存在较高的投机气氛，股市黑幕操纵股价，股市的暴涨暴跌令股票投资者的心态难以保持平和，浮躁的情绪和急功近利的心理预期油然而生，这种非理性操作严重阻碍了中国股市的正常发展。中国股市目前的这种股票投资者的投机心态——想一夜之间暴富，在目前经济投资领域中经常出现，但并未引起有关方面的足够重视。

当企业发展到一定阶段，就会追求集团化经营，集团化经营突出表现在企业兼并和迅速地多产业推进。这种多样化经营企业的战略发展目标和方向无可厚非，但是其中有一个资源需求与资源配备问题必须事先考虑。企业集团化经营和规模生产的主要目的是尽力减少产品生产成本，从而提高企业自身的市场竞争力。但如果盲目地扩张，势必会造成企业的管理成本上升。

企业在迅速扩张的同时，会需要更多的科技人才和管理人才，而大部分企业在扩张之前并没有进行必要的人才储备，结果在扩张的过程中，企业的管理规模逐渐脱节，规模化经营的生产成本降低和人才及设备等管理成本的上升不能有效控制，企业发展速度减缓直至衰退。对于前几年的中原商战，相信许多人都会记忆犹新，其中的"龙头大哥大"郑州亚细亚商厦由极盛至极衰，过渡时间之短暂是惊人的。究其原因，主要是由于人才配备跟不上企业发展需要。郑州亚细亚为了加速扩张，不断在全国各地开设分店。由于在发展初期，没有进行必要的人才储备，最后造成连各分店的经理都派不出来。据悉，当时亚细亚总部派往开封连锁分店的经理竟然是一位女广播员，在分店的初次会议上，这位广播员由于根本不懂经营管理，竟因不知道讲什么，急得在会议上哭了起来。亚细亚的衰退是和这种管理上的失控分不开的。

企业在扩张中另一不可缺少的资源因素是资金，在扩张的时候经常忽视这一因素，结局自然是惨遭失败，欲速则不达。拥有数亿资产的巨人集团，在集团扩张的同时没有注意到流动资金的重要性，盲目地在巨人大厦的投资中不断加大资金的投资预算，结果造成资金的严重短缺，企业因"失血"过多，从而使企业危机四伏，最终濒临破产。事后，巨人集团总裁史玉柱曾在他辉煌过的兼作卧室的办公室里闭门思过，总结出许多深刻的教训。史玉柱曾公开承认：巨人集团没落的根本原因是投资盲目。这实际上就是浮躁的股民心态所致。

股民心态反映了在做事时，大家特爱凑热闹，做事一窝蜂，即使在风险很大的经济领域也不例外。例如，20世纪90年代初，中国超硬材料行业突飞猛进，在金刚石市场走俏的时候，许多商家看好这一行业，纷纷进军，结果一下子冒出很多生产金刚石和立方氮化硼的企业。许多企业是在看到有利可图，却对市场根本不知根知底的情况下，钻空子找贷款，不惜用高价购进设备，匆忙上马的。没想到刚一上马，国家开始紧缩银根，致使许多企业因资金运作困难而停产。超硬材料行业经济发展陷入低谷，最困难时停产、半停产企业达到行业总数的70%，能正常开工的企业中盈利的更是微乎其微。这同样是股民寻求暴富的心态所致。

由此可见，企业要长久立足于市场，必须摆脱股民的浮躁心态，一切从实际出发，对市场作出充分的预测，其中包括一定程度的风险预测，按照市场经济规律办事，决不能盲目跟风。只有克服这种浮躁的心态，企业才能正确进行决策，从而确保企业体系有效进行，使企业发展步入正轨。

第三节　运用心理学原理解决心理健康问题

一、财经人员常见的心理问题

（一）情绪异常

部分岗位由于任务繁重、工作艰苦、待遇不高，使财经人员对所从事的职业感到不称心，从而产生心灰意懒、无精打采、失落沮丧、消沉冷漠、抑郁寡欢等情绪反应，严重的还会出现逆反、易激动等情绪反应；或因工作任务特别紧迫，赶工期，保运输，或面临自然灾害、紧急危险情景时，员工的精神负担过重，容易产生紧张情绪。

（二）压抑苦闷

压抑是当情绪和情感被过分克制约束，不能适度表达和宣泄时所产生的内心体验，它混合着不满、苦闷、烦恼、空虚、困惑、寂寞等诸种情绪。少数财经人员面临着激烈的竞争、繁重的工作，有的远离家庭、亲人，业余生活单调枯燥、缺少变化，文化生活需要得不到满足，往往会感到无聊、压抑。人处在压抑状态时，容易导致精神萎靡不振，对生活失去信心，不愿主动与人交往，感觉迟钝，容易疲劳，不满和牢骚多。长期严重的压抑会诱发高血压、冠心病、消化道溃疡等疾病，极易导致心理障碍。

（三）失落心理

失落心理是财经人员感到在从事本职工作中失去了某些利益，或感到将要失去某种利益的一种心理状态。即过多地考虑从事本行业失去或有可能失去的利益而忽视了已经得到的或将要有可能得到的好处，从而产生心理上的不平衡。如有的青年财经人员觉得工作远离都市，生活枯燥，择偶困难，低人一等而产生的失落感，有的中年财经人员觉得待遇低、无法照顾家庭而产生失落感；或在改革分配制度中，端掉了大锅饭，拉开了分配上的差距，工作上有了竞争和压力，失去了"安全感"；随着企业或机构精简、撤并，有的财经人员因工作岗位、职务的变动，失去了往日的"优越感"等。

（四）意志消沉

部分行业由于工作的紧张性、艰苦性和流动性，使职工对所从事的职业感到不称心，难以激发个人热爱本职工作的热情和适应本职工作的能力，对本职工作产生厌倦，责任心减弱，职业意志力降低，导致意志衰退消沉。这表现为对情绪和行为的自我控制能力减弱，丧失活动信心，对一切懒于料理，活动减少，无所事事。

（五）幻想

幻想是心理负面影响的一种退缩反应，以不现实的虚幻方式应对心理免受伤害，企望脱离现实情境以寻求满足。幻想严重者会影响身心健康，导致心理失常。某些行业由于工作艰苦，少数从业者对目前从事的职业感到不满意，更苦于无法改变现状而不愿面对、正视现实，采取回避的态度，自我沉浸在虚幻的优越工作环境中难以自拔，整日昏昏沉沉，飘飘然然，不仅影响正常的工作、生活和休息，而且会逐渐失去对生活的适应能力。

（六）攀比心理

这是当前社会上普遍存在的一种心理行为。攀比的表现内容极其广泛，有的与其他行业比，有的在行业内部比，比待遇、比岗位、比职务、比报酬、比消费、比工作环境舒适等。攀比中，往往不是比工作成绩、贡献大小、付出的劳动多少，而是比生活标准、物质待遇、经济报酬。其结果是越比情绪越低落，干劲越小；越比人心越涣散，职工之间越不团结。攀比也不全是坏事，如果比先进、比技术、比创新、比贡献、比开拓、比团结是值得提倡的。

（七）牢骚心理

牢骚是指因某种需要未满足或因受到了种种委屈心中烦闷不平，而产生的一种行为心理。主要特征是不满心理。有的行业由于其工作的特殊性，部分职工对工作环境、工作条件、工作待遇不满，对贡献与报酬是否成正比不满，对改革及自己的利益不满。例如，交通厅所属企业移交属地管理（即由当地政府管理），少数职工没有理解其长远意义还是在于维护职工的利益，片面认为自己为交通事业贡献了一辈子，最后被当包袱推向了地方。不满有两方面的作用。一是积极作用，即不满于现状，不满于自己知识、技术的贫乏而努力学习文化知识和科学技术，不断开拓创新。这种"不满"对社会的进步有积极作用，是值得提倡的。二是消极作用。部分财经人员常常满腹牢骚，有时一人发牢骚，"一呼百应"，既影响情绪又影响工作，影响职工对改革的正确认识和对党的方针、政策的信赖，甚至产生不信任或抵触情绪。如果任其发展，容易滋生事端，甚至引起社会动荡，影响安定团结，影响改革的进程。

（8）攻击

攻击是一种常见的激烈的应激行为。人们在受挫以后，在非理智情况下把"高能量"的愤怒情绪指向造成其挫折的对象——人或事物，表现为对他人不满、愤怒、讥讽、谩骂，甚至打斗等公开对抗行为，更有甚者采取损害物品、对他人加以伤害等极端行为和残暴手段。攻击行为分为直接攻击和转向攻击两类。这两类攻击行为在财经人员中都有发生，但转向攻击行为比直接攻击行为普遍。

直接攻击是心理受挫者把愤怒的情绪发泄到直接使之受挫的人或物上。由于缺乏理智，往往不考虑后果，因而可能造成极为严重的情况。如有的财经工作者在改革过程中岗位被调整后，认为是领导有意刁难自己，愤怒情绪十分强烈，便对直接领导大打出手。转向攻击是指受挫折者在受挫后，愤怒情绪十分强烈，由于种种原因使之不能攻击使之受挫的对象，于是把愤怒的情绪指向自己，或者指向与其挫折情境无关的对象。表现形式有迁怒，即将愤怒情绪转移到其他对象；无名火，即恼怒情绪不指向特定对象；自责，即自己恼火自己。转向攻击行为造成的后果同样是严重的。有的财经人员在工作中遇到挫折或被领导批评后，回到家里发脾气，把愤怒的情绪发泄到他人身上，或发泄到公物上，如在办公室踢门砸窗，或是毁坏生产劳动工具等。

二、采取有效调适措施，解决心理健康问题

财经心理学是研究财经活动中人的心理规律的科学。学习财经心理学的目的是更好地运用其基本原理解决实际问题。根据上述部分财经人员的心理健康状况，可采用如下调适措施：

（一）树立正确的世界观

世界观人皆有之，不同的人会形成不同的世界观。运用态度、挫折原理来树立正确的世界观和人生观，能帮助财经工作者正确地认识世界上的各种事物，并采取适当的态度和行为反应；能使他们高瞻远瞩，心胸开阔，积极向上，从而提高对心理冲突和挫折的承受力，保持心理健康。

作为财经领导者应在员工心理受到伤害时，帮助员工用唯物辩证法的观点去对待工作中遇到的问题，使员工懂得无论生活还是工作都不会是一帆风顺，人生遇到各种问题是不可避免的，关键是总结经验教训，勇敢地面对现实，才能不断前进。帮助他们自觉锻炼自己，使自己具有顽强的克服困难的意志力，提倡百折不挠的拼搏精神。只有形成了共同的价值观念，才能自觉做到规范服务、优质服务，树立企业形象。

（二）普及心理卫生知识，改善财经人员的工作条件和生活条件

财经领导者应向财经工作人员宣传心理卫生保健知识，引起他们对心理卫生保健问题的注意和重视。如利用广播、讲座、板报、刊物、书籍等向财经工作人员宣传心理卫生保健方面的知识。建立健康的人际关系，创造发挥个人心理特征和积极性的最佳环境条件和心理气氛，提高财经工作人员个人心理对周围环境中有害影响的抵抗力。

（三）加强对财经人员心理疾病的普查和治疗

根据行业不同部门的情况、客观环境和人的生理因素等变化，财经领导者应对员工中出现的心理健康问题进行预测、普查，以便采取预防性的保护措施，组织员工参加一些有益身心健康的活动，并及时发现心理、精神疾病的患者，给予早期的治疗。有条件的企业，可以设心理咨询医生和专门的心理咨询机构；暂时没有条件的也应提高现有医务人员的心理卫生知识水平，逐步做到既能治疗身体疾病，也能治疗心理疾病。

（四）培养健全的性格

健全的性格包括：勤奋、朴实、认真、自信、谦虚谨慎、豁达开朗、待人宽容、责任心、正义感等。健全的性格对形成良好的品德、气质、能力都有着重要的影响。因为人的性格本身就包含着品德的一部分特征。正直、诚实的性格品质容易形成大公无私、刚直不阿的道德品质，而对他人和集体冷漠、自身行为孤僻的人，则容易养成自私自利、损公肥私，甚至徇私舞弊的恶劣品质。同样，虚伪、圆滑的人容易成为阿谀奉承、阴险狡诈之徒，而虚荣、浮华者，则容易成为挥霍浪费、贪图享乐之辈。因此，道德修养只有与性格修养结合起来，才能收到良好的效果。气质和性格又是相互渗透、相互制约的。通过性格修养，可以优化自己的气质，使之服从于工作的需要。优良的性格品质能促进能力的发展。认真、勤奋、谦虚、自制、热情等优秀的性格品质，对提高能力有极大的促进作用；相反，不良的性格特征，如马虎、懒惰、骄傲等，则会阻碍能力的提高。

（五）保持稳定的情绪

喜、怒、哀、乐，人皆有之。人在活动过程中往往要受到情绪的影响。稳定的情绪包括对事业的热情，善于控制自己的感情以及稳定持久、乐观等特点。财经人员具有稳定而乐观的情绪，不仅有助于自己的心理健康，提高工作效率，而且能够调动全身心的潜力，激发他们行动的巨大动力，激励他们去克服困难，攻克难关；相反，消极的情绪使人颓丧、心灰意冷、无所事事。

（六）培养坚强的意志

所谓意志，就是自觉明确目的，并根据目的来支配、调节自己的行动，克服困难，从而实现预想的心理过程。坚强的意志就是坚持不懈、百折不挠、不达目的不罢休。艰苦性行业的特点决定了从业人员必须具有坚强的意志去面对挑战，从容地适应环境

和社会的变化。

（七）广泛的兴趣

兴趣是人的心理特征之一，是一个人对某种事物或某项活动进行探究和参与的心理倾向，这种倾向是和一定的情感体验联系着的，它标志着一个人在某一方面的积极性。如，当你对某一事物有兴趣时，总是伴随着快乐、欣喜和满意等肯定的情感；反之，则表现为不悦、厌恶等否定性情感。因此兴趣对于一个人能力的发展是十分重要的。一个人事业心强不强，对自己从事的工作爱不爱，在很大程度上取决于他兴趣的大小。广泛的兴趣就是兴趣的广度，除事业兴趣外，还有丰富的业余兴趣。一个人兴趣广泛就能成为多面手、百事通，从而工作起来得心应手。

（八）创造良好的人际环境

任何人生活在这个世界上，都要同周围的人结成一定的经济、政治和思想等社会关系。人际关系属于社会关系的范畴，是社会关系的现实表现，它产生在群体人际交往的过程中，是受整个社会关系制约的。人际关系的最大特点，就是以一定的情感为基础，这种情感可以是好感、留恋，也可以是反感、憎恶。不同的人际关系引起不同的情感体验。

人际关系的建立离不开人际交往，它是在人际交往的基础上形成的，而且也只有在人际交往过程中才能发展。人际交往是指两个或两个以上的人，为了交流有关认识性的情绪、评价性的信息而相互作用的过程。其特点就在于通过交往，人们之间相互作用，并通过相互影响，在彼此感知和理解的基础上，改变彼此的思想和行为。良好的人际交往，能使人们相互鞭策，共同发展。现代生活的进步，改变着人们的交际观。努力经营一个适合自己的人际圈，在竞争中交朋友，用真情善待你周围的每一个人，你会发现，交往不是手段，而是快乐的需要。

（九）保持快乐的心理

当今社会，不少人感到心理压力，并觉得难以解脱，觉得无助和无奈。在生存竞争的压力下，家庭结构和社会人际关系的不断改革，人们的心理健康问题也随之变得普遍和严重，人们会常常感到不快乐。快乐是什么？不同人在不同的时间、地点，甚至不同的情境下都有各自不同的体验和感觉。快乐和痛苦相伴而生，它是人生的不懈追求。快乐的秘诀在于行动，快乐的境界是让它成为生活的习惯。

简单地说，快乐是人们对客观事物的主观情绪体验，而这种态度和体验是一种愉快的情绪体验。快不快乐，情绪愉快不愉快都是具体的某个人对客观事物的主观态度、体验和评价。对一个大款来说，可能每年赚几十万块钱还是一件让他高兴不起来的事；可对于一位下岗职工而言，每年能够赚到维持自己生活的几千块钱就是一件相当令人高兴、快乐的事。

不同的人有着不同的人生观和价值观，而人生的方向往往是由态度来决定的。积极的人生态度是快乐的催化剂。它使人变得活泼，使人充满进取精神，充满冲劲和抱负，可以获得帮助，事事顺心，生活快乐。相反，消极、冷漠的人生态度则会使人觉得处处是障碍，最终使自己感到不快乐。快乐是一种积极的心态，而人在现实生活中又不可能都是积极心态，不可避免地会出现消极负面心态。为了使自己总感到快乐，人必须不断改变自己消极负面的心态。

经济的腾飞、事业的发展，离不开财经人员的素质，而财经人员的素质又制约着事业的发展。随着改革力度的加大，每个人不论在何种岗位都会产生这样那样的压力。每天的工作都是新的，有机遇又有挑战，只有用积极的心态、健康的心理去应对，才能快快乐乐、健健康康。

（十）注意个人心理差异，强化有效管理

人的个体心理差异是客观存在的，由于不同行业的特殊性和工作性质，必然要求财经人员有热情、外向、理智、独立、认真、细心、顽强、自制、果断、坚毅等良好的职业性格。良好的职业性格是财经人员做好本职工作、胜任本职工作的心理动力。因此，财经领导者在录用和安排财经工作者时，要注意性格的职业适应性。如服务行业人员应热情，善于与人沟通；管理人员应具有稳定的情绪，较强的协调能力和克制能力；施工人员应具有顽强的毅力、吃苦耐劳的品质。应尽量把性格对立者从其岗位上调离，让性格"互补"；对不适宜职业性格要求的人组织培训和改造。做员工的思想工作时，要针对不同性格的人，应用不同的方式，让员工的性格朝着职业要求方向发展，详见表15-1。

表 15-1　　　　　　　　　　不同性格特征的具体表现及引导方法

性格特征	具体表现	工作方法
开朗直率	心胸坦白、有啥说啥、兴趣广泛，但爱发议论、不拘小节，易在言语、行为上被误解	表扬为主，防微杜渐
倔强刚毅	能吃苦、不怕困难，但有时在工作中缺乏灵活性，对领导交办的工作，不理解时易发生对抗、好撞顶	经常鼓励，多教方法
自尊心强	有上进心，在工作和生活中，对自己要求比较严，怕被别人说不是，"脸皮薄"，挫伤自尊心后好生闷气	一点就进，正面引导
温和顺从	心地善良，有同情心，听从命令，服从领导，感情脆弱，遇事缺乏主见	开展批评，多给任务
心胸狭小	好动脑筋，但心眼小，遇到不顺心和涉及个人利益的事情时，爱斤斤计较	典型引路，开阔心胸
毛毛愣愣	工作有热情，干活快，但性急，粗枝大叶，工作缺乏计划性	经常提醒，警钟长鸣
粗暴急躁	求胜心强，但容易感情冲动，"点火就着"，心中容不下事，好"放炮"，事后又常常后悔	避开锋芒，坚持疏导
沉默寡言	少言寡语，但服务技能较好，工作能够任劳任怨，但在有些问题上，可能分不清是非	不宜指责，多讲道理
疲疲沓沓	"扎一锥子不出血"，大错不犯，小错不断，经常迟到早退，工作拈轻怕重	启发觉悟，注重治本
傲慢自负	反应比较快，过分相信自己，爱表现自己，好发议论，虚荣心强	看准问题，严肃批评

因此，对财经人员的教育、管理应该注意个体的心理、性格等差异问题的存在，针对每个员工的实际情况安排工作，对其在工作中遇到的问题，有的放矢，加以引导解决。

此外，财经领导者要运用适当的群体压力对员工进行管理。群体压力是指群体规范对其成员具有无形的约束力。适度的群体压力对于财经工作是必要的，但群体压力过大就会使个体成员在心理上很难违抗，从而产生一种不安、紧张、孤立、恐惧的心理状态。一个群体对其成员施加的压力，一般有五种类型：理智压力，即摆事实、讲道理，"晓之以理"，以理服人，使成员心服口服，接受群体规范；感情压力，即采用"动之以情"的方法，用真情打动人，促使其成员顺从群体；舆论压力，即正面的舆论能促使群体成员坚持正确的行为，惩戒性的舆论可以使成员抑制错误的行为；心理隔离，即群体断绝其成员心理上的沟通和行为上的接触，使之形影孤立；"暴力压力"，即采用强制手段使其成员遵守群体规范，如扣发奖金、解雇、开除等。

实践证明，群体成员只有在压力不大也不小的情况下，积极性最高，工作绩效水平最好。压力太大，群体成员会产生焦虑，约束和限制了人的积极性；压力太小，群体成员松散，激发不起人的积极性。两者都会影响工作效绩。因此，财经领导者应针对不同的财经人员采取不同的管理策略。如对感到激励的员工可进一步鼓励，并为其提供支持和帮助；对持消极态度的员工，可分情况采取调整工作、强化培训、交换意见、思想教育和经济处罚等策略。

第四节　心理学在财经领域中的典型案例点评

为了便于大家学习理解，下面列举部分关于财经心理学在财经领域中如何应用的典型案例，仅供讨论。

案例一　主题：悦纳自己，坚定信心就能成功

【案例资料】

一个纽约商人看到一个穿着破烂的铅笔推销员，顿生一股怜悯之情。他把一美元丢进铅笔推销员的盒子里，就准备走开，但他想了一下，又停下来。他从盒子里取走一支铅笔，并对铅笔推销员说："你我都是商人，只不过经营的商品不同，你卖的是铅笔。"几个月后，在一个社交场合，一位穿着整齐的推销商迎上这位商人并自我介绍："你可能已经记不得我了，但我永远忘不了你，是你重新给了我自尊和自信。我一直觉得自己和乞丐没什么两样，直到那天你买了我的铅笔，并告诉我是一个商人为止。"

【讨论点评】

这则小故事带给我们的启发：悦纳自己才能奠定成功的基石，坚定信心就能成功。

悦纳自己的人，往往会对自己的优点欣然接受，对自己能够克服的缺点努力改正，对自己难以克服的缺点坦然接受，这样才能对自己定位准确，既能用优点支撑起信心，又能因自己的缺点而不断完善自我。有了信心，就会产生"我确实能做到"的态度，

产生能力、技巧、精力这些必备条件，每当相信"能做到"时，自然就会想出"如何去做"的方法。正如励志大师罗宾所说："你比自己想象的还要伟大得多，因此你的能力也比你所想要的强得多。你对自己的态度可以把你高高举起，也可以把你抛入绝望的深渊。"

案例二　主题：让人保住面子

【案例资料】

在某大酒店，一位外宾吃完最后一道菜之后，顺手将精美的景泰蓝食筷悄悄地"插入"自己的内衣口袋里。服务员小姐发现后走上前，双手擎着一只装着景泰蓝食筷的绸面小匣说："我发现先生用餐时，对我国的景泰蓝颇有爱不释手之意，非常感谢您对这种精美工艺品的赏识。为表达我们感激之情，经餐厅主管批准，我代表大酒店将这双图案最为精美的并且经严格消毒处理的景泰蓝食筷送给您，并按照大酒店的优惠价格记在您的账上，您看好吗？"那位外宾很快明白了弦外之音，表示谢意后，说自己多喝了两杯，头发晕，并聪明地下了台阶，说："既然它不消毒不好使用，我就以旧换新吧！"说着取出了袋中的筷子，恭敬地放到桌上，接过了服务员小姐给他的小匣。

【讨论点评】

这则小故事带给我们的启发：让人保住面子，这样才能赢得别人的尊重，树立自身的良好形象。

案例二　主题：如何处理同上司的关系

【案例资料】

米奇公司决定建立新的设备生产线，以使公司在这一行业比外国公司更有竞争力。查理是米奇公司负责评估建立新生产线的备选方案的工作小组负责人。查理的小组仔细地考虑了获得和安装机器的成本、设备的保养成本、备用零件的成本和有效性，以及操作设备所需的人员数量、能源成本、机器操作的潜在危险以及训练员工操作设备的困难等。

查理的小组准备了所附的表格、曲线图及关于所有备选方案优缺点的分析报告。这份报告包括了计划预估的总成本以及在每一生产水平下每单位的产出成本。查理将三个最佳备选方案的详细分析报告交给了他的上司林德，林德阅读了这份报告并且向高层管理人员作推荐。

报告的要点如下：

备选方案 A 的成本最低，但有较高的可能性会使员工受伤，并且因泄漏有毒气体对环境造成污染的危险性极高。

备选方案 B 的成本较高，但降低了对员工造成伤害的危险性，却仍然有潜在的环境污染的可能性。

备选方案 C 的成本最高，但对员工是安全的，且对环境污染的危险性最小。

林德对工作小组的工作表示赞赏，并且承诺他们这次的优良表现将在下次业绩考评中予以考虑。几天后，查理无意中发现了林德准备向高层管理人员移交的报告复印本。快速浏览后引起了查理极大的担心，因为林德删除了报告中关于每一项备选方案中许多缺点的所有参考附注，只保留了这三项方案基于成功的分析，他建议选择 A 方案。查理面临了如下困境：

（1）他是否应该假装从来没看到过林德对备选方案分析的说明？

（2）他是否应该和林德讨论这个问题（显然，这可能对他的业绩考评不利，甚至会危及到他的工作）？

（3）他是否应该绕过林德和某位高层管理人员讨论他的担心？

这真的是查理的问题吗？他已经做好了他的工作：难道他的责任未了？若是员工发生意外或造成污染，查理最后会被责备吗？即使他不被责备，假如有什么可怕的事情发生而他未能事先采取行动，他会有什么感觉？

研讨问题：

（1）查理应该怎样做？

（2）查理是否还有本文中没有提到的其他行动方案？

【讨论点评】

查理的第一个决定是他是否要采取行动。如果他不采取行动的话，当有可怕的意外灾难发生并导致员工受到伤害时，他的良心会使他感到内疚。当然，他可以认为管理层是根据效益最大化的原则，选择了低成本方案，而放弃了安全和环境方面的考虑，以此来安慰自己。另外，查理也可以采取一些适当的行动，来减轻他的忧虑，从而可以"尽吾志而不能至者，可以无悔"，来安抚自己的良心。

假如查理决定采取行动，他必须决定采取什么行动。有如下选择方案可供讨论：

（1）查理的第一个选择是与林德讨论这个情况。如果采取这种行动，查理必须考虑林德的个性、管理风格及他和林德关系的密切程度。而查理说明他的担心及一个错误决定的可能之后，林德可能接受他的批评并同意修改自己的报告。但同时查理也冒着林德被激怒和可能危及他业绩评价的风险。这个行动还可能危害他和林德的关系并导致被调到更差的岗位上去，甚至最后被公司免职。

（2）查理可以绕过林德和更高层的管理人员讨论这个问题。这个决定要依赖于米奇公司的管理方式。假如公司的管理具有严格的指挥链，那么这个选择并不明智。假如公司管理是开放型的，而且查理在公司中颇获上司们的信任，这也许是个可能的选择。查理在与林德的讨论不能奏效时，可以考虑这种选择。

另一个可能是查理在和林德讨论时，就告诉他自己可能会采取的行动。如果问题仍然得不到解决，那么就可以去找高层管理人员。

（3）既然原始的建议书是由小组而来，查理可以考虑和整个小组讨论他的困境。这种选择会减轻查理的压力，并且可能会产生一个意想不到的不错的行动方案。因为小组的集体行动，也许会比查理独自的行动更有力，对成员也更安全。

（4）查理可以不具名地将一份原始报告复印本透露给组织中的一位管理监督者。但假如此事被发现，他可能要承受比其他选择更严重的后果。

本案例强调在财经活动中，处理人际关系的技巧。除面临领导、激励和协调一个小组的工作外，财经人员同时还必须就一些极敏感的问题，来处理和上司之间的关系。

案例四　主题：财经人员的职业道德和公司文化

【案例资料】

特西·汉密顿是加利福尼亚一家大型计算机公司恩伟梯的副总裁。几个星期前，产品部的副总经理凯文·南丝与特西商量，请她帮忙完成凯文在加州州立大学进修的MBA课程的会计作业。特西提供了一些对凯文可能有帮助的资料，但没有替凯文完成作业。

几个星期后，特西无意听到凯文与他的同学通电话，几个班级的成员打算分做一个大的会计作业，并且通过交换磁盘共享他们的成果。第二星期特西注意到公司的两个秘书为凯文的会计作业忙了一整天。

恩伟梯公司为凯文在加州州立大学的两年MBA课程每年支付学费14 000美元，并同意凯文每隔一个星期，在周五整天上课，另外有时周六也上课。

研讨问题：特西应该怎么做？

【讨论点评】

问题定位：本案例中出现的道德问题是针对企业一般员工的，而不仅仅针对财经人员，即这里讨论的是企业员工所应遵守的一些最基本的道德规范。

首先，出现问题的分析。

（1）凯文与其同学通过交换磁盘共享本公司的资料，有可能将本公司的商业秘密泄露出去。

（2）凯文的行为浪费了本公司的资源。这包括：其一为经济资源，即公司出钱让凯文进修MBA，而凯文没有以刻苦学习和优异的成绩来回报公司对他的培养；其二为人力资源，即凯文让公司秘书为自己的会计作业忙了一整天的行为是不对的。

其次，对出现问题的处理办法。

（1）关于泄露商业机密的问题，特西应要求凯文收回带有本公司资料的磁盘，并停止与其同学共享这些资料的行为。

（2）关于浪费企业资源的问题，特西应对凯文进行一定的经济惩罚。

很明显，凯文作为产品部的副总经理，在关于MBA会计作业上的所作所为是不道德的。恩伟梯公司每年为凯文MBA课程支付学费14 000美元，期望凯文完成学业后可以利用所学知识为公司服务以收回所付学费的成本。更大的问题是，如果凯文在MBA课程上有不道德的行为，那么他在恩伟梯公司的业务上也容易有不道德的行为。

特西有几种选择，现作进一步分析。

第一种选择，她应和她的主管讨论这件事，主管或者直接召见凯文或报告给公司老总。这取决于现行的公司文化，如果公司文化认为对不道德行为应该批评，那么这种做法是最直接的。当然，当凯文与公司的上司打交道时就会知道特西是告发者。如果公司文化不是这样，特西就不能对此采取任何行动，那么她可以与加州州立大学教这门课的教授联系，并与他讨论这个问题。这可以使得教授通过复核他们的作业来查出参与者，并在此基础上采取适当措施。

第二种选择，就是什么也不做，这样对特西没有风险。但是凯文参与不道德行为，这对恩伟梯公司的未来有较大的潜在伤害的可能性，所以对公司来说有较大的风险。

案例五　主题：生产效率与公司行为守则的关系

【案例资料】

维信公司是美国东南部较大的一家保险公司，主要从事汽车、房产、火灾及公司的保险业务。格林是该公司审计部的经理。在对公司的企业保险部进行日常费用审计时，有两项内容引起了他的格外关注。

1. 员工间的私人关系

可以肯定企业保险部的助理经理泰妮与该部的外界分析员（Outside Analyst for the Diision）约翰的关系非同寻常。约翰是由该部门经理西蒙斯招聘来，以提升维信公司在东南部企业中的公司形象。在发展和实施该项计划中泰妮与约翰需要紧密配合。

格林在审计费用报告时发现，泰妮曾主张报销约翰用信用卡支付的旅行机票；另外在公司12个月内的电话费中，有近3000美元用于支付泰妮与在东南部旅行的约翰的通话联系。

这两项支出引起格林对他们两人关系的兴趣。通过调查，他发现他们两人曾共同旅行多次。从两人的行程表中看出，他们有多次在同一时间，出现于同一城市，并住在同一旅馆的同一房间。另外，通过调查并可进一步确信泰妮曾在12个月中为约翰大额加薪。

格林还向该部门中了解泰妮的员工作了调查。泰妮的丈夫18个月前突然去世，她曾经为此伤心了一阵子。但从几个月前，即约翰受雇于该部门后，两人一起出席了几次鸡尾酒会，看上去泰妮开始摆脱了悲哀。但似乎无人怀疑，他们两人已超过了一般的工作关系。

维信公司有一个规范员工的行为守则（见表15-2）。

表15-2　　　　　　　　　　　　维信公司行为守则

保留记录	每一个员工都应保留与公司政策一致的准确的记录费用的账户信息，对公司费用应及时进行财务说明和报告，这样做对于确保公司会计记录的公正（Integrity）是十分必要的。
利益冲突	公司员工应避免与供货商、顾客、竞争对手及独立的合约人之间有各种关系，这种关系很有可能会被解释为与利益冲突有关，或将影响决策的独立性、客观性。这种关系除非事先被观察到或经公司的管理人员同意，否则将属于潜在的利益冲突，是为公司所禁止的。

格林认为按公司的守则，泰妮有义务向本部门经理西蒙斯报告她与约翰之间的关系，她在未取得经理同意的情况下，不应再继续负责约翰的工作。但事实上她未能如此行事。格林要求与企业保险部经理西蒙斯见面。他向西蒙斯详细地陈述了他的调查结果。他们一致认为应通知公司法律部，以了解在这种情况下应采取的行动。法律部认为格林应向泰妮通告一下他所掌握的事实，给泰妮一个机会。

格林向泰妮指出，她曾与约翰多次一起外出工作，但实属私人旅行。她所提交的旅行费用报告中不仅包括她自己的，也包括了约翰的支出。另外她与约翰间的私人通话费用也记入了公司的账户。泰妮听后，虽有些震惊，但并未争辩，也不想掩盖她的行为。她反问格林她该怎么办。格林感到泰妮并未充分认识到她的行为可能引致的后果。格林很为泰妮难过，因为他知道泰妮在丈夫死后有多么脆弱和伤心。但他还是告诉泰妮，他有义务向维信公司总经理反映这些情况。

2. 员工的私人支出

企业保险部一个销售经理助理保罗所提交的费用报告中包含了好几项实属私人性质的支出，如以公司名义报销的个人餐饮、娱乐性支出，把个人旅行的汽车费用当作差旅费等。很明显这些费用纯属个人支出。引起格林警惕的是该部门销售经理山姆怎么会允许这些项目的报销呢？格林认为这些问题是与公司行为守则相悖的。

格林向山姆反映了上述事实，山姆听后，回答说这只是疏忽所致。但这种回答并不能让格林满意。

格林决定继续深入调查。他发现保罗负责的几名员工的费用报告中也包含了已报销的个人支出。此时格林决定要见西蒙斯。西蒙斯建议格林调查一下山姆的个人费用报告。

研讨问题：

（1）公司行为守则的目的以及它给公司带来的好处是什么？

（2）维信公司出现的这两个问题反映了什么样的道德问题？

（3）就以上两种情况假设在第一种情况下，你处于格林的位置，如果由于雇佣约翰而使该部门收入上升了20%，并进一步假设收入的上升主要是泰妮的功劳。你是否还坚持向总经理反映问题？假设在第二种情况下，你处于西蒙斯的位置，你清楚地知道部门经理的奖金是以各部门的收入为依据的，山姆和保罗是本部门内业绩不错的员工。在这种情况下，你是否还会建议格林调查山姆的费用报告呢？

【讨论点评：甲】

（1）公司行为守则是适用于公司内所有活动和关系的政策声明。它应明确主要责任及对全体员工和公众的承诺。它的主要功能是在公司遇到道德选择时提供指导并作为权威的依据。

通过书面的公司行为守则，公司员工可以了解处理公司事务时的标准，以加强公司的职业道德氛围。设计良好的道德标准和指南，可以促进公司各层次人员做出有道德的选择或决策。

成功的公司行为规范必须得到公司管理层和董事会的全力支持。公司高层领导人员的态度和行为是决定公司行为守则是否有效的最重要因素。他们为整个公司树立了榜样。公司总裁的行为直接影响到其他上层领导。

公司的行为守则有利于建立一个人们所希望的上下沟通、公开交流的安全环境，并提供内部反映意见和建议的机制。开放的外部环境使员工自由地向公司高层人士反映他们所关注的问题，而不用担心遭受打击报复，管理人员也需要有助于指导公司经营的自由的信息交流。

另外，对于公司的行为守则还需要足够的监控和执行力度。决定监控和执行力度的是经理人员的责任。一份调查表明，有84%的被调查公司使用内部审计人员来检查遵守公司行为守则的报告系统的有效性。另外 51%的被调查公司认为，审计委员会和董事会应是公司行为守则执行情况的最高层负责人。

公司行为守则的其他好处还包括：创造一个浓郁的道德氛围；建立一个具有吸引力的工作环境；提高员工的忠实度和士气；帮助员工服从公司目标；加强公司外部形象。

（2）道德问题。

①泰妮的道德问题。

按公司行为守则，泰妮有义务向企业保险部经理西蒙斯报告她与约翰的关系。由于存在着"利益冲突"，泰妮不可能独立客观地履行其应有的责任。她应在利益冲突始发时，就向西蒙斯说明她和约翰的关系。除非西蒙斯表示同意，否则她不应再直接负责公司与约翰的合同。

泰妮除了"不谨慎"之外，她还违反了公司行为守则中的"公正"原则，公司承担了她与约翰的私人旅行费用、电话费等。但从本案例中看不出旅行是为了公司利益，还是纯属私人旅行。

格林向公司总裁汇报情况是正确的。因为他已发现了违反公司行为守则的行为。进行披露是监督遵守公司行为守则的一个重要职责。如不这样做，其他员工会得到一种错误信号，以为公司会容忍这样的事。特别是在存在着借口的情况下，格林并没有因同情泰妮的遭遇，就放弃对这一情况的调查和报告。他的行为是他有道德和有职业能力的表现。

②保罗的道德问题。

保罗向公司申请报销包含私人性质的费用支出违反了公司的行为守则中的"公正"原则。山姆同意保罗的报销项目，而保罗也同意了他手下员工的同样的报销内容。西蒙斯建议格林调查山姆是正确的，很有可能是山姆自己的问题，才导致其手下员工也敢如此行事。

费用报告是表现公司道德精神和环境的很好的标志。如果发现费用报告中存在着草率马虎的地方，那也可能在簿记或存货中存在同样的问题；如果对费用报告的要求是严格的，那么其他报告的质量也会较高。这是因为，费用报告带有个人性质，极易有"不诚实"的倾向，特别是在缺乏证实程序来证明当事人存在"不诚实"行为的时候。

泰妮和保罗的行动都是非常自私的，对公司而言是不公正的，因为公司有权利要求员工在人际交往和报告费用支出时做到公正和诚实。他们的行为对于遵守公司行为守则的人而言也是不公平的。如果泰妮和保罗未被发现，他们则是受益人，但对公司存在着长期的负面影响，因为在这种环境下其他员工会怀疑是否有必要遵守公司的行为守则。

（3）情况反映。

①格林仍应向总裁反映情况。判断员工是否违反了公司行为守则并不能以当事人的工作业绩来衡量，只因泰妮曾为公司做过贡献，就忽视她的"不谨慎"和不正当的费用报告是不对的。如格林忽视泰妮的违纪行为，格林将会违反他本应遵循的"客观、

公正"的职业道德要求。

②西蒙斯知道如果山姆和（或）保罗被辞退，可能会影响他自己的奖金数额。此时如果西蒙斯把自己的私利放在公司的利益之前，而不建议格林深入调查，那他就错了。总之不能以个人利益决定职业道德问题。

（4）实际情况。

格林向总裁报告了真实情况。公司总裁是泰妮的私人朋友。他认为公司内部目前没有任何人怀疑泰妮，所以他不想对泰妮采取任何行动。但格林仍坚持应对此事采取措施。公司总裁为此烦心数天，最后决定把泰妮平级调到其他部门，并告知泰妮她在公司最高只能升至助理经理。一年后泰妮决定辞职。

格林调查了山姆的费用报告，发现公司在两年里曾为他承担了 20 000 美元的个人费用。格林向公司总裁汇报了这些情况。当总裁得知公司内许多销售人员的费用报告都有问题时，非常震惊。山姆最终承认了他的问题，最后被公司总裁解雇。

格林在调查山姆的过程中，发现山姆的费用报告并未接受过上司们的检查。

这一责任最后由公司企业保险部经理西蒙斯承担。

【讨论点评：乙】

（1）从一般意义上讲，制定公司行为守则是以公司经营宗旨、方针、政策为依据，目的是为约束、控制和规范员工的行为提供准则。它的好处是使员工的行为符合公司的利益要求和长远战略发展目标，也为评价员工的品行提供依据。对于维信公司的具体情况而言，公司行为守则的最直接目的是确保公司会计记录的公正和维护公司的利益。作为一家保险公司，维信公司的经营性质决定了公司的利润与公司的费用开支紧密相关，公司在决策方面尤其是接受保单的决策的独立性和客观性直接影响公司的利润和经营风险。"保留记录"和"利益冲突"这两项行为守则的指定和执行可以起到控制费用开支和保证决策的独立、客观的作用。

（2）维信公司的这两个问题反映了该公司员工包括部门经理假公济私、违反公司行为守则、将多项私人费用开支上报为公司费用支出，损害公司利益的不道德问题。这样的行为客观上会虚增公司费用，虚减利润，逃避税收支出，破坏公司会计记录的公正，也会使得公司员工在生产效率与正直品行方面给审计人员留下很坏的印象。

（3）第一种情况下，即使企业保险部由于雇佣约翰和泰妮而使收入上升，格林从公正的角度出发仍应向总经理反映问题。因为员工的工作胜任能力与正直品行并不是两个绝对正相关的问题，应分别对待和评价。企业保险部收入上升了，说明约翰和泰妮的能力很强，业务素质出色，但并不能说明他们的行为完全符合公司行为守则；相反泰妮将大量私人支出报告为公司支出，还为约翰大额加薪，而且还未认识到自己的行为所导致的后果，那么收入增加的代价似乎太大了。并且部门中其他员工无人怀疑，泰妮和约翰已超出一般工作关系，花费的开支也很大，如果严重的话，还可能因这种非同寻常的关系将风险很高的客户吸收为公司的保户。不及时制止这种影响独立决策和侵害公司利益的行为，会在员工中造成很坏的影响，对公司的长远发展不利。

第二种情况下，同样道理，工作业绩不等于正直品行，目标不能为手段做辩护。在公司的激励机制下，山姆和保罗干出了不错的业绩，作为主管保险销售的人员，在工作中会有很多开销，开销的加大有时会提高效率，但这不能作为忽视数名员工将个人支出上报为公司费用，部门经理也允许报销的损害公司利益的不道德行为的理由，更不能作为激励员工提高效率和创收的手段。作为总经理，西蒙斯从公司长远利益出发，不能忽视员工的行为对公司的影响以及会计记录的不公正将在接受外部审计时遇到的麻烦，应该建议格林调查山姆的个人费用报告，因为员工的行为和正直品行是决定公司内部控制环境是否正常和有效的因素之一，如果所有员工都不遵守行为守则，后果将不堪设想。

案例六　主题：挫折企业的领导者心理分析

【案例资料】

（一）爱多集团兴衰的经过

爱多集团是由其总裁胡志标一手创办的。1995 年 6 月，VCD 样机开发成功，7 月 20 号生产 VCD 的爱多公司成立。成立之初，爱多公司面临着很多困难，资金的极度缺乏就是困难之一。但是总裁胡志标却采取了一个别人很难想象的方式来解决问题。就是要求所有的销售商都"现款现货，款到发货"，这在商场上几乎是行不通的，可胡志标运用得很成功。胡志标和他的属下到各地游说，每到一地，他们缠住人家谈理想，谈爱多的明天，谈 VCD 的发展前景，让人们去看广告，再加薄利多销，硬是使经销商们心甘情愿地拿出预付款。

胡志标的思维非常敏锐，他往往能在最短的时间里用最简捷的方式找到问题的症结所在。在解决了资金问题之后，胡志标采取品牌战略：一是找最有名的人拍广告；二是找最强势的媒体播广告。1997 年 11 月 8 号，爱多以 8200 万元争得央视天气预报的一个 5 秒表版，夺得电子类第一名。由成龙拍的这个爱多 VCD 的广告播出后，爱多 VCD 几乎家喻户晓，一举成为国内家电行业的知名品牌，爱多集团生产的 VCD 销量大大增加，爱多集团得到了空前的发展。1998 年，胡志标第二次以 2.1 亿元夺得中央电视台广告标王。至此，爱多集团事业发展达到顶峰，销售额达到 20 个亿，企业规模也从最初的十几人发展到几千人，其中很多是爱多集团招聘的各类人才。

但此时，VCD 的市场已经达到供过于求的状态，全国有名有姓的生产厂家达 380 多家，VCD 产量严重过剩。为了提高竞争力，爱多无可奈何地采取了降价的办法。降价虽然巩固了爱多的地位，却牺牲了许多利润，这对资金短缺的爱多来说无疑是致命的一击。VCD 的前景黯然，一些企业开始研制生产 VCD 的代替品 DVD。胡志标也看到了这一点，但他没有向代替品 DVD 进军，而是转向其他领域，走多元化经营的道路。爱多集团转向彩电、电话、音响等行业。多元化经营并没有给爱多带来预想的利润，爱多面临着日益严重的危机。1999 年 1 月，胡志标在广东举行婚礼，他的夫人开始主管财务。1999 年 4 月 7 日，爱多的股东在胡志标不知晓的情况下在《羊城晚报》发表声明，声明中声称爱多集团的下属机构除中山爱多电信公司之外，其余分支机构债权债务和经济活动与爱多集团无关。

爱多在中央电视台的广告停播。爱多的危机全面爆发。1999 年 6 月 1 日，1200 多名爱多员工把胡志标"软禁"在办公室里索要拖欠的工资。爱多的光彩消失了，胡志标不得不接受失败的现实。

（二）爱多集团总裁的心理分析

爱多集团的失败与总裁胡志标有绝对的关系。作为爱多集团的总裁胡志标对爱多集团的发展做出了不可磨灭的贡献，但也正是他的一次次决策的失误，他的管理不当导致了爱多的失败。

（1）家族制式的独裁型领导。爱多集团有三个股东，胡志标、中山益隆村及胡的旧时好友陈天南。中山益隆村占10%的股份，陈天南和胡志标各占45%的股份。随着爱多集团的迅速发展，更随着胡志标对集团的贡献的增大，胡志标俨然扮演起了大家长的角色，凡事一个人说了算，不和别人商量，不授权给下属。作为公司大股东的陈天南被抛弃出局，公司成了和他毫不相干的企业，对于公司的财务状况他一无所知。胡志标还背着陈天南擅自成立了两家分公司，这引起了陈天南的极大不满，后来陈天南未经胡志标的同意公开发表声明，导致了爱多危机的公开化。

爱多成了胡志标个人的企业，重要的岗位都由胡志标的家人及亲信担任，更离谱的是胡志标的妻子担任集团的财务主管，爱多挣了多少钱，集团的财务状况如何，大家一概不知。到了后期，胡志标更是要求员工做好自己的事就行，不用管其他的事。集团的高级管理人员失去了对企业的认同感，纷纷跳槽。在爱多面临危机的时候，没有足够的人来消除危机。胡志标的家族制式的管理方式，他的唯我独尊的大家长的心态为爱多的失败埋下了苦果。

（2）没有参与管理。爱多在成立的最初几年，在胡志标的经营策略下，走过了一条辉煌的道路。这奠定了胡志标在集团的地位和声望，员工对胡志标非常崇拜，胡志标本人的自我意识极度膨胀起来，在集团的发展中他盲目自信，盲目扩张。虽然爱多集团有一大批青年知识精英，但胡志标并没有很好地发挥他们的作用，没有做到人尽其才，在一些关键的问题上也很少听取他们的意见，而他本人往往扮演着总设计师的角色，刚愎自用，导致了后来的决策失误。早在爱多危机爆发的前几年，胡志标已经看到了VCD市场的暗淡，但他没有专注于进行技术的更新与改造，没有向DVD市场进军，而是转向彩电、电话、音响等行业进行多元化发展。而当时爱多集团的经营管理还没有足够成熟，没有达到控制相关领域市场的程度；爱多的品牌也没有足够的号召力，并不能迅速突破障碍进入其他领域；爱多资金不足的问题一直没有得到很好地解决，没有足够的资金实力支持多个领域产品的同步发展。选择多元化经营的道路不是不可行，可是在进行多元化经营的同时对多元化的机遇与风险估计不足。胡志标在企业没有足够成熟的情况下，在没有相关的专业人员进行充分论证可行性的情况下，贸然进行多元化生产和经营，只在意多元化表面经营的轰轰烈烈，而忽视了多元化经营本身的巨大风险，势必陷入多元化经营的陷阱。

（3）管理与经营的理念缺乏科学性。在爱多集团内部对胡志标有一个评价，说胡志标是一个不按牌理出牌的人，在爱多的鼎盛时期，很多人因此对胡志标极其崇拜，一些人还因为佩服他的经营天才而放弃非常不错的工作加入爱多。的确，胡志标凭着

267

良好的市场感觉和敢作敢为为爱多赢得了丰厚的利润。比如，为了解决资金缺乏的问题，胡志标采取了极其霸道的销售策略，要求"现款现货，款到发货"，而这在别人看来是不可能的。"不按牌理出牌"为爱多赢得了相当时期的成功，但一个企业家不能老是不按牌理出牌，把偶然的成功当做必然的经验，势必忽视企业发展的规律。正是这种偶然的成功经验使胡志标过高地估计自己的能力，在企业的发展中不按规律办事，管理不科学，只凭自己的感觉做事，造成了管理的混乱。在经营理念上，既无明确纲领，一切都是随心所欲，凭着感觉走；在决策上更是表现出了太多的随意性和冲动性，很少考虑困难，不愿面对失败。甚至在对员工的问题时，胡志标也不按常理出牌。在与一些高层员工签订合同的时候，他没有将员工应该持有的那一份合同交给他们，致使这些员工离开的时候没有拿足自己的薪水。

（4）缺乏诚信，忽视道德管理。爱多一直面临着资金不足的问题，面对这个困难胡志标没有想办法从根本上解决，而是采取了一个最简单的办法就是信誉透支。在爱多成立的初期，为了解决资金极度缺乏的问题，胡志标要求"经销商现款现货，款到发货"，一次筹资2000万，这实际上是把自己的质量信誉透支给了经销商。这一措施成功后，胡志标看到了信誉透支的好处。1997年11月爱多在中央电视台第一次参加投标而获得标王之后，爱多成为国内知名家电品牌，经销商纷纷要求订货。胡志标看到了这个大好时机，要求经销商交纳保证金，这一次爱多无偿集资2亿元。虽然胡志标创造了一个"市场制胜"的经典案例。但同时把爱多产品持续畅销的信誉透支给了经销商。这种信誉透支的后遗症是十分明显的，一旦爱多的产品不畅销，经销商势必来追债，爱多将陷入资不抵债的境地。

事实证明，爱多日后的失败正是在此埋下的祸根。而胡志标在为自己轻而易举地融资2亿元的时候，根本没有认识到"信誉透支"的弊端。

爱多经历了一个由辉煌到衰落的过程，在对这个过程进行反思的过程中，我们不得不承认领导者的管理与经营理念，领导者领导方式的类型、风险决策和道德诚信等对一个企业的影响，不得不承认一个领导者的作用对一个企业是多么的重要。

案例七　主题：成劝企业的领导者心理分析

【案例资料】

（一）海尔集团的发展进程

海尔集团的发展要从青岛电冰箱总厂的成立说起。1984年青岛电冰箱总厂设立，张瑞敏出任厂长。张瑞敏做厂长之后费尽周折申请到青岛电冰箱总厂成为轻工业部最后一个定点生产厂家的批文，幸运地搭上了当时轻工业部定点冰箱厂的末班车。与此同时，他引进德国利渤海公司的冰箱技术，欲在质量和品牌上取胜。

但在当时，国内市场上各种牌号的电冰箱生产厂家林立，林林总总已有一百多家，有的产品是部优，有的是省优，都分别在市场上有一定的影响力。同时，国外的产品也来中国市场参与竞争，这给张瑞敏带来了相当大的困难和挑战。

面对困难和挑战，张瑞敏提出了创立品牌，以品牌取胜的战略。他发现，当时市场上冰箱数量多、品牌多，有的已有了一些影响力，但并不是真正意义上的"名牌"。于是，张瑞敏决定生产同类产品中最优秀、最有导向性、起着引导消费潮流的冰箱。为了达到名牌的高度，首先抓产品的质量并改变员工的意识，让员工从根本上消除"二等品"意识。其次，倡导利用高科技创造市场，引导消费。为此，张瑞敏不惜债台高筑，投入大量资金，建立了战略开发部门，专门研究用户到底需要什么，然后将所有的综合因素糅合起来，研制、开发出与用户要求一致的产品来。

据此，青岛电冰箱总厂生产出来了一批批质量领先的新产品。1988年，青岛"利渤海尔"牌BCD-212型电冰箱荣获中国电冰箱史上第一枚国优金牌，青岛电冰箱厂也因此声名远播。1991年，经青岛市政府决定，由青岛冰柜总厂、青岛空调器厂组建海尔集团，张瑞敏任总裁。至此，海尔集团走上了多元化扩张发展的道路。海尔的战略是充分利用自身优势，以无形资产盘活有形资产，以海尔管理和文化模式救活亏损企业。至1997年海尔集团先后兼并了15家企业。通过一系列收购和兼并，海尔盘活了近20亿元的存量资产，初步完成了集团的产业布局和区域布局，取得了明显的经济效益。这一阶段，海尔集团的工业销售额以年均69.1%的速度递增，1997年突破了108亿元。

海尔集团以海尔文化使被兼并的企业迅速扭亏为盈的成功案例，引起了美国工商管理界的极大关注。1998年3月25日，海尔文化激活休克鱼的案例正式进入哈佛大学课堂与学生见面。

同时，海尔集团实施了国际化战略。1996年2月，海尔莎保罗（印尼）有限公司在印尼正式成立，海尔开始进行跨国经营。1996年6月26日，海尔集团荣获美国优质服务科学协会颁发的五星钻石奖，成为亚洲第一家获此殊荣的家电企业，总裁张瑞敏成为中国第一位获五星钻石个人终身荣誉奖的企业家。

此后，海尔集团的发展取得了骄人的成绩。1998年12月，海尔集团工业销售收入达162亿元，比1997年增长50%。海尔集团创业14年来保持了平均82.8%的增长速度，居国内家电行业首位。1999年，中国最有价值品牌评估中，海尔品牌以265亿元的价值，稳居全国家电之首。

（二）海尔集团总裁张瑞敏的管理与经营之道

1999年12月7日，英国《金融时报》公布了全球最受尊敬的企业家排名，海尔集团总裁张瑞敏名列第26位，前三名分别是GE的韦尔奇、微软的盖茨、IBM的格斯特纳。评出的30位最受尊敬的企业家有着共同的特征：有坚定独到的经营策略；使消费者满意度和忠诚度达到最大化；坚持以人为本的管理；在行业领先，具备持续稳定的盈利表现；成功的应变管理能力；市场全球化理念。

作为最受尊敬的企业家之一，张瑞敏有着独到的视角和中国本土化的管理理念，被称为中国商业文化的杰出代表。正是张瑞敏杰出的中国商业文化使海尔集团得以飞速发展，取得举世瞩目的成绩。

（1）打品牌战略，实现自我超越。当今世界是一个品牌竞争的时代，企业要长寿，必须创立自己的品牌。张瑞敏在青岛电冰箱总厂成立之初，就打出了名牌战略。但是，他打的不是普通的名牌，而是要创立举世闻名的品牌。他说，要么不干，要干就要争第一。为了创立举世知名品牌，张瑞敏上任后最急切的一件事，就是到当时世界冰箱质量第一的德国一家大公司去寻求技术，很快签订了合作技术，这使青岛电冰箱总厂创立名牌的行动一开始就站在了高的起点上。

张瑞敏除了引进最先进的技术外，还不惜更高地垒筑"债台"，投入大量资金，建立战略开发部门。站在国外最先进技术与设备的高台上，再加上结合本国实际的开发研制，张瑞敏将这称为高起点上的撑竿跳。为了保证品牌的含金量，张瑞敏狠抓质量。1985年，由张瑞敏主持，将76台不合格的电冰箱当众砸毁。为了让员工重视质量，张瑞敏喊出了"谁砸了产品的牌子，我就砸了谁的饭碗"的口号。张瑞敏的质量效益型发展道路，为企业的发展打下了坚实的基础。海尔是中国唯一一家四类主导产品（电冰箱、空调、冷柜、洗衣机）全部通过了ISO9001认证的企业。同时，海尔集团的产品获得了美国4L认证、德国VDE认证和加拿大的CSA认证，是中国家电的第一品牌。

一个国家如果没有自己的品牌，只靠自己的加工能力，就会永远受别人的制约。1998年张瑞敏开始布局创世界品牌战略，先后在海外有62家经销商，建立起了3万多个营销网点。1996—1999年先后在菲律宾、印尼、马来西亚、美国建立了海外生产厂，尤其在美国建成了设计、制造、服务和营销四位一体的国际市场开发模式。

（2）用海尔文化催醒休克鱼，改变心智模式。20世纪80年代中期兴起的清岛红星电器厂，到了1995年6月的时候，资产负债率高达143.65%，资不抵债1.33亿元，产品质量也大幅度下降，市场销售量从全国第二位跌至第七位。张瑞敏决定把该电器厂兼并过来，他说，这种兼并既不是大鱼吃小鱼，也不是快鱼吃慢鱼，鳌鱼吃鳖鱼，而是吃休克鱼。

张瑞敏进一步解释说，"休克鱼"是说鱼的机体没有腐烂，比喻企业的硬件很好，而是处于休克状态，但是企业的思想、观念有问题，导致企业停滞不前。

这种企业一旦注入新的管理思想，有一套行之有效的管理办法，很快就能激活过来。张瑞敏决定用海尔文化激活青岛红星电器厂这条"休克鱼"。海尔集团认为盘活资产关键在于盘活人，"要以无形资产盘活有形资产"。"休克鱼"在注入了新的企业文化，有了一套行之有效的管理办法后，很快被激活起来。到1995年年底，青岛红星电器厂的洗衣机销量已从年中的第七位上升到第五位，出口洗衣机8.2万台，创汇1230万美元，位居全国洗衣机行业首位。

海尔集团还通过同样的方法激活了黄山电机厂、爱德洗衣机厂等一批"休克鱼"。海尔集团通过输出文化激活"休克鱼"的方式在中国企业兼并大潮中独树一帜。

（3）建立卓越的管理系统——以人为本的OEC管理。张瑞敏在海尔集团推行OEC（Overall Every Control and Clear）管理法，即全面对每人、每天、每件事进行控制和清理。张瑞敏说，企业应该在任何时候都没有激动人心的事发生，没有激动人心的事发生是说明企业运作是正常的，而这只有通过每个瞬间严格控制才能实现。OEC管理法的核心就是日日清制度，具体地说就是企业每天的事都有人管，做到控制无漏缺；所有的人均有管理和控制的内容；依据工作标准对自己的事按预定计划执行；每天把工作结果与预定计划指标对照、总结、纠偏，达到对生产进程的时刻控制，确保生产发展向已确定的目标前进。

后来，张瑞敏在日日清制度的基础上，又增添了日日高的内容。有人将其称为木桶理论：木桶盛水的高度总与最低的一块板高度持平，若想木桶装水多，就必须不断向上提最低的那块木板。因此，不厌其烦地每天清理薄弱环节便成了海尔在高起点上稳扎稳打的要诀。

（4）采取有效的激励——以人为主体的组织文化。张瑞敏非常重视企业的人力资源，他在海尔集团构建的具有中国特色的企业文化就是把人当作主体。作为集团的总裁，他并非事必躬亲，因为他总是充分信任与尊重下属的能力。在海尔集团，一切以人为中心，把所有的员工都看成可以造就的人才。在企业内部营造一种尊重人、信任人、关心人、理解人的文化氛围，让每一个员工都富有热情，富有审美特征，积极自愿、富有责任感地去进行创造性的实践，使客观的管理体制与内在的心灵需求和谐、完美地统一起来。

为了激励员工的工作热情和创造性，张瑞敏常常把员工的小发明用员工的名字命名。如一操作女工高云燕在给冰箱门体钻孔的实践中，发明了在钻台面前放置一面镜子的方法。操作时便可清楚地观察钻孔情况。这一发明大大提高了加工质量和进度，张瑞敏大张旗鼓地把这面镜子命名为"云燕镜子"。此后，晓玲扳手等也纷纷出世。张瑞敏说，我认为人人都是人才，作为一个领导者，你可以不知道下属的短处，但不能不知道下属的长处。用人之长，并给他们创造发挥才能的条件，这是一个领导者的基本素质，就是知人善用的领导方式。

此外，重视顾客也是海尔集团的管理之道。为了真正做到以顾客为中心，张瑞敏提出了从制造业转向服务业的管理理念。这并非是从第二产业的制造业向第三产业的服务业转移，而是向以顾客满意为目标的经营理念大转移，即海尔制造的所有产品都在理念上转变为海尔为顾客提供服务的某种优质服务工具，如海尔空调提供的是室内环境服务，海尔洗衣机提供的是洗涤服务等。

在市场经济条件下，企业家要有三只眼睛：第一只眼睛盯住内部，提高员工积极性和产品质量；第二只眼睛盯住外部，满足用户需求，扩大市场份额；第三只眼睛盯住国家宏观调控政策，抓住机遇，加快发展企业规模。

张瑞敏的成功正是他这三只眼睛能时时把握内外部环境的变化，使企业能时时适应时代变化和发展，而不被挤出风起云涌的经济大潮。

思考题

1. 现代社会对财经人员的心理素质提出了什么要求？

2. 财经人员在自己的职业生涯中出现心理问题时应该如何合理调节？

参考文献

［1］卢盛忠. 管理心理学［M］。杭州：浙江教育出版社，2004.

［2］程正方. 现代管理心理学［M］. 北京：北京师范大学出版社，1997.

［3］王重鸣. 管理心理学［M］. 北京：人民教育出版社，2001.

［4］刘毅主. 管理心理学［M］. 成都：四川大学出版社，2003.

［5］苏东水. 管理心理学［M］. 上海：复旦大学出版社，2002.

［6］俞文钊. 管理心理学［M］. 兰州：甘肃教育出版社，1994.

［7］尚海涛. 赵维新. 企业心理学［M］. 太原：山西教育出版社，1996.

［8］张友苏. 管理心理与实务［CM］. 广州：暨南大学出版社，2002.

［9］周晓虹. 现代社会心理学——多维视野中的社会行为研究［M］. 上海：上海人民出版社，1998.

［10］安应民. 管理心理学新编［M］. 北京：中共中央党校出版社，2002.

［11］刘春涛. 图解领导决策［M］. 成都：四川人民出版社，2003.

［12］黄培伦. 组织行为学［M］. 广州：华南理工大学出版社，2001.

［13］石森主. 管理心理学［M］. 北京：机械工业出版社，2004.

［14］龚敏. 组织行为学［M］. 上海：上海财经大学出版社，2002.

［15］张明正，等. 管理心理学理论与方法［M］. 北京：中央民族大学出版社，2000.

［16］沙莲香. 社会心理学［M］. 北京：中国人民大学出版社，2002.

［17］程厦千. 管理心理学［M］. 北京：中国商业出版社，1999.

［18］张匀月，杨光. 管理心理学新编［M］. 北京：北京工业大学出版社，1991.

［19］李剑锋. 图解组织行为管理［M］. 北京：中国人民大学出版社，2001.

［20］陈立. 工业管理心理学［M］. 上海：上海人民出版社，1988.

［21］赵慧军. 现代管理心理学［M］. 北京：首都经济贸易出版社，2000.

［22］孙时进，颜世富. 管理心理学［M］. 上海：立信会计出版社，2000.

［23］向延光. 管理心理学［M］. 武汉：武汉理工大学出版社，1999,

［24］章志光，金盛华. 社会心理学［M］. 北京：人民教育出版社，1996.

［25］［美］斯蒂芬·P. 罗宾斯. 组织行为学［M］. 孙健敏，译. 北京：中国人民大学出版社，1997.

［26］叶存春. 心理辅导模式［M］. 昆明：云南大学出版社，2001.

［27］于鲁文. 心理咨询系统［M］. 北京：清华大学出版社，2000.

［28］郑日昌. 大学生心理诊断［M］. 济南：山东教育出版社，2001.

［29］车文博. 心理治疗指南［M］. 长春：吉林人民出版社，1992.

［30］马绍斌. 心理保健［M］. 广州：暨南大学出版社，1997.

［31］刘华山. 学校心理辅导［M］. 合肥：安徽人民出版社，1998.

［32］车文博，刘翔平. 寻找生命的意义［M］. 武汉湖北教育出版社，2002.

［33］徐光兴. 心理辅导与咨询［M］. 上海：华东师范大学出版社，2000.

［34］何成银. 心理咨询与治疗［M］. 成都：四川教育出版社，1998.

［35］颜世富. 心理健康与成功人生［M］. 上海：上海人民出版社，1999.

［36］彭林珍. 心理健康与快乐人生［M］. 昆明：云南民族出版社，2005.

［37］邢邦志. 心理素质的养成与训练［M］. 上海：复旦大学出版社，2002.

［38］AFFUAA. Innovation Management［M］. New York：Oxford University Press，1998.

［39］FISHER C D, SCHOENFLDT L F, SHAW B. Human ResourceManagement［J］. Boston：Houghton Miftlin，1990.

［40］SCIIULER R S. Managing Human Resources［M］. New York：West，1999.

［41］BASS B M. Leadership and Performance Beyond ExpectationsCM］. New York：Free Press，1985.

［42］HILL C W L, JONES G R. Strategic Management［J］. Boston：Houghton Mifflin，2000.

［43］BARTLETT C A, GHOSHAL S Managing Across Borders［M］. Boston：Hatvald Business School Press，1989.

［44］JACKSON S E, AASSOCIATES. Human Resource Initiatives［M］. New York：Guilford Press，1992.

［45］HAMMER M. CHAMEY J. Reengineering theCorporation［M］. New York：Harper Collins，1993.

后 记

　　本书在西南财经大学出版社和本套丛书编委会的关怀、指导下按时完成。这是各位同行通力协作的成果，是集体智慧的结晶。为了保证编写质量，我们邀请了从事多年教学工作的教授、副教授及有关专家参加了撰写工作，力求使本书达到较高的学术水平，并有一定的特色。

　　本书由云南师范大学文理学院经济学院院长石大安教授主编，并作最后修改定稿。

　　本书的编写参考借鉴了国内外不少同仁的珍贵著述和研究成果，在此我们谨向原作者表示衷心的谢意。在编写过程中，云南师范大学文理学院领导、本套丛书编委会专家满腔热情地给予关心、指导和帮助，使我们的编写工作得以顺利进行，保证了本书的质量，在此我们表示衷心的感谢。

　　云南省交通中心医院主任医师王召昆同志，是研究心理健康的名人，对本书不仅出谋划策，而且还积极参加编写；王永明、张路进、梁子卿、李申文、杨涛、陶跃华、杨世红、杨添富等专家给予大力支持，在此深表感谢。

　　由于时间仓促和编者水平有限，书中难免有错误和疏漏不妥之处，恳请广大读者和专家批评指正。

编　者

2015 年 1 月

图书在版编目(CIP)数据

财经心理学/石大安主编.一成都:西南财经大学出版社,2014.12
ISBN 978 - 7 - 5504 - 1715 - 1

Ⅰ.①财… Ⅱ.①石… Ⅲ.①财务管理—心理学 Ⅳ.①F233

中国版本图书馆 CIP 数据核字(2014)第 286844 号

财经心理学
主　编:石大安　吴志锋

责任编辑:孙　婧
封面设计:墨创文化
责任印制:封俊川

出版发行	西南财经大学出版社(四川省成都市光华村街55号)
网　　址	http://www.bookcj.com
电子邮件	bookcj@foxmail.com
邮政编码	610074
电　　话	028 - 87353785　87352368
照　　排	四川胜翔数码印务设计有限公司
印　　刷	四川森林印务有限责任公司
成品尺寸	185mm × 260mm
印　　张	17.75
字　　数	400 千字
版　　次	2015 年 1 月第 1 版
印　　次	2015 年 1 月第 1 次印刷
印　　数	1— 3000 册
书　　号	ISBN 978 - 7 - 5504 - 1715 - 1
定　　价	35.00 元